OSTFRONT!

LE TATTICHE DELLA WEHRMACHT SUL FRONTE RUSSO, 1941-1945

Traduzione di Giovanni Oro

Revisione a cura di Raffaello Bisso

OSTFRONT - Le tattiche della Wehrmacht sul fronte russo 1941-1945 (ISE-016) by AA.VV.
Traduzione di Giovanni Oro, Revisione a cura di Raffaello Bisso
Prima edizione Agosto2019 by Luca Cristini Editor for the brand Soldiershop
Cover & Art Design by soldiershop factory. ISBN code: 978-88-93275019
Copyright © 2019 Luca Cristini Editore (BG) ITALY. No part of this publication may be reproduced, stored in a retrieval system or transmitted by any form or by any means, electronic, recording or otherwise without the prior permission in writing from the publishers. The publisher remains to disposition of the possible having right for all the doubtful sources images or not identifies.
Visit www.soldiershop.com to read more about all our books and to buy them.

SOMMARIO

Prefazione 5
Introduzione 7

Capitolo 1 - Introduzione 15
I: Generale
II: Il soldato russo
III: Adattamenti tedeschi al teatro di guerra russo
IV: Peculiarità del metodo di combattimento russo
V: Ordini di combattimento russi

Capitolo 2 - Armi e Servizi 21
I: Generale
II: Attacchi limitati tedeschi a sud di Leningrado (settembre 1941)
III. La 7ª Compagnia contrattacca durante una tempesta di neve
IV: La 7ª Compagnia opera nella neve alta (Gennaio 1942)
V. La fanteria russa attacca una città tenuta dai tedeschi (gennaio 1942)
VI: La lotta della 7ª Compagnia contro forze soverchianti (marzo 1942)
VII: La 7ª Compagnia annienta un'unità d'élite russa (marzo 1942)
VIII. La 7ª Compagnia ricattura la Quota 726 (ottobre 1942)
IX. Il II Battaglione lancia una controffensiva limitata (novembre 1942)
X. Il II Battaglione passa alla difensiva
XI. La resistenza del II Battaglione a Verkhne-Golubaya (novembre 1942)
XII. Il II Battaglione resiste nonostante sia investito dai corazzati russi (dic. 1942)
XIII. La fanteria ha successo dove i corazzati hanno fallito (dicembre 1942)
XIV. La lotta finale del II Battaglione a Stalingrado (gennaio 1943)
XV. Iniziazione improvvisa al combattimento invernale russo (febbraio 1943)
XVI: Ricognizione in forze russa con fanteria montata sui carri (ottobre 1943)

Capitolo 2 - i Corazzati 73
I: Generale
II: Il blocco stradale corazzato (giugno 1941)
III. I genieri tedeschi catturano due ponti (giugno 1941)
IV Una trappola russa per carri armati (luglio 1941)
V I Genieri corazzati tedeschi sulla strada per Leningrado (agosto 1941)
VI La lotta per i rifugi invernali (Dicembre 1941)
VII Battaglia a fasi alterne con temperatura sotto zero (gennaio 1942)
VIII L'Ordine Fedorenko (giugno 1942)
IX Finta, imboscata e attacco (luglio 1942)
X Imboscata senza inseguimento (dicembre 1942)
XI: I carri armati falliscono nell'eliminare una testa di ponte (giugno 1944)
XII Un *Kampfgruppe* corazzato cattura due ponti vitali (agosto 1944)
XIII. Battaglia di corazzati vicino all'autostrada per Berlino (marzo 1945)

Capitolo 3 - Reparti del Genio 117
I Generale
II Il quasi fallito attraversamento di un fiume (luglio 1941)
III Il bunker nascosto nella Linea Stalin (luglio 1941)

IV La presa di Balta (agosto 1941)
V Il metodo russo per sminare un'area (luglio 1942.)
VI Metodi di scavo russi (settembre 1943)
VII La riconquista di Goldap (novembre 1944)

ILLUSTRAZIONI 159

Capitolo 4 - Combattimenti nella Taiga 199
I Generale:
II Un'operazione di sabotaggio alla linea Murmansk-Leningrado (agosto 1942)
III: Raid tedesco contro un punto fortificato russo nella Finlandia sett. (febbraio 1944)

IV. L'ultima operazione offensiva tedesca nella Finlandia settentrionale (agosto 1944)

V. Movimento di ripiegamento tedesco attraverso la taiga (settembre 1944)

Capitolo 5 - Operazioni russe 229
I Generale.
II Ricognizione di combattimento mediante l'infiltrazione (agosto 1941)
III Un ponte subacqueo unico (agosto 1943)
IV La testa di ponte nella palude (giugno 1944)
V L'attraversamento dell'Oder (Febbraio 1945)

Capitolo 6 - Il combattimento nelle foreste 251
I Generale
II Iniziazione al combattimento nelle foreste (luglio 1941)
III Posizioni difensive russe al limite di una foresta (agosto 1941)
IV Difesa di un caposaldo tedesco nella foresta.
V Tattiche di infiltrazione russe (Ottobre 1942)
VI Un attacco russo attraverso una foresta (novembre 1943)
VII Astuzie di guerra tedesche e russe

Capitolo 7 - Guerra antipartigiana 271
I Generale
II Il primo incontro (giugno 1941)
III Il campo nella foresta (dicembre 1942)
IV Attacco a un quartier generale partigiano (giugno 1943)
V L'"Operazione Cava" (gennaio - marzo 1944)

LEGENDA MAPPE NEL TESTO 301
glossario tedesco-italiano 302

Prefazione

Il fascicolo del dipartimento dell'esercito numero 20-269, "Azioni di piccole unità durante la Campagna tedesca in Russia", è pubblicato come un'aggiunta all'esistente letteratura per l'addestramento con la convinzione che molto può essere appreso dall'esperienza di altri eserciti, in particolare di quelli sconfitti. In ogni caso questi dati non si sovrappongono alla dottrina ufficiale d'addestramento. Anche se questo si può considerare uno studio storico, non viene portata alcuna interpretazione degli eventi, si tratta piuttosto di una serie di resoconti di azioni da parte di piccole unità narrati dagli ufficiali tedeschi che ne presero parte.

Clausewitz scrisse che, nell'arte della guerra, l'esperienza ha più valore di tutta la verità filosofica. Questo fascicolo è pubblicato tenendo questa massima a mente, temperata con la convinzione che l'investigazione, l'analisi e l'osservazione sono necessari per dare un pieno significato all'esperienza.

Orlando Ward
Maggiore Generale, US Army
Capo dell'Ufficio Storico Militare

Washington D.C.
Gennaio 1953

Introduzione

Lo scopo di questo testo è di fornire ai comandanti di piccole unità materiale didattico sul fronte russo durante la seconda guerra mondiale, basato su esperienze del loro stesso livello. Uno studio attento degli esempi portati nel testo potrà fornire molte lezioni sulla tattica, la logistica e le tecniche, sul coordinamento delle armi, sull'influenza del terreno e delle condizioni climatiche sulla condotta delle operazioni, e sulla qualità degli uomini e degli ufficiali che combatterono sul fronte russo. Ed è solo utilizzando l'esperienza tedesca che si può raggiungere una buona comprensione del combattimento su quel fronte.

Per lo studente militare medio, una conoscenza approfondita e dettagliata delle condizioni di vita e di combattimento sul campo di battaglia è molto più utile che la conoscenza superficiale di vaste operazioni, che sono di competenza più che altro di comandanti e stati maggiori degli alti comandi. Nei suoi *Études sur le Combat*, Ardant du Picq così formula l'idea:

Il più minuto dettaglio preso da un vero fatto di guerra è per me, che sono un soldato, più istruttivo di tutti i Thiers e gli Jomini[1] del mondo. Essi parlano senza dubbio per i capi di stato e degli eserciti, ma non mi mostrano mai ciò che m'interessa sapere: una squadra, una compagnia o un battaglione, in azione.

Il giovane ufficiale, mancando dell'esperienza pratica della guerra, troverà molte informazioni nei manuali da campo e nei regolamenti di servizio, ma questi testi non stimolerebbero la sua immaginazione né aiuterebbero la sua comprensione della battaglia. Queste devono essere stimolate e sviluppate in altri modi, se i principi esposti nei manuali devono diventare parte viva della preparazione professionale dei comandati delle piccole unità prima della loro partecipazione alla battaglia. Uno dei più vividi mezzi d'istruzione che possano essere tratti dalla storia militare è lo studio delle azioni di piccole unità basato su esperienze personali .

È stato pubblicato un gran numero di libri sulle azioni delle piccole unità e uno dei primi fu *Das Exerzier Reglement fur die Infanterie* di Freytag-Loringhoven, del 1908, in cui si tentava di dimostrare la validità del regolamento di fanteria tedesco sottoponendolo all'analisi della Storia Militare. Nell'esercito degli Stati Uniti il più conosciuto di questi testi è *Infantry in Battle*, che influenzò considerevolmente l'addestramento dell'esercito negli anni '30. Il Generale George C. Marshall, che in qualità di comandante della Scuola di Fanteria aveva partecipato all'elaborazione di *Infantry in Battle*, durante la seconda guerra mondiale iniziò la serie *American Forces in Battle*. Questi brevi testi trattano essenzialmente delle azioni di piccole unità. All'interno dei trattati ufficiali di THE UNITED STATES ARMY IN WORLD WAR II, il volume *Three Battles: Arnaville, Altuzzo, and Schmidt* si occupa delle azioni di piccole unità. Altri libri di questo tipo, che non tardarono ad apparire, sono *Service Goes Forward* e *Small Unit Actions in Korea*.

---

[1] Adolphe Thiers e Antoine-Henri Jomini, storici e teorici militari dell'800, NdT.

Le azioni qui narrate descrivono il soldato russo, il suo equipaggiamento e i suoi metodi di combattimento in varie circostanze e condizioni, visto con gli occhi del suo avversario: il soldato tedesco.

Queste narrazioni servono a completare la conoscenza teorica - che può essere acquisita dallo studio dei manuali - della dottrina militare russa durante la seconda guerra mondiale. Anche se le dottrine militari delle varie nazioni differiscono di poco, il loro impiego nei vari paesi varia di molto. Le principali caratteristiche del metodo di combattimento russo durante la seconda guerra mondiale sono state il modo selvaggio di combattere, il fanatismo e la durezza del singolo soldato, e la prodigalità di vite umane da parte dell'alto comando sovietico.

Le azioni qui descritte sono basate esclusivamente su resoconti tedeschi, principalmente sotto forma di narrazione delle esperienze personali. I resoconti sono stati scritti sotto la personale supervisione del Generale Franz Halder, capo dello Stato Maggiore tedesco dal 1938 al 1942. Il Generale Halder, come molti nostri ufficiali di alto grado, ha espresso in numerose occasioni interesse per le operazioni delle piccole unità ed ha affermato sovente l'importanza di queste esperienze nell'addestramento dei giovani ufficiali.

I racconti tedeschi - oltre un centinaio di resoconti delle azioni di piccole unità - sono arrivati in questo ufficio sotto forma di 1.850 pagine di bozze di traduzione realizzate dalla Divisione Storica, USAREUR. Questi testi sono stati analizzati in base al contenuto, alla presentazione e alla pertinenza del soggetto. I migliori sono stati riscritti, corretti e organizzati in ordine cronologico per dare una migliore copertura delle diverse fasi dell'esperienza tedesca in Russia. Sotto la direzione del Tenente Colonnello M.C. Helfers, capo del Settore studi esteri, Divisione studi speciali, Ufficio del Capo di Storia Militare, questo lavoro, così come la preparazione delle mappe, è stato compiuto dal Maggiore Generale George E. Blau, dai Tenenti Roger W. Reed e Gerd Haber, e da Charles J. Smith e George W. Garand della Sezione Scritture e Traduzioni. Anche se il materiale originale tedesco è stato sottoposto a profonda revisione, è stato fatto ogni sforzo per mantenere il punto di vista, le espressioni e anche i pregiudizi degli estensori originali.

P.M. Robinett
Brigadiere Generale a riposo, US Army
Capo della Divisione Studi Speciali

Il fronte russo - Mappe generali

L'"Operazione Barbarossa", estate 1941, e l'avanzata verso Mosca, autunno-inverno 1941.

La controffensiva sovietica dell'inverno 1941-1942.

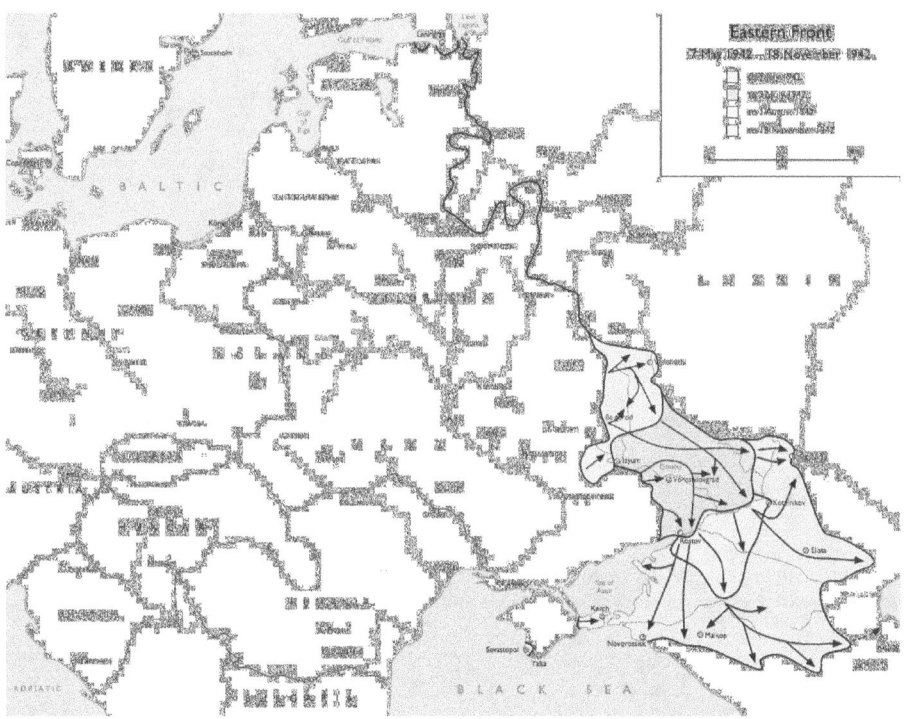

L'"Operazione Blu": l'avanzata tedesca verso Stalingrado e il Caucaso, estate 1942.

Le Operazioni Urano, Saturno e Marte: Stalingrado e l'avanzata sovietica, inverno 1942-1943.

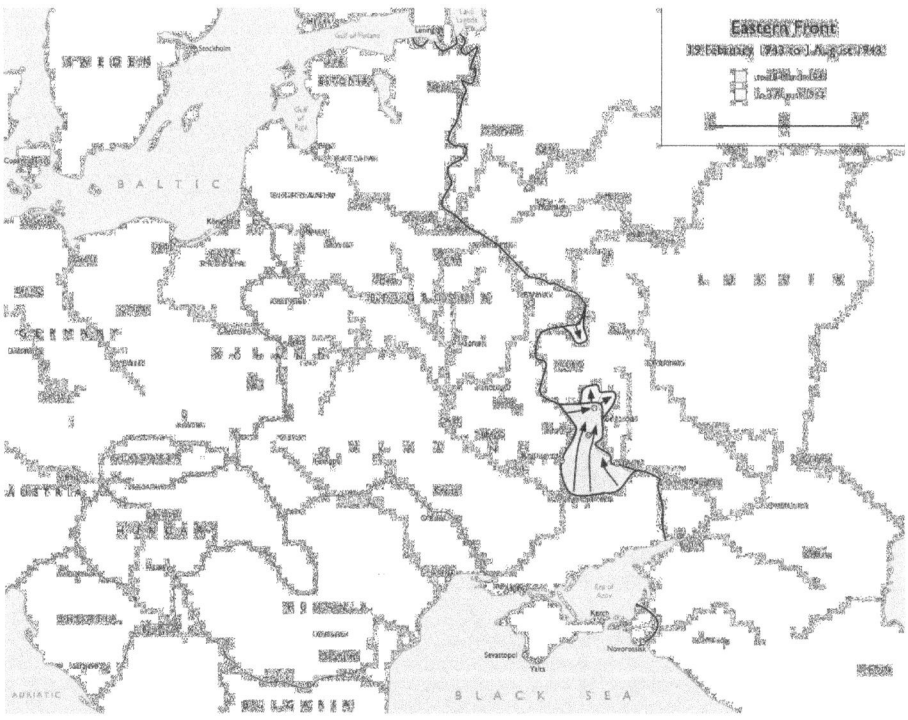

La controffensiva tedesca a Kharkov (febbraio-marzo 1943) e l'offensiva di Kursk (luglio 1943).

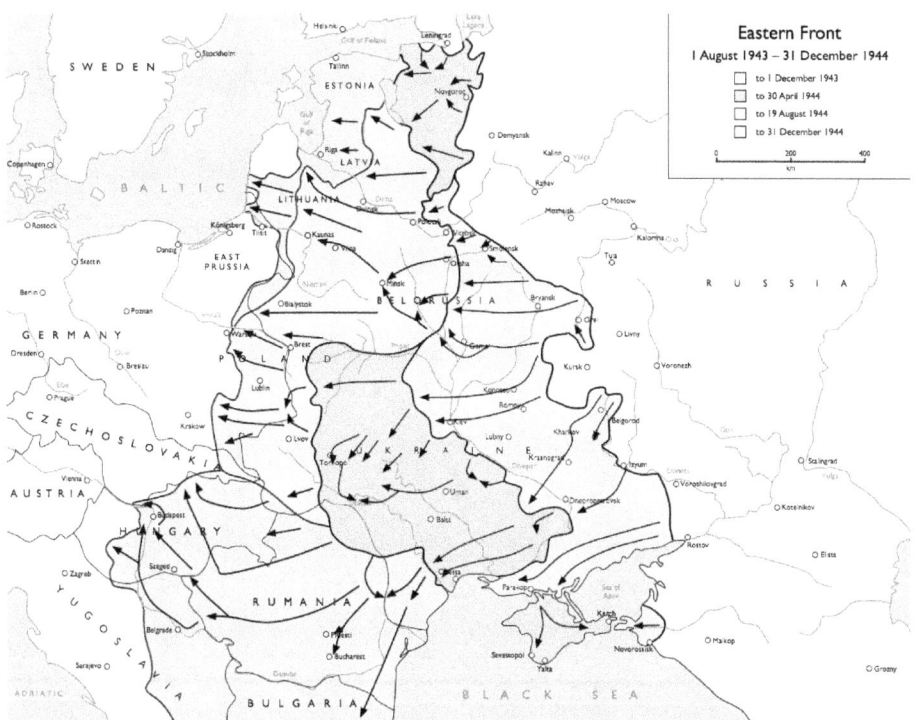

Le avanzate sovietiche nel 1943-1944.

L'avanzata finale sovietica verso il Reich (gennaio-maggio 1945).

capitolo 1 - Introduzione

I: Generale

Il corretto addestramento degli ufficiali e del personale delle piccole unità è essenziale per il conseguimento della vittoria. L'obiettivo di un esercito in tempo di pace deve essere quello di migliorare la loro efficienza così che, in caso di guerra, possano ottenere delle ottime *performance*, il che avverrà solo se ogni soldato saprà come maneggiare la sua arma, sarà completamente integrato nella sua unità e se ogni comandante sarà in grado di gestire qualsiasi situazione nella quale potrà trovarsi in combattimento. Migliore sarà la loro preparazione in tempo di pace e meno soldati e ufficiali dovranno improvvisare delle soluzioni in combattimento.

Questi principi sono riconosciuti come validi da ogni tattico e da ogni istruttore, che cercano di instillarli nei loro allievi nella maniera più realistica possibile. Tuttavia, anche i soldati tedeschi meglio addestrati si trovarono a imparare molti nuovi trucchi dopo lo scoppio della guerra e quando erano trasferiti da un teatro di operazioni ad un altro. In ogni caso, si trovarono a fronteggiare situazioni alle quali non erano stati adeguatamente preparati. In situazioni insolite i comandanti si trovarono costretti a violare certi regole prima che queste fossero cancellate o modificate da un'autorità superiore.

Le osservazioni precedenti danno un'indicazione del problema di preparare i soldati tedeschi all'incontro con un avversario i cui schemi di pensiero e di comportamento erano così radicalmente differenti dai loro da sfuggire spesso alla comprensione. Inoltre, le peculiarità del teatro russo erano tali che i comandanti si trovarono spesso ad affrontare situazioni per le quali non appariva esserci alcuna soluzione. Le tattiche poco ortodosse dei russi con le quali i tedeschi non avevano familiarità erano altrettanto spiazzanti, così come gli inganni e i trucchi dei russi furono causa di pesanti perdite. Ad una unità appena trasferita in Russia erano spesso necessari diversi mesi di acclimatamento prima che fosse in grado di entrare in combattimento. Occasionalmente, un'unità considerata efficiente in combattimento in altri teatri falliva completamente o subiva pesanti perdite cercando di compiere una missione che per un'unità abituata al fronte russo non avrebbe presentato problemi, anche se provata da precedenti combattimenti. Anche questo fatto da solo mostra come fosse necessario diffondere le esperienze ottenute in Russia, poiché questo era il solo metodo con cui alle unità inesperte potevano essere risparmiati i rovesci e le pesanti perdite cui sarebbero state sottoposte durante i loro scontri con le truppe russe. Per andare incontro a questa necessità, negli anni tra il 1943 e il 1945 furono realizzati una serie di fascicoli d'istruzione basate sulle esperienze sul fronte russo.

II: Il soldato russo[2]

I tedeschi in ogni caso scoprirono che avere una conoscenza delle tattiche e dell'organizzazione russe era utile ma non era in nessun modo decisivo per ottenere la vittoria in battaglia. Era molto più utile un'approfondita comprensione della psicologia del soldato russo, un processo che includesse l'analisi dei suoi impulsi naturali e delle sue reazioni a differenti situazioni. Solo questa comprensione avrebbe consentito ai tedeschi di anticipare le azioni russe in una determinata situazione, e di portare alle giuste conclusioni nel corso di un'azione. Ogni analisi delle eccezionali caratteristiche del soldato russo deve iniziare con l'esame delle sue qualità interiori.

A: Carattere. La psiche dello slavo, specie quando è influenzata da caratteri asiatici più o meno accentuati, copre un largo spettro di emozioni, tra le quali una convinzione fanatica, un estremo coraggio e una crudeltà che sconfina nella bestialità, unite ad una gentilezza quasi infantile ad una suscettibilità a paura e terrore improvvisi. La sua attitudine fatalistica consente al russo di sopportare condizioni estremamente dure e privazioni. Può soffrire senza soccombere.

A volte il soldato russo mostrava una tale forza fisica e morale da essere un combattente di prim'ordine. D'altro canto non era immune alla paura e al terrore di una battaglia di attrito con la sua combinazione massiccia di fuoco, bombe e lanciafiamme. Quando non era preparato per subirne l'impatto, queste armi avevano su di lui un effetto deleterio prolungato. Certe volte, sottoposto a un fuoco intenso ed accuratamente pianificato, una reazione a catena di paura e terrore poteva metterlo fuori gioco insieme ai suoi compagni.

B: rapporto con la natura. Il soldato russo aveva una notevole familiarità con la natura. Nato nella natura, il soldato russo sapeva istintivamente come trarre vantaggio dalle opportunità che gli ambienti naturali offrivano. Era immune al freddo, al caldo e al clima umido, con un istinto quasi animalesco era in grado di trovare una copertura e di adattarsi a qualsiasi tipo di terreno, senza che l'oscurità né la nebbia né le tempeste di neve gli fossero d'intralcio.

Anche sotto il fuoco nemico era in grado di scavare una buca e di scomparirvi all'interno senza alcuno sforzo apparente. Utilizzava la sua ascia con grande abilità per abbattere alberi, costruire rifugi, casematte o bunker, ponti attraverso fiumi e strade di tronchi nelle paludi e nel fango. Era in grado di lavorare in ogni condizione climatica, compiere ogni lavoro con l'istintiva urgenza di trovare protezione contro l'effetto delle moderne armi da fuoco.

C: Frugalità. La frugalità del soldato russo era oltre la comprensione tedesca. Il comune fuciliere russo era in grado di rimanere per giorni senza cibo caldo, razioni, pane o tabacco. A volte si nutriva solo di bacche selvatiche e della corteccia degli alberi. Il suo equipaggiamento personale consisteva in un piccolo tascapane, un cappotto e a volte di una coperta che doveva essere sufficiente a ripararlo anche nell'inverno più freddo. Viaggiando così leggero, era estremamente mobile e in grado di spostarsi con grande

---

[2] Nel leggere queste analisi caratteriali sul soldato sovietico, bisogna sempre tenere in mente che sono state scritte da ufficiali tedeschi, e che pertanto ne riflettono i pregiudizi razziali sui popoli slavi così comuni in Germania a partire dalla seconda metà dell'800, NdT.

velocità, senza dipendere dall'arrivo delle razioni e dell'equipaggiamento personale durante le operazioni militari.

D: Forma fisica. Fin dall'inizio della campagna di Russia, la superiorità tattica dei tedeschi fu parzialmente compensata dalla grande forma fisica dei soldati e degli ufficiali russi. Durante il primo inverno, ad esempio, l'alto comando tedesco notò, con sua grande preoccupazione, che i russi non avevano alcuna intenzione di trincerarsi e di consentire alle operazioni di stagnare lungo linee fisse. La mancanza di ricoveri non riuscì a impedire ai russi di assediare le posizioni tedesche notte e giorno, anche quando la temperatura era scesa a -40°C. Ufficiali, soldati e commissari erano sottoposti a temperature sotto lo zero per vari giorni.
La buona salute del soldato russo, assieme al suo notevole livello di forma fisica, lo rendevano capace di un coraggio fisico superiore in combattimento. Tuttavia, in linea con la concezione materialistica propria del comunismo, la vita di un essere umano contava assai poco per un leader sovietico: gli uomini erano diventati oggetti e misurati esclusivamente in termini di qualità e quantità.

III: Adattamenti tedeschi al teatro di guerra russo

Le truppe tedesche erano poco preparate per una prolungata campagna in Russia. Divenne evidente la necessità di un cambiamento radicale rispetto alle norme utilizzate per le campagne in Europa Occidentale e Centrale. Come primo adattamento dell'esercito tedesco alle condizioni locali furono rivisti gli standard per i comandanti degli scaglioni inferiori, fu abbassata la loro età massima e i requisiti fisici richiesti innalzati. Quando un'unità tedesca doveva andare in combattimento contro le forze russe, le auto di servizio, i cavalli da monta e ogni collo di bagaglio in eccesso doveva venire lasciato indietro. Gli ufficiali e i soldati dovevano rinunciare per settimane alla possibilità di cambiare i propri indumenti intimi. Questo richiedeva un ulteriore adattamento al modo di vivere in Russia, anche soltanto per non soccombere a pulci e pidocchi. Ufficiali e soldati delle classi più anziane cedettero o si ammalarono, e dovettero presto venire sostituiti da uomini più giovani.

Se si paragonano i soldati tedeschi a quelli russi, i primi risultano troppo viziati; anche prima della Grande Guerra un motto corrente affermava che i cavalli dell'esercito non sarebbero stati capaci di sopravvivere a una sola notte all'aperto. Il soldato tedesco della Seconda Guerra Mondiale si era talmente abituato alle caserme con riscaldamento centralizzato e acqua corrente, ai letti con i materassi e ai dormitori con i pavimenti di legno, che l'adattamento alle condizioni di vita primitive in Russia fu tutt'altro che facile. Cercare di fornire ai propri soldati una certa quantità di generi di conforto specie quando una campagna si prolunga per diversi anni è perfettamente naturale, ma i tedeschi esagerarono in questo senso.

Le mancanze del sistema logistico e la carenza di alcuni capi di equipaggiamento durante l'inverno 1941-1942 furono la diretta conseguenza dell'impreparazione tedesca. La straordinaria forma fisica dei russi, che consentiva loro di combattere anche durante quel gelido inverno, portò molte perdite ai tedeschi e scosse l'autostima dei soldati.

IV: Peculiarità del metodo di combattimento russo

Durante il corso della guerra i russi resero le loro tattiche sempre più simili a quelle tedesche. Nel momento in cui lanciarono le loro prime grandi offensive, i loro metodi di eseguire minuziosi attacchi pianificati, di organizzare un massiccio fuoco di supporto e di stabilire sistemi difensivi mostravano delle evidenti tracce dell'influenza tedesca. Ciò che distinse le loro operazioni nel corso della guerra è la totale noncuranza per il valore della vita umana, che trovava una sua dimostrazione nell'impiego di masse di uomini anche per attacchi locali. Altre due caratteristiche sono peculiari del modo di combattimento dei russi: il loro rifiuto ad abbandonare il terreno conquistato e la loro capacità di improvvisare in ogni situazione.

La fanteria, spesso montata su carri armati o camion, talvolta disarmata, era spinta avanti a ondate su ondate, senza alcun riguardo per le perdite. Questi assalti di massa erano pesanti per i nervi dei tedeschi, il che si rifletteva nel consumo di munizioni. I russi non erano soddisfatti di dominare un'area con le armi pesanti o i carri armati, dovevano occuparla con la fanteria. Anche quando si perdevano ottanta uomini su cento, se i tedeschi non riuscivano a riconquistare il terreno con un attacco immediato, i restanti venti avrebbero difeso il terreno guadagnato. In questi casi, la velocità con cui i soldati scavavano le posizioni e con cui i comandanti inviavano rinforzi e armi pesanti erano esemplari.

Una veloce valutazione della situazione e una reazione istantanea erano necessari per sfruttare ogni singolo momento di debolezza che si dovesse presentare dopo il successo iniziale di un attacco russo. Questo era altrettanto vero nel caso di un attacco tedesco vittorioso. Sotto l'impressione di avere duramente battuto e disperso il nemico dopo un giorno di combattimenti, a volte i tedeschi si rilassavano e rimandavano all'indomani il proseguimento delle operazioni. Ogni volta pagarono caro l'aver sottovalutato i propri avversari.

La condotta delle truppe russe nell'intervallo tra due grandi combattimenti merita un'analisi attenta perché fornisce indizi su cosa ci si deve aspettare nella battaglia seguente. La raccolta d'informazioni era complicata dall'attenzione che i comandanti russi danno alla segretezza dei piani nella fase di preparazione e durante la costruzione delle linee difensive. L'efficacia della segretezza e l'adattabilità al terreno erano dimostrate dal dividersi e dal raggrupparsi delle forze. Anche se la velocità con cui i comandanti russi effettuavano dei raggruppamenti improvvisati di grandi formazioni è un tributo alla loro abilità, la velocità con cui i soldati si muovevano da una zona d'attacco a un'altra appare a volte incredibile. Vedere alcuni soldati muoversi nella neve a grande distanza spesso non sembra avere alcun significato specifico, tuttavia un'osservazione costante e un attento conto delle truppe nemiche spesso rivelavano un cambio sorprendentemente rapido nella situazione avversaria.

Se i tedeschi organizzavano frettolosamente una ricognizione in forze, questa, a causa della vigilanza dei fucilieri russi e della presenza dei campi minati, generalmente non riusciva ad ottenere i risultati previsti. In circostanze favorevoli, la pattuglia poteva rientrare tra le proprie linee con un singolo prigioniero, appartenente a unità dei servizi o che era stato appena arruolato. Il comando russo manteneva uno stretto riserbo, e i singoli soldati sapevano molto poco sulle intenzioni delle proprie unità. La conseguente mancanza d'informazioni riguardo le intenzioni offensive dei russi non dava quindi alcuna assicurazione del fatto che forti forze russe non avrebbero lanciato un attacco in quell'area nei giorni seguenti.

Durante le maggiori festività sovietiche, i tiratori scelti russi tentavano di migliorare il loro punteggio e in questi giorni i soldati tedeschi dovevano stare particolarmente attenti. In generale, comunque, gli attacchi russi potevano avere luogo ogni giorno, a ogni ora, su qualsiasi tipo di terreno e con qualsiasi tempo.

Questi attacchi dovevano la loro efficacia principalmente dall'ottenimento e dallo sfruttamento della sorpresa, fini per i quali i russi utilizzavano tattiche d'infiltrazione sia lungo fronti statici che durante le operazioni mobili. I russi erano maestri nel penetrare le linee tedesche senza alcuna preparazione o fuoco di supporto visibile, e di paracadutare o infiltrare intere squadre o plotoni senza destare sospetto. I soldati russi, sfruttando i vantaggi offerti dalle ore di oscurità, dal riposo di mezzogiorno, dal terreno, dalle condizioni del tempo o da attacchi diversivi, potevano infiltrarsi in una posizione nemica o aggirarla. Attraversavano a nuoto fiumi, si muovevano silenziosi attraverso le foreste, scalavano scogliere, indossavano abiti civili o uniformi tedesche e si infiltravano nelle colonne tedesche in marcia; insomma, in un attimo erano ovunque! Solo con un immediato contrattacco potevano venire respinti o annientati, ma se i tedeschi non riuscivano ad organizzare un'azione di contrasto, i reparti infiltratisi si trinceravano tenacemente e ricevevano rinforzi in poche ore: erano come una piccola fiamma che in poco tempo si trasformava in un grande incendio. Unità russe che si erano infiltrate nelle linee tedesche potevano resistere per giorni interni, nonostante fossero completamente circondate e soffrissero grandi privazioni. Resistendo, tenevano impegnate grandi forze tedesche, e i russi potevano utilizzare il terreno conquistato come base di lancio per future operazioni.

V: Ordini di combattimento russi

Gli ordini di combattimento dati ai comandanti delle piccole unità erano molto semplici, in contrasto con il fiume di propaganda versato dai commissari politici che spesso utilizzavano un linguaggio fiorito per fare colpo sui semplici soldati e accrescerne il morale. Gli ordini consistevano di alcune linee tracciate su una delle loro eccellenti mappe in scala 1:50.000 indicanti le posizioni amiche e nemiche, e una freccia su un toponimo sottolineato indicava l'obiettivo della missione. Normalmente dettagli come la presenza di carri armati, dell'artiglieria, delle armi pesanti e del supporto aereo tattico erano mancanti, dal momento che di frequente le missioni dovevano essere svolte senza alcun supporto.

D'altro canto, sarebbe ingiusto non sottolineare come questi dettagli fossero molto curati dai quadri superiori e intermedi. Dove nelle prime fasi della campagna ordini di divisione e di reggimento catturati mostravano una tendenza all'uso di formule stereotipate e un'eccessiva attenzione al dettaglio, con il prosieguo della guerra il lavoro degli stati maggiori migliorò notevolmente sotto questi aspetti.

capitolo 2 - Armi e Servizi

I: Generale

Il piano di Hitler per l'invasione della Russia prevedeva la distruzione del nucleo principale dell'esercito russo nella parte occidentale della Russia europea. Una rapida offensiva doveva portare a consolidare una linea che approssimativamente andava dal Volga ad Arcangelo. Lungo questa linea, l'esercito tedesco avrebbe dovuto fare da schermo tra Europa e la Russia asiatica.

L'esecuzione dell'operazione fu affidata a tre Gruppi d'Armate. Il Gruppo d'Armate Centro doveva distruggere le forze nemiche in Bielorussia, quindi ruotare a nord per distruggere le forze nemiche nell'area del Baltico. Quest'obiettivo doveva venire raggiunto con la collaborazione del Gruppo d'Armate Nord, che doveva avanzare dalla Prussia Orientale in direzione di Leningrado. Il Gruppo d'Armate Sud doveva effettuare un doppio accerchiamento a sud delle paludi del Pripyat, e distruggere le Divisioni russe che difendevano l'Ucraina prima che queste potessero ritirarsi al di là del Dnepr. In quest'area l'obiettivo principale era Kiev, e il successivo l'occupazione della zona altamente industrializzata del bacino del Donets.
Una volta che l'ala settentrionale e meridionale avessero fatto sufficienti progressi, tutti gli sforzi sarebbero stati rivolti alla conquista di Mosca, la cui importanza come centro politico ed economico era stata pienamente riconosciuta. L'intera campagna doveva essere conclusa prima dell'inverno, e il collasso del governo sovietico era previsto fin dalle prime fasi dell'invasione.

La ricostruzione dello sviluppo delle operazioni non è contemplato tra gli scopi di questo studio, tuttavia la conoscenza dei piani con cui l'invasione fu condotta può servire a dare una migliore comprensione della serie di azioni che coinvolsero la 7ª Compagnia di un Battaglione di fanteria tedesco durante il cruciale inverno 1941-1942. Quest'unità collaborava a controllare le linee di rifornimento alle spalle di due Armate tedesche che tenevano il saliente di Vyazma-Rzhev a ovest di Mosca.

Le azioni di fanteria incluse di questo capitolo illustrano il combattimento in condizioni climatiche estreme, in particolare con temperature sotto lo zero, nel cuore della Russia Europea. Fu sotto queste condizioni avverse, che ostacolavano le operazioni corazzate, che i Battaglioni e le Compagnie di fanteria tedesche dimostrarono le loro capacità ed efficienza nel combattimento. Una serie di altri cinque resoconti descrivono le azioni del II Battaglione di un Reggimento di fanteria tedesco che combatté fino alla fine nella sacca di Stalingrado. I restanti esempi sono stati inseriti per completare l'immagine dei combattimenti delle unità di fanteria tedesca in condizioni climatiche estreme.

II: Attacchi limitati tedeschi a sud di Leningrado (settembre 1941)

Il Gruppo d'Armate Nord, dopo la sua avanzata lampo attraverso gli stati baltici durante i primi giorni della campagna russa, arrivò alle porte di Leningrado, dove i russi lottavano duramente per ogni centimetro di terreno. Durante la tarda estate del 1941, i tedeschi stavano lentamente creando un anello d'acciaio intorno alla città, che era stata pesantemente fortificata dai russi. A metà settembre al 490° Reggimento di fanteria [della *269ª Infanterie-Division*, NdC] fu affidato il compito di eliminare i centri di resistenza russi che si trovavano approssimativamente 25 chilometri a sud di Leningrado, nell'area a nord del fiume Izhora tra Romanovka e Slutsk. Lunga la strada che il Reggimento doveva percorrere si trovava un numero imprecisato di bunker e postazioni difensive costruite sulle colline che dominavano il fiume Ižora. Queste postazioni dovevano essere neutralizzate per consentire ai tedeschi di avere delle linee di comunicazione sicure durante la loro avanzata su Slutsk[3]. Nella serata del 13 settembre il Reggimento attraversò il fiume a sud di Gorki e trascorse la notte in quel villaggio. L'attacco contro le colline tenute dai russi doveva avere inizio il giorno seguente, con il I e II Battaglione avanzanti lungo la valle del fiume e il III a proteggere il loro fianco settentrionale (Mappa 2).

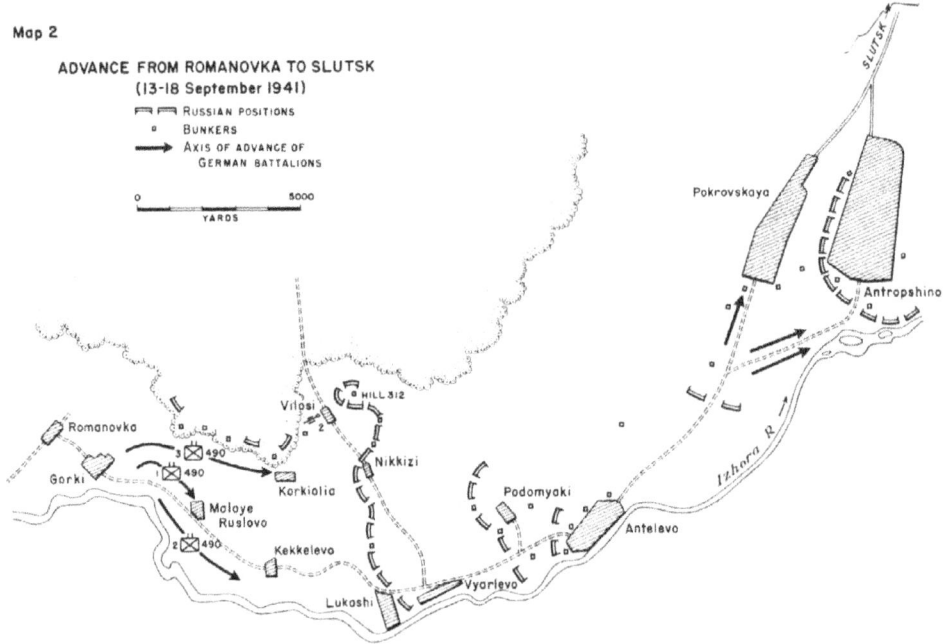

Legenda: Posizioni russe – Bunker – Asse d'avanzata dei Battaglioni tedeschi

Si sapeva molto poco sia sulle condizioni del terreno sia sulle fortificazioni russe nell'area. Le mappe tedesche, così come quelle nemiche precedentemente catturate, erano largamente inadeguate o inaccurate. Per questi motivi il comandante del III Battaglione decise di compiere un'accurata ricognizione prima di attaccare. La ricognizione occupò l'intera mattinata, e fu solo verso mezzogiorno che l'attacco contro i bunker russi fuori Gorki ebbe inizio. Gli elementi avanzati dell'attacco erano tre squadre di demolizione equipaggiate con lanciafiamme e cariche cave. La cattura del primo bunker prese solo

---

[3] Ribattezzata Pavlovsk nel 1944, NdT.

alcuni minuti, e i tedeschi si stavano apprestando ad attaccarne un secondo quando due obici russi piazzati in un campo di grano a ovest di Vilosi entrarono in azione.

L'artiglieria reggimentale fu messa in allerta e distrusse i due obici e un vicino deposito di munizioni. Alle 16:00 le squadre di demolizione avevano catturato un secondo bunker e si apprestavano ad assalire il terzo, che presumibilmente era anche l'ultimo. Mezz'ora dopo questo bunker era in mani tedesche. I genieri si erano appena ritirati per prendersi un po' di meritato riposo, quando il I Battaglione avanzante da sud scoprì altri due bunker, uno dei quali era a circa un chilometro da Vilosi. Le squadre di demolizione distrussero i due bunker in breve tempo, aprendo così la via all'avanzata del III Battaglione verso la quota 312 a nord est di Vilosi. Continuando il suo attacco, il III battaglione ottenne alcuni piccoli guadagni territoriali nella serata del 14 settembre, ma si fermò alle 20.15 e si ritirò a Vilosi per trascorrere la notte. Gli altri due Battaglioni avevano guadagnato poco terreno durante il giorno, e passarono la notte tra il 14 e il 15 settembre sul limitare orientale di Vyarlevo. Durante la notte i bombardieri russi sganciarono bombe in un'area molto vasta, colpendo anche le proprie truppe.

La cattura della quota 312, pesantemente fortificata, che era stata stabilita per il giorno seguente, prometteva di essere molto difficile. L'ora H fu fissata per le 06.00, ma l'attacco dovette venire posposto fino al pomeriggio perché durante la mattinata fu necessario da parte del III Battaglione inviare tre pattuglie in ricognizione per controllare il terreno.
Una delle pattuglie, guidata dal Tenente Thomsen, doveva esplorare le colline tra Korkiolia[4] e Lukashi, per determinare se e con che forza fossero occupate dai russi. La seconda pattuglia, sotto il Sergente Ewald, doveva controllare l'area a nord della collina 312 per verificare la disposizione e la forza del nemico, e di individuarne eventuali punti deboli nella sua linea difensiva.
La pattuglia Thomsen stava avanzando lentamente a est verso Korkiolia, quando fu intercettata e bloccata a terra dal nemico. Nel seguente scontro a fuoco la pattuglia fu in grado di identificare un certo numero di bunker e di postazioni fortificate e di comunicarne i necessari dati sull'obiettivo al comandante del III Battaglione. Poco tempo dopo queste postazioni fortificate furono distrutte dal fuoco accurato dell'artiglieria reggimentale. Dopo avere completato la missione, la pattuglia Thomsen rientrò al quartier generale del Battaglione.

A mezzogiorno, al comando del Battaglione non era ancora giunta alcuna comunicazione da parte della pattuglia Ewald. Poiché l'attacco non poteva più venire rinviato oltre, al Tenente Hahn, comandante della 9ª Compagnia venne ordinato di catturare la collina.

Alle 12:30 Hahn radunò la forza d'assalto, che oltre alla 9ª Compagnia, comprendeva un plotone mitraglieri e uno mortai, una squadra di demolizione composta da due genieri equipaggiati con lanciafiamme e cariche cave, ed un osservatore d'artiglieria. Dal momento che la pattuglia del Sergente Ewald non era rientrata, per l'attacco erano disponibili solo due Plotoni guidati dai Sergenti Borgwardt e Timm. La forza d'attacco avanzò in formazione estesa passando attraverso i boschi a ovest e a nord ovest di Vilosi raggiungendo un punto a nord della collina apparentemente senza attrarre l'attenzione del nemico. Da qui il Tenente Hahn identificò un Bunker sulla cima della collina 312 e due

---

[4] Probabilmente il villaggio di Korpikyulya, NdT.

posizioni fortificate sulle sue pendici settentrionali. Le fortificazioni erano pesantemente occupate. Prima che si potesse completare l'osservazione, il nemico individuò i tedeschi, aprì il fuoco e li costrinse al suolo.

L'osservatore d'artiglieria aggregato alla forza d'assalto richiese il fuoco diretto degli obici, tuttavia, anche se il bunker ricevette due colpi diretti esso sembrò avere accusato pochissimi danni. Hahn comunicò la situazione al comando che ordinò di proseguire nell'attacco.

Il ritorno nelle proprie linee di una pattuglia tedesca con prigionieri e feriti.

I Plotoni Borgwardt e Timm erano nei pressi della quota 312 e si avvicinarono alla sua base attraverso la macchia che si estendeva dal limitare del bosco fino alla collina. Il Plotone Borgwardt era a destra e il Plotone Timm a sinistra; il secondo doveva supportare l'avanzata di Borgwardt su per la collina e quindi occuparsi del bunker sulla cima non appena Borgwardt fosse penetrato nelle due postazioni sulle pendici della collina. Mentre i due Plotoni iniziavano la salita, le due Squadre mitraglieri e mortai si misero in posizione al limitare della foresta a nord della quota 312. Il personale del Comando di Compagnia doveva agire come forza di copertura, dal momento che si aspettava l'arrivo di una forza di soccorso nemica da un momento all'altro.

Il fuoco degli obici fallì ancora una volta nel mettere fuori uso il bunker in cima alla collina. Mentre i proiettili degli obici esplodevano in cima e attorno al bunker, gli uomini di Borgwardt cercavano di avanzare silenziosamente su per la collina, arrampicandosi verso le due postazioni sulle pendici mentre l'attenzione degli occupanti era focalizzata sulle mitragliatrici e i mortai al limitare del bosco a nord della collina. Il Plotone Borgwardt irruppe nella posizione cogliendo il nemico completamente di sorpresa.

Mentre gli uomini di Borgwardt erano impegnati a prendere le due posizioni sulle pendici, gli uomini di Timm proseguirono su per la collina e riuscivano a prendere il bunker con l'aiuto dei genieri, i cui lanciafiamme e cariche cave ebbero successo dove l'artiglieria aveva fallito. Proprio quando l'operazione sembrava avere ottenuto un pieno successo, il personale rimasto al limitare del bosco a nord della collina fu attaccato alle spalle da una forza di circa 50 russi. Hahn ordinò all'appena arrivata pattuglia Ewald di trattenere i russi mentre il resto della forza d'assalto seguiva gli elementi che avevano catturato la collina. Una volta arrivati in cima questi mettevano le proprie armi in posizione sparando efficacemente contro i russi e respingendone l'attacco. Dalla cima della collina Hahn vide che il I Battaglione, che non era più sottoposto al fuoco sul fianco proveniente dalla quota 312, riusciva a penetrare con successo le postazioni russe a ovest di Nikizi. Immediatamente prese contatto con il comandante del Battaglione e iniziò a prepararsi per difendere la collina contro un potenziale contrattacco russo. Questa precauzione dovette essere presa in fretta, dal momento che l'osservatore d'artiglieria in cima alla collina notò che forze russe si stavano radunando per un contrattacco nei boschi a nord e a nord est della quota 312. Comunque i russi persero tutto l'entusiasmo per l'attacco dopo che l'artiglieria tedesca ebbe sparato alcuni proiettili ben mirati in mezzo a essi.

Dopo la presa della collina il pomeriggio del 15 settembre, il III Battaglione continuò la sua avanzata sulla sinistra del 490° Reggimento di fanteria. La resistenza russa era debole e il Battaglione ebbe poca difficoltà nell'occupare Podomyaki[5] poiché i russi avevano evacuato le posizioni fortificate a ovest del villaggio e si erano ritirati presso Antelevo.

La mattina del 17 settembre il III Battaglione si preparava ad avanzare da nord-ovest verso Antelevo, che i russi sembrava difendessero in forze. Le posizioni russe erano a nord e a est del villaggio ed erano situate in posizione elevata che dominava il terreno attraverso cui il III Battaglione avrebbe dovuto avanzare a sud e a est Antelevo, era protetta dal fiume Ižora. All'alba, una pattuglia in ricognizione della 9ª Compagnia identificò due bunker di cemento e postazioni fortificate dentro e attorno Antelevo. Le sezioni settentrionale e occidentale del villaggio erano tenute da un Battaglione. Gli obici e i cannoni anticarro tedeschi spararono contro i bunker, con pochi effetti riscontrabili. Una volta ancora era necessario usare le cariche cave per distruggere i bunker nemici, ma i lanciafiamme, che si erano dimostrati tanto utili contro le postazioni fortificate nemiche, non potevano più essere utilizzate in quanto la riserva di combustibile era terminata.

Con un inaspettato colpo di fortuna, la pattuglia in ricognizione riuscì a catturare un avamposto russo i cui collegamenti telefonici con il posto di comando reggimentale ad Antelevo erano ancora attivi. Il Comandante di Battaglione tedesco interrogò immediatamente il telefonista russo e ottenne l'ultimo nome in codice. Il suo passo successivo fu di mettere alla prova la sua conoscenza del russo. Usando il nome in codice dell'operatore russo catturato, chiamò il comandante del Reggimento sovietico. Questi fu apparentemente ingannato, ma non divulgò nessuna informazione utile, salvo che era determinato a tenere Antelevo.

Quando l'ufficiale tedesco divenne più insistente nell'ottenere informazioni, ciò accrebbe il sospetto dell'ufficiale russo che cambiò il suo tono di voce. Il tedesco quindi cercò un approccio più diretto domandando la resa del Reggimento ad Antelevo ma questa richiesta fu seccamente respinta.

---

[5] Probabilmente si tratta del villaggio di Pudomyagi, NdT.

Il comandante del 490° Reggimento di fanteria decise di radunare le proprie forze e di attaccare direttamente Antelevo. Durante il pomeriggio del 17 settembre schierò il I e il III Battaglione rispettivamente a ovest e a nord del villaggio, e lanciò un attacco contro le fortificazioni nemiche dopo una violenta preparazione di artiglieria. Ancora una volta le Squadre di demolizione riuscirono nel loro compito in maniera esemplare, mettendo rapidamente fuori uso un bunker russo dopo l'altro. I russi avevano apparentemente considerato questi bunker inespugnabili, e non appena questi caddero, si diedero alla fuga in disordine abbandonando la maggior parte dell'equipaggiamento, e per la notte Antelevo era saldamente in mani tedesche.

Con la caduta di Antelevo la resistenza russa sembrò disintegrarsi lungo la linea di avanzata del Reggimento, con l'eccezione di un breve scontro all'incrocio stradale a sud di Antropshino. Qui i russi cercarono di fermare l'avanzata tedesca lungo posizioni preparate ma fallirono nell'intento. Dopo questo rallentamento i tedeschi avanzarono a ventaglio e raggiunsero Slutsk il 18 settembre, il III Battaglione attraverso Prokovskaya e il I e il II attraverso Antropshino. Dopo il suo arrivo a Slutsk il Reggimento stabilì i collegamenti con la 121ª Divisione di fanteria che aveva catturato la città in precedenza.

Un gran numero di lezioni possono essere apprese da questa operazione.
Primo, tutte le unità reggimentali avevano condotto un'attenta ricognizione del terreno, dal momento che le loro mappe e quelle catturate dai russi erano inadeguate o imprecise. Quando uno dei comandanti reggimentali trascurò di compiere un'attenta ricognizione, la sua unità fu messa in pericolo da un'imboscata russa.

I tedeschi furono in grado di catturare i bunker russi subendo un minimo di perdite, impiegando esperte Squadre di demolizione. Ogni membro di queste squadre era stato accuratamente addestrato ed era molto abile a svolgere il proprio compito.

La cattura delle postazioni russe la mattina del 17 settembre fornì ai tedeschi informazioni sulle intenzioni e sulla disposizione delle forze russe che furono prontamente sfruttate. Il comandante di Battaglione commise un errore di valutazione quando tentò di estorcere informazioni al comandante nemico; questo era un tentativo che andava affidato ad un abile interprete esperto nelle tecniche d'interrogatorio.

I russi lanciarono un'azione ritardante nel corso della quale più volte fallirono nello sfruttare il vantaggio del terreno favorevole e delle postazioni preparate. Il combattimento contro la guarnigione di Antelevo è esemplificativo di come i russi potevano venire facilmente demoralizzati quando si trovavano in una situazione inaspettata. Quando le Squadre di demolizione distrussero i bunker con le cariche cave, i russi caddero nel panico e istintivamente fuggirono come spesso accadde nei primi mesi della campagna.

III. La 7ª Compagnia contrattacca durante una tempesta di neve

Quest'azione è tipica dei combattimenti nel tardo autunno 1941, quando la resistenza russa inizio a irrigidirsi a ovest di Mosca, e le poco equipaggiate truppe tedesche dovettero radunare tutte le loro energie per continuare ad avanzare verso la capitale nemica.

Nel novembre 1941 il 464° Reggimento della 253ª Divisione di fanteria tedesca stava occupando delle fortificazioni circa 100 chilometri a nord est di Rzhev. Sul fianco destro del Reggimento si trovava la quota 747 (Mappa 3).

Dal momento che la collina offriva un eccellente visuale delle retrovie tedesche i russi avevano fatto diversi tentativi per conquistarla, in uno sforzo teso a minare la posizione del 464° Reggimento.
La collina aveva cambiato di mano diverse volte, ma era adesso saldamente occupata dai tedeschi. La presenza, confermata da diverse ricognizioni, di armi pesanti inclusi alcuni cannoni d'assalto, faceva crescere la sensazione che i russi si stessero preparando a lanciare un altro attacco contro la collina. Per questo motivo il comandante del Reggimento ritirò la 7ª Compagnia dal settore che stava tenendo, e la portò sul fianco destro.
Il Tenente Viehmann, comandante della 7ª Compagnia, dopo avere fatto rapporto al comando di Battaglione intorno a mezzogiorno, effettuò una ricognizione del terreno insieme ai suoi comandanti di plotone sotto una pesante nevicata. Non appena il gruppo fu rientrato dalla ricognizione, si udì del fuoco di mitragliatrici e mortai provenire dalla quota 747, ma sul momento il comandante della Compagnia diede poca importanza a questo fatto. All'arrivo al comando del Battaglione, tuttavia, apprese che i russi, sfruttando il vantaggio della tempesta di neve, avevano catturato la collina di sorpresa senza il supporto dell'artiglieria e dei mortai. Un contrattacco immediato lanciato dalle truppe tedesche fallì nello sloggiare i russi.

Viehmann ricevette pertanto l'ordine di riprendere la collina con un attacco di sorpresa che doveva essere lanciato alle 22:00. Il Comando reggimentale aggregò alla compagnia un Plotone di mortai medi e un Plotone di cannoni leggeri da fanteria [*mittlere Granatwerfer 34* da 8 cm e *leichte Infanterie Geschütze 18* da 7.5 cm, NdC] e promise il supporto dell'artiglieria. Viehmann formò tre gruppi d'assalto e si diresse alla posizione di partenza vicino alle linee nemiche utilizzando la copertura data dall'oscurità. La Compagnia di fanteria a destra doveva attrarre l'attenzione dei russi al momento dell'attacco vero e proprie, mentre la compagnia a sinistra doveva fornire fuoco di supporto agli attaccanti. L'artiglieria e le armi pesanti dovevano aprire il fuoco su obiettivi prefissati non appena avesse ricevuto i segnali luminosi corrispondenti.

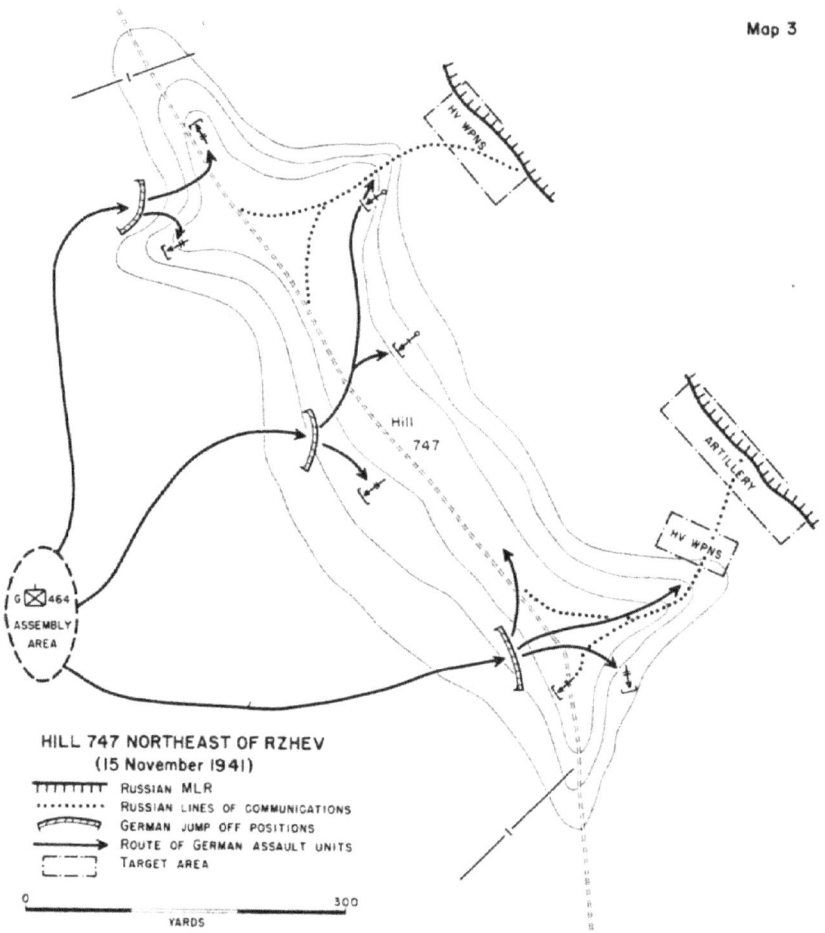

Legenda: MLR russa – Linee di comunicazione russe – Posizioni di partenza tedesche – Percorso delle unità d'assalto tedesche – Area dell'obiettivo

I gruppi d'assalto tedeschi occuparono le loro posizioni di partenza senza attrarre l'attenzione dei difensori russi. La squadra al centro, guidata da Viehmann, era a solo 35 metri dalla più vicina posizione russa. L'osservazione ravvicinata delle posizioni russe e delle azioni delle attività di alcuni soldati, indicavano che l'attacco tedesco non era stato previsto. Le sentinelle russe stavano tremando dal freddo e non erano in allerta. Le razioni e i rifornimenti venivano distribuiti. Non lontano dal posto di osservazione di Viehmann, un distaccamento stava scaricando pellicce e Valenki da una slitta.

Le squadre d'assalto tedesche assalirono urlando le posizione russe alle 22.00. L'attacco confuse i russi, che abbandonarono ogni cosa e cercarono di raggiungere le retrovie. La loro fuga fu però bloccata dagli altri due gruppi d'assalto, che all'inizio dell'attacco avevano aggirato i lati della collina tagliando le linee di comunicazione russe. Ignorando l'attacco, le armi pesanti e l'artiglieria russe rimasero in silenzio per tutto il corso dell'azione. Al lancio dei segnali luminosi l'artiglieria tedesca aprì un fuoco di sbarramento sulla parte della collina ancora in mano ai russi. Due mitragliatrici russe, che coprivano i due fianchi, resistettero a oltranza prima di venire messe a tacere in un combattimento corpo a corpo.

Dopo 45 minuti la collina 747 era completamente in mani tedesche, la loro principale linea di resistenza era stata rioccupata e le comunicazioni con le unità vicine stabilite. Furono catturati circa 60 prigionieri, 7 mortai medi, 5 mitragliatrici pesanti, 3 cannoni anticarro e una gran quantità di munizioni. Al mattino furono trovati 70 russi morti, mentre dei cinque tedeschi colpiti solo un soldato era gravemente ferito.

La maniera con cui i russi sfruttarono la tempesta di neve per condurre un attacco di sorpresa, senza l'utilizzo di artiglieria o mortai di supporto, è tipico del metodo di combattimento invernale russo.

I russi lanciarono il loro attacco prima che l'equipaggiamento invernale fosse stato distribuito, e alcuni soldati indossavano ancora le leggere uniformi estive. Come stimolante, ad ogni soldato vennero distribuite cinque tavolette di una sostanza che aveva un effetto simile all'alcool e una generosa razione di zollette di zucchero. Lo zucchero e le tavolette erano state distribuite probabilmente per contrastare l'effetto delle basse temperature, scese a -25°. Una volta che l'effetto di questi stimolanti fu cessato, comunque, gli uomini iniziarono a sentire molto freddo e i loro sensi si ottenebrarono, come fu osservato nel caso delle sentinelle russe. Durante l'assalto tedesco per ricatturare la collina 747, i soldati russi apparirono sensibili al freddo tanto quanto lo erano i tedeschi. Questo deve essere considerato, tuttavia, un caso isolato, dal momento che i soldati russi apparivano generalmente in grado di sopportare temperature estremamente rigide. Allo stesso tempo indica che alcune unità russe erano insufficientemente preparate per il combattimento invernale, e dovettero improvvisare alcune misure protettive contro il brusco freddo di quel inizio inverno.

IV: La 7ª Compagnia opera nella neve alta (Gennaio 1942)

Il 13 gennaio, alla 7ª Compagnia del 424° Reggimento di fanteria fu ordinato di fornire protezione contro i raid dei partigiani alle linee di rifornimento della Divisione, che passavano da Toropets attraverso il Villaggio M e il Villaggio O (vedi mappa 4). A questo scopo la Compagnia fu rinforzata con due mitragliatrici pesanti, due mortai da 8 cm e un Plotone anticarro.

La sera del 14 gennaio la Compagnia raggiunse a bordo di camion il Villaggio O, 8 chilometri a est del villaggio M. All'arrivo al Villaggio O, un'unità di rifornimento che stava ripiegando a est verso Rzhev a causa dell'offensiva russa informò la Compagnia che un forte contingente di truppe russe proveniente da nord aveva tagliato la linea di rifornimento tedesca nella foresta, a ovest del villaggio N. Usando lavoratori civili, i russi avevano costruita una strada lunga circa 30 chilometri che aggirava Toropets da est passando attraverso la foresta. Il comandante della Compagnia, il Tenente Viehmann, decise di mettere in sicurezza il Villaggio O, passare la notte lì e il giorno seguente continuare a procedere verso ovest per vedere cosa si poteva fare. Nella notte, alcuni civili russi scapparono dal villaggio, e, preso contatto con le truppe russe le informarono sul numero e sulle posizioni dei tedeschi.

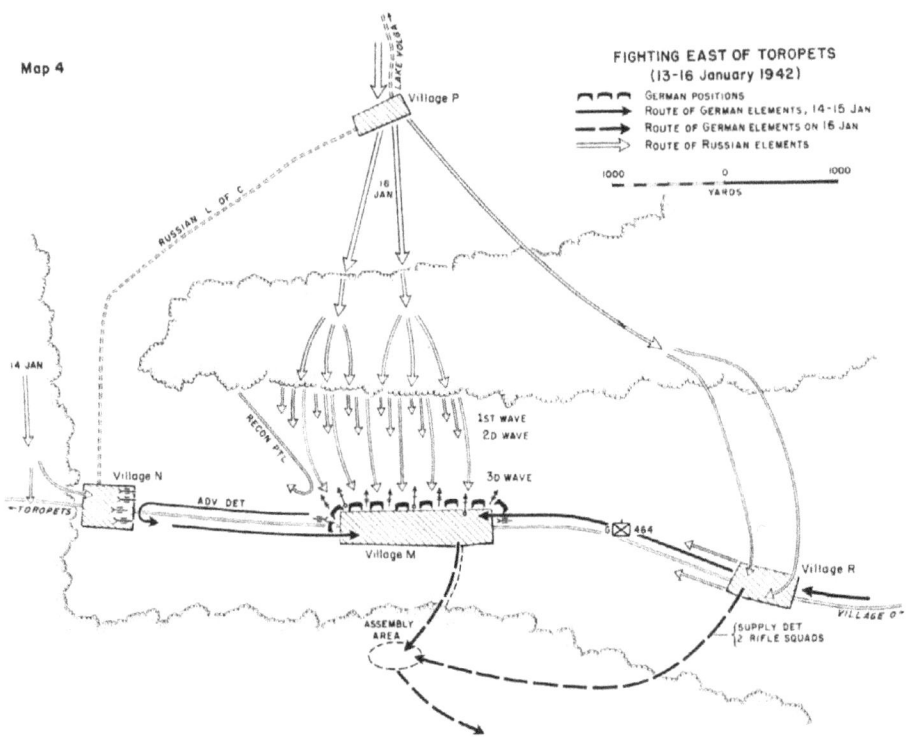

La mattina del 15 gennaio, dopo avere stabilito dei distaccamenti di sicurezza, la Compagnia partì da O e raggiunse il Villaggio M senza avere notizia del nemico. Non appena gli elementi avanzati della Compagnia raggiunsero il Villaggio N, notarono un gran numero di soldati in uniforme tedesca che faceva cenni dalla strada. Che non fossero soldati tedeschi divenne evidente quando un cannone controcarro che si muoveva alle spalle delle unità avanzate si trovò sotto il fuoco nemico. Gli altri cannoni anticarro della Compagnia coprirono la ritirata degli elementi avanzati al Villaggio M, dove si riunirono con il resto della Compagnia. In questo scontro fu perso il trattore d'artiglieria di uno dei pezzi controcarro. I russi, tuttavia, non proseguirono con il loro attacco.

Nel Villaggio M la Compagnia stabilì una linea di difesa contro un attacco da nord e da ovest, e cercò di stabilire il numero e le intenzioni delle opponenti forze russe. Da un punto elevato del villaggio M era possibile osservare il limitare orientale del Villaggio N, dove i russi stavano costruendo posizioni nella neve e mettendo in posizione di tiro quattro cannoni controcarro. Durante le ore di oscurità la compagnia G costruì posizioni nella neve lungo il limitare nord e il limitare ovest del villaggio. La summenzionata unità di rifornimento prese il controllo del villaggio R, circa due chilometri ad est del villaggio M, e prese le necessarie misure per prevenire un attacco da nord.

Durante la notte del 15-16 gennaio, le pattuglie di ricognizione riferirono che i russi stavano continuando i loro lavori di fortificazione e che le loro linee di rifornimento partivano dal Villaggio N in direzione nord.

Il 16 gennaio tra le 04.00 e le 05.00 una pattuglia di ricognizione russa su sci, formata da circa 50 uomini, si avvicinò all'angolo nord-occidentale del villaggio M. Anche se la pattuglia era stata individuata, fu consentito loro di avvicinarsi molto al villaggio prima di aprire il fuoco. Una decina di uomini della pattuglia fuggirono, tre vennero catturati e i restanti rimasero uccisi prima che raggiungessero le linee tedesche.

Secondo le affermazioni dei tre prigionieri, due Divisioni russe dovevano muovere a sud attraverso il Villaggio M, che avrebbe dovuto venire catturato il 16 gennaio insieme al Villaggio R. Quello che i prigionieri non sapevano, o rifiutarono di dire, era che i russi, attaccando in forze attraverso il lago Volga, avevano sfondato le linee tedesche a ovest della 253ª Divisione di fanteria due giorni prima, e che adesso si stavano muovendo verso sud. Così, Viehmann era all'oscuro della reale situazione tedesca.

Dal momento che i russi nel villaggio N rimanevano passivi, Viehmann decise di concentrare le difese del villaggio sul fronte nord. La neve profonda causò alcune difficoltà: le mitragliatrici, ad esempio, dovettero venire montate sui treppiedi antiaerei per ottenere un adeguato campo di tiro

Verso le 8.00 del 16 gennaio, il posto d'osservazione della Compagnia individuò tre colonne russe, in movimento verso sud attraverso la foresta a nord del Villaggio M. Con l'eccezione di cannoni anticarro, queste unità non sembravano essere equipaggiate con armamento pesante. Verso le 10.00 i primi russi emersero dal limitare su della foresta a circa un chilometro dalle posizioni tedesche. Alle 12.00 la colonna centrale russa e la colonna di destra attaccarono con cannoni anticarro e fanteria. Poco prima di quest'attacco la Compagnia G aveva distaccato due squadre fucilieri al villaggio R dal momento che la Colonna sinistra russa sembrava diretta in quella direzione.

La prima ondata di fanteria russa, forte di circa 400 uomini, emerse dal limitare della foresta lungo un fronte esteso. Era evidente che la neve, profonda un metro, stava causando loro grandi difficoltà. Il fuoco concentrato delle mitragliatrici riuscì a fermare l'attacco russo, che si arrestò dopo circa 200 metri.

Poco dopo, una seconda ondata, all'incirca delle stesse dimensioni, partì all'attacco seguendo i solchi nella neve prodotti dal precedente assalto, e procedendo avanti oltre la linea dei morti. Il fuoco dei cannoni anticarro russi divenne più pesante, diretto contro le postazioni di mitragliatrici identificate dai russi.
Come risultato, diverse mitragliatrici vennero distrutte, mentre le altre erano costrette a cambiare frequentemente posizione per evitare il fuoco dei cannoni russi. La fanteria avanzò di altri 200 metri quindi l'attacco si bloccò di nuovo sotto il fuoco delle armi leggere tedesche. I russi avevano subito pesanti perdite che comunque venivano compensate dai rinforzi che arrivavano a sud dal Villaggio P attraverso la foresta. Viehmann stimò che i russi stavano impiegando forze equivalenti a due reggimenti.

Alle 11.00 la colonna di sinistra russa aveva raggiunto un punto a circa 150 metri dalle posizioni tedesche nel Villaggio R, dove il terreno era più favorevole agli attaccanti che il terreno a nord del Villaggio M. L'unità di rifornimento e le due squadre fucilieri che difendevano R non potevano più essere rinforzate perché la strada che univa i due villaggi era costantemente sotto il fuoco russo.

Il Tenente Viehmann, comprendendo che la sua posizione sarebbe diventata insostenibile entro poche ore, ordinò ai suoi uomini di prepararsi a evacuare il villaggio M. Alcuni uomini con ferite lievi furono inviati ad aprire dei varchi nella neve per aprire una strada dal villaggio verso la foresta a sud; questo avrebbe facilitato la ritirata delle truppe tedesche. Anche le truppe schierate nel Villaggio R dovevano ritirarsi verso la foresta se pressati troppo pesantemente dai russi.

I membri della terza ondata d'assalto russa emersero dal bosco disarmati. Si armarono comunque rapidamente utilizzando le armi dei morti delle precedenti ondate e continuarono l'attacco. Nel frattempo il Villaggio R fu preso dai russi, e i tedeschi si trovarono accerchiati a M anche da est. I tedeschi erano adesso anche a corto di munizioni, avendo sparato fino a quel momento quasi 20.000 colpi.

Alle 13.00 la 7ª Compagnia, dopo avere distrutto i propri mortai e i cannoni anticarro, evacuò il Villaggio M. Viehmann pianificò di prendere contatto con le truppe tedesche nel villaggio O, ritirandosi attraverso la foresta a sud del Villaggio M. Quindi ordinò prima l'evacuazione dei feriti, e poi del nucleo principale della Compagnia, lasciando indietro una mitragliatrice leggera e un cannone controcarro per coprire la ritirata e nasconderla agli occhi dei russi. Dopo che l'equipaggio del cannone ebbe sparato tutte le munizioni, i serventi distrussero i meccanismi di tiro del pezzo e si ritirarono verso la foresta. Circa a metà del percorso verso la foresta si trovarono esposti al fuoco dei russi, che nel frattempo avevano occupato il Villaggio M. I tedeschi riuscirono a ritirarsi senza perdite, in quanto i russi non li inseguirono all'interno del bosco.

Durante i successivi tre giorni la compagnia marciò, senza quasi soste per riposarsi, nella neve profonda che copriva la foresta, affidandosi soprattutto ad una bussola mancando punti di riferimento familiari sul territorio. Il 19 gennaio, dopo avere superato il Villaggio O, che si scoprì occupato dai russi, riuscirono finalmente a prendere contatto con la 253ª Divisione di fanteria tedesca. La Compagnia venne a sapere solo allora che tutte le unità tedesche schierate parallelamente o a sud del lago Volga erano state ritirate.

In quest'azione, la neve profonda rese difficili i movimenti a entrambe le parti, sia per i russi attaccanti sia per i difensori tedeschi. Solo avendo provveduto ad aprire dei percorsi nella neve la 7ª Compagnia riuscì ad evitare di essere circondata dai russi.

L'apparizione di una pattuglia di ricognizione russa in uniforme tedesca era un avvenimento frequente. Tuttavia, il numero dei russi camuffati incontrati nel Villaggio N la mattina del 15 gennaio era insolitamente grande. Come spesso accadde durante l'inverno 1941-1942, i russi attaccarono a ondate su un dato fronte, con ogni ondata che superava la linea alla quale era arrivata l'ondata precedente nella sua avanzata verso l'obiettivo prima di venire distrutta. Diverse ondate iniziarono l'attacco disarmate, recuperando le armi dai corpi dei compagni morti.

V. La fanteria russa attacca una città tenuta dai tedeschi (gennaio 1942)

Mentre le truppe tedesche a ovest di Mosca cercavano di rallentare l'offensiva invernale russa e mantenere le loro preziose linee di comunicazione nella zona di Rzhev-Vyazma, le truppe del Maresciallo Timoshenko[6] lanciavano un forte attacco contro il Gruppo d'Armate Sud. A metà gennaio 1942 attaccarono le posizioni tedesche lungo il Donets, tra Kharkov e Slavyansk[7] ed effettuarono una penetrazione presso Izyum. I russi sfondarono le deboli linee tedesche e avanzarono verso ovest cercando allo stesso tempo di allargare il varco attaccando verso sud. In questa direzione gli obiettivi russi erano Slavyansk e il bacino industriale del Donets, la cui cattura avrebbe portato al collasso del fronte meridionale tedesco.

Le truppe tedesche schierate lungo il Donets non si aspettavano l'offensiva invernale russa in quel settore, dal momento che credevano le unità russe troppo deboli e incapaci di lanciare un offensiva di tale portata.
A causa della mancanza di equipaggiamento invernale, i tedeschi erano stati costretti a lasciare solo alcuni avamposti lungo le rive del fiume e nei villaggi isolati, mentre la maggior parte delle loro forze era nei quartieri invernali nelle retrovie. In molti casi le truppe rimaste non furono in grado di rallentare l'offensiva russa perché il nemico si limitò semplicemente ad aggirarle.

---

[6] Semyon Konstantinovich Timoshenko (1895-1970), Maresciallo sovietico e Commissario del popolo alla difesa. In questo caso agisce in quanto comandate del Fronte Sud Occidentale, NdT.
[7] Probabilmente si tratta di Rahigorodok in Ucraina, e Kristischche, quello che attualmente è il sobborgo settentrionale della città, NdT.

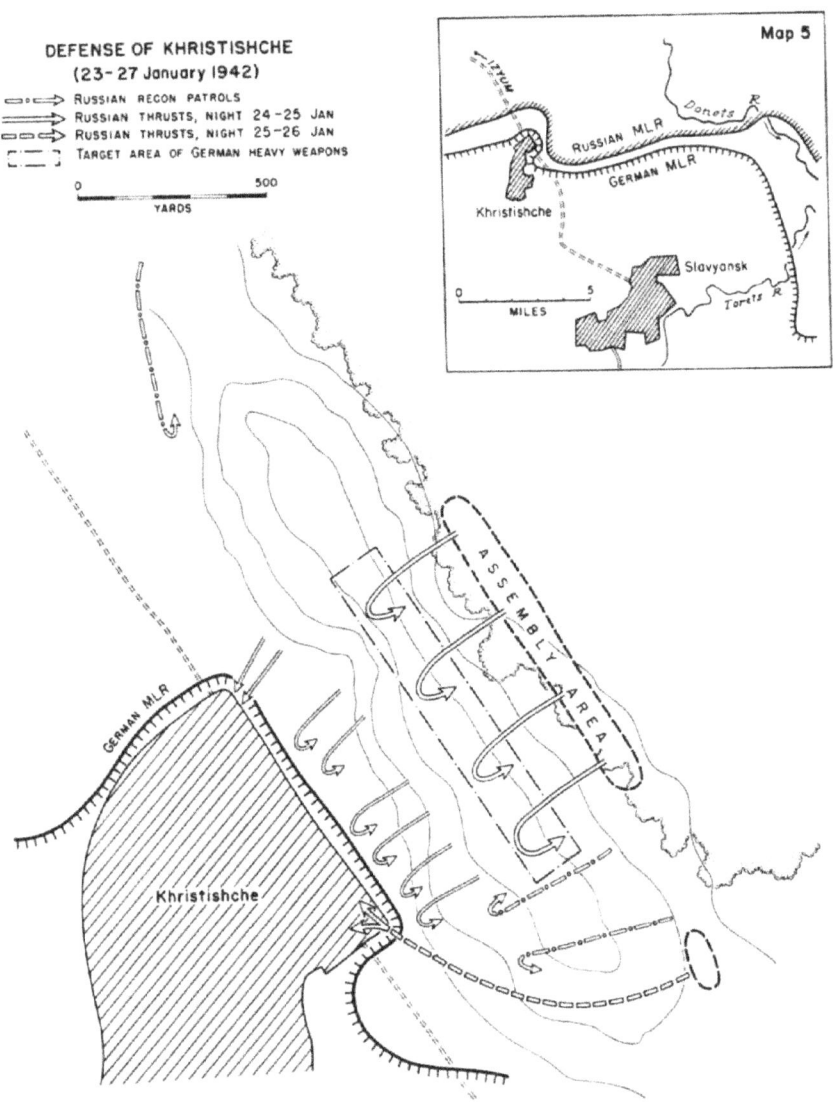

Verso la fine di gennaio la temperatura scese a – 45° e la neve era profonda un metro, il tempo era limpido e prevaleva un freddo vento proveniente da est.
C'era una leggera attività aerea russa, con caccia e bombardieri leggeri che intervenivano occasionalmente con attacchi al suolo. La *Luftwaffe* apparve solo raramente.

Le unità di Timoshenko erano a piena forza, ben armate, equipaggiate appropriatamente per il combattimento invernale e avevano adeguate razioni di cibo. Le truppe tedesche, al contrario erano al 65% della forza prevista e a corto di equipaggiamento e vestiti invernali; le loro razioni erano invece al completo.

Per difendere la città di Khristischche da attacchi provenienti da nord e da est, il I Battaglione del 196° Reggimento di fanteria tedesco doveva bloccare ogni tentativo di avanzata russa lungo la strada per Slavyansk.

A sud, pattuglie da ricognizione dovevano mantenere il contatto con alcune guarnigioni situate in villaggi vicini. A ovest il Battaglione doveva tenersi in contatto con le altre unità del suo Reggimento. Erano state scavate postazioni nella neve al limitare di Khristischche, poiché era impossibile scavare nel suolo ghiacciato. Il campo di tiro del Battaglione si estendeva per due chilometri a nord e a sud. A est si trovava una lunga cresta oltre la quale c'era una grande foresta tenuta da forti forze russe.

Durante la notte del 23-24 gennaio, avanzando verso ovest, un reggimento di fucilieri siberiano con 24 cannoni da 76.2 mm raggiunse un punto a circa un miglio di distanza a nord est di Khristischche e aprì il fuoco su una pattuglia di ricognizione tedesca, costringendola a ritirarsi a sud ovest e a lasciarsi alle spalle un uomo ferito, il quale, una volta catturato, rivelò ai russi la presenza dentro e attorno a Khristischche di due Reggimenti tedeschi.

La mattina del 24 gennaio, una pattuglia esplorante russa della forza di circa un Plotone cercò di avvicinarsi a Khristischche ma fu quasi completamente annientata dal fuoco delle mitragliatrici e dei cecchini tedeschi. Altre pattuglie esploranti russe osservarono la situazione in città da sopra la collina ma non fecero alcun tentativo di avanzare ulteriormente durante il giorno.

Secondo le informazioni ottenute da ufficiale russo catturato in seguito, il reggimento siberiano aveva ricevuto i seguenti ordini.

I tedeschi sono stati battuti lungo tutta la linea del fronte, resistono ancora in alcuni villaggi isolati, cercando di ritardare la vittoriosa avanzata russa.
Khristischche è difesa dai resti di diverse unità tedesche il cui morale è basso; devono essere distrutti affinché l'avanzata su Slavyansk possa continuare.
Alle 21.15 del 24 gennaio due Battaglioni del Reggimento dovevano attaccare Khristischche senza alcuna preparazione di artiglieria, e avanzare fino al limite occidentale della città. Il III Battaglione avrebbe seguito il I e il II e provveduto a ripulire la città dalle truppe tedesche, quindi il III Battaglione si sarebbe schierato al limite nordest della città su entrambi i lati della strada che proviene da Izyum.
Le pattuglie esploranti avrebbero compiuto dei sondaggi in direzione di Slavyansk. Una Compagnia sciatori avrebbe rinforzato ogni Battaglione d'assalto. Le unità sciatori sarebbero penetrate nel villaggio senza che nulla possa distrarle da questo obiettivo. Durante i giorni precedenti l'attacco, l'artiglieria e i mortai reggimentali avrebbero effettuato un fuoco d'aggiustamento su alcuni importanti obiettivi. In ogni caso, ai tedeschi non deve essere dato alcun segnale che possa fare loro intuire l'imminenza dell'attacco.

Per tutto il 24 gennaio le postazioni del I battaglione del 196° Reggimento di fanteria tedesco, furono sottoposte al fuoco intermittente da parte dell'artiglieria leggera e dei mortai russi. Questo fuoco era diretto, apparentemente, da osservatori russi sulla cresta a nord est di Khristischche.

All'imbrunire i tedeschi accrebbero la loro sorveglianza. Nelle trincee nella neve le sentinelle, dotate di pesanti giacconi bianchi, furono raddoppiate e intervallate di circa dieci metri l'una dall'altra. L'osservazione era resa difficile dal vento proveniente da est, che gettava la neve in faccia alle sentinelle. Il cambio delle guardie veniva effettuato ogni 30 minuti.

Intorno alle 21.15 le sentinelle della 3ª Compagnia osservarono delle figure muoversi rapidamente nella neve vicino al confine tra il loro settore e quello della 2ª Compagnia. I soldati tedeschi tentarono quindi di aprire il fuoco con le loro mitragliatrici, ma si accorsero che si erano congelate; una sentinella riuscì infine a dare l'allarme sparando un colpo con la propria carabina. A questo punto, delle unità di sciatori russe erano state individuate lungo tutto il fronte del Battaglione mentre sparavano con i fucili, lanciavano granate e sparavano in aria razzi di segnalazione. La sola mitragliatrice tedesca in grado di sparare era quella che era stata tenuta all'interno di un rifugio.

Il raid di sorpresa russo non procedette come pianificato dal momento che i soldati nemici non furono in grado di superare i muri di neve alti un metro con i loro sci addosso, e perché molti non furono in grado di aprire immediatamente il fuoco perché portavano le loro armi di traverso sulla schiena. I russi furono respinti con l'eccezione di quelli che riuscirono a penetrare sul lato nord del villaggio. Venticinque russi riuscirono ad occupare la prima casa del villaggio, ma furono rapidamente eliminati con il lancio di granate.

Nel frattempo, i mortai e gli obici della fanteria tedesca aprivano un fuoco di sbarramento sulla cresta a nord est della città, e due Battaglioni russi che si stavano schierando sulla cresta furono colpiti dal fuoco dell'artiglieria e ripiegarono.

Il I Battaglione fece 43 prigionieri, molti dei quali feriti, e oltre un centinaio di russi giacevano morti dentro e attorno le postazioni tedesche. I tedeschi avevano avuto due morti, otto feriti e tre congelati.

Per tutta la notte i tedeschi sentirono urla e grida provenire dal bosco, seguite dal fuoco di fucili e mitragliatrici. I prigionieri russi in seguito dissero che erano i commissari assegnati ai Plotoni e alle Compagnie che cercavano di riorganizzare le proprie unità. I loro tentativi non ebbero successo fino alla mattina seguente (25 gennaio); a questo punto diversi soldati russi erano stati fucilati e i comandanti del Reggimento rimpiazzati.

Quella stessa mattina una pattuglia di combattimento russa, formata da circa 60 uomini, si avvicinò a Khristschche da nord, ma fu fermata a 500 metri dalla città. Nel pomeriggio delle pattuglie esploranti russe, ognuna formata da 30 uomini, supportate da tre mitragliatrici e da 14 cecchini avanzarono in fila indiana verso la città da sudest. Furono fermati a metà della distanza dal loro obiettivo dal fuoco delle armi leggere; circa 20 uomini cercarono di fuggire verso la cresta ma vennero fucilati dai loro commissari per codardia. Il resto del pomeriggio andò avanti senza ulteriori incidenti.

Le truppe russe stabilirono delle postazioni nella neve al limitare del bosco, stabilirono posti di osservazione e avamposti da combattimento sulla cima della cresta e scavarono postazioni per la loro artiglieria e i mortai. Ogni squadra costruì un rifugio usando tre tronchi e rami in cima cui veniva sistemata la neve. Questi rifugi erano costruiti vicini ma seguendo uno schema irregolare. Gli obici da fanteria e i mortai pesanti ricevettero cinque dotazioni supplementari di munizioni, che vennero sistemate in rifugi nelle vicinanze.

Quella notte una pattuglia da combattimento russa, di circa 50 uomini sotto il comando di un ufficiale, si avvicinò a Khristschche da est, la pattuglia era armata con otto fucili mitragliatori, due pistole, due pistole da segnalazione, 38 fucili automatici, e due mitragliatrici leggere ognuna con 500 colpi di munizioni traccianti, e otto bombe a mano per uomo. Molti uomini indossavano uniformi invernali trapuntate, e stivali di feltro con la suola in cuoio, inoltre, quelli che sapevano parlare tedesco indossavano uniformi tedesche. La pattuglia doveva occupare le prime case del paese quindi mandare un messaggio nelle retrovie dove una Compagnia di rinforzo era pronta a raggiungere i compagni e procedere all'occupazione di Khristischche.

Circa alle 1.30, mentre un forte vento da est soffiava forte sulla città, cinque figure avvicinarono le due sentinelle tedesche appostate nell'angolo orientale della città, urlando: "Ehilà 477° Reggimento, ehilà, camerati!". I tedeschi, che a causa della tempesta di neve potevano vedere solo a 60 passi di distanza, quando gli sconosciuti furono a circa 30 passi urlarono: "Alt, parola d'ordine!". La risposta fu: "Non sparate, siamo camerati tedeschi", e le sentinelle allora cominciarono a notare molte figure che si muovevano a circa 15 metri di distanza alle spalle dei soldati "tedeschi". Ancora una volta urlarono "Parola d'ordine o apriamo il fuoco" e ancora una volta la risposta fu "Non sparate, siamo camerati tedeschi". Nel frattempo, i cinque russi in uniforme tedesca, ormai arrivati a circa sei metri, lanciarono delle granate ferendo una delle due sentinelle; l'altra fece fuoco con la sua carabina per dare l'allarme, ma facendolo venne colpita da un russo che immediatamente dopo entrò in una delle prime case seguito dal corpo principale della pattuglia.

I russi gettarono delle bombe a mano nella prima casa proprio mentre i soldati tedeschi che la occupavano uscivano di corsa dalla porta posteriore senza subire perdite. Lanciando bombe a mano e sparando fucili e mitragliatrici dal fianco i tedeschi cercarono di fermare i russi che stavano serrando da tre lati. La Squadra tedesca fu respinta nella seconda casa, e i russi occuparono immediatamente la prima sistemandovi due mitragliatrici e aprendo il fuoco sugli uomini della 13ª Compagnia che stavano arrivando di corsa.

I russi lanciarono quindi bombe a mano e cariche esplosive attraverso una finestra della seconda casa per eliminare la squadra tedesca che la occupava; i primi tentativi non ebbero successo ma non appena la casa prese fuoco i tedeschi furono costretti a evacuarla, uscendo fuori da un muro danneggiato dal lato opposto della casa. A questo punto il comandante della 13ª Compagnia si era reso conto della situazione e aveva deciso di lanciare un contrattacco usando il personale del Comando di Compagnia, le squadre di riserva e i soldati che avevano occupato in precedenza la prima casa. Lanciando bombe a mano e sparando con le proprie armi mentre correvano, il contrattacco tedesco scacciò in qualche minuto i russi da Khristischche. Dentro la prima casa, un commissario e otto uomini con due mitragliatrici resistettero fino a che non vennero tutti uccisi.

Notando l'equipaggiamento per le comunicazioni abbandonato dai russi nella prima casa, il comandante di Compagnia tedesco dedusse correttamente che doveva esserci una forza di riserva russa pronta a intervenire non appena fosse giunto il segnale per avanzare. Richiese quindi il fuoco di sbarramento dell'artiglieria sulle presunte posizioni di partenza russe. Il fuoco dell'artiglieria iniziò un minuto dopo, e probabilmente prevenne un successivo attacco russo. Il resto della notte trascorse tranquillo.

La mattina del 26 gennaio il sole brillava alto e il vento continua a soffiare violentemente da est attraverso Khristischche. La calma regnò fino alle 11.00, quando l'artiglieria russa iniziò a sparare sull'angolo nord-orientale della città. Il fuoco di disturbo proseguì fino alle 15.00.

Alle 11:00 il comandante del Battaglione stava facendo il giro delle posizioni tedesche quando una sentinella della 3ª Compagnia riferì di avere notato alcuni movimenti sospetti sulla cresta della collina a est di Khristischche.
Alcuni corpi russi che giacevano nella neve erano scomparsi nella mattinata, e alla sentinella pareva che un cumulo di neve circa 200 metri a est della sua posizione fosse diventato più grande.

Il comandante del Battaglione osservò la cresta della collina per un'ora con il suo binocolo, nonostante il vento gelido, e riuscì a individuare un certo numero di russi nascosti nella neve profonda, i quali stavano cautamente ammucchiando della neve di fronte a loro per aumentare la propria protezione. Le sentinelle tedesche aprirono quindi il fuoco con le loro carabine su tutti i cumuli di neve sospetti; non si segnalarono ulteriori movimenti.
I prigionieri russi in seguito affermarono, che a un Plotone di 40 uomini era stato ordinato di avanzare verso la città con la copertura dell'oscurità e di nascondersi nella neve. Al calare del buio questo Plotone doveva avvicinarsi ulteriormente per lanciare un attacco a sorpresa. Le comunicazioni con il comando erano mantenute tramite un collegamento telefonico.

Nonostante il freddo, i russi rimasero nascosti nella neve per dieci ore senza essere in grado di loro potesse alzare la testa un attimo o muovere il proprio corpo. Eppure nessuno di loro soffrì di congelamento.

Sulla base delle precedenti esperienze, il comando russo ordinò un attacco di massa, senza il supporto dell'artiglieria per quella notte (26-27 gennaio); il fatto che vi fossero dei vortici di neve e un forte vento da est poteva averli indotti a prendere questa decisione.

I russi radunarono tre Battaglioni, per un totale di 1.500 uomini. Due Battaglioni erano schierati nella prima ondata d'attacco, mentre il terzo Battaglione seguiva a una distanza di circa 300 metri. Il posto di comando reggimentale rimase sul limitare della foresta. Ogni Compagnia aveva 20 fucili mitragliatori, 35 fucili semiautomatici, 10 fucili con mirino telescopico, 8 mitragliatrici pesanti, 5 mortai leggeri, 12 pistole, 2 pistole per segnalazione, e un certo numero di fucili con baionetta pieghevole. A ogni uomo furono distribuite tre granate e un gran numero di munizioni. Ogni soldato era inoltre equipaggiato con giacche invernali trapuntate e stivali di feltro[8].

Il Reggimento russo lanciò il suo attacco alle 03.30. Ogni suono che potesse avvertire i tedeschi dell'arrivo dei russi era coperto dal rumore del vento. Il Reggimento avanzò in formazione chiusa senza lasciare alcun intervallo tra le unità, con le Compagnie marcianti su colonne affiancate con fronte di tre - quattro uomini, ad intervalli di cinque o dieci passi tra l'una e l'altra. Senza dare altri ordini, i russi avanzarono compatti fino a circa 50 metri dalle posizioni tedesche, quindi si lanciarono all'assalto urlando.

---

[8] In russo questi capi di equipaggiamento si chiamano *Telogreika* e *Valenki*, NdT.

Solo alcuni russi penetrarono nelle posizioni tedesche; furono accolti da una pioggia di fuoco così devastante da parte dei difensori all'erta che le dense colonne russe furono falciate riga dopo riga. I superstiti, tuttavia, continuarono ad attaccare.

Quindi l'artiglieria reggimentale tedesca aprì il fuoco sul Battaglione di riserva russo, disperdendolo completamente.

Dopo mezz'ora di combattimento l'impeto degli attaccanti si era esaurito. I corpi dei russi morti o feriti, formanti mucchi alti più di un metro, si trovavano a soli due o tre metri dalle posizioni tedesche. I russi subirono circa 900 perdite in questo combattimento.

Khristischche rimase in mani tedesche perché i difensori rimasero in allerta e avevano imparato a prendersi adeguatamente cura delle proprie armi.

VI: La lotta della 7ª Compagnia contro forze soverchianti (marzo 1942)

La seguente azione mostra un Reggimento russo attaccare verso est nel tentativo di congiungersi con altre unità provenienti dalla direzione opposta e accerchiando così alcune unità tedesche. I metodi d'attacco impiegati dalla fanteria russa indicarono come essa fosse scarsamente addestrata. Le unità di fanteria emersero dalle loro posizioni di partenza in maniera disordinata, con l'aspetto di un'orda disorganizzata che emerge dalla foresta. Nel momento in cui i tedeschi aprirono il fuoco, tra le truppe russe si diffuse il panico. La fanteria era spinta in avanti da tre o quattro ufficiali con le pistole spiegate. In molti casi, ogni tentativo di ritirata o anche solo uno sguardo indietro era punito con l'esecuzione immediata. Non c'era praticamente né mutuo fuoco di supporto né alcun tentativo di fuoco coordinato.

Una caratteristica della tattica d'attacco della fanteria russa era la tenacia con cui gli attacchi venivano ripetuti più e più volte. I russi non abbandonavano mai il terreno che avevano guadagnato in un attacco. Spesso, i soldati russi isolati si fingevano morti, per poi "risuscitare" improvvisamente e aprire il fuoco alle spalle dei tedeschi avanzanti.

Nel febbraio 1942, il II Battaglione del 464° Reggimento di fanteria tedesco occupava delle posizioni scavate nella neve senza alcun bunker o rifugio lungo il limitare occidentale del Villaggio T, situato a nord di Olenino, lungo la linea ferroviaria da Rzhev a Velikye Luki (Mappa 6). Le pattuglie esploranti tedesche che avevano sondato il bosco a ovest del villaggio non erano state in grado di prendere contatto con i russi. Verso la fine di febbraio, una pattuglia esplorante accertò la presenza di unità russe nella foresta. Informazioni ottenute in seguito dagli abitanti del posto resero noto ai tedeschi che le forze russe erano state rinforzate in vista di un attacco.

Dal 27 febbraio al 2 marzo dei distaccamenti russi, formati ognuno da circa 80 uomini, attaccarono il villaggio ogni giorno nello stesso settore e alla stessa ora. Gli attacchi avevano luogo un'ora dopo l'alba, ed erano diretti al limitare nord occidentale del Villaggio T. Ognuno di essi fu un insuccesso, con la forza d'attacco annientata prima di raggiungere le linee tedesche.

La sera del 2 marzo, un disertore russo riferì che il suo Reggimento, rinforzato da sei carri armati, avrebbe attaccato il Villaggio T nel settore difeso dalla 7ª Compagnia, al limitare meridionale del villaggio. Per rafforzare le difese di questo settore il Tenente Viehmann, comandante della Compagnia, Piazzò tre cannoni controcarro da 3.7 cm dietro la principale linea di resistenza, e mine anticarro lungo la strada che portava a sud. Anche se la sua unità era carente di uomini, ordinò ad ogni Plotone di formare un distaccamento di riserva di dieci uomini per un possibile contrattacco.

All'alba del 3 marzo, due carri pesanti russi del tipo KV, dipinti di bianco per confondersi con il paesaggio, furono individuati al limitare della foresta a 500 metri di distanza dalle postazioni della 7ª Compagnia. Alle 8.20 aerei russi bombardarono il villaggio, mentre i carri russi avanzavano di altri cento metri, si fermavano e aprivano il fuoco contro le più importanti fortificazioni tedesche. Alle 8.30 altri quattro carri russi, stavolta del tipo T-34, emersero dalla foresta. I due carri accelerarono e, affiancati, penetrarono il centro e la sinistra della principale linea di difesa della 7ª Compagnia e proseguirono attraverso il varco aperto nella linea tedesca. Non incontrando alcuna efficace resistenza tedesca i carri si spinsero in profondità nelle difese tedesche, fornendosi fuoco di supporto a vicenda. I tre cannoni tedeschi da 3.7 cm si rivelarono inefficaci contro i T-34 e furono messi rapidamente fuori uso, così come molte altre armi pesanti tedesche. Rimasti, tuttavia, senza il supporto della propria fanteria i carri si trovarono impossibilitati a sfruttare il successo.

Fu solo due ore dopo che circa 300 fucilieri russi emersero dalla foresta. Mentre i due KV rimanevano fermi e i T-34 scorrazzavano nelle retrovie tedesche, i fucilieri russi attaccarono. Rallentati dalla neve alta, i russi dovevano avanzare nei solchi aperti dai carri armati, offrendo dei facili bersagli durante i loro lenti movimenti. Nonostante la perdita di buona parte delle loro armi pesanti, i soldati tedeschi avevano ancora una forza sufficiente per respingere l'attacco. I fucilieri russi ripiegarono nella foresta e i carri li seguirono appena più tardi.

Poco tempo dopo i quattro T-34 riapparvero, e stavolta ogni carro trasportava una squadra fucilieri. Unità di fanteria addizionali supportavano l'attacco. Ma quando i carri penetrarono nuovamente nella principale linea di resistenza tedesca, stavolta tre di essi furono eliminati dai fanti tedeschi che gettarono mine anticarro sulla loro strada. Gli elementi della fanteria russa appiedata avanzarono per 300 metri dal limitare della foresta prima di essere bloccati al suolo dal fuoco dei mortai tedeschi. Il carro rimasto intatto ripiegò rapidamente nella foresta seguito dalla fanteria. I due KV rimasero fermi sul posto per tutto il giorno, sparando a tutto ciò che si muoveva nelle linee tedesche.

I prigionieri russi catturati durante i combattimenti affermarono che i soldati montati sui T-34 dovevano prendere posizione all'interno delle linee tedesche per supportare con il loro fuoco l'avanzata della fanteria. Quest'affermazione fu confermata quando furono individuati alcuni distaccamenti russi che si erano infiltrati nell'area degli avamposti tedeschi, e da cui si rifiutavano di sloggiare nonostante il freddo intenso. Al calare dell'oscurità delle pattuglie tedesche furono finalmente in grado di uscire dalle trincee e liquidarli.

Il 4 marzo tutto rimase tranquillo. I russi ripresero gli attacchi il giorno seguente, attaccando lungo tutta la linea difesa dal II Battaglione con 16 carri e una forza stimata in due o tre Reggimenti di fucilieri. Mentre l'artiglieria russa si limitava a colpire le retrovie tedesche, i mortai aprivano un intenso fuoco sulla linea di combattimento tedesca, che tuttavia aveva poca efficacia a causa della neve alta. I combattimenti continuarono quasi senza interruzione fino a sera. Dopo il calare dell'oscurità, i russi riuscirono a sfondare in diversi punti le linee tedesche lungo il limitare sud del villaggio. A questo punto, nonostante le grandi perdite subite, i tedeschi riuscirono a mantenere il controllo del limite settentrionale del villaggio T fino al mattino del 6 marzo, quando ripiegarono su nuove posizioni circa tre chilometri più a est.

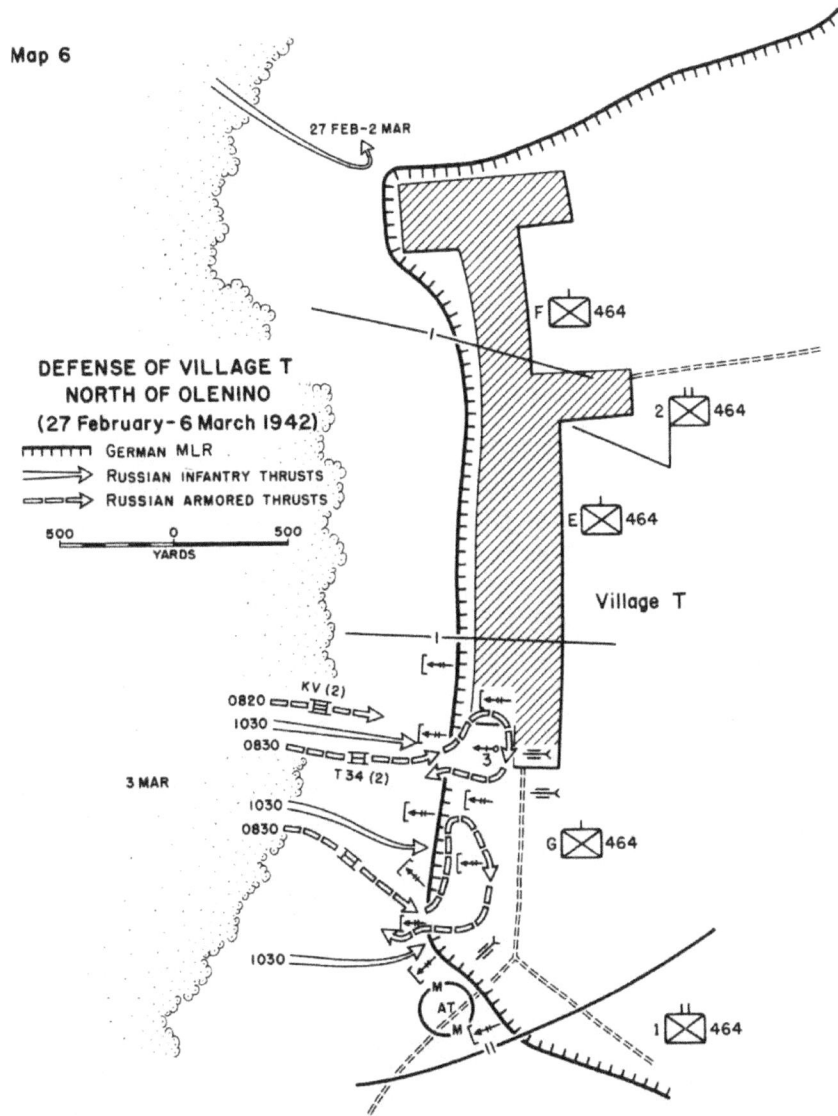

Legenda: MLR tedesca – Puntate della fanteria russa – Puntate dei corazzati russi

In questo combattimento i russi mostrarono una straordinaria abilità nell'avvicinarsi alle posizioni tedesche attraverso una foresta coperta di neve senza attrarre l'attenzione dei difensori, permettendo anche a piccole pattuglie esploranti tedesche di transitare a loro piacimento dando l'impressione che la foresta forse sgombra da forze russe.

I quattro attacchi limitati che precedettero l'attacco principale devono essere considerati come delle finte o delle ricognizioni in forze. Ripetendo l'attacco contro lo stesso settore nei seguenti quattro giorni i russi intendevano probabilmente attrarre in quel punto l'attenzione dei difensori, per distrarli dal vero obiettivo.

Durante l'attacco principale, il lavoro di squadra tra la fanteria e i carri russi fu inadeguato. In questo particolare scontro la fanteria mostrò poca aggressività, e i carri dovettero avanzare da soli per sfondare la linea difensiva tedesca prima che la fanteria fosse partita all'assalto. In realtà il lungo intervallo tra l'attacco dei carri e l'arrivo della fanteria ebbe l'effetto opposto. È vero che l'attacco dei carri gettò la difesa tedesca in uno stato di temporanea confusione, soprattutto a causa dell'inefficacia dei cannoni anticarro da 3.7 cm contro i T-34 e i KV, e dell'inesperienza dei soldati tedeschi nel combattere contro i carri armati. Inoltre, i due KV-1 agirono come cannoni d'assalto impedendo ogni movimento nelle trincee tedesche. Questa tattica era spesso usata con successo quando le truppe tedesche mancavano di cannoni controcarro in grado di penetrare la spessa corazza di questi carri. Dal momento che la fanteria lanciò il suo attacco due ore dopo, i difensori furono tuttavia in grado di vincere la loro iniziale paura dei giganteschi KV e di recuperare una forza sufficiente per frustrare l'attacco della fanteria. Quando i carri russi attaccarono nuovamente, la fanteria tedesca aveva capito come affrontarli.

Come in molti altri casi, gli Ufficiali inferiori delle unità russe mostrarono una certa mancanza d'iniziativa nell'esecuzione degli ordini. Alle unità veniva semplicemente indicato un obiettivo e una tabella di marcia, a cui si attenevano rigidamente. Questa procedura aveva delle ovvie debolezze. Anche se il soldato russo aveva una capacità innata di adattarsi alle innovazioni tecnologiche e di superare le difficoltà meccaniche, i comandanti inferiori sembravano incapaci di adattarsi agli improvvisi cambiamenti di situazione e agire di propria iniziativa. La paura di punizioni in caso di fallimento può spiegare la loro riluttanza nel prendere decisioni indipendenti.

Le truppe russe impiegate in quest'azione appaiono essere particolarmente immuni al freddo. Singoli tiratori scelti rimanevano nascosti nella neve giorno e notte anche con le temperature di -45°. Con temperature di -40° le mitragliatrici tedesche spesso smettevano di funzionare, con temperature di -50° anche i fucili si bloccavano. A queste temperature l'olio e il grasso congelavano bloccando il meccanismo di sparo. Quando era disponibile, veniva usato come lubrificante il locale olio di girasole che preveniva il congelamento delle armi.

VII: La 7ª Compagnia annienta un'unità d'élite russa (marzo 1942)

Durante il marzo 1942 la pressione russa da nord e da ovest costrinse i tedeschi a compiere un limitato ripiegamento a nord ovest di Rzhev. Alla fine di marzo il II Battaglione del 464° Reggimento di fanteria tedesco, inclusa la 7ª Compagnia, stabilì delle posizioni difensive nel Villaggio S, a circa 20 chilometri a nord ovest di Olenino. Il villaggio si trovava su un terreno elevato ed era circondato da foreste a nord a est e a sud (Mappa 7). Il terreno a ovest era invece aperto, consentendo ai difensori di individuare fin dai primi momenti l'avvicinarsi di una forza russa da quella direzione. Dal momento che le forze tedesche nell'area non erano abbastanza forti per costituire una linea difensiva continua, il villaggio fu organizzato per una difesa perimetrale. Il Battaglione costruì delle posizioni nella neve sulla cima, poiché era impossibile scavare nel terreno congelato e mantenne il contatto con le unità vicine mandando delle pattuglie nelle foreste attorno al villaggio. Il 25 marzo la temperatura era scesa a – 42° e la neve era profonda un metro. Quel giorno il II Battaglione respinse diversi attacchi russi provenienti da ovest, infliggendo gravi perdite agli attaccanti, che intensificarono quindi la loro attività di pattuglia.

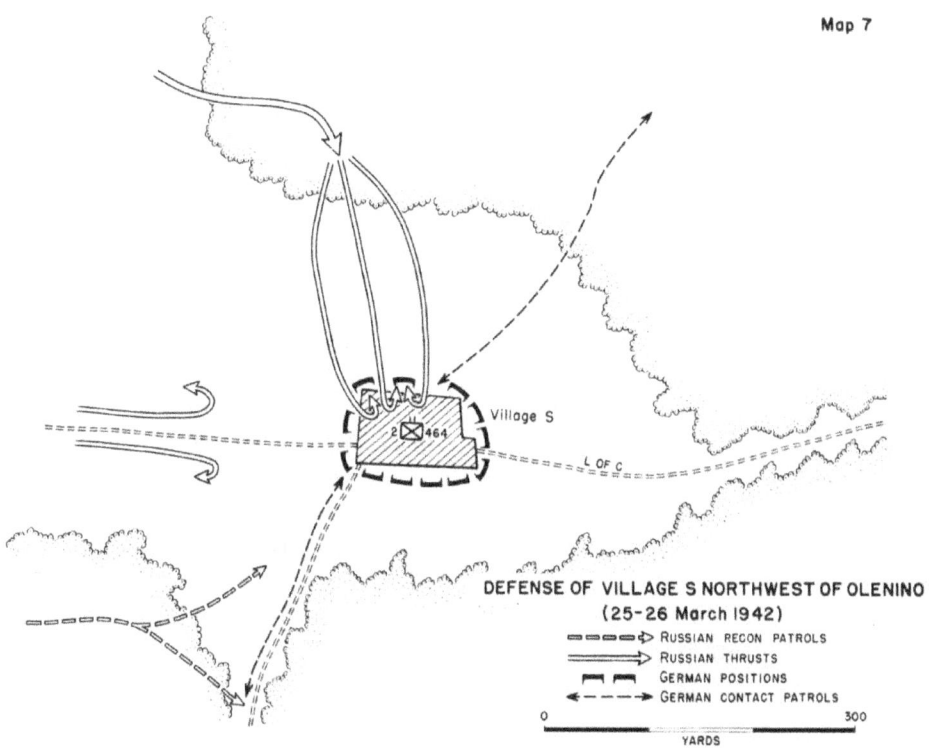

Prima dell'alba del 26 marzo, una pattuglia esplorante mandata dalla 7ª Compagnia rientrò dalla foresta che si trovava a nord del Villaggio S senza riportare la presenza di unità russe nel bosco. La distanza dal limitare del bosco e le posizioni tedesche era di circa 130 metri. Mezz'ora dopo il rientro della pattuglia, un centinaio di fucilieri russi emersero dal bosco e attaccarono la 7ª Compagnia sul settore nord occidentale dell'anello difensivo. I russi che parteciparono all'attacco erano armati con pistole mitragliatrici e si muovevano su sci, il che dava loro una grande mobilità sul terreno innevato; in più un uomo ogni tre portava addosso una bottiglia incendiaria, presumibilmente per incendiare il villaggio. Diversi russi andarono letteralmente in pezzi quando i proiettili colpirono queste bottiglie facendole esplodere. A causa della temperatura estremamente rigida alcune mitragliatrici tedesche si bloccarono, e i russi riuscirono ad infiltrarsi nel villaggio.

Mezz'ora dopo la 7ª Compagnia contrattaccò per eliminare la penetrazione russa nelle sue posizioni. I russi combatterono tenacemente e ci furono durissimi corpo a corpo. Per mezzogiorno i tedeschi erano riusciti a riconquistare le posizioni. Furono uccisi 89 russi mentre ne furono catturati altri nove, inclusi due gravemente feriti. Gli attaccanti erano tutti aspiranti sottufficiali cui era stata promessa la promozione se avessero conquistato il Villaggio S.

Mentre la 7ª Compagnia stava ripulendo l'area, brevi combattimenti corpo a corpo scoppiarono in due punti dove i russi si erano finti morti ed erano "risuscitati" e avevano assalito i tedeschi.

Questo esempio illustra quanto i soldati russi sfruttassero efficacemente il terreno anche nella neve profonda e con un freddo estremo. L'attacco fu condotto abilmente e in silenzio, con un ottimo uso della sorpresa. L'intera forza d'assalto uscì dalla foresta e attaccò il villaggio in una singola ondata, tuttavia, quando l'iniziale attacco di sorpresa non ottenne il successo sperato, e il combattimento si trasformò in un duro corpo a corpo nelle posizioni tedesche, l'attacco perse il suo valore tattico dal momento che mancavano le unità di supporto. Invece di rompere il contatto e ritirarsi la forza russa continuò a combattere fino a quando non fu annientata.

Quest'azione, poiché vide impiegata un'unità speciale composta da aspiranti sottufficiali, non deve comunque essere portata come esempio generale. Con l'eccezione di alcune unità d'élite, durante l'avanzata tedesca del 1941 poche unità russe combatterono così tenacemente.

Durante la seconda guerra mondiale lo stato dell'addestramento delle unità russe, variava talmente tanto, che una valutazione generale basata sui resoconti è impossibile. Come in ogni esercito, c'erano unità ottime e altre mediocri tra le Divisioni che fronteggiavano i tedeschi. I corsi di addestramento nelle scuole di specialità russe erano molto duri, ed anche gli ufficiali superiori erano sottoposti alla normale routine addestrativa. L'addestramento non era limitato all'ottenimento dell'efficienza militare, ma era sempre messo in ombra dall'indottrinamento politico, teso a istillare in ogni soldato la volontà ideologica di combattere fino alla morte.

VIII. La 7ª Compagnia ricattura la Quota 726 (ottobre 1942)

Durante la primavera e l'estate 1942 i tedeschi rafforzarono il saliente di Rzhev ed eliminarono le forze russe che avevano conquistato una testa di ponte a ovest della linea ferroviaria Viazma-Rzhev. Il saliente, gradualmente, divenne una delle più forti linee difensive che i tedeschi avessero in Russia. All'inizio dell'autunno, il Maresciallo Zhukov lanciò un offensiva contro il saliente di Rzhev per distrarre delle forze tedesche da Stalingrado ed eliminare questa potenziale minaccia alla capitale della nazione.[9] In quest'azione, che è l'ultima riguardo i combattimenti a ovest di Mosca, la 7ª Compagnia resistette agli assalti delle truppe fresche russe, arrivate al fronte di recente dai campi di addestramento siberiani.

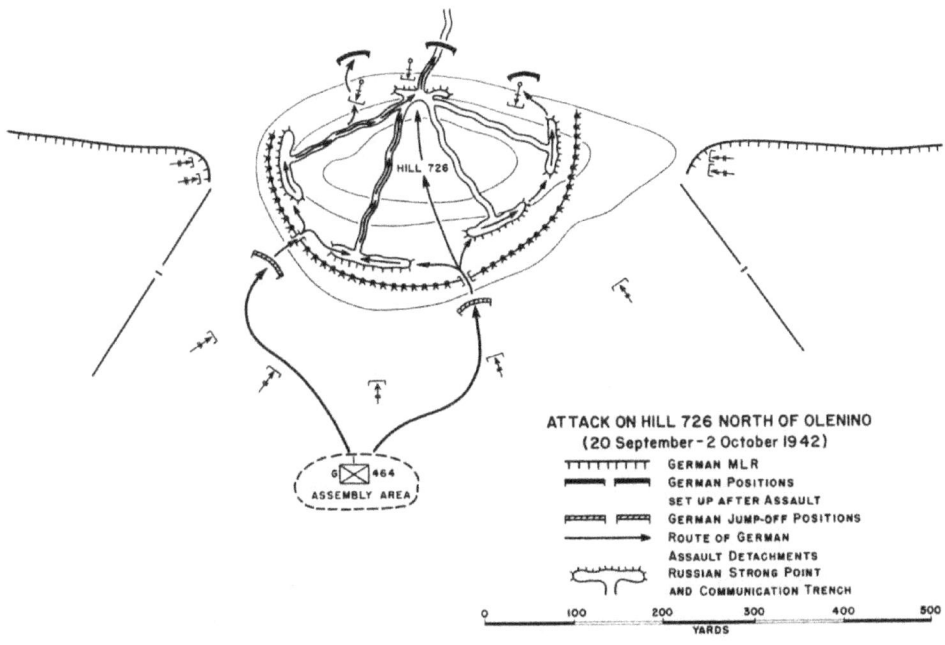

A metà settembre la fanteria russa, con il supporto dei carri armati, catturò la collina 726, circa 16 chilometri a nord di Olenino. Una volta che i russi l'ebbero strappata ai tedeschi, ritirarono i carri e lasciarono una Compagnia di fanteria di circa 75 uomini a difendere la nuova posizione. Questa posizione intaccava ora la principale linea di resistenza tedesca, e offriva un'ampia visuale delle retrovie tedesche, il che limita i movimenti dei difensori. La riconquista della collina era di vitale importanza per i tedeschi.

Il sistema difensivo russo in cima alla collina non era formato da una linea continua, ma piuttosto in forma di caposaldi. Le posizioni erano piuttosto profonde, il che consentiva una buona copertura ed erano così ben mimetizzate che era possibile individuarle solo a breve distanza. Le trincee di comunicazione che portavano nelle retrovie erano poco profonde, così che ci si poteva passare solo strisciando. Le mitragliatrici erano sistemate in modo tale che potessero sparare solo frontalmente. I mortai erano stati sistemati sul

---

[9] Si tratta dell'Operazione *Marte*. In realtà non si trattò di un operazione diversiva ma di un tentativo di accerchiare le unità tedesche del saliente di Rzhev. NdT.

contropendio della collina, e nei caposaldi era immagazzinata una gran quantità di granate e munizioni. Una cintura di mine di legno, che i cercamine tedeschi non erano in grado di individuare, si estendeva attorno a quasi tutta la collina. Dei passaggi erano stati lasciati aperti tra le mine per consentire l'attraversamento delle pattuglie amiche. Prima dell'attacco la ricognizione tedesca fu in grado di identificare questi varchi.

La 7ª Compagnia fece cinque o sei tentativi di riprendere questa collina ma fallì. Tutti gli attacchi furono bloccati quasi immediatamente a causa delle pesanti perdite prodotte dalle mine e dal fuoco intenso dei mortai. I russi difendevano la collina con estrema tenacia. Il comandante della Compagnia, il Capitano Viehmann, notò che i russi limitavano le loro attività alle ore notturne, e durante il giorno le postazioni sembravano deserte. Le pattuglie esploranti russe erano molto attive, ma solo tra la mezzanotte e l'alba.

Viehmann decise di lanciare un attacco di sorpresa al crepuscolo del 2 ottobre. Selezionò 30 uomini che insieme a due lanciafiamme, dovevano formare la squadra d'assalto. Sei mitragliatrici dovevano seguire a breve distanza il reparto d'assalto. Una volta che la collina fosse stata presa, una sezione di trinceramento doveva arrivare in cima alla collina con degli ostacoli di filo spinato precedentemente costruiti, sistemarli sul contropendio della collina e stabilirvi delle posizioni difensive. Tutti gli uomini nel distaccamento d'assalto furono equipaggiati con pistole mitragliatrici e forniti di un gran numero di bombe a mano. Tutti gli uomini conoscevano bene il terreno, inclusa la quota 726 e la principale linea di resistenza russa.
La squadra d'assalto si mosse dalle proprie posizioni di partenza sotto la copertura dell'oscurità e senza essere notata dai russi. All'ora stabilita, le due Compagnie ai sul fianco destro e sinistro della collina, così come le mitragliatrici sistemate sulle pendici meridionali, aprirono il fuoco sulle posizioni russe. Mentre le altre unità tedesche distraevano l'attenzione del nemico sparando e urlando come stessero per attaccare, il gruppo d'assalto avanzò e penetrò il campo minato russo passando attraverso due varchi identificati in precedenza.
I difensori russi furono presi completamente di sorpresa, con il fuoco e le urla provenienti dagli altri lati della collina che li confusero sulla vera direzione dell'attacco, e furono inoltre sorpresi anche dai lanciafiamme, anche se questi smisero di funzionare dopo solo qualche getto.
Nondimeno i russi non cedettero al panico né abbandonarono le posizioni, ma lottarono fino alla fine. Dopo un'ora di combattimento corpo a corpo l'intera collina era in mani tedesche, che avevano inoltre preso venti prigionieri russi. L'obiettivo iniziale tedesco di tagliare le linee di comunicazione russe verso il retro, era stato raggiunto presto nell'attacco. La principale linea di resistenza russa era senza contatti con la collina e i russi su di essa apparentemente non avevano richiesto assistenza prima di venire isolati.
Una volta che la collina fu presa, i tedeschi distaccarono immediatamente delle sentinelle in due punti di ascolto una trentina di metri di fronte alle proprie linee, sistemarono gli ostacoli di filo spinato e prepararono le altre posizioni. Dopo due ora una fila continua di filo spinato attraversava la cima della collina.
Circa un'ora dopo il completamento di queste difese, una delle sentinelle riportò l'avvicinarsi di circa quaranta russi. Tutti i lavori furono immediatamente sospesi e gli uomini si sistemarono nelle postazioni difensive. Poco dopo, anche la seconda sentinella confermò il rapporto della prima. Il varco nel filo spinato, che era stato lasciato aperto fino a quel momento per i soldati nei posti di osservazione, fu chiuso.

Al segnale convenuto, i tedeschi aprirono il fuoco proprio mentre i russi lanciavano urlando il loro contrattacco. I russi andarono a finire di corsa contro il filo spinato, che non avevano notato, e furono falciati dal fuoco difensivo delle armi tedesche, concentrato in quella zona. Solo tre degli attaccanti riuscirono a rientrare nella sicurezza delle proprie linee.

Il giorno seguente i russi diressero un pesante fuoco di disturbo sulla cima della quota 726, ma non fu più fatto alcun tentativo di riprendere la collina con la fanteria.

IX. Il II Battaglione lancia una controffensiva limitata (novembre 1942)

La battaglia di Stalingrado è stata spesso definita come il punto di svolta nella campagna tedesca in Russia. Fu a Stalingrado che i tedeschi persero l'iniziativa, per non riguadagnarla più se non per brevi periodi. La strategia con cui i russi ricatturarono la città richiese un doppio accerchiamento per intrappolare la 6ª Armata tedesca in un'area di 80 chilometri quadrati. Il colpo iniziale fu dato da nord, dove tre Armate corazzate e due Corpi di cavalleria russa attraversarono il Don a Serafimovich e annientarono tre Divisioni italiane e ungheresi[10]. Una delle unità della 6ª Armata lanciate in battaglia per fermare i russi fu un Battaglione di fanteria tedesco il cui destino è descritto nella seguente serie di azioni.

A metà novembre del 1942 il II Battaglione del 123° Reggimento di fanteria tedesco [della *50. Infanterie-Division*, formata il 26 agosto 1939 nel *Wehrkreis III* di Küstrin, NdC] occupò posizioni difensive sulle sponde occidentali del Don vicino a Sirotinskaya. Le tre Compagnie del Battaglione contavano tra i 50 e i 60 uomini ognuna, mentre la forza della Compagnia armi pesanti era di circa un centinaio di uomini. L'efficienza di combattimento e il morale dell'unità, che stava combattendo in Russia dall'inizio della campagna nel 1941, erano alti. La sera del 18 novembre il Battaglione fu allertato che si sarebbe messo in movimento il 19, e durante la notte fu rilevato da un'unità di riserva. Prima che il Reggimento iniziasse la sua marcia, il III Battaglione fu sciolto a causa del numero insufficiente di uomini, e i suoi resti furono distribuiti tra le altre Compagnie. Non erano disponibili ulteriori rinforzi.

Il I e il II Battaglione coprirono la distanza di 40 chilometri tra Sirotinskaya e Verkhne-Buzinovka a piedi e su camion. Entrambi i Battaglioni arrivarono a Verkhne-Buzinovka la sera del 19 novembre, nonostante una leggera nevicata ne avesse rallentato il movimento. Al momento del loro arrivo la cittadina era difesa da deboli elementi dei servizi di seconda linea tedeschi sul limitare settentrionale e nord-occidentale del villaggio, ed erano sottoposti ad una pesante pressione nemica.

---

[10] In realtà si trattava della 3ª e della 4ª Armata rumene, le unità ungheresi ed italiane erano schierate più a nord sul Don, e sarebbero state distrutte tra il dicembre e il gennaio seguenti, NdT.

All'alba del 20 novembre i due Battaglioni lanciarono un contrattacco preceduto da un pesante fuoco d'artiglieria. Il II Battaglione, sulla destra, doveva avanzare a nord attraverso una larga gravina, mentre il I Battaglione doveva spingersi lungo la strada che portava a nord-ovest, verso Platonov. L'attacco del I Battaglione doveva essere appoggiato da alcuni cannoni d'assalto.

Come sempre quando erano sulla difensiva, i russi dimostrarono di essere avversari tenaci. Piccoli distaccamenti formarono dei nidi di resistenza sfruttando le numerose gole e anfratti della gravina, disperdendosi e coprendosi così bene che il fuoco dell'artiglieria tedesca non aveva efficacia. Come risultato il II Battaglione dovette formare dei piccoli gruppi d'assalto per proseguire l'offensiva.

Le squadre mortai e mitraglieri tedesche lavorarono in squadra sistematicamente, prima il fuoco indiretto dei mortai spingeva i russi fuori dai propri nascondigli, quindi le mitragliatrici li fissavano a terra, dando modo alle squadre d'assalto di sopraggiungere e di finirli con pistole mitragliatrici e granate. Quando un nido di resistenza su un lato della gravina veniva neutralizzato, immediatamente una postazione russa sul l'altro lato della gravina veniva soggetto ad un intenso fuoco dal fianco. Simultaneamente, altri distaccamenti d'assalto si aprivano la strada lungo la cima della gravina dove i difensori venivano fissati al suolo. Con una serie di uno-due, come un pugile, lentamente i tedeschi spinsero i loro avversari indietro di circa tre chilometri. Verso mezzogiorno i russi abbandonarono la gravina e si ritirarono verso nord. Le loro perdite erano state pesanti ed erano stati catturati non meno di 80 uomini. Le forze nemiche di fronte al I Battaglione si unirono alla ritirata, cedendo alla pressione tedesca.

X. Il II Battaglione passa alla difensiva

Verso le 13.00 del 20 novembre una lunga colonna russa, composta da fanteria, artiglieria e cavalleria, si stava tranquillamente avvicinando a Verkhne-Buzinovka lungo la strada proveniente da Platonov. La colonna marciava in ordine chiuso, senza alcuna unità come avanguardia.

I due Battaglioni, benché sorpresi dalla sovrastante forza numerica dei loro avversari, presero immediatamente le contromisure più essenziali. Usando ogni mezzo per nascondersi al nemico, le Compagnie di fucilieri si divisero in distaccamenti d'assalto e, abbandonando il terreno conquistato durante la mattinata, raggiunsero il più velocemente possibile il limitare settentrionale del villaggio. Non appena un distaccamento raggiungeva Verkhne-Buzinovka gli veniva assegnata la posizione da difendere (Mappa 11). A ogni Ufficiale disponibile venne assegnato un settore largo un centinaio di metri. Dal momento che questi settori erano assegnati in maniera arbitraria, ogni Ufficiale aveva al suo comando pezzi di diverse Compagnie, dal momento che non c'era stato il tempo di radunare le truppe in base alla loro unità di appartenenza né di creare un piano difensivo.

Non appena la colonna russa si fu avvicinata a 1.500 metri dal villaggio, l'artiglieria reggimentale, i cannoni d'assalto e le armi pesanti dei tedeschi aprirono il fuoco con effetti devastanti. I russi, colpiti e confusi dall'attacco, ebbero difficoltà ad abbandonare la strada, che fu in breve tempo piena di veicoli in fiamme e coperta di relitti. I Battaglioni tedeschi guadagnarono così un'ora di tempo durante il quale riuscirono a chiudere i varchi nella loro principale linea di resistenza posta al limitare del villaggio, assegnare le munizioni ad ogni arma, stendere una rete di filo telefonico per le comunicazioni, ed estendere il proprio perimetro difensivo lungo il limite occidentale del villaggio.

Questo incidente era tipico della prima fase dell'offensiva russa a ovest di Stalingrado, in cui gli alti comandi, sia russo sia tedesco, perdevano spesso contatto con le loro unità. Presi nel mezzo delle forze russe avanzanti su Kalach da nord e da sud, unità tedesche, rimaste isolate, spesso lanciavano dei contrattacchi seguendo ordini ormai superati da tempo e ignorando che oramai il nemico li aveva superati ed erano tagliati fuori dalle proprie linee. Sull'altro fronte i russi, ignorando l'esatta posizione della linea del fronte, e avanzando nella generica direzione dell'asse settentrionale della tenaglia dell'accerchiamento, si muovevano in grandi colonne di marcia senza utilizzare alcuna unità in ricognizione, come se stessero avanzando in un territorio già rastrellato e messo in sicurezza dai reparti precedenti.

Dopo che si furono ripresi dalla sorpresa, i russi radunarono le loro forze per un attacco in massa a Verkhne-Buzinovka. Alle 14.30 ondate su ondate di fanteria russa si gettarono sul villaggio, sotto la copertura di un pesante fuoco di sbarramento. Il primo avamposto tedesco a cambiare di mano fu la fattoria collettiva tenuta da un Plotone della 6ª Compagnia. Il comandante del Reggimento tedesco comprese che Verkhne-Buzinovka non poteva essere tenuto molto a lungo, ma, allo stesso tempo, sapeva che una ritirata compiuta durante il giorno avrebbe comportato pesanti perdite, dal momento che la linea di ritirata tedesca verso sud est passava attraverso diversi chilometri di terreno aperto, dove le Compagnie di fucilieri in ritirata sarebbero state sottoposte al fuoco costante del nemico per almeno un'ora e mezza. Non rimaneva pertanto altra scelta se non tenere Verkhne-Buzinovka fino al sopraggiungere della notte. Per tutto il resto del pomeriggio, i difensori lasciarono perdere il fuoco mirato e impiegarono tutta la loro potenza di fuoco per effettuare un tiro di sbarramento. Le mitragliatrici leggere e pesanti, i mortai e persino le pistole mitragliatrici e le carabine stesero una cortina di fuoco che era più pesante attorno alla fattoria collettiva, dove la fanteria russa si stava radunando per continuare il proprio attacco. Gli obici da 10.5 cm furono spostati sul limite settentrionale del villaggio. Tutti gli artiglieri tedeschi di cui si poteva fare a meno furono impiegati come fucilieri, mitraglieri o portamunizioni, e gli Ufficiali, con l'aiuto di alcuni soldati, sparavano delle salve rapidamente a una distanza di 250-350 metri. Dopo che erano stati sparati 30 o 40 colpi dalla stessa posizione un trattore semicingolato, con la copertura dei pezzi vicini, spostava il pezzo in una nuova posizione da dove riprendeva immediatamente a sparare.

Allo stesso tempo, il comandante del Reggimento iniziò a preparare un trucco per ingannare i russi che si rivelò particolarmente riuscito. Partendo dal presupposto che i soldati russi erano solitamente scarsamente rifocillati, e che sarebbero pertanto stati affamati e avidi, fu ordinato ai cuochi tedeschi di preparare una zuppa di piselli e lenticchie, utilizzando i legumi che erano stati trovati in una delle case del villaggio. I legumi furono messi a cuocere in grandi pentole sistemate su dei fuochi davanti alla prima casa che i russi avrebbero raggiunto una volta entrati a Verkhne-Buzinovka. Poi i tedeschi aprirono alcuni sacchi della posta contenenti dei pacchi che erano stati spediti dalla Germania ad un'unità comando appena evacuata, e li sparpagliarono per le strade. Al tramonto la situazione era diventa così critica che ci si aspettava l'irruzione dei russi da un momento all'altro. I due Battaglioni tedeschi iniziarono a ritirarsi, Plotone dopo Plotone le Compagnie iniziarono a sganciarsi e a ripiegare. I cannoni d'assalto e i pezzi d'artiglieria continuarono a sparare ad alzo zero, e non si mossero fino a quando non lo ebbe fatto l'ultimo fuciliere. Quindi si diressero verso l'angolo sud orientale del villaggio, dove le Compagnie avevano stabilito una linea di difesa provvisoria. E fu in questo momento che l'inganno provò la sua efficacia. I soldati russi, che in un primo momento avevano seguito da vicino i distaccamenti tedeschi in ritirata, quando sentirono l'odore della zuppa calda e i videro tutti i pacchi sparsi in terra esitarono, la tentazione fu troppo grande e si gettarono sulla zuppa e sui pacchi. Il ritardo che ne derivò consentì alle Compagnie di radunarsi e di ritirarsi in buon ordine da Verkhne-Buzinovka senza essere soggetti alla pressione nemica

Quando si crea una sacca, la situazione per le unità all'interno è generalmente confusa. Le singole unità sono momentaneamente lasciate a loro stesse a fronteggiare situazioni apparentemente insormontabili. In queste situazioni, un comandante abile non deve esitare a improvvisare o a usare trucchi per infliggere pesanti perdite al nemico, guadagnare tempo prezioso, e a preservare la forza combattiva della sua unità per altre azioni.

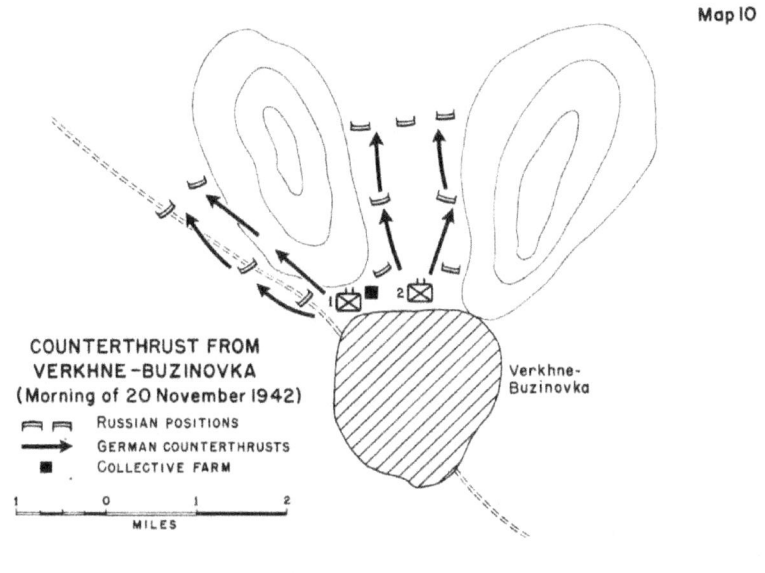

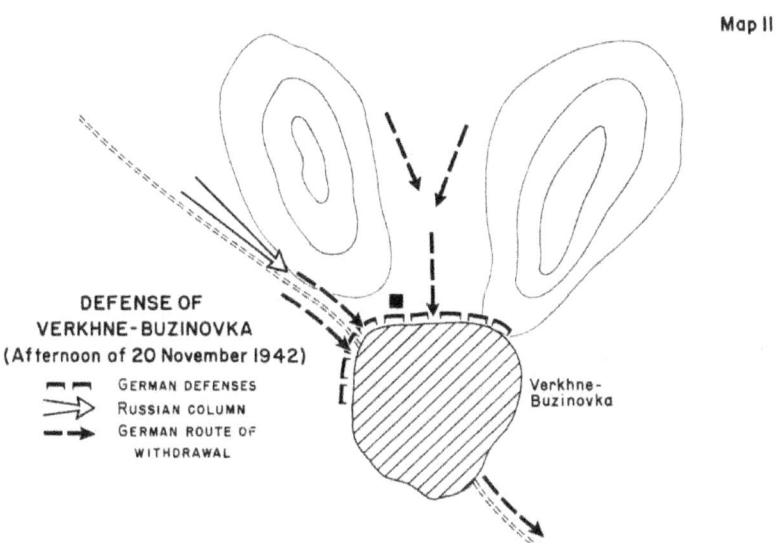

*Legende: (Mappa 10) Posizioni russe – Contrattacchi tedeschi – Fattoria collettiva
(Mappa 11) Difese tedesche – Colonne russe – Via di ripiegamento tedesca*

XI. La resistenza del II Battaglione a Verkhne-Golubaya (novembre 1942)

I due Battaglioni marciarono per tutta la notte. Alle 02.00 del 21 novembre ai comandanti di Compagnia fu ordinato di informare i propri uomini del fatto che la 6ª Armata tedesca era stata circondata. Sotto una pesante nevicata gli uomini, induriti dalle battaglie, si fermarono ai lati di una strada dove i fiocchi stavano iniziando ad accumularsi. Gli uomini, sebbene realizzassero subito la serietà della situazione, non si lasciarono abbattere. L'idea che l'anello che si stava stringendo attorno alla 6ª Armata non potesse essere spezzato in quel momento non passava per le loro teste. Sebbene consci del fatto che di fronte a loro si trovavano giorni o settimane colmi di difficoltà, la loro fiducia rimaneva salda. Il 22 novembre si svolsero solo combattimenti isolati e di piccola entità, mentre i due Battaglioni si ritiravano verso Verkhne-Golubaya dove giunsero verso le 23.00. Gli ordini ricevuti dai comandi superiori affermavano che il villaggio doveva essere difeso, e che l'avanzata del nemico doveva essere arrestata a Verkhne-Golubaya almeno fino alla sera seguente.

In quel momento, il comando della 6ª Armata cercava di rafforzare il suo controllo su tutte le unità tedesche nella sacca di Stalingrado. Nel suo sforzo di dirigere l'impiego di ogni singola unità, spesso il comando d'Armata inviava ordini che scendevano fin troppo nel dettaglio, non tenendo conto della realtà della situazione sul campo. Ad esempio, il comandante del II Battaglione, aveva individuato come luogo su cui stabilire una linea difensiva, una piccola collina a ovest di Verkhne-Golubaya. Il quartier generale, invece, gli ordinò di spostare la sua unità sulla sponda orientale del torrente Golubaya, il luogo peggiore che si poteva trovare nella zona su cui stabilire una linea di difesa. La parte del villaggio che si trovava a ovest del torrente ostruiva la linea di tiro del Battaglione. Lo spazio di manovra tra le case sulla sponda orientale del fiume e l'argine adiacente era largo solo 200 metri. Un altro svantaggio era dato dal varco di 800 metri che si apriva tra il II Battaglione e la più vicina unità tedesca, che era schierata a nord est del villaggio. A mezzogiorno del 23 novembre era stato stabilito il collegamento con quest'unità, tuttavia il varco rimaneva pericolosamente aperto.

Verso mezzogiorno, una forza russa consistente in due Battaglioni di fanteria, dieci T-34 e due Squadroni di cavalleria iniziò ad avvicinarsi a Verkhne-Golubaya. Il II battaglione, esausto per i pesanti combattimenti e la dura ritirata che aveva sostenuto nei giorni seguenti, non fu in grado di impedire chele truppe russe s'infiltrassero lentamente nella parte occidentale del villaggio, nonostante la potenza di fuoco offerta dalla sua Compagnia armi pesanti, dispiegata sulla collina a est.

Verso le 15, i dieci carri russi emersero da dietro la collina che si trovava a ovest di Verkhne-Golubaya, e diressero direttamente verso il villaggio. I tedeschi ne distrussero quattro, ma i restanti sei riuscirono a penetrare nella parte occidentale del villaggio, e nel duro combattimento che seguì il II Battaglione soffrì pesanti perdite. Mentre il tramonto si avvicinava, i fucilieri e i mitraglieri tedeschi vennero seriamente ostacolati dal diminuire della visibilità, mentre i russi erano in grado di distinguere ogni movimento dei tedeschi contro lo sfondo chiaro del ripido pendio coperto di neve dietro il villaggio.

Il combattimento si trasformò presto in uno scontro a fuoco tra le due sponde del torrente Golubaya. Due carri russi che si erano avventurati troppo vicino al torrente furono messi fuori uso da delle squadra demolizione carri del II Battaglione, che per compiere la loro missione aveva dovuto attraversare a guado l'acqua ghiacciata. La situazione raggiunse un livello critico verso le 16.30, quando 120 cavalleggeri russi aggirarono il Battaglione da nord e si diressero verso la collina a est del villaggio, minacciando di tagliare la via di ritirata alle unità ancora impegnate in combattimento nel villaggio e alla Compagnia armi pesanti in cima alla collina. Il comandante della 7ª Compagnia, l'unità che si trovava sul fianco destro, e un Ufficiale del Comando di Battaglione che si trovava al Posto di Comando della Compagnia furono i primi a rendersi conto del pericolo. Agendo d'iniziativa e senza attendere ordini dal Comando di Battaglione, radunarono tutti gli uomini che poterono e guidarono il loro gruppo verso la cima della collina, seguendo la via più veloce e senza pensare alla copertura o a nascondersi. Una volta in cima, il distaccamento di circa 30 uomini, venne organizzato per lanciare un contrattacco. La dotazione di munizioni era penosamente bassa, con solo 8-10 colpi di munizioni per carabina per ogni uomo, una mitragliatrice con 80 colpi, due pistole mitragliatrici con 20 colpi ognuna, e un totale di 6 bombe a mano.

Poiché il nemico si avvicinava velocemente non c'era tempo da perdere. Il distaccamento tedesco avanzò in formazione estesa, mentre i russi smontavano da cavallo ai piedi della collina e iniziavano la salita. Lo scontrò iniziò mentre calava l'oscurità, e gli elementi delle due forze erano oramai a solo venti metri l'uno dall'altro. A un dato segnali i tedeschi, urlando *"Hurrah!"*, spararono alcuni colpi e lanciarono tutte le loro granate nella direzione del nemico. I tedeschi quindi si misero al riparo e iniziarono metodicamente un ben diretto fuoco di armi leggere verso il nemico. I russi furono colti di sorpresa dall'improvviso attacco tedesco, e dal momento che stavano avanzando in ordine chiuso subirono molte perdite. L'inaspettato fuoco iniziale fece loro credere che avevano di fronte a loro una considerevole forza tedesca, mentre l'accurato tiro successivo li inchiodò a terra, aiutando i tedeschi a risparmiare le munizioni.

Questo risoluto contrattacco, portato avanti da pochi uomini con poche munizioni, ebbe successo nel bloccare la manovra aggirante dei russi. Entrambi gli ufficiali e sei uomini erano feriti, ma i rinforzi di uomini e munizioni raggiunsero al collina nel giro di un'ora. Sotto la protezione fornita dal distaccamento, il battaglione fu in grado di abbandonare Verkhne-Golubaya e di ripiegare verso sud est senza ulteriori incidenti.
Il combattimento di Verkhne-Golubaya dimostra ancora una volta che la scelta da parte di un comando superiore di una linea difensiva basandosi esclusivamente sull'osservazione di una mappa raramente tiene in conto della realtà del terreno. In questo caso, le posizioni tedesche mancavano di profondità e dello spazio per manovrare. Le mitragliatrici pesanti che erano state sistemate a metà delle pendici della collina a est, non potevano essere spostate su nuove posizioni dal momento che ogni movimento anche di un singolo uomo risaltava sullo sfondo bianco prodotto dalla neve. A causa delle ridotta larghezza del campo di battaglia, il comandante di Battaglione e i comandanti di Compagnia non furono in grado di difendere il villaggio essendo costretti a piazzare i loro posti di comando in mezzo alla principale linea di resistenza, da dove non potevano vedere cosa avvenisse sui loro fianchi o in cima alla collina, e non erano in grado di esercitare un controllo adeguato delle unità. Di conseguenza le perdite furono molto pesanti, con ogni Compagnia che perse da un quarto a un terzo dei propri uomini e una gran parte dell'equipaggiamento. Le perdite erano rese peggiori dal fatto che erano avvenute in un combattimento tutto sommato insignificante, e senza il coraggio dimostrato dal distaccamento sulla collina le conseguenze per il Battaglione avrebbero potuto essere disastrose.
L'errore fatto, in questo caso, dal comando della 6ª Armata, è tipico della seconda fase di un accerchiamento La 6ª Armata aveva deciso di restringere il proprio perimetro difensivo seguendo un piano integrato. In questo caso le unità rimaste isolate negli avamposti

stabiliscono gradualmente il contatto con le altre unità vicine e le linee di difesa si solidificano, anche se la linea del fronte rimane discontinua.

In molti casi però la pianificazione rimase superficiale. Alle unità fu ordinato di occupare dei settori come se esistesse una linea del fronte continua. A Verkhne-Golubaya il comando fece l'errore di assegnare un settore prima di avere effettuato una ricognizione del luogo, negando in questo modo ogni possibile autonomia di iniziativa ai comandanti inferiori. Inoltre, dal momento che era necessario ogni uomo per la difesa del limite della sacca verso cui la sua unità stava convergendo, sarebbe stato necessario dare al comandante del Battaglione la libertà di giudizio per consentirgli di limitare le sue perdite al minimo.

L'ultima settimana di novembre fu segnata da una serie di piccoli scontri come quello di Verkhne-Golubaya. Durante la loro graduale ritirata a est dal Don verso Stalingrado, le unità tedesche furono coinvolte in combattimenti che scoppiavano improvvisamente. Nel processo, loro lentamente si avvicinarono l'una all'altra, il che portò alla creazione di un fronte continuo. Le truppe erano sottoposte a condizioni di estrema durezza, senza poter dormire nelle notti gelide, compiendo difficili marce senza razioni adeguate e combattendo contro un nemico superiore senza un'adeguata riserva di munizioni. Il terreno era spesso così ghiacciato che era impossibile scavarvi. Queste unità furono la cartina tornasole che indicava se un'unità aveva o meno spirito di corpo o disciplina. Alcune unità che erano appena state create e provenivano dalla Germania mostrarono evidenti segni di disintegrazione. Si vedevano uomini che una volta persi i comandanti, abbandonavano le armi, saccheggiavano depositi di razioni, rubavano bevande alcoliche e rimanevano senza fare nulla sui percorsi coperti dalla neve. Sbandati e unità di servizio isolate si muovevano nella sacca sfuggendo a qualsiasi forma di disciplina. D'altro canto i Reggimenti più vecchi, che rappresentavano la maggior parte delle unità della 6ª Armata, continuarono a dare buona prova di sé anche dopo aver perduto i loro Ufficiali. La spina dorsale della resistenza era formata da quei sottufficiali induriti dalle battaglie, fin dall'attraversamento del Bug nel 1941. Nelle unità che avevano ancora i propri Ufficiali, il cameratismo tra la truppa e i propri Ufficiali divenne più stretto che mai. I comandanti di Compagnia fecero del proprio meglio per fornire ai propri uomini cibo e rifugio, e dando esempio di sopportazione e coraggio. Una volta che la 6ª Armata prese il controllo di tutto il personale nella sacca, sciolse quelle unità il cui valore combattivo era dubbio, e distribuì il personale di questi reparti così come il personale dei servizi in eccesso e gli sbandati in quelle unità in cui il morale era alto e la disciplina era mantenuta in maniera rigida, in maniera che queste potessero influire in maniera benefica sui soldati.

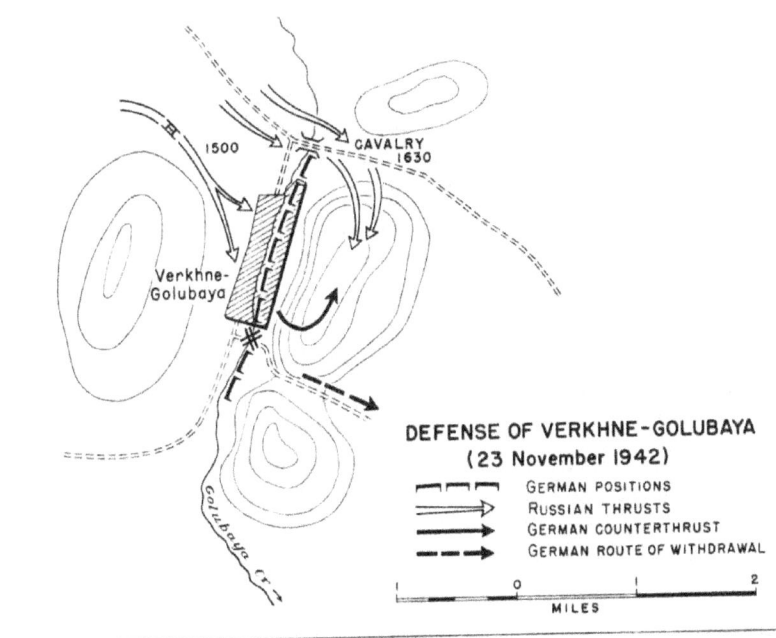

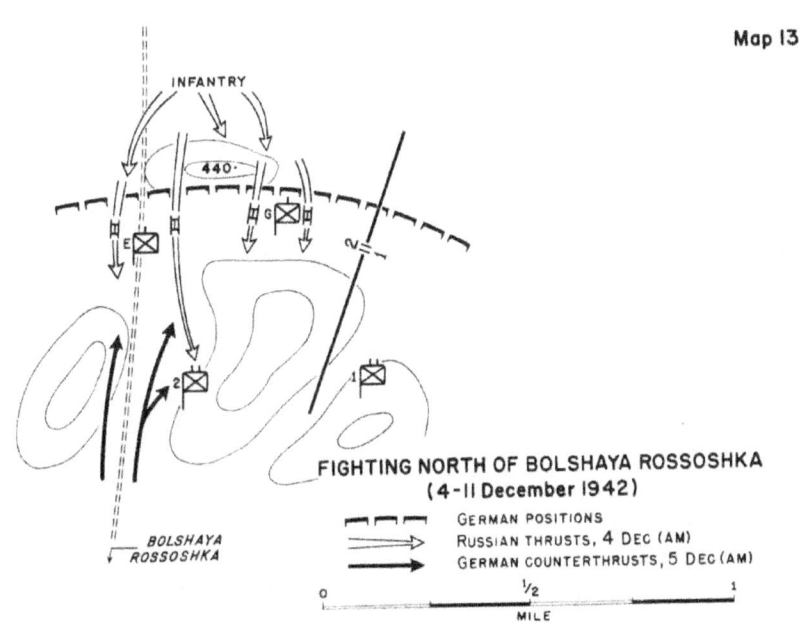

XII. Il II Battaglione resiste nonostante sia investito dai corazzati russi (dicembre 1942)

Ai primi di dicembre il II Battaglione raggiunse le colline Kergachi, dove doveva rimanere fino alla fine della sacca di Stalingrado.
Anche se le mappe disponibili indicavano che le colline Kergachi dominavano l'area, in realtà era pressoché pianeggiante, il che esponeva il battaglione all'osservazione nemica. Le colline la cui elevazione superava i 120 metri, non apparivano molto imponenti nel vasto mare della steppa a ovest del Volga. Non c'erano né alberi, né cespugli, né centri abitati che potessero fornire una qualche protezione ai difensori. La situazione della forza del Reggimento può venire illustrata da quella della 7ª Compagnia. Dei 55 uomini con cui la compagnia era partita da Verkhne-Buzinovka, solo 25 rimanevano in grado di combattere. La Compagnia fu in seguito rinforzata con 30 uomini provenienti da un unità veterinaria, alcuni fucilieri della disciolta 376ª Divisione di fanteria e 26 rumeni, cosicché la forza disponibili ai primi di dicembre era di circa 90 uomini. Alla 7ª Compagnia era affidato il fianco destro del II Battaglione, con l'ordine di difendere un settore di 150 metri. La principale linea di difesa tedesca era costituita da una lunga linea di buche nel terreno. Ogni Squadra, composta di sei - dieci uomini, occupava tre o quattro buche situate l'una vicina all'altra per darsi mutuo supporto. Ogni centro di resistenza era dotato di una mitragliatrice, di cui la Compagnia aveva a disposizione sei. Circa 50 metri dietro la principale linea di resistenza, il comandante di Compagnia aveva piazzato i suoi tre mortai leggeri. Durante la prima settimana di dicembre ogni uomo era stato fornito di 400 colpi, ma questa fornitura dovette essere tagliata a circa 80 nelle settimane seguenti.
Il II Battaglione occupava un settore particolarmente importante, dal momento che le colline Kergachi bloccavano l'accesso alla valle di Rossochka da nord ovest. Spingendosi attraverso questa valle i russi avrebbero potuto agevolmente dividere la sacca in due. Quindi non è sorprendente che il Battaglione fu coinvolto in alcuni dei combattimenti più duri della sacca.

A: Il primo giorno. Durante la notte tra il 3 e il 4 dicembre, l'assembramento di una forza d'attacco russa dietro la quota 440 venne tradito dal rumore di motori e di veicoli cingolati. La mancanza di munizioni da parte dell'artiglieria tedesca limitò la sua capacità di intervenire sulle posizioni di partenza nemiche ad un debole fuoco di disturbo. La mattina del giorno seguente, mentre una densa nebbia copriva l'area, fu vista dirigersi verso le posizioni del II Battaglione una forza di 40 T-34, accompagnati da alcun KV. Da quel momento in poi le cose iniziarono a succedersi a incredibile velocità. In pochi minuti i carri russi superarono la principale linea di resistenza della 7ª Compagnia, quindi dalla loro posizione iniziarono a muoversi verso la 5ª Compagnia spingendola via dalle proprie linee. Alcuni fanti russi, muovendosi dietro ai propri carri, occuparono le buche in precedenza tenute dalla 5ª Compagnia iniziando a sparare sul fianco della 7ª Compagnia, mentre altri attaccavano frontalmente la sua principale linea di resistenza. I carri russi si radunarono e attaccarono in massa passando attraverso le linee difensive tedesche. Circa dieci carri si mossero verso il Comando di compagnia, superarono le armi pesanti della 8ª Compagnia sistemate nelle vicinanze e distrussero il centro comunicazioni situato in un bunker, quindi di presero posizione in una depressione situata a est della strada per Bolshaja- Rossoshka. Altri dieci carri si fermarono nei pressi di quello che era stato il comando della 5ª Compagnia tenendo il terreno a ovest della strada sotto tiro. Un altro gruppo di dieci carri attraversò in profondità l'intera linea della 7ª Compagnia, mentre i restanti carri tentavano di annientarne i difensori passando sopra le buche e sparando a tutto ciò che si muoveva.

La 7ª Compagnia era in una situazione estremamente precaria, con carri armati e fanteria nemica di fronte, sul fianco sinistro e alle spalle. Non appena i soldati tedeschi passavano da una buca all'altra venivano investiti da una vera tempesta di fuoco. La Compagnia manteneva il contatto con unità amiche solo sulla propria destra. Nonostante i molti fattori avversi, la Compagnia riuscì a resistere fino a sera. Ciò fu reso possibile dal fatto che le buche erano strette e il terreno attorno ad esse congelato, cosicché i carri russi non potevano fare franare la terra sopra ai difensori. La fanteria russa avanzante con cautela e con poco impeto, e fu bloccata a circa 200 metri dalle posizioni tedesche dal fuoco delle mitragliatrici, delle carabine e da colpi ben mirati dell'artiglieria del I Battaglione schierato sulla destra.

Due T-34 furono distrutti dai fucilieri tedeschi usando cariche cave subito dopo i carri erano passati sopra un gruppo di buche. Come conseguenza di ciò i carri russi divennero molto più cauti nei loro movimenti.

Nonostante la tremenda superiorità delle forze russe, alle 15.00, mentre l'oscurità iniziava a calare, la 7ª Compagnia resisteva ancora. La maggior parte dei russi quindi si ritirò sulla quota 440, dove si dispose per una difesa a istrice. Durante la notte, il Plotone di sinistra della 7ª Compagnia uscì dalle proprie buche e attaccò i russi che avevano occupato le postazioni tenute in precedenza dalla 5ª Compagnia. Senza sparare un colpo, i tedeschi colsero di sorpresa i russi imbottiti di vodka e rioccuparono 200 metri della vecchia linea di resistenza tedesca. Alle prime ore del 5 dicembre un Battaglione di riserva tedesco, oramai ridotto a soli 80 uomini e otto carri Panzer IV, si radunò a circa 1.200 metri dalla quota 440. All'alba le forze tedesche contrattaccarono verso nord, lungo la strada che da Bolshaja-Rossoshka portava verso Samofalovka. Questo contrattacco non ebbe meno successo dell'operazione russa del giorno precedente. Già all'inizio dell'attacco furono distrutti sei T-34, e i russi si ritirarono dalla quota 440 verso nord. I tedeschi rioccuparono le loro vecchie posizioni catturando un centinaio di prigionieri e una buona quantità di rifornimenti e materiale.

Così si concluse la prima grande azione nella zona della collina 440. Ancora una volta un'unità esperta aveva dimostrato che se gli uomini non cadono preda del panico è possibile venire fuori da situazioni apparentemente senza speranza.

B: Il secondo attacco russo. L'8 dicembre i russi lanciarono un nuovo potente attacco nello stesso punto, ma questa volta preannunciarono le loro intenzioni aprendo il fuoco per un'ora con l'artiglieria sulle posizioni tedesche. La situazione si sviluppò in maniera simile a quella del 4-5 dicembre. Ancora una volta i russi entrarono in azione con una forza combinata di fanteria e carri, ma questa volta i fucilieri russi erano montati sui carri armati, e nuovamente i russi penetrarono nella debolmente difesa linea principale di resistenza tedesca a sud della quota 440. Nonostante il fuoco accurato delle armi leggere tedesche infliggesse pesanti perdite alla fanteria montata sui carri, il II Battaglione fu isolato tranne che per un punto di contatto sul fianco destro. A dispetto delle pesanti perdite il Battaglione resistette fino alla sera, quando l'attacco russo si esaurì. Il contrattacco tedesco della mattina seguente partì dalla gravina vicino al comando del I Battaglione e respinse i russi dalle posizioni appena conquistate, distruggendo cinque carri russi.

L'11 dicembre forze russe più deboli lanciarono un nuovo attacco contro la principale linea di resistenza del II Battaglione, ma furono fermati durante l'avvicinamento due cacciatori di carri tedeschi appostati presso l'uscita della gravina nel settore del I Battaglione.

La situazione rimase quindi tranquilla fino a Natale. Nel settore del II Battaglione i russi si limitarono ad attacchi diversivi, mentre il loro sforzo principale fu diretto contro il I Battaglione. I loro ripetuti tentativi di sfondare le posizioni tedesche non ebbero successo, anche se in molte occasioni i tedeschi evitarono il completo disastro solamente per uno stretto margine.

La lotta ravvicinata ai corazzati sovietici vista da un artista di guerra tedesco.

XIII. La fanteria ha successo dove i corazzati hanno fallito (dicembre 1942)

Verso la fine del novembre 1942 la 4ª Armata *Panzer*, con il comando a Zimovniki, appena a est di Rostov, era incaricata di organizzare e dirigere lo sforzo tedesco per soccorrere Stalingrado.
Subordinata al LVII *Panzerkorps* dal 27 novembre, la rinforzata 6ª *Panzer-Division* si stava muovendo verso Stalingrado attraverso Kotelnikovo, mentre gli elementi avanzati della 23ª *Panzer-Division* si apprestavano ad unirsi all'avanzata.
Nella steppa a nord di Kotelnikovo i russi avevano schierato un Corpo di cavalleria sulla destra e un Corpo di fanteria sulla sinistra, per proteggere le vie di accesso a Stalingrado. Dietro questi due Corpi e a nord del fiume Aksay si trovava la potente 3ª Armata Corazzata, spesso chiamata Armata Corazzata Popov[11], dal nome del suo abile comandante.

Durante la prima metà di dicembre, la forza di soccorso tedesca combatteva aspramente per aprirsi la strada verso nord. Con 200 tra carri armati e cannoni d'assalto, la 6ª Divisione *Panzer* con la 23ª Divisione a coprirle il fianco destro travolsero i Corpi di fanteria e cavalleria russi, e per il 12 dicembre gli elementi avanzati tedeschi attraversarono il letto poco profondo del fiume Aksai e stabilirono una testa di ponte di fronte a Zalivsky, incontrando solo una debole resistenza.
L'Armata corazzata russa stava concentrando le sue forze nel villaggio di Verkhniy Kumskiy, circa dodici chilometri più a nord rispetto alla testa di ponte tedesca. Quando, nel pomeriggio del 12 dicembre, la 6ª Divisione Panzer nel suo percorso verso nord entrò nel villaggio, i russi reagirono con violenza. Nelle successive 24 ore si svolse una durissimo scontro tra carri, con il villaggio che cambiò ripetutamente mano tra i due contendenti. Quando divenne evidente che i russi stavano gradualmente concentrando forze superiori nella zona, incluse diverse Divisioni motorizzate e un gran numero di cannoni anticarro, i tedeschi si ritirarono rapidamente verso l'Aksay. I russi, che avevano a loro volta sofferto pesanti perdite di carri armati, non inseguirono i tedeschi e si limitarono a stabilire posizioni difensive lungo la quota 490, che attraversava la steppa approssimativamente tre chilometri a sud di Verkhniy Kumskiy.

Il 16 dicembre le due Divisioni tedesche avevano riparato la maggior parte dei propri carri armati danneggiati. Su ordine del Comando d'Armata, fu formato un Kampfgruppe corazzato con elementi di entrambe le Divisioni, con l'obiettivo di lanciare un attacco sul fianco della cresta tenuta dai russi. Le Divisioni motorizzate russe trincerate sulla cresta dovevano essere costrette a ripiegare verso ovest.
Il *Kampfgruppe Hühnersdorff*, dal nome del comandante[12], era composto da un Reggimento *Panzer*, da un Battaglione di *Panzergrenadiere* della 6ª *Panzer-Division* e da una Compagnia di *Panzer* della 23ª *Panzer-Division*. Esso si mosse da Zavlinsky, iniziando a risalire i pendii poco scoscesi della valle dell'Aksay verso Klykov. Dopo avere raggiunto il limite orientale della cresta tenuta dal nemico, i *Panzer* iniziarono a muoversi a ovest lungo la cresta senza incontrare opposizione. La fanteria russa nascosta in profonde buche e nelle strette trincee in gruppi di tre o quattro uomini lasciò passare i carri armati.

---

[11] Probabilmente intende la 5ª Armata d'Assalto comandata dal Tenente Generale Markian Popov, in quanto la 3ª Armata Corazzata era in ricostituzione dopo la battaglia di Kharkov dell'estate 1942, NdT.
[12] Si fa riferimento al Colonnello Walther von Hünersdorff, comandante dell'11° *Panzer-Regiment* della 6ª *Panzer-Division*, NdT.

Tuttavia, non appena la fanteria corazzata che seguiva i carri da dietro li ebbe superati, i soldati russi lanciarono a distanza ravvicinata delle granate anticarro contro i veicoli leggermente corazzati che trasportavano la fanteria infliggendo pesanti perdite. I carri tedeschi dovettero ripetutamente fermarsi e accorrere in aiuto dei fanti che cercavano di avere ragione dei nidi di resistenza russi. Ma anche i carri armati erano inefficaci contro i fanti russi: essi infatti erano così ben mimetizzati tra l'alta erba della steppa che non potevano venire individuati dai carristi o dalla fanteria a bordo dei propri veicoli. In molti casi, i soldati tedeschi veniva ucciso dai proiettili dei cecchini nascosti nell'erba, prima ancora di accorgersi della loro presenza. Gli aerei tedeschi erano inutili così come i carri, la cui incapacità nella presente situazione era fin troppo evidente. Anche se i *Panzer* in testa al gruppo furono in grado di raggiungere l'estremità opposta della cresta per la metà del pomeriggio, la maggioranza dei soldati russi manteneva ancora le proprie posizioni. Avendo fallito nel raggiungere l'obiettivo e avendo subito pesanti perdite, il *Kampfgruppe* non ebbe altra scelta se non rientrare nella propria testa di ponte.

Quest'esperienza convinse il comandante della 6ª *Panzer-Division* a rivedere i propri piani per il giorno dopo. Nessun carro armato, ma solo fanti appiedati avrebbero sloggiato i russi dalla cresta. Formò quindi una forza d'assalto quella notte stessa (16-17 dicembre) e la radunò a nord della testa di ponte, esattamente di fronte al Reggimento di artiglieria corazzato.

L'ala sinistra fu formata dall'esperto Gruppo Esplorante della 6ª *Panzer-Division*, l'ala destra dal I Battaglione *Panzergrenadiere* del 114° Reggimento *Panzergrenadiere*. I due reparti furono rinforzati da distaccamenti d'assalto del Genio, Squadre lanciafiamme e distaccamenti sminatori. I carri armati e i rimanenti Battaglioni *Panzergrenadiere* furono radunati nelle retrovie tra Zalivsky e Krykov, dove rimasero in riserva, pronti a seguire la forza d'assalto.

Alle 8.00 del 17 dicembre i pezzi riuniti del Reggimento d'artiglieria aprirono il fuoco. La pioggia di proiettili che cadeva in cima alla cresta cancellò i posti di osservazione russi. Come l'erba secca della steppa prese fuoco, nuvole di polvere rossiccia coprirono l'intera cresta bloccando la visuale ai russi. Dopo poco però l'incendio si spense, a causa di una leggera nevicata che impedì ai focolai di propagarsi.

Nel frattempo, la prima ondata d'assalto tedesca iniziò a salire su per la cresta. Quando fu lanciato un razzo per segnalare che gli attaccanti stavano entrando nelle posizioni difensive russe, il fuoco dell'artiglieria iniziò a spostarsi in avanti. I distaccamenti di assalto avevano aperto un varco al centro della cresta. La difficile impresa di stanare il nemico dalle sue posizioni era iniziata.

Diversi Squadroni di bombardieri in picchiata, volando in sezioni alternate, intervennero e volarono in direzione di Verkhniy Kumskiy, dove martellarono le postazioni di artiglieria russe, mettendo a tacere una batteria dopo l'altra. Più in quota, *Messerschmitt* e *Rata*[13] impegnavano duelli aerei, durante i quali tre caccia russi furono abbattuti vicino alla cresta.

Prestando poca attenzione a ciò che stava accadendo in aria, i distaccamenti d'assalto si spinsero in avanti dal principale punto di penetrazione, mitraglieri e tiratori scelti cacciarono i soldati russi come selvaggina sparando colpi ben mirati contro tutto ciò che si muovesse. Qualora i russi in una buca vicina rispondevano al fuoco, venivano messi a

---

[13] Si tratta del caccia *Polikarpov I 16*, il soprannome *Rata* (ratto in spagnolo) venne dato dai nazionalisti spagnoli durante la guerra civile spagnola, NdT.

tacere con un ben diretto lancio di granate. Le posizioni fortificate erano neutralizzate dalle squadre lanciafiamme. Quando si incontrava una forza russa particolarmente fanatica che non si era in grado di liquidare con le truppe d'assalto, veniva lanciato un razzo di segnalazione per indicare con precisione il bersaglio per l'artiglieria e i mortai.

Per mezzogiorno, il Gruppo da ricognizione aveva ripulito la cresta dalla sua zona d'azione, e un'ora dopo il Battaglione *Panzergrenadiere* aveva fatto lo stesso nella parte orientale della cresta.

Ora si poteva considerare di attaccare il villaggio di Verkhniy Kumskiy. Le pattuglie esploranti riportarono che il villaggio e le pendici rivolte a nord erano tenuti da notevoli forze russe. Quando le pattuglie si avvicinarono a Verkhniy Kumskiy, vennero fatte segno dal fuoco nemico proveniente da ogni direzione. Gli aerei da ricognizione identificarono numerosi cannoni controcarro e carri armati interrati, e inoltre furono avvistati carri russi provenienti da ovest diretti verso il villaggio.

Durante il resto del pomeriggio, le fortificazioni e i cannoni dentro e attorno al villaggio furono bersagliati dall'artiglieria tedesca. I bombardieri in picchiata tedeschi, operando a ondate, attaccarono le concentrazioni di carri, i carri interrati e i cannoni controcarro fino al calare dell'oscurità. Con squadre speciali d'assalto ad aprire la via, la fanteria tedesca si mise in marcia lungo i percorsi che erano stati esplorati durante il giorno. Le rovine in fiamme del villaggio illuminavano l'area facilitando le operazioni. Come fantasmi, i distaccamenti di assalto si appressarono alle prime case e osservarono le cucine da campo russe preparare il rancio. Questo era il momento ideale per un attacco a sorpresa!

Al segnale convenuto, i distaccamenti d'assalto tedeschi irruppero nel villaggio da tre lati. Presi dal panico, alcuni russi si diedero alla fuga. Molti erano così sorpresi da essere incapaci di muoversi e furono presi prigionieri, mentre i tedeschi inseguivano i resti disorganizzati delle unità russe verso le colline a nord.

I carri armati russi cercarono di aprirsi la strada verso nord prima che sopraggiungessero le squadre distruzione carro tedesche, ma molti non riuscirono a partire in tempo e vennero distrutti. Molti cannoni controcarro e carri armati fuori uso oltre a una grande quantità di equipaggiamento pesante caddero in mano tedesca.

Il caposaldo fortificato russo di Verkhniy Kumskiy fu quindi catturato con perdite da parte tedesca irrilevanti. Dove un *Kampfgruppe* di due Reggimenti corazzati aveva fallito il giorno prima, due Battaglioni di fanteria meccanizzata ottennero un successo decisivo. Senza questo successo l'attacco di soccorso verso Stalingrado si sarebbe fermato molto prima di quanto non lo fu in realtà, e gli uomini nella sacca avrebbero perso ogni speranza.

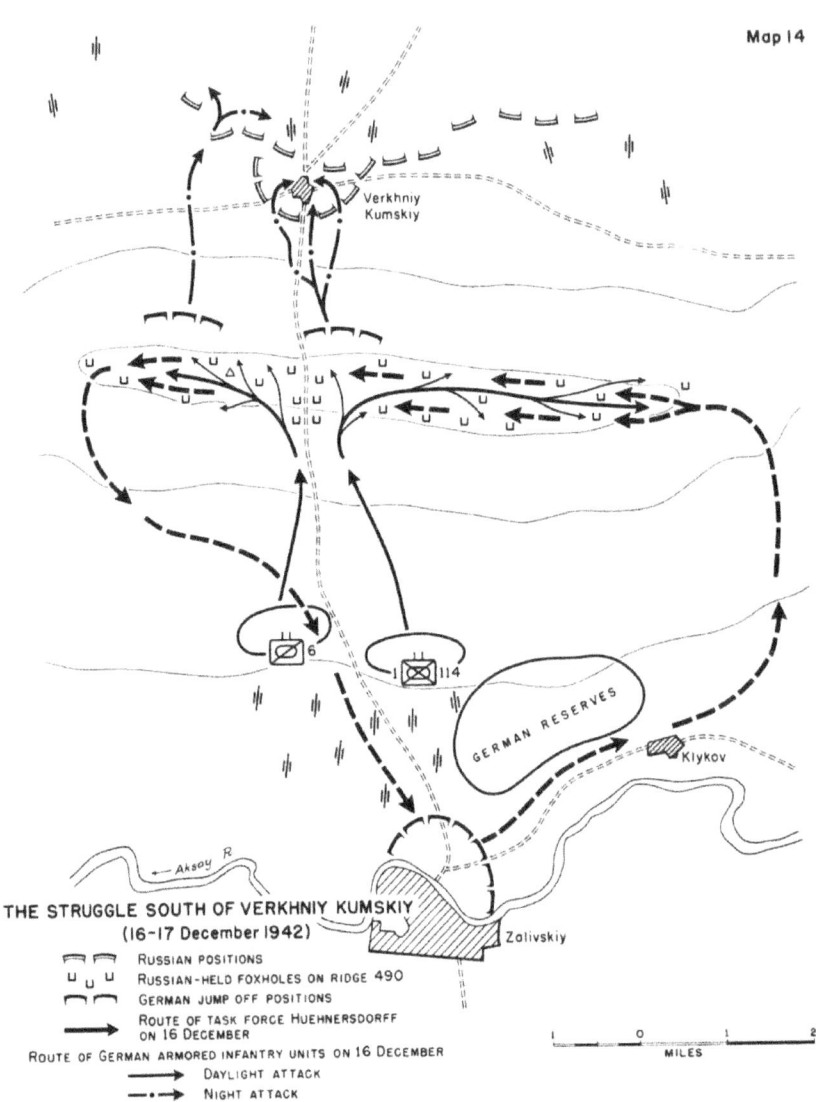

Legenda: Posizioni russe – Buche individuali russe sulla quota 490 – Posizioni di partenza tedesche – Percorso del Kampfgruppe Hühnersdorff - Percorso delle unità Panzegrenadiere il 16 dicembre: Attacchi diurni – Attacchi notturni.

XIV. La lotta finale del II Battaglione a Stalingrado (gennaio 1943)

La terza e ultima fase delle operazioni lungo la periferia della sacca di Stalingrado ebbe inizio immediatamente dopo il Natale 1942. In quel momento la sacca aveva un diametro di 25 chilometri. L'aspettativa di vita della 6ª Armata dipendeva dalla loro capacità di difendere questo perimetro. Se i russi fossero riusciti a penetrare in qualsiasi punto l'anello difensivo tedesco avrebbero diviso i resti dell'Armata in sacche più piccole, catturato i restanti aeroporti e quindi impedito l'approvvigionamento aereo. Le razioni e i rifornimenti di munizioni sarebbero finiti nelle loro mani e la resistenza tedesca sarebbe crollata. Anche se combattimenti sporadici sarebbero continuati questi nuclei isolati di resistenza sarebbero stati solo una piccola seccatura per i russi, che li avrebbero liquidati in seguito con operazioni di rastrellamento.

Questo spiega la ferocia con cui entrambe le parti cercarono di ottenere una vittoria decisiva. La posta in gioco era alta, e i tedeschi avevano bisogno di comandanti dal sangue freddo. Se durante la prima e seconda fase dei combattimenti i comandanti di unità tedeschi, individuata la possibilità di un ripiegamento volontario potevano farlo, nella terza fase la difesa di ogni metro di terreno divenne obbligatoria. In questa fase la propaganda russa iniziò a prendere piede. All'inizio del nuovo anno le squadre russe per la guerra psicologica si misero all'opera. Notte dopo notte venivano diffusi da altoparlanti discorsi registrati a Mosca da profughi tedeschi, che leggevano appelli di madri e spose tedesche che imploravano i loro amati di arrendersi. Prigionieri tedeschi che erano stati internati in campi di prigionia modello russi furono rimandati indietro attraverso le linee, per riferire ai loro commilitoni dell'eccellente trattamento ricevuto.

Nel frattempo la prospettiva di un salvataggio dall'esterno era diminuita. Tuttavia, gli uomini nella sacca rifiutarono di rinunciare alla speranza anche quando fu chiaro che il destino della 6ª Armata era ormai segnato. Le condizioni di vita nella sacca andarono di male in peggio. I fanti tedeschi dovevano rimanere nelle loro buche, esposti al freddo, al vento e alla neve e all'improvviso disgelo. Le razioni furono ridotte sempre più spesso. All'inizio, a ogni uomo veniva distribuito un terzo di pagnotta di pane al giorno, quindi un quarto e infine un quinto; questa dieta monotona era occasionalmente integrata da alcune fette di salsiccia o di brodo di carne ottenuto bollendo carne di cavallo. Solamente ai feriti veniva distribuita mezza barretta di cioccolata e del brandy, per risollevare il loro spirito immediatamente dopo l'evacuazione dalla prima linea del fronte.

La costante pressione russa ebbe come conseguenza un enorme aumento delle perdite. La forza di combattimento del II Battaglione diminuì costantemente. Quando i russi ripresero i loro attacchi su larga scala all'inizio del gennaio 1943, al Battaglione erano rimasti solamente tre Ufficiali e 160 uomini. A metà gennaio l'Ufficiale alle operazioni fu ucciso durante un combattimento corpo a corpo nel corso di un contrattacco tedesco. Il giorno seguente, il comandante di Battaglione si suicidò in seguito a un crollo nervoso. Il 19 febbraio l'ultimo Ufficiale rimasto in vita, un comandante di Plotone della 7ª Compagnia, lanciò un ultimo disperato contrattacco che portò alla morte degli ultimi tredici uomini rimasti del Battaglione. Alcuni giorni dopo, all'inizio di febbraio del 1943, la lotta per Stalingrado ebbe fine.

XV. Iniziazione improvvisa al combattimento invernale russo (febbraio 1943)

Dopo avere liquidato la sacca di Stalingrado, i russi lanciarono una grande offensiva che li portò rapidamente verso ovest. All'inizio di febbraio i carri armati sovietici presero Slavyansk praticamente senza incontrare resistenza, dal momento che l'intera area era senza unità tedesche salvo qualche reparto dei servizi. In uno sforzo di fermare la marea, il XL *Panzerkorps*, formato da due Divisioni corazzate e una di fanteria, fu trasferito da sud con l'ordine di fermare i russi e ributtarli al di la del Dnepr.

Nell'area di Kostantinovka, a sud di Slavyansk, prevaleva il tipico clima invernale russo. Un tappeto di neve profonda copriva allo stesso modo le strade e le campagne, e la temperatura minima raggiungeva di notte i -45° C. Queste condizioni da sole sarebbero bastate a fiaccare il morale e il fisico dei migliori soldati tedeschi.

Il 679° Reggimento della 333ª Divisione di fanteria [formata nel 1940 come Divisione statica, diviene Divisione d'attacco solo nel 1942, *Wehrkreis III* di Berlino, NdC], che era parte del XL *Panzerkorps*, non aveva ancora preso parte a combattimenti in Russia. Il III Battaglione scese dal treno alle 4.00 del 12 febbraio a Kostantinovka, e immediatamente ricevette l'ordine di spingersi verso Kramatorskaya. Il Reggimento si radunò e gli elementi avanzati iniziarono a muoversi senza alcun indugio. Alle 8.00, la punta avanzata del Battaglione, dopo essere avanzata di appena un chilometro e mezzo a est del fiume Torets, incontrò una forza corazzata russa che si muoveva in direzione opposta. Dopo un breve combattimento fu annientata, e i superstiti messi in rotta. Profondamente impressionato da questa brusca piega degli eventi, nel grosso del battaglione cominciò a diffondersi la paura, cadendo in un caso acuto di "panico da carro armato".

Il comandante reggimentale comprese che doveva agire immediatamente: la paura dei carri armati aveva bloccato il Battaglione, trasformando delle truppe valorose in un gruppo di codardi tremebondi. Ma che cosa poteva fare? La situazione non era per niente favorevole, perché il II Battaglione non sarebbe arrivato alla stazione ferroviaria prima delle 12.00, e per l'arrivo del I Battaglione sarebbero state necessarie almeno altre 24 ore.

Quando il comandante reggimentale scoprì che a Kostantinovka si trovava un cannone d'assalto in riparazione, ne assunse immediatamente il comando. Comprendendo che il pericolo di incontrare carri nemici era maggiore nell'area a est del Torets, scelse, come nuova via d'avanzata, la strada che correva sulla sponda occidentale del fiume.

I comandanti di Battaglione e Reggimento montarono sul cannone d'assalto e guidarono il Battaglione verso nord. Gli uomini si sentirono rincuorati vedendo i loro comandanti muoversi verso nord lungo il nuovo asse d'avanzata senza incontrare alcuna resistenza. I soldati ripresero rapidamente sicurezza e, incolonnandosi dietro i loro comandanti, si mossero in avanti con ritrovato coraggio. Il Battaglione si aprì la strada contro una debole resistenza nemica ad Alekseyevo-Druzhkovka, e durante la notte fu raggiunto dal II Battaglione che si unì a loro all'interno del villaggio.

Legenda: Percorso delle unità tedesche – Contrattacchi russi – Difese russe - Staccionata

Il 13 febbraio, basandosi sull'esperienza del giorno precedente, il comandante reggimentale decise di impiegare il II Battaglione come elemento avanzato del Reggimento, per abituarne gli uomini alle condizioni di combattimento in Russia. Per simulare la presenza di una forza maggiore, a tutti i veicoli motorizzati fu ordinato di procedere al seguito del Battaglione di testa in piena vista. Questo trucco poteva essere utilizzato solo perché non ci si aspettava la presenza di ricognitori aerei nemici.

Il II Battaglione arrivò verso sera a Krasnotorka senza incontrare incidenti. Durante la notte il Battaglione soffrì pesanti perdite per congelamento, giacché il comandante dell'unità, non essendo abituato alle condizioni dell'inverno russo, aveva ordinato alle sentinelle di disporsi in campo aperto fuori dal villaggio. Il trucco usato il giorno prima sembrava avere successo, dal momento che una trasmissione radio russa intercettata riportava che una grande forza motorizzata tedesca si stava muovendo verso Kramatorskaya.

Il comandante del Reggimento mosse il I Battaglione, l'ultimo ad arrivare in posizione, verso il Toretskiy per catturare Krasnogorka il giorno seguente. All'alba il Battaglione attraversò il fiume, e passando per Druzhkovka si mosse in un avvallamento a circa tre chilometri a sud di Krasnogorka. La marcia nella neve profonda aveva sfiancato il Battaglione perché i mezzi motorizzati si bloccavano in continuazione e dovevano essere rimossi per venir riparati; nonostante ciò il Battaglione arrivò alla sua posizione di partenza verso le 10.00

La situazione in cui si trovava il comandante del Battaglione appariva disperata. Di fronte a lui si trovava Krasnogorka, pesantemente difesa, da cui alcuni carri nemici stavano sparando nella sua direzione. Tra lui e il suo obiettivo si trovava una vasta pianura aperta coperta da uno strato di neve profonda più di un metro. Un assalto frontale al villaggio avrebbe quindi prodotto pesanti perdite, nonostante gli fosse stato promesso il supporto di una Batteria dell'artiglieria media. Da lontano i russi potevano osservare i singoli soldati tedeschi prendere posizione nella neve, le loro sagome scure che spiccavano chiaramente sul bianco del paesaggio, e potevano colpirli a volontà. Anche se il comandante del Reggimento condivideva le preoccupazioni del comandante del Battaglione, l'attacco doveva essere lanciato e il villaggio catturato.
L'unica cosa che interrompeva la monotonia del paesaggio era una recinzione che si estendeva per circa tre chilometri lungo il lato destro della strada che correva attorno al villaggio. Questa recinzione, al momento, appariva più come un muro di neve, e poteva fornire una qualche copertura alle truppe che avanzavano in fila indiana verso Krasogorka. Anche se assai lontana da essere la soluzione al problema di lanciare un attacco frontale contro le postazioni russe, questo era apparentemente il solo piano possibile. Per attrarre l'attenzione della guarnigione russa da un'altra parte, una Compagnia fu scaglionata in profondità e fatta avanzare su di un ampio fronte verso Krasogorka seguendo il lato sinistro della strada. Mentre la Compagnia compiva questo attacco diversivo, il corpo principale del Battaglione si mosse con cautela fino a 500 metri dall'obiettivo. I russi caddero nell'inganno e concentrarono il fuoco dei loro lanciarazzi a canna multipla, cannoni semoventi e dei mortai sulla singola Compagnia, che fu immediatamente bloccata. Nel frattempo, la forza d'assalto principale continuò a muoversi lungo la recinzione infiltrandosi a Krasnogorka e catturandola in poco tempo. A causa della neve profonda il Battaglione impiegò due ore per coprire il percorso di tre chilometri fino al villaggio. I russi furono colti completamente di sorpresa e si ritirarono verso Kramatorskaya. Alcuni giorni dopo, il Reggimento, agendo per la prima volta come un'unica unità, diede seguito al suo successo precedente catturando Slavyansk dopo avere superato una dura resistenza russa.
Una lezione che si può apprendere da quest'azione, è che un'unità senza esperienza di combattimento contro carri armati non deve venire inviata in combattimento senza un adeguato supporto dell'artiglieria controcarro. Se questa precauzione non sarà presa l'unità subirà un inutile crollo del morale e la sua forza sarà sprecata inutilmente.
Il comandante del Reggimento dovette prendere delle decisioni che erano in contrasto con le normali procedure, e improvvisare per affrontare delle situazioni inaspettate. Quando montò sul cannone d'assalto insieme al comandante di Battaglione mettendosi alla testa della colonna, contravvenne a ogni regolamento in vigore. Ma questo temerario exploit, pur aiutato da una buona dose di fortuna, riuscì a rendere nuovamente combattiva un'unità demoralizzata.

In questo caso i russi si lasciarono ingannare troppo facilmente. Avendo evidentemente fallito nell'ottenere delle adeguate informazioni dalla ricognizione, furono presi dal panico quando i tedeschi lanciarono il loro improvviso colpo di mano a Krasnogorka.

XVI: Ricognizione in forze russa con fanteria montata sui carri (ottobre 1943)

Ai primi di ottobre del 1943 il 196° Reggimento di fanteria [della 68ª *Infanterie-Division*, formata nell'agosto 1939 nel *Wehrkreis III* di Berlino, NdC] occupava posizioni difensive in una foresta a 30 chilometri a nord di Kiev. Anche se entrambi i fianchi erano ben protetti, la posizione stessa era vulnerabile a causa del terreno sabbioso e cedevole. I tedeschi non erano riusciti a piazzare delle mine antiuomo, ma avevano posizionato delle mine anticarro lungo le strade principali, che erano anche bloccate da ostacoli in cemento e tenute sotto tiro da cannoni anticarro da 5 cm.

Il terreno degradava leggermente verso l'alto in direzione della linea russa, che era situata lungo la linea di una cresta a circa due chilometri a nord rispetto alle linee tedesche.

Il 5 ottobre i russi fecero la prima di una serie di mosse volte ad avanzare. Questi movimenti rimasero nascosti agli occhi dei tedeschi, fino a quando alcuni osservatori non notarono che il terreno di fronte alla Posizione Avanzata A era stato smosso.

Più tardi l'artiglieria russa sparò proiettili fumogeni su posizioni tedesche note, come una casa forestale [*Forester's House* nella mappa 16, NdC] e l'incrocio stradale. Il fuoco dell'artiglieria e dei mortai tedeschi contro le posizioni avanzate russe si dimostrò inefficace. Le pattuglie inviate a sondare le linee nemiche furono respinte.

Durante i successivi due giorni i russi mossero le loro posizioni avanzate fino a 500 metri dalla Posizione B. Ancora una volta, a causa della pioggia intermittente che limitava la visibilità, questi movimenti passarono inosservati. L'unico risultato che ottennero i mortai pesanti tedeschi fu di ricevere un violento fuoco di risposta da parte dell'artiglieria russa sull'incrocio stradale vicino al limite della foresta. Quando le pattuglie tedesche venivano mandate avanti, iniziarono a incontrare pattuglie russe in numero crescente.

Il 10 ottobre i russi ebbero successo nell'occupare la Posizione C, a solo 500 metri dalla principale linea di resistenza tedesca. Delle pattuglie tedesche vennero inviate con la copertura dei mortai e dell'artiglia, per verificare la consistenza, la disposizione e le posizioni dei russi, e occupare quelle posizioni che fossero state deserte. Ma dopo essere avanzate di solo 100 metri le pattuglie vennero accolte dal fuoco dell'artiglieria e dei mortai russi e costrette a ripiegare.

Quando il tempo migliorò, i tedeschi furono in grado di osservare tutte e tre le posizioni avanzate russe, ma non furono in grado di individuare ulteriori movimenti. Le posizioni russe erano sottoposte, durante la notte, al fuoco incessante dei mortai e dell'artiglieria tedesca. Mentre tre pattuglie tedesche venivano respinte di fronte alla Posizione C, numerose squadre esploranti russe riuscirono ad infiltrarsi nell'area intermedia e in alcuni punti avvicinarsi a pochi metri dalla principale linea di resistenza tedesca.
Per le successive tre notti i russi furono impegnati nello scavo di postazioni lungo la Posizione C. La pesante pioggia aiutò a coprire il suono dei lavori di scavo. Poco dopo il

crepuscolo del 12 ottobre, una pattuglia tedesca riuscì finalmente a raggiungere il limitare della Posizione C. Dopo avere individuato alcune trincee, che apparivano deserte, la pattuglia fu respinta dal sopraggiungere di tre pattuglie russe supportate da nove mitragliatrici leggere, apparentemente comparse dal nulla.

Durante la notte del 13 ottobre cadde nuovamente una pioggia intensa. Alle 23:00 i russi iniziarono a colpire sulle linee tedesche con un intenso fuoco di artiglieria che durò due ore. Tra una serie di esplosioni e l'altra, nell'area avanzata tedesca, si poteva sentire il suono di carri armati in avvicinamento. Tuttavia il rumore si allontanò in fretta dando l'impressione che i corazzati fossero stati ritirati.

Verso mezzogiorno del 14 ottobre una pattuglia tedesca di tre uomini, riuscì a infiltrarsi con successo nelle posizioni avanzate russe. Queste apparivano deserte e sembravano essere state occupate solamente per poco tempo. I tedeschi conclusero che queste erano posizioni finte. I membri della pattuglia ignoravano che i russi li avevano osservati con attenzione lasciandoli entrare nelle posizioni deserte, certi che le loro intenzioni non sarebbero state scoperte.

Nel frattempo i russi stavano procedendo con la preparazione della loro missione di ricognizione all'interno delle linee tedesche.

Durante il pomeriggio del 14 ottobre, da una Compagnia di fucilieri russi che si stava riposando in un villaggio dietro le linee, fu selezionata una pattuglia di 20 uomini inclusi un Ufficiale e due Sottufficiali.
Questi uomini erano stati selezionati accuratamente: si trattava di veterani, con una conoscenza approfondita del terreno dal momento che venivano tutti dalla regione di Kiev. A ogni uomo furono fornite razioni di cibo e munizioni per due giorni e sei granate. All'ufficiale fu assegnata una radiotrasmittente, a lui e ai due sottufficiali furono assegnati fucili mitragliatori mentre il resto della squadra portava dei fucili automatici. Dopo avere raggiunto una trincea nei pressi della Posizione A, la pattuglia venne informata della missione da un ufficiale russo così come segue.

Voi vi muoverete verso la Posizione C, dove troverete quattro carri armati che erano stati interrati. Domani voi monterete sui carri e avanzerete verso le posizioni tedesche di fronte a voi, le penetrerete e vi spingerete verso le retrovie del nemico. Nulla vi deve rallentare nella vostra avanzata poiché tutto dipende dalla velocità. Abbattete qualunque cosa vi troviate di fronte, ma non impegnatevi in combattimenti prolungati. Ricordate che il vostro obiettivo primario è raccogliere informazioni sulle difese tedesche, quanti uomini le occupano, dove si trovano i mortai, non fermatevi a prendere prigionieri fino al vostro viaggio di ritorno, uno o due basteranno. Voi dovete creare paura e terrore dietro le linee nemiche quindi ritirarvi il più in fretta che potete.

Più tardi, quella stessa sera, la pattuglia si mosse verso le linee tedesche. Nonostante il fuoco di disturbo nemico raggiunsero i carri armati nella Posizione C all'1:00. I carri, con i loro equipaggi, erano stati interrati dai genieri ed erano ben camuffati, con gli ingressi nelle fosse sul retro.

La pattuglia di fanteria fu adesso suddivisa in squadre di cinque uomini e ogni squadra venne assegnata ad un carro. Agli uomini fu ordinato di scavarsi delle buche vicino al carro di riferimento e di rimanere in assoluto silenzio specialmente dopo l'alba.

Quando sorse l'alba, tutto appariva tranquillo, una leggera foschia copriva l'area durante le prime ore del giorno e verso il pomeriggio si tramutò in una fitta nebbia che limitava la visibilità a solamente 300 metri.

Verso le ore 1.00 un ufficiale proveniente dalle retrovie russe raggiunse la prima linea e ordinò alla pattuglia di montare sui carri. I motori furono rapidamente accesi, le reti di mimetizzazione rimosse, e i fanti montarono ognuno sul rispettivo carro. In pochi istanti, i carri balzarono fuori dalle proprie fosse, formarono una colonna e si precipitarono verso le linee tedesche alla massima velocità. Dopo avere superato alcune trincee, vennero avvistati i primi soldati tedeschi, che tuttavia colti completamente di sorpresa dall'inaspettato irrompere dei carri non aprirono il fuoco.

Avendo penetrato il centro della principale linea di difesa tedesca, i carri si dovettero muovere attraverso il fitto sottobosco prima di raggiungere la strada. Come raggiunsero la casa forestale, individuarono un distaccamento per il rifornimento d'acqua tedesco cercare un rifugio velocemente. I carri rovesciarono due camion carichi di razioni che bloccavano loro la strada e quindi proseguirono in profondità nelle linee tedesche. Circa 1.000 metri dopo la casa forestale, i carri russi svoltarono a destra e seguirono la strada che s'inoltrava nel bosco. Dopo avere proceduto per un altro kilometro, s'imbatterono in un incrocio e si fermarono. Avendo un'ottima visuale dell'incrocio, i soldati smontarono e stabilirono un perimetro difensivo attorno ad esso proprio nel mezzo delle difese tedesche. I russi si trovavano a solo 640 metri dal comando del reggimento, i carri formavano il nucleo della posizione mentre i soldati avevano scavato le loro posizioni intorno ad essi. L'ufficiale russo stabilì rapidamente il contatto radio con il proprio comando ed un fitto scambio di messaggi tra le due parti ebbe inizio.

Poco dopo dei Plotoni di fanteria d'assalto e del genio tedeschi, equipaggiati con armi controcarro per il combattimento ravvicinato, si mossero da due direzioni e circondarono i russi. Tuttavia non potevano avvicinarsi a più di 150 metri dalle posizioni russe perché la rada foresta che sorgeva intorno all'incrocio forniva ai carri un eccellente visuale del perimetro e permetteva loro di sparare a tutto ciò che si muoveva.
Trovandosi bloccati, i tedeschi inviarono un distaccamento sul fianco sinistro della loro linea di difesa per prendere uno dei cannoni anticarro da 5 cm. Poiché i cannoni erano stati messi in posizione statica all'interno di alcune fosse, il loro arrivo richiese tempo. Verso le 18.00, infine, due cannoni d'assalto della divisione presero posizione a sud dei carri russi e aprirono il fuoco, ferendo diversi soldati.

Dopo circa 10 minuti i russi salirono sui loro carri e ripartirono a tutta velocità verso le loro linee a nord, lasciandosi i feriti alle spalle.

L'oscurità era oramai calata, quando il distaccamento con il cannone da 50 mm individuò i carri russi venire dalla sua parte, i tedeschi non ebbero l'opportunità di sparare e riuscirono appena in tempo a buttare il cannone fuori strada, quindi rimasero nascosti fino a quando la colonna non fu passata, rimisero il cannone in posizione e spararono un colpo direttamente contro il retro dell'ultimo carro uccidendo due dei soldati.

Quando l'oscurità divenne più fitta, il carro russo di testa accese le luci e fece strada agli altri tre guidandoli a tutta velocità, e senza venire molestati attraverso le linee tedesche. Una volta raggiunto il terreno aperto, il carro guida spense le luci e il gruppo sparì nell'oscurità verso le linee russe.

Questa fu un'impresa accuratamente preparata e pianificata dai russi, e fu eseguita con coraggio e abilità. Il motivo principale del successo fu indubbiamente la mancanza di difese anticarro adeguate da parte dei tedeschi. I russi dovevano essere a conoscenza della scarsità di mine anticarro e di pezzi d'artiglieria in cui versava la difesa tedesca.

I russi impiegarono molto tempo nella preparazione della loro azione, facendo passare molto tempo tra la loro avanzata, dalla Posizione A alla B e dalla B alla C. Quindi fecero passare ancora altro tempo prima di mettere i carri in posizione, infine attesero altri due giorni prima di effettuare l'azione.

I russi erano estremamente abili nel concepire e portare avanti operazioni di scavo particolarmente importanti, come ad esempio le fosse per nascondere i carri armati.

Facendo sì che le loro posizioni apparissero completamente deserte durante il giorno, e creando delle false trincee in cui le pattuglie nemiche potevano infiltrarsi, i russi ingannarono i tedeschi; se non completamente, indubbiamente li confusero riguardo le loro intenzioni.

Un'altra precauzione che presero i russi per evitare di venire scoperti fu di muovere la loro fanteria all'ultimo momento possibile, non prima della notte precedente l'azione. In questo modo evitarono il pericolo che qualcuno dei loro uomini venisse catturato da una pattuglia tedesca rivelando così i loro piani.

Tre settimane dopo l'azione appena descritta, i tedeschi scoprirono quanto abilmente i russi avevano mimetizzato i movimenti di avvicinamento dei loro carri. Un prigioniero raccontò di come i carri si avvicinarono alla linea del fronte con il fuoco dell'artiglieria usato per coprire il rumore del motore. Ma dal momento che questa precauzione non sembrava sufficiente, mandarono sei carri armati sulla linea del fronte per ritirarne due, dando così l'impressione di averli ritirato tutti. Questo trucco ebbe, come abbiamo visto, pienamente successo.

Il fatto che i russi decidessero di fermarsi all'incrocio stradale sembra un errore. La perdita di tempo che ne derivò avrebbe potuto portare all'annientamento della pattuglia se i tedeschi avessero portato in linea la loro artiglieria anticarro, e se fossero stati in grado di bloccare la via del ritorno verso nord con mine anticarro. Perché i russi si fermarono e si trincerarono non può apparentemente venire spiegato. La sosta tuttavia, permise di stabilire un contatto radio con il comando. Possiamo pertanto immaginare, che in questo come in molti altri casi, i comandanti inferiori russi mancassero dell'immaginazione necessaria per andare oltre gli ordini ricevuti.

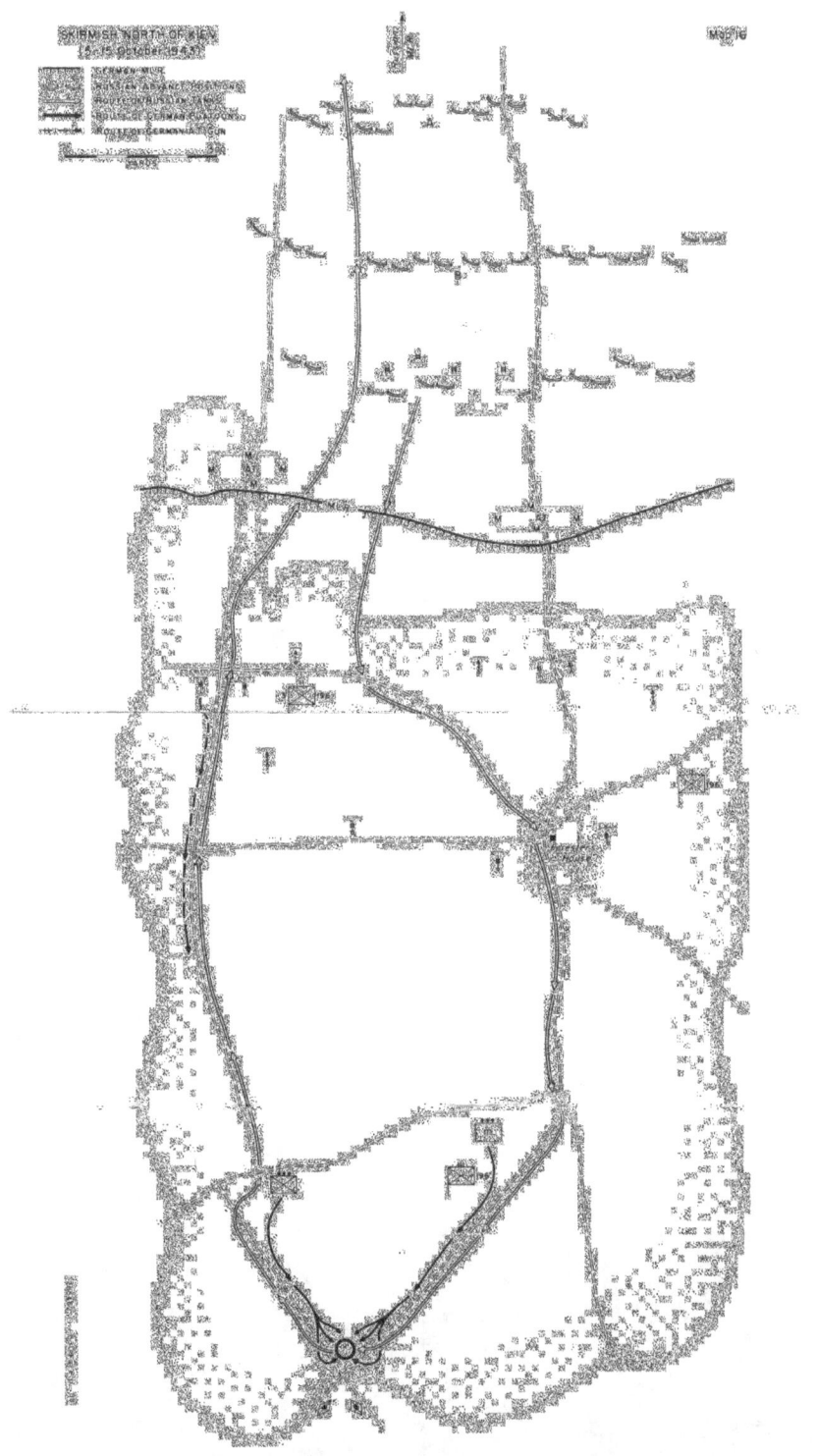

Russia settentrionale, 1942. Un Panzer IV F2 e alcuni Panzer III avanzano nel fango.

Capitolo 2 - i Corazzati

I: Generale

Nel 1941 l'arma corazzata russa era nel bel mezzo di un processo di riorganizzazione e conversione nei nuovi modelli di equipaggiamento. A questi reparti era assegnato solo personale selezionato, e i modelli di carri leggeri e pesanti oramai obsoleti venivano sostituiti dai nuovi modelli medi, in primo luogo il *T-34* che montava un cannone da 76 mm ed era molto veloce e potente.
Prima del 1941 la principale funzione dei carri armati russi era di appoggiare la fanteria. Il successo ottenuto dalla *Blitzkrieg* tedesca in Polonia, Francia e nei Balcani, portò i russi a riconsiderare la loro dottrina d'impiego dei corazzati e i pianificatori russi si convertirono all'idea di usare l'arma corazzata in un ruolo strategico seguendo le linee dettate dai tedeschi.
Durante questo periodo di transizione il comando russo ebbe a confrontarsi con l'invasione tedesca. Il primo anno della guerra vide i russi soffrire pesanti perdite nel disperato tentativo di arrestare l'onda che minacciava di sommergerli, mentre allo stesso tempo tentavano di portare avanti dei cambiamenti fondamentali nella dottrina d'impiego e nell'equipaggiamento.
Nel convulso passaggio da una fase all'altra, le tattiche e le tecniche dei corazzati russi si svilupparono secondo linee, almeno secondo il giudizio tedesco, poco ortodosse. Fu questa via poco ortodossa che sconcertò i tedeschi e permise ai russi di ottenere i primi successi, che iniziarono a drenare energia dai tedeschi assai prima che l'arma corazzata russa raggiungesse il suo apice d'efficacia. Nelle prime fasi della campagna i russi furono costretti a parcellizzare la loro forza corazzata, impiegando sul campo generalmente unità non più grandi di un Reggimento. All'inizio del 1942 sul campo di battaglia apparvero delle Brigate corazzate indipendenti, e i russi iniziarono infine a creare delle Armate corazzate.
I *T-34* furono costantemente migliorati nel corso della guerra, in particolare per quello che riguarda gli apparati radio e di mira, la corazzatura e soprattutto l'armamento, che fu in ultimo cambiato in un cannone da 85 mm.
I miglioramenti tecnologici dei carri russi furono il risultato di molti fattori. Lo sviluppo dei nuovi mezzi corazzati tedeschi era indubbiamente conosciuto ai russi, certe volte quando ancora erano allo stadio progettuale. Fin dall'inizio della guerra divennero disponibili carri tedeschi catturati, così come le più recenti linee guida dei progetti statunitensi e britannici. Di tutti i fattori coinvolti, fu comunque la consegna di materiale in base agli accordi del *Lend Lease* che ebbe il maggiore impatto.
Lo squilibrio prodotto del tentativo di acquisire simultaneamente sia la perfezione tecnica che le abilità tattiche, appare molto evidente nel modo in cui le operazioni venivano condotte dalle piccole unità. In una data azione i russi potevano mostrare una considerevole mancanza di flessibilità, mentre in quella seguente potevano dimostrare una superba maestria nell'impiego dei corazzati. I resoconti mostrano azioni in cui la forza corazzata fu terribilmente male impiegata, e dall'altra pare l'esempio di un singolo carro armato russo che tenne impegnata un intero gruppo di combattimento tedesco per 48 ore.
Nelle azioni selezionate per questo studio, non è possibile individuare alcuno schema preciso che possa portare a una generalizzazione. L'impressione comune che si trae è che il russo è attento alla necessità di cambiare le tattiche di combattimento per tenere il passo con i miglioramenti tecnologici, e che è estremamente flessibile nell'applicazione di queste

tattiche. È un maestro della mimetizzazione, è in grado di scavare una buca per il proprio carro con altrettanta velocità che per un cannone controcarro, e con altrettanta velocità lo tirerà fuori dopo essere stato superato dal nemico. Cerca sempre di preservare la sua mobilità. Colpirà e fuggirà; colpirà e rimarrà sul posto; userà i suoi carri come diversione, come trappola, in imboscate. Farà sempre ciò che meno ci si aspetta. I carristi russi, che conoscono il loro terreno meglio del manuale di istruzione, riusciranno a respingere i tedeschi indietro fino a Berlino.

Le seguenti azioni di piccole unità mostrano chiaramente il modo in cui i russi superarono i loro primi errori e svilupparono una efficace forza da combattimento. In questi esempi di combattimenti di corazzati, i dettagli descrittivi sono molti meno che nei resoconti riguardanti la fanteria. Questa mancanza di informazioni dettagliate riflette le caratteristiche del combattimento tra carri, in cui i cambiamenti avvengono velocemente e ci sono meno elementi per stendere una efficace ricostruzione degli eventi. L'assenza di dettagli, tuttavia, non diminuisce l'intrinseco valore del materiale presentato.

Un Panzer III con Panzergrenadiere montati in una incisione di un artista di guerra.

II: Il blocco stradale corazzato (giugno 1941)

Quando i tedeschi lanciarono il loro attacco contro la Russia, la mattina del 22 giugno 1941, il Gruppo d'Armate Nord attaccò dalle sue posizioni lungo il confine tra la Prussia Orientale e la Lituania. Il giorno D+1 alla 6ª Divisione *Panzer*, che era parte del Gruppo d'Armate Nord, fu ordinato di occupare la cittadina lituana di Rossenie e da lì di catturare i due ponti per mezzi attraverso il fiume Dubysa a nordest della cittadina (Mappa 17). Dopo che Rossenie fu presa, la Divisione fu separata nei *Kampfgruppe* R e S, che dovevano formare due teste di ponte, il *Kampfgruppe* R assegnato al ponte più vicino a Lyadevenai, un villaggio posto quasi a direttamente nord di Rossienie. Per il primo pomeriggio entrambe le colonne avevano attraversato il fiume ed era stato stabilito il contatto tra le due teste di ponte.

Le operazioni di rastrellamento attorno alla sua testa di ponte fruttarono al *Kampfgruppe* R un buon numero di prigionieri, venti dei quali, incluso un Tenente, furono caricati su di un camion e evacuati a Rossienie. Un Sergente tedesco era a capo del gruppo.

Circa a metà strada da Rossienie, il guidatore del camion notò all'improvviso un carro armato russo nel bel mezzo della strada. Mentre il camion frenava sino a fermarsi, i prigionieri si scagliarono sul guidatore e sul Sergente, e il Tenente russo si gettò sulla pistola mitragliatrice del Sergente. Nella colluttazione che seguì il robusto Sergente tedesco riuscì a liberare il suo braccio destro, e sferrò un pugno così potente al Tenente sovietico che quest'ultimo con molti altri russi furono gettati al tappeto dall'impatto. Prima che i prigionieri potessero avvicinarsi ancora, il Sergente liberò l'altro braccio e sparò con la pistola mitragliatrice in mezzo al gruppo; l'effetto del fuoco fu devastante, e solo il Tenente e pochi altri fuggirono, mentre gli altri furono uccisi. Il Sergente e il guidatore rientrarono alla testa di ponte con il camion vuoto e informarono il loro ufficiale comandante che l'unica strada per i rifornimenti alla testa di ponte era bloccata da un carro pesante del tipo *KV*. L'equipaggio del carro russo aveva intanto tagliato le linee telefoniche tra la testa di ponte e il comando di Divisione.

Il piano russo non erano chiaro. Nel valutare la situazione dopo l'incontro con il carro armato, il comandante della testa di ponte suppose che fosse imminente un attacco sulle retrovie della testa di ponte; per questo motivo schierò la sua forza per una difesa a istrice del perimetro della testa di ponte. Una Batteria controcarro fu spostata su un'altura vicino al posto di comando, una delle Batterie di obici ruotò il suo campo di tiro rivolgendolo verso sud, e la Compagnia del Genio si preparò a minare la strada e l'area di fronte le posizioni difensive. Il Battaglione *Panzer*, che si trovava in una foresta a sud della testa di ponte, si preparò per un contrattacco.

Il carro armato russo non si mosse per il resto della giornata. Il mattino seguente, 24 giugno, la Divisione tentò di mandare dodici camion di rifornimenti alla testa di ponte da Rossienie, e tutti e dodici vennero distrutti dal carro russo. Una pattuglia esplorante tedesca, inviata verso mezzogiorno, non poté trovare alcun segno di un attacco russo generale imminente.

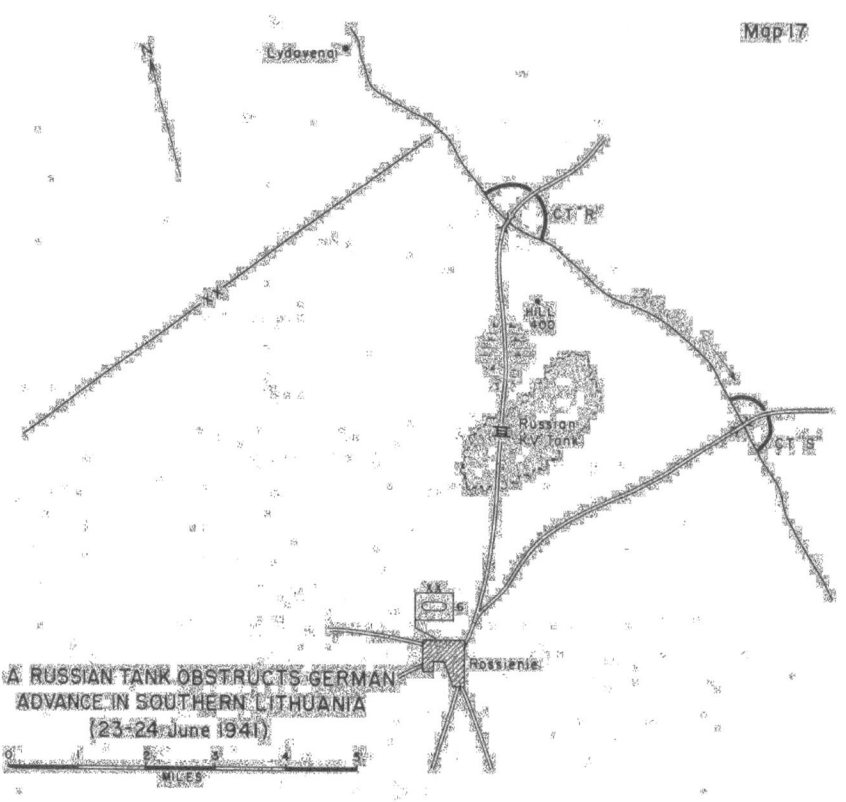

I tedeschi non potevano evacuare i loro feriti dalla testa di ponte. Ogni tentativo di evitare il carro armato falliva perché i veicoli non appena uscivano dalla strada s'impantanavano e diventavano facile preda dei russi nascosti nei boschi circostanti.

Quello stesso giorno, a una batteria anticarro da 5 cm fu ordinato di spostarsi in avanti e distruggere il carro armato. La Batteria intraprese fiduciosa la missione. I primi cannoni si avvicinarono a circa mille metri dal *KV*, che rimase immobile al suo posto, apparentemente ignaro dei movimenti tedeschi. Nei successivi trenta minuti, l'intera Batteria, ben mimetizzata, si era avvicinata in modo da avere il *KV* a distanza di tiro.

E ancora il *KV* non si mosse. Era un bersaglio così perfetto che il comandante della Batteria pensò che fosse stato danneggiato e abbandonato di conseguenza, ma decise comunque di aprire il fuoco. Il primo proiettile, sparato da circa 500 metri, fu un colpo diretto, un secondo e un terzo colpo centrarono il *KV*. Le truppe radunate sulla collina vicina, e che stavano osservando l'azione, lanciarono grida di gioia come se fossero spettatori ad una gara di tiro. Ancora una volta il carro rimase immobile.

Quando fu sparato l'ottavo colpo, i russi avevano ormai individuato la posizione della Batteria tedesca. Presa con cura la mira, misero a tacere l'intera Batteria sparando qualche proiettile da 76 mm, i quali distrussero due cannoni e danneggiarono gli altri. Avendo sofferto pesanti perdite, gli equipaggi dei cannoni si ritirarono, e i cannoni danneggiati non poterono venire recuperati fino a sera, sotto la copertura dell'oscurità.

Dal momento che i cannoni da 5 cm avevano fallito nel perforare la corazza spessa sette centimetri, fu pensato che solamente il cannone contraereo da 8.8 cm con i suoi proiettili perforanti avrebbe potuto riuscire nell'impresa.

Quello stesso pomeriggio, un cannone da 8.8 cm fu tolto dalla sua posizione vicino a Rossienie e spostato con cautela nella direzione del carro armato, che era allora rivolto verso la testa di ponte. Ben camuffato con cespugli e sfruttando la copertura dei camion tedeschi bruciati lungo la strada, il cannone raggiunse in sicurezza il limite della foresta a circa 900 metri dal *KV*.

Proprio quando i suoi serventi stavano mettendo in batteria il cannone, il carro russo ruotò la torretta e sparò, gettando il cannone in un fosso. Ogni colpo seguente fu un colpo in pieno, e la mitragliatrice del carro impedì ai serventi del cannone, che aveva già sofferto pesanti perdite, di recuperare il pezzo così come i corpi dei compagni morti. L'equipaggio del *KV* aveva lasciato che il cannone si avvicinasse indisturbato, consapevole che finché fosse stato in movimento non rappresentava una minaccia, e che più vicino fosse arrivato più certa sarebbe stata la sua distruzione.

Nel frattempo, le riserve nella testa di ponte erano diminuite al punto che le truppe dovettero ricorrere alle razioni di emergenza in scatola. Fu quindi organizzata una riunione dello stato maggiore per decidere quali altre azioni e mezzi impiegare contro il carro nemico. Fu deciso che un distaccamento del Genio avrebbe cercato di farlo saltare in aria con una operazione notturna.

Quando il comandante della Compagnia del genio chiese dodici volontari, l'intera Compagnia era così desiderosa di riuscire là dove gli altri avevano fallito, che tutti e 120 gli uomini si offrirono volontari. Il comandante scelse allora di selezionare un uomo ogni dieci. Al distaccamento furono dati i dettagli della missione e assegnato l'esplosivo e altro equipaggiamento essenziale.

Sotto la copertura dell'oscurità, il distaccamento si mise in movimento, guidato dal comandante di Compagnia. La strada seguita era un sentiero sabbioso poco usato che passava attraverso la quota 400 e i boschi che circondavano la posizione del carro. Quando i genieri si avvicinarono poterono distinguere i contorni del carro alla flebile luce delle stelle. Dopo essersi tolti gli stivali, gli uomini strisciarono fino al limitare del bosco per osservare il carro più da vicino e decidere come procedere.

All'improvviso si sentì un flebile rumore provenire dall'altro lato della strada, e furono viste distintamente muoversi alcune figure. I tedeschi pensarono che l'equipaggio del carro fosse uscito. Un momento dopo, invece, si sentì come un bussare sul lato del carro, e il portello fu aperto cautamente. Le figure iniziarono a passare qualcosa all'equipaggio del carro, e i tedeschi conclusero che dei partigiani stavano portando del cibo all'equipaggio. La tentazione di immobilizzarli era grande, e sarebbe anche stato un obiettivo facile, ma in questo modo avrebbero sicuramente messo l'equipaggio nemico in stato di allerta e probabilmente mandato all'aria l'intero piano. Dopo circa un'ora, i partigiani si ritirarono e il portello della torretta chiuso.

Fu solo verso le ore 1.00 che i genieri si misero al lavoro. Attaccarono una carica di esplosivo su un cingolo e sul fianco del carro armato, quindi accesero la miccia e si ritirarono. Una violenta esplosione scosse l'aria. L'ultima eco del ruggito dell'esplosione si era appena dissipata quando la mitragliatrice del carro iniziò a spazzare l'area con il suo fuoco. Il carro non si mosse e i cingoli sembravano danneggiati, ma non ce ne si poteva accertare con sicurezza dal momento che l'intenso fuoco della mitragliatrice impediva un esame ravvicinato. Dubitando del successo, il distaccamento del genio ritornò alla testa di ponte per fare rapporto. Uno dei dodici uomini mancava all'appello.

Poco dopo il sorgere del sole fu sentita una nuova esplosione provenire dalle vicinanze del carro, e ancora una volta la mitragliatrice aprire il fuoco.

Più tardi quella stessa mattina, mentre il personale del posto di comando del *Kampfgruppe* R stava riprendendo i suoi normali compiti fu notato un soldato scalzo e con un paio di stivali sotto il braccio attraversare la loro zona di bivacco. Quando l'Ufficiale al comando fermò il vagabondo solitario tutti si voltarono a guardarlo. Il Colonnello fu udito chiedergli conto del suo aspetto così poco militare. Il suono della loro voce divenne presto inascoltabile quando i due protagonisti di questo piccolo dramma iniziarono a colloquiare. Mentre parlavano, il volto del Colonnello s'illuminò, e dopo pochi minuti questi offrì al soldato una sigaretta, che il secondo accettò visibilmente imbarazzato. Infine il colonnello diede una pacca sulla schiena del soldato, gli strinse la mano e i due andarono via, con il soldato che ancora teneva gli stivali in mano. La curiosità degli astanti non fu soddisfatta fino a quando non fu pubblicato l'ordine del giorno, insieme con il seguente estratto del rapporto del soldato a piedi nudi.

Ero assegnato come osservatore del distaccamento inviato a fare saltare il carro russo.
Dopo che tutto era stato preparato, il comandante di Compagnia ed io attaccammo una carica il doppio del normale sul cingolo del mezzo nemico, quindi io ritornai nel fosso che era il mio punto di osservazione.
Il fosso era sufficientemente profondo per offrire riparo dalle schegge, ed io aspettai lì di vedere l'effetto dell'esplosione. Subito dopo l'esplosione, il carro armato coprì l'area con sporadiche raffiche di mitragliatrice. Dopo circa un'ora, quando tutto si fu quietato, mi avvicinai al carro ed esaminai il punto in cui avevo posizionato le cariche: neanche metà del cingolo era saltata via, ma non notai alcun altro danno visibile. Ritornai quindi al punto di riunione, solo per vedere che il distaccamento se ne era andato. Mentre cercavo i miei stivali trovai un'altra carica da demolizione, che era stata lasciata indietro. La presi, ritornai al carro armato, mi ci arrampicai sopra e legai la carica alla canna del cannone, sperando di distruggere almeno quella parte del carro dal momento che la carica non era abbastanza grande per poterlo distruggere. Corsi nel fosso e feci esplodere la carica. Il carro immediatamente coprì il limitare della foresta con la mitragliatrice, non cessando che all'alba, quando fui finalmente in grado di strisciare fuori dal fosso. Quando osservai gli effetti della carica di demolizione mi accorsi, con mio grande rammarico, che la carica che avevo usato era troppo debole e che il cannone era danneggiato solo leggermente. Ritornato nuovamente al punto di riunione trovai un paio di stivali e cercai di infilarmeli, ma qualcuno doveva essersi preso i miei dal momento che questi erano troppo stretti. Per questo tornai al campo a piedi nudi.

Ecco la spiegazione per l'uomo scomparso, la seconda esplosione e la seconda raffica della mitragliatrice.

Tre tentativi tedeschi erano falliti, e il carro poteva ancora bloccare la strada, sparando a suo piacimento. Il Piano 4 era di chiedere l'intervento dei bombardieri in picchiata sul carro nemico, ma dovette essere cancellato poiché non vi erano aerei disponibili. Inoltre, anche se ci fossero stati gli aerei disponibili, che potessero colpire il carro con un colpo diretto era dubbio, mentre era sicuro che un colpo solamente ravvicinato non sarebbe riuscito a eliminarlo.

Il Piano 5 prevedeva di ingannare l'equipaggio del carro assumendo un rischio calcolato. Si sperava che in questo modo le perdite tedesche sarebbero state ridotte al minimo. Doveva essere eseguito un finto attacco frontale da una formazione di carri armati provenienti da diverse direzioni nella foresta a est della strada, mentre un altro cannone da 8.8 cm sarebbe stato messo in posizione per distruggere il *KV*. Il terreno era abbastanza adatto per quest'operazione, poiché la foresta era rada e non offriva ostacoli alle manovre dei carri.

I corazzati tedeschi si schierarono e si lanciarono all'attacco del carro russo su tre lati. L'equipaggio russo, chiaramente eccitato, ruotava la torretta in cerchio cercando di colpire i carri tedeschi che si muovevano e sparavano di continuo dal bosco.

Nel frattempo, il cannone da 8.8 cm, prese posizione dietro al carro. Il primo colpo fu un centro in pieno, e mentre l'equipaggio cercava di girare la torretta all'indietro un secondo e un terzo colpo centrarono il bersaglio. Mortalmente ferito, il carro rimase immobile, ma non si incendiò. Altri quattro colpi perforanti da parte dell'8.8 cm andarono a bersaglio. Quindi, dopo l'ultimo colpo, il cannone del carro si elevò in alto, come per un ultimo gesto di sfida verso i suoi aggressori.

I carristi tedeschi più vicini scesero dai loro mezzi e si avvicinarono alla loro vittima. Con loro grande soppesa si accorsero che solo due dei colpi dell'8.8 cm avevano perforato la corazza, gli altri avevano lasciato solo delle profonde incavature. Furono individuati anche otto segni bluastri, fatti dai colpi diretti dei cannoni da 5 cm. Gli unici risultati dell'attacco dei genieri erano un leggero danno al cingolo e un'intaccatura nella canna del cannone. Non si trovò alcuna traccia dei colpi dei carri tedeschi.

Spinti dalla curiosità, i tedeschi si arrampicarono sul carro e tentarono senza riuscirci di aprire il portello della torretta. All'improvviso, la canna del cannone iniziò a muoversi nuovamente, e la maggior parte dei tedeschi presenti si allontanò di corsa. Rapidamente, due genieri lanciarono delle bombe mano attraverso il buco prodotto dal colpo nella parte bassa della torretta. Si udì quindi un'esplosione sorda, e il portello della torretta saltò via. All'interno c'erano i corpi mutilati dell'equipaggio.

I tedeschi non avevano fatto una bella figura durante il loro primo incontro con un *KV* in questa zona del fronte: un solo carro era riuscito a bloccare con successo la via di rifornimento di un'ingente forza tedesca per 48 ore.

III. I genieri tedeschi catturano due ponti (giugno 1941)

Mentre le unità della 6ª *Panzer-Division* erano così momentaneamente bloccate, l'8ª *Panzer-Division*, anche essa facente parte del Gruppo d'Armate Nord, guidava l'attacco tedesco più a sud, cogliendo i russi di sorpresa. L'8ª *Panzer-Division* si spinse verso nordovest incontrando una resistenza sporadica e in costante diminuzione, lasciando le unità russe ai suoi fianchi e retro ad essere rastrellate della sopraggiungente fanteria tedesca. Il 24 giugno, procedendo lungo una buona autostrada tra campi aperti e lievi pendii, la Divisione raggiunse Smelyney, un villaggio sul confine lituano-lettone, venti chilometri a sud ovest Dvinsk.

Più tardi, quello stesso giorno, il comandante della Divisione fece una valutazione della situazione. L'obiettivo principale della Divisione era la città Dvinsk, situata sulla sponda settentrionale del fiume Dvina (Mappa 18). Prima di potere catturare la città, però, i tedeschi dovevano assumere il controllo di due ponti che attraversavano il fiume, che in quell'area era largo all'incirca 220 metri. Il ponte stradale era necessario per l'avanzata della Divisione mentre il secondo, un ponte ferroviario situato circa un chilometro e mezzo più a valle, avrebbe potuto essere usato nel caso in cui i russi fossero riusciti a fare saltare il ponte principale. La ricognizione area aveva indicato come i russi fossero intenzionati a difendere la città, e che i due ponti erano stati minati. La distruzione di questi ponti avrebbe bloccato la divisione e ritardato così la tabella di marcia dell'intero Gruppo d'Armate Nord; di conseguenza i due ponti dovevano venire catturati con un raid di sorpresa prima che i russi potessero demolirli. Il comandante divisionale decise di agire senza ulteriori ritardi e ordinò al comandante dell'avanguardia della Divisione e al Tenente Schneider, comandante della 3ª Compagnia del 59° Battaglione *Panzerpioniere*, di fare rapporto al suo posto di comando immediatamente. Quando i due Ufficiali furono arrivati, il Generale fece un breve riassunto della situazione e diede i seguenti ordini:

Un Plotone della 3ª Compagnia, diviso in quattro distaccamenti d'assalto, dovrà lanciare un attacco di sorpresa contro i due ponti di Dvinsk. I distaccamenti scatteranno in azione alle ore 01.30 del 25 giugno e si dirigeranno verso i ponti utilizzando i quattro camion russi che la Divisione ha catturato questa mattina. I russi dovranno essere portati a credere che i camion siano amici, in modo tale che il distaccamento possa arrivare nei pressi dei ponti senza venire scoperto.
Una volta giunto ai ponti, il distaccamento dovrà immediatamente tagliare tutti i cavi presenti su entrambe le sponde del fiume per evitare che i russi possano attivare elettricamente le cariche da demolizione, quindi tagliare tutte i cavi d'innesco diretti alle cariche e difendere il ponte dai contrattacchi russi.
Il nucleo principale della 3ª Compagnia entrerà in azione anch'esso alle 01.30 ma si dovrà muovere più lentamente in modo di arrivare ai ponti un quarto d'ora dopo il distaccamento d'assalto, rilevandolo. La 3ª Compagnia sarà seguita dall'avanguardia della Divisione che dovrà arrivare al ponte stradale alle 03.05. Poiché il ponte, a questo punto, sarà fermamente in mani tedesche, l'avanguardia, che sarà formata da un Battaglione di *Panzergrenadiere* e da un Battaglione *Panzer*, supererà il fiume entrando a Dvinsk, aprendo la strada all'avanzata della Divisione verso nord ovest.
Signori, io ho fiducia nella vostra abilità nel conseguire questo difficile obiettivo, e vi auguro buona fortuna. Se non ci sono altre domande, questo è tutto.

Furono fatti rapidamente i preparativi per l'imminente missione. Schneider organizzò il 4° Plotone della sua Compagnia in quattro sezioni d'assalto, ognuna formata da dieci uomini e armati con mitragliatrici, pistole mitragliatrici, bombe a mano e pinze tagliafili.
Il nucleo principale della 3ª Compagnia doveva muoversi nel seguente ordine di marcia:

Il 1° e il 2° Plotone, ognuno dei quali equipaggiato con cinque carri speciali del genio. Questi mezzi erano carri *Panzer II*, armati con un cannone automatico da 2 cm e una mitragliatrice. Sul retro di ogni carro era montato un argano speciale, con lo scopo di depositare le cariche di demolizione e rimuovere ostacoli [il *Ladungsleger II*, capace di portare cariche da 50 Kg, NdC].

Dietro i primi due Plotoni sarebbero venuti i sette semicingolati del 4° Plotone, ognuno dei quali era equipaggiato con dei telai lanciarazzi [gli *Sd.Kfz. 251/1* dotati di sei lanciarazzi *Wurfrahmen 40* – solitamente caricati con cinque razzi ad alto esplosivo da 28 cm e uno incendiario da 32 cm, NdC], Durante la marcia i semicingolati sarebbero stati occupati solo dai piloti, in quanto gli altri uomini del 4° Plotone avrebbero formato le sezioni d'assalto.

Il 5° Plotone, formato da genieri d'assalto equipaggiati con cariche di demolizione, sarebbe venuto dietro a bordo dei camion.

Il 3° Plotone della 3ª Compagnia era impegnato altrove nella costruzione di un ponte e non sarebbe stato disponibile per l'azione.

La 3ª Compagnia si mosse dal suo accampamento presso Smelyne alle 01.30. Con le luci accese, i camion che trasportavano il distaccamento d'assalto si diressero verso nord in direzione di Dvinsk sopra la strada asfaltata, guidando a una velocità di 65 km/h. I carri armati, i semicingolati e i camion del resto della Compagnia seguivano a velocità inferiore. All'inizio, tutto andò secondo i piani. Il distaccamento d'assalto non incontrò nessun russo, e procedette verso i ponti a velocità immutata.

A Varpas, distante circa tre chilometri dal fiume, i primi tre camion girarono a est e proseguirono in direzione del ponte stradale, mentre il quarto proseguì dritto per il ponte ferroviario. Il distaccamento superò diversi gruppi di soldati russi, ma questi pensarono che fossero amici e non li molestarono.

A: *La lotta per il ponte stradale*. Dopo avere girato a est a Varpas, i tre camion procedettero a tutta velocità, raggiungendo Griva, sulla sponda meridionale della Dvina, alle 02.15. I sobborghi sud occidentali di Griva erano occupati da una retroguardia russa di circa cinquanta uomini che lasciarono passare i camion. Oramai solo poca strada separava il distaccamento dai ponti, e gli uomini divennero tesi. Nelle vicinanze del ponte, delle sentinelle russe bloccavano la strada e fecero segno al primo camion, che iniziò a rallentare. Al comandante del distaccamento sembrava che la sua fortuna fosse ormai giunta al termine. Dal momento che non potevano nascondersi oltre, era necessario agire in fretta e con decisione. Il guidatore del primo camion rallentò ulteriormente come stesse per fermarsi davanti alle sentinelle russe, quindi all'ultimo momento diede gas e con un ruggito il camion si gettò avanti correndo verso il ponte, seguito da un altro camion. Alcuni dei russi che erano sulla strada del camion riuscirono a evitarlo; altri, meno fortunati, furono investiti. Quelli che erano in grado di farlo, corsero ad aiutare i loro compagni feriti. Nella confusione fu prestata poca attenzione al terzo camion, che si fermò all'imbocco del ponte. Quando fu dato il segnale, i suoi occupanti saltarono addosso ai russi con pugnali e baionette uccidendoli tutti. Quattro uomini corsero al ponte e tagliarono tutti i cavi che poterono individuare. Il primo camion, nel frattempo, attraversò con successo il ponte senza venire attaccato, mentre il secondo, che si era fermato al centro del ponte per far scendere una sezione per tagliare i cavi, venne fatto segno del fuoco di armi leggere proveniente dalla sponda settentrionale del fiume, e si mosse quindi rapidamente verso l'estremità del ponte, dove si riunì con il primo camion.

Gli uomini incaricati al taglio dei cavi avevano appena concluso il loro lavoro quando le mitragliatrici e i cannoni controcarro sulla sponda settentrionale del fiume aprirono il fuoco costringendo gli uomini a terra. Sulla sponda nord del ponte, intanto, anche i due distaccamenti che vi si trovavano furono sottoposti al fuoco nemico e subirono le prime perdite. Alle 02.30 i russi lanciarono un forte contrattacco contro questi due distaccamenti per respingerli al di là del fiume, e nel combattimento che ne seguì ambo le parti subirono pesanti perdite. Dieci minuti dopo che il primo camion aveva attraversato il ponte, la retroguardia russa giunse da Griva e attaccò il distaccamento a sud. I russi non furono in grado di sloggiare i tre distaccamenti dal ponte nonostante la forte superiorità numerica, anche se riuscirono a impedire ai genieri tedeschi una ricerca sistematica delle cariche disposte sul ponte. In questo modo, anche se i tedeschi erano riusciti a eliminare i collegamenti elettrici, c'era il pericolo che i russi riuscissero a farle esplodere manualmente se fossero riusciti a riprendersi il ponte.

Alle 02.40, proprio quando il distaccamento iniziava a esaurire le munizioni e le bombe a mano, giunse il nucleo principale della Compagnia. Durante i venti minuti di combattimento, i tre distaccamenti, che all'inizio contavano in tutto trenta uomini subirono pesanti perdite. Un Ufficiale, un Sottufficiale, e tre soldati semplici erano stati uccisi, e altri quattro soldati feriti.

Con l'arrivo del resto della Compagnia, i carri del 1° e del 2° Plotone presero posizione sulla sponda meridionale del fiume e iniziarono a sparare contro i russi all'interno di Dvinsk. I semicingolati arrivarono dieci minuti dopo e iniziarono a lanciare razzi all'interno della città dove presto iniziarono a scoppiare diversi incendi.

Dopo un breve combattimento, i resti della retroguardia russa sulla sponda meridionale si arresero. Una consistente forza russa che si era radunata sulla sponda settentrionale del fiume per un contrattacco fu colta dal fuoco di sbarramento tedesco e dispersa prima di potere lanciare il suo attacco.

Alle 2.55, quando arrivò l'avanguardia della Divisione, la 3ª Compagnia aveva compiuto la sua missione catturando il ponte stradale intatto. Alle 03.05 l'avanguardia della Divisione attraversò il fiume e penetrò in Dvinsk, incontrando una forte resistenza da parte dei russi.

Alla 3ª Compagnia rimaneva solo un ultimo compito da portare avanti, il recuperare tutte le cariche di demolizione sul ponte. Un'attenta ispezione rivelò che i russi avevano preparato delle cariche su tutte e tre le campate ma nessuna sui piloni.

Mentre un gruppo di genieri si stava preparando per eliminare le cariche, un soldato si accorse di un piccolo sbuffo di fumo provenire da vicino e scoprì che un russo era strisciato senza essere visto fino a una carica e ne aveva acceso la minaccia: il geniere, saltando giù dal ponte, riuscì a disinnescare la carica solo dieci secondi prima che questa esplodesse. Un incidente simile fu riportato anche sulla sponda nord del ponte, e anche qui la carica fu disinnescata appena in tempo.

Con la missione sul ponte stradale compiuta, il Tenente Schneider poté volgere la sua attenzione al ponte ferroviario, da dove proveniva il rumore della battaglia. Ciò indicava che il quarto distaccamento d'assalto aveva incontrato dei problemi. Schneider pertanto inviò il 2° e il 5° Plotone della 3ª Compagnia in soccorso dei loro camerati per mezzo della strada che costeggiava il fiume sulla sponda sud.

B: La lotta per il ponte ferroviario. Quando i primi tre distaccamenti d'assalto diretto verso il ponte stradale svoltarono in direzione est a Varpas verso le 02.00, l'altro camion continuò a nord lungo la strada principale che portava direttamente al ponte ferroviario.

Alcune centinaia di metri prima del ponte, all'incrocio con la strada che correva parallela al fiume, si trovava un vecchio forte[14]. Il camion doveva passare attraverso le sue mura esterne. Non appena il veicolo girò a destra lungo la strada del lungofiume, fu fatto segno del fuoco di armi leggere provenienti dal forte; in pochi secondi il camion prese fuoco e dovette venire abbandonato di corsa. Il distaccamento cercò quindi di aprirsi la strada verso il ponte, distante circa 500 metri, ma gli uomini furono costretti a terra dal costante fuoco dei russi, ma nonostante ciò cercarono di strisciare verso il ponte. Non appena furono vicini al loro obiettivo, ci fu una terrificante esplosione. Avendo apparentemente compreso le intenzioni tedesche, i russi avevano fatto detonare le cariche piazzate sui piloni del ponte. Non appena il fumo si fu diradato apparve evidente come la demolizione non era andata totalmente a buon fine. Il ponte era ancora intatto, tuttavia la passerella in legno e le traversine delle rotaie avevano preso fuoco, e c'era la possibilità che l'incendio innescasse altre cariche, che normalmente sarebbero state piazzate su alcune delle campate.

Appariva quindi essenziale un'azione rapida da parte del distaccamento d'assalto, se si voleva estinguere l'incendio e salvare così il ponte.

Alle 03.30, il 2° e il 5° Plotone arrivarono all'ingresso est del forte, che era sbarrato da un pesante cancello d'acciaio. Dal momento che il fuoco sul ponte non era ancora spento, e che finché i russi potevano sparare sulla strada e sul ponte non era possibile portare avanti l'equipaggiamento antincendio, ai due Plotoni fu ordinato di prendere il forte d'assalto.

Gli uomini del 5° Plotone smontarono dai camion e cercarono di piazzare una carica da demolizione accanto al cancello, attirando il fuoco delle armi leggere russe. Un rapido esame della situazione rese evidente che sarebbe stato sconsigliabile tentare un attacco senza l'appoggio dei mezzi corazzati, pertanto fu ordinato a uno dei carri del 2° Plotone di avvicinarsi al cancello e di sganciare con l'argano una carica di esplosivo ad alto potenziale da 50 Kg. Non appena la carica fu sistemata e il carro si fu portato a distanza di sicurezza, l'esplosivo fu fatto detonare. La terrificante esplosione distrusse il cancello e stordì i russi nelle vicinanze, che comunque non appena il carro penetrò nella breccia aprirono il fuoco con armi leggere.

L'avanzata dei tedeschi fu fermata da un secondo muro, il cui cancello, anche questa volta d'acciaio, era su lato del forte rivolto al fiume. Ancora una volta un carro del Genio si avvicinò con un'altra carica da 50 Kg che fu sistemata e fatta detonare con gli stessi risultati della prima. A questo punto alcuni russi si arresero, ma il resto della guarnigione, circa venti uomini, continuò a resistere nel posto di comando, collocato in una struttura al centro del forte. Mentre i russi nel forte cercavano disperatamente di respingere i tedeschi, il reparto antincendio della 3ª Compagnia si diresse sul ponte e spense rapidamente le fiamme. Dentro al forte, usando cariche cave e granate, il 5° Plotone ebbe alla fine successo nel neutralizzare l'ultima zona di resistenza russa, e alle 04.00 il combattimento per il forte ebbe termine. Della Compagnia russa che aveva tenuto il forte, settanta uomini erano stati uccisi o feriti, e trenta catturati.

L'intera azione era stata portata avanti con grande rapidità, essendo passata solo mezz'ora dall'iniziale assalto al forte alla sua cattura. I russi catturati, una volta interrogati, affermarono che gli era stato ordinato di difendere il forte il più a lungo possibile, anche se

---

[14] Si tratta della parte meridionale della Fortezza di Daugavpilis. La più grande fortificazione sul baltico, costruita dai russi tra il 1777 e il 1810. Durante l'occupazione tedesca divenne un campo di prigionia, NdT.

il ponte fosse stato demolito. Avrebbero dovuto impedire ai tedeschi di spostare del materiale da ponte lungo la strada, e il loro compito era di ritardarne l'avanzata.

Con entrambi i ponti fermamente nelle mani tedesche, la missione della 3ª Compagnia era stata compiuta. L'8ª *Panzer-Division*, conquistò Dvinsk in serata dopo una giornata di duri combattimenti, quindi riprese la sua marcia in direzione nordest, verso Leningrado.

Il precedente esempio illustra fino a che punto l'uso dei mezzi corazzati è un imperativo quando è necessario agire con rapidità. La cattura dei due ponti di Dvinsk fu dovuto soprattutto al fatto che il distaccamento d'assalto fu inviato a bordo di camion russi davanti al nucleo principale della 3ª Compagnia; questo colse i russi di sorpresa e impedì loro di demolire i ponti prima del sopraggiungere dei rinforzi tedeschi.

La scelta della 3ª Compagnia per questa missione fu dettata dal fatto che i suoi speciali carri del Genio e i semicingolati avevano una sufficiente potenza di fuoco per bloccare i russi a nord del ponte stradale e per aprire la strada all'avanzata della Divisione verso nord. Durante il combattimento per la cattura del forte a nord, i carri del Genio si dimostrarono preziosi per distruggere i due cancelli. Solo dei mezzi corazzati potevano avvicinarsi ai cancelli a sufficienza per depositare le cariche esplosive sotto il fuoco delle armi leggere russe.

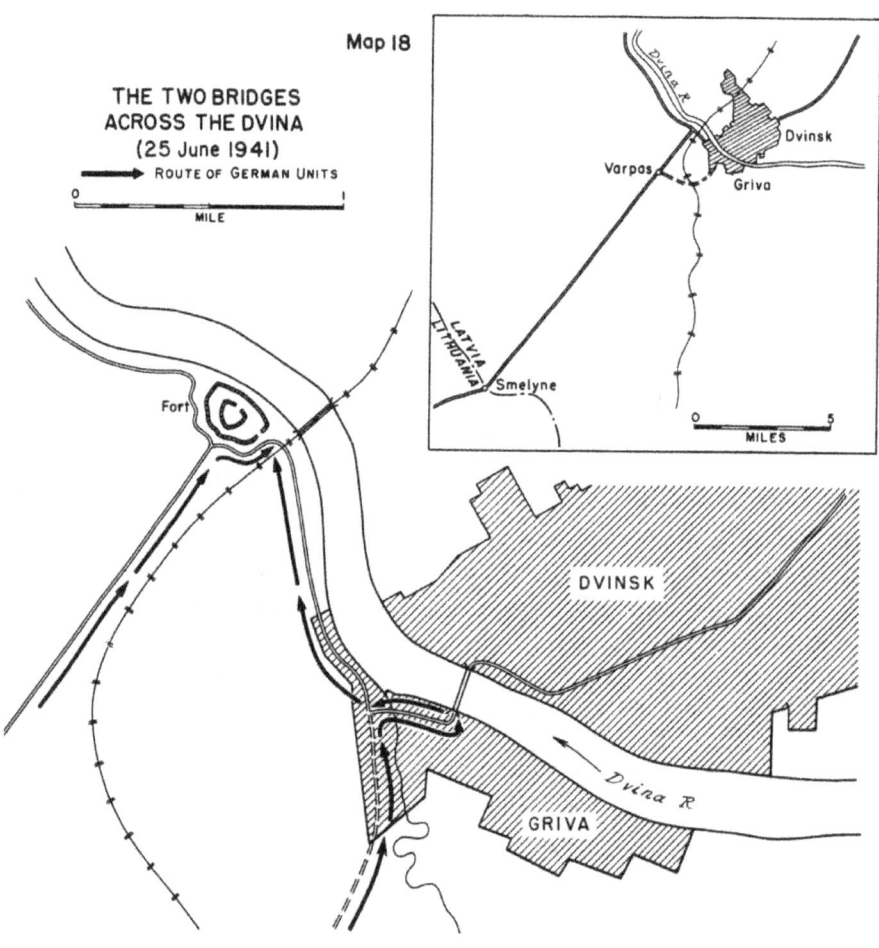

IV Una trappola russa per carri armati (luglio 1941)

All'inizio del luglio 1941, la 3ª *Panzer-Division*, che era parte del Gruppo d'Armate Centro, aveva raggiunto il fiume Dnepr a nord di Zhlobin e si preparava ad attaccare attraverso il fiume. Il 6 luglio al Reggimento *Panzer* della Divisione, che fino ad allora era stato tenuto in riserva, venne ordinato di rilevare una Divisione di fanteria che aveva incontrato una forte resistenza nemica mentre attaccava Zhlobin da sud ovest. L'attacco della fanteria era stato arrestato a circa tre chilometri di distanza dalla città (Mappa 19).

Il terreno attorno a Zhlobin era formato da prati in lieve pendio alternati a zone paludose. Il tempo era secco e soleggiato.

Il comandante del Reggimento decise di impiegare due Battaglioni, ognuno dei quali dotato di quaranta carri armati. Secondo il suo piano, il I Battaglione doveva avanzare dritto verso Zhlobin, mentre il II doveva seguire il I fino a un punto approssimativamente a un chilometro e mezzo dalla principale linea di resistenza russa a nord ovest di Zhlobim, quindi girare verso sud, attraversare la linea ferroviaria e spingersi verso sud est, dove avrebbe distrutto le forze russe che – supponeva - difendevano delle posizioni immediatamente a sud della città. Quest'attacco a tenaglia gli avrebbe consegnato la città di Zhlobin e allo stesso tempo rilevato la fanteria tedesca.

La colonna dei due Battaglioni avanzò secondo il piano. Circa tre chilometri a nordovest della città il I Battaglione penetrò la linea di resistenza principale russa incontrando una debole resistenza, travolgendo qualche elemento di fanteria e superando una Batteria d'artiglieria. Quando i carri armati di testa era oramai a solo un chilometro e mezzo dai sobborghi della città, all'improvviso ricevettero un fuoco devastante da parte di carri armati russi che erano stati molto ben nascosti tra le case, nelle aie delle fattorie, e nei i granai al limitare della città. I carri russi erano rimasti in agguato fino all'ultimo momento aspettando il momento giusto per aprire il fuoco. Non appena i carri del I Battaglione cambiarono direzione per cercare di sfuggire all'imboscata, furono accolti dal tiro ad alzo zero dei pezzi della Batteria che avevano appena superato, e che gli artiglieri russi avevano girato verso i carri tedeschi. In tutto come risultato di questa imboscata il I Battaglione perse 22 carri.

Nel frattempo, il II Battaglione aveva ricevuto i disperati messaggi radio di soccorso da parte dei loro compagni, ma i suoi carri non potevano intervenire perché l'alto terrapieno della ferrovia bloccava loro la strada.

Il comandante del Battaglione decise quindi di portare soccorso ai propri camerati attaccando direttamente Zhlobin. Avendo trovato il fianco sinistro russo scoperto, il Battaglione penetrò in città e distrusse 25 carri russi su 30 senza riportare alcuna perdita. I russi non si aspettavano un attacco da quella direzione e avevano concentrato tutta la loro attenzione sul I Battaglione.

Il fallimento dell'attacco frontale del I Battaglione, deve essere ascritto alla mancanza di un'accurata ricognizione prima di compiere il tentativo di sostituire la fanteria. Inoltre, in una missione indipendente le unità corazzate devono sempre essere accompagnate dalla fanteria meccanizzata; in questo caso, infatti, la fanteria motorizzata sarebbe stata in grado di catturare l'artiglieria russa.

Se il II Battaglione avesse seguito il I, la Batteria d'artiglieria sarebbe stata neutralizzata, e al I Battaglione sarebbe stata data l'immediata assistenza necessaria. In una situazione non chiara è meglio avanzare scaglionati in profondità in modo da potere affrontare con dei reparti coesi gli incontri imprevisti con forze nemiche, piuttosto che avanzare su un fronte ampio dove è possibile perdere il contatto tra i vari reparti e gli elementi separati possono essere bloccati separatamente dal nemico. Nell'imboscata al I Battaglione la disciplina dei russi, combinata con la loro naturale abilità nel mimetizzarsi, compensò abbondantemente la loro inferiorità nell'equipaggiamento e nell'addestramento. Un'imboscata è in effetti un'operazione economica per infliggere pesanti perdite a un nemico disattento.

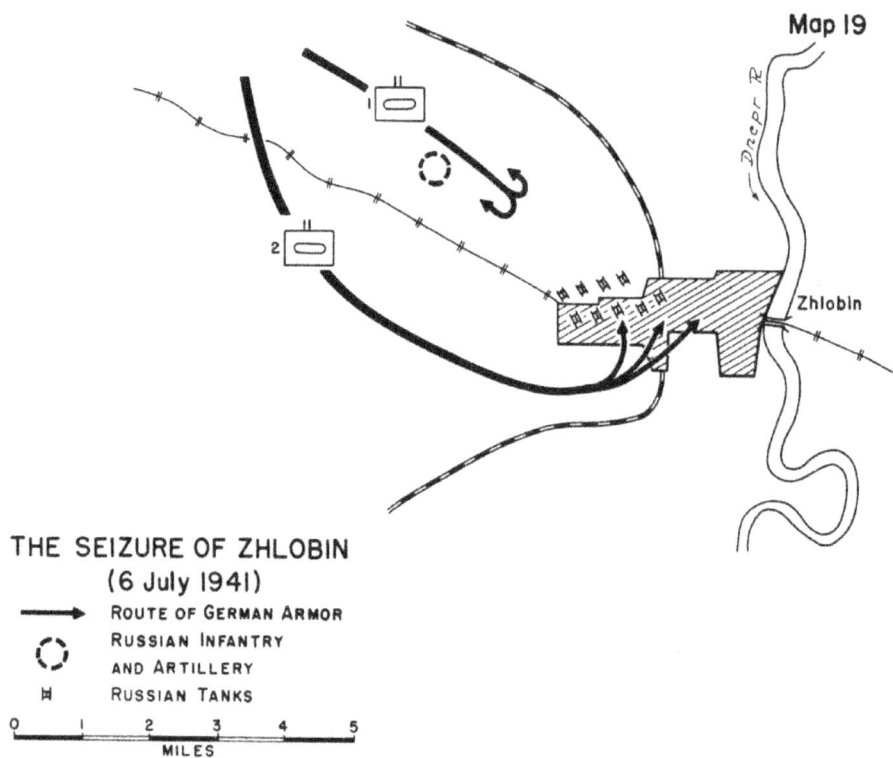

V I Genieri corazzati tedeschi sulla strada per Leningrado (agosto 1941)

Durante gli ultimi giorni dell'agosto 1941, le forze tedesche continuavano la loro marcia verso Leningrado, passando per Kingisepp e Luga. I Russi, in uno sforzo per tenere aperta la via della ritirata ai loro soldati che erano stati gravemente battuti a Luga, resistettero duramente contro le forze corazzate tedesche provenienti da Kingisepp. Continuando nella loro avanzata senza soste, i tedeschi sfondarono le linee russe in diversi punti a sud di Leningrado. A questo punto l'alto comando russo sembrava avere perso il controllo complessivo delle proprie forze nei pressi di Leningrado, tuttavia diverse unità isolate, probabilmente spinte dai commissari, continuarono a combattere con ostinazione.

Il 28 agosto, l'8ª *Panzer-Division*, assemblata a circa 50 chilometri a sud est di Kingisepp, ricevette l'ordine di guidare l'avanzata verso sudovest il giorno seguente. L'obiettivo era di raggiungere la strada Luga-Leningrado in un punto a sud di Gatchina muovendo attraverso Moloskovitsy e Volosovo (Mappa 20). Una volta raggiunta la strada, la Divisione doveva ruotare verso sud-est per colpire alle spalle le forze russe in ritirata, facilitando le Divisioni di fanteria tedesche che avanzavano combattendo verso nord. Nel frattempo, altre unità corazzate tedesche dovevano catturare Gatchina e vari altri obiettivi più a nord sulla strada per Leningrado.

Il terreno attraverso cui i tedeschi dovevano avanzare era paludoso e coperto da foreste. Alcune piccole alture offrivano una buona vista del terreno circostante. In questa stagione tutte le strade della zona, con l'eccezione di quelle che attraversavano dei terreni estremamente paludosi, erano adatte al passaggio dei veicoli. Il sole sorgeva alle 03.00.

L'8ª *Panzer-Division* si mise in movimento alle 04.00 del 29 agosto ed entrò a Moloskovitsy nelle prime ore del mattino. Le deboli forze russe che si erano trincerate presso la stazione ferroviaria furono rapidamente sopraffatte, mentre l'avanguardia continuava la sua marcia verso Volosovo. Nidi di resistenza isolati non riuscirono a ritardare i tedeschi.

La 3ª Compagnia del 59° Reggimento *Panzerpioniere*, marciando in testa alla Divisione arrivò a Volosovo intorno alle 12.30 e si fermò per una breve sosta. Un Ufficiale di collegamento e delle staffette motocicliste mantenevano i contatti con l'avanguardia che, secondo l'ultimo rapporto, aveva raggiunto Kikerino alle 12.15.

Alle 12.35, il Tenente Schneider, comandante della 3ª Compagnia, sentì il rumore di mitragliatrici e cannoni controcarro che sparavano dal nordest. Proprio mentre stava salendo sul suo veicolo per verificare la situazione, un camion di rifornimenti dell'avanguardia entrò nel villaggio e si fermò. Il conducente riportò che la sua colonna di rifornimento era caduta in un'imboscata a circa due chilometri e mezzo a est di Volosovo. Mentre gli altri conducenti dei camion avevano cercato la fuga accelerando, lui era tornato indietro per avvertire la colonna di marcia della presenza dei russi.

Sulla base di queste informazioni Schneider ordinò al 1° e al 2° Plotone (Corazzato) di muoversi verso il bivio stradale a Lagonovo e al 4° Plotone, formato da semicingolati armati di lanciarazzi, di puntare appena a sud del bivio. Il 5° Plotone, formato da genieri d'assalto, doveva prendere posizione sul limite nord orientale del villaggio, Schneider, quindi, montò sul suo veicolo e si guidò nella direzione di Kikerino. A circa un chilometro e mezzo da est del bivio di Lagonovo, si trovava una stretta cresta da cui fu in grado di osservare una forza di circa 300 fucilieri russi emergere dal lato occidentale del bosco a sud di Gubanitsy, in un punto circa settecento metri a nord della strada (Punto B), e dirigersi verso la cresta che si trovava alcune centinaia di metri ad ovest del bosco.

Schneider notò che una mitragliatrice e un cannone anticarro erano stati messi in posizione al limite sud occidentale della foresta, e fu certo che fossero queste le armi che avevano sparato verso la colonna dei camion, dei quali due erano in fiamme lungo la strada a circa 500 metri di distanza dal suo punto di osservazione, e da cui si udivano chiaramente provenire le esplosioni delle munizioni per armi leggere che trasportavano.

Schneider concluse che i russi volevano tagliare fuori l'avanguardia e riprendersi Volosovo.
Appariva quindi evidente la necessità di compiere un'azione rapida, se si voleva impedire ai russi di ritardare l'avanzata della Divisione lungo la strada Luga-Leningrado.

Al suo ritorno al bivio di Lagonovo, alle 13.05, Schneider incontrò il comandante della colonna che approvò il suo piano per eliminare le forze russe, quindi Schneider convocò i suoi comandanti di Plotone e diede i seguenti ordini.

1: La 3ª Compagnia deve attaccare immediatamente le compagnie russe che si stanno dirigendo verso la cresta e impedire a qualunque altra forza nemica di emergere dalla foresta.

2: Il 1° Plotone Corazzato deve schierarsi immediatamente sulla strada Lagonovo-Gobanitsy, posizionandosi all'incirca a metà strada tra i due villaggi e stendere una cortina fumogena non appena vengono visti i razzi lanciati dai lanciarazzi giungere sull'obiettivo, quindi dirigersi verso il Punto A, al limitare della foresta, segnato sulle mappe. Il Plotone deve proteggere il proprio fianco sinistro.

3: Il 2° Plotone deve radunarsi a est del bivio e partire contemporaneamente al 2° Plotone dirigendosi verso il Punto B.

4: Il 4° Plotone deve prendere posizione fuori Lagonovo e sparare una salva di razzi sui punti summenzionati. Quindi si avvicinerà al 2° Plotone e annienterà le forze russe colte tra la cresta e la foresta. La 1ª Squadra del 4° Plotone rimarrà sulle sue posizioni per agire come riserva.

5: Il 5° Plotone deve procedere, lungo la strada, fino a un punto a circa un chilometro dal bivio stradale, quindi smontare dai camion, occupare la parte della strada che attraversa la cresta e formare l'ala destra della manovra d'attacco. Questo Plotone deve anche ripulire la parte su orientale della foresta e rendere sicura la parte di strada che costeggia la foresta.

6: Io sarò con il 4° Plotone.

Alle 13.30 i Plotoni si stavano radunando per l'attacco, mentre Schneider stava guidando verso Gubanitsy. Mentre guidava, vide che i primi russi stavano scendendo dal lato occidentale della cresta muovendosi in formazione estesa, con degli esploratori circa 20 metri davanti al corpo principale. Notò anche che alcuni russi stavano spingendo avanti dei cannoni controcarro verso la cima della cresta. Altre due Compagnie di fanteria russa stavano emergendo dal lato occidentale della foresta seguendo i passi della prima ondata.

Il 4° Plotone sparò la sua salva di razzi cinque minuti dopo, colpendo in pieno la seconda ondata di fanteria russa. Lo schermo di fumo steso dai due Plotoni corazzati nascose la loro avanzata ai russi che, comunque, iniziarono a sparare dalla cresta con armi leggere. I carri accelerarono mentre il fuoco aumentò d'intensità man mano che il contrattacco della 3ª Compagnia acquistava impeto.

Quando il fumo iniziò a dissiparsi, diversi minuti dopo, Schneider vide che i carri avevano raggiunto la cima della cresta e il loro fuoco stava abbattendo la fanteria russa, i cui ranghi stavano iniziando a rompersi. In un vano tentativo di cercare salvezza, alcuni fucilieri russi si radunarono in gruppo, ma furono falciati dalle mitragliatrici dei carri. I cannoni anticarro russi rimasero muti nel mezzo del campo di battaglia, poiché erano stati abbandonati dai propri equipaggi. Nidi di resistenza isolati continuarono a combattere ma il loro fuoco era inefficace contri i carri tedeschi, che si spinsero avanti per raggiungere i propri obiettivi.
Il 5° Plotone raggiunse gli altri due radunando i prigionieri. I resti della seconda ondata che erano scampati alla salva dei razzi tentarono di fuggire all'interno della foresta.

I quattro plotoni avevano compiuto la loro missione per le 14:00, i combattimenti sembravano finiti quando il 1° Plotone fu fatto segno del fuoco di armi pesanti da nord. Il comandante del plotone riferì via radio a Schneider che il nemico stava attaccando con all'incirca la forza di una compagnia. Schneider radunò immediatamente la squadra che aveva tenuto di riserva più un carro del quartier generale e gli ordinò di prendere posizione, e di lanciare una salva di dodici razzi sulla forza russa attaccante. Alle 14.20 l'attacco sul fianco era stato sventato, e Schneider poté riferire via radio al resto della colonna che la marcia verso Kikerino poteva venire ripresa. L'intera operazione era durata meno di due ore, e le forze russe nella foresta avevano subito perdite così pesanti che non ci si aspettavano altri attacchi.

L'8ª *Panzer-Division* incontrò poca resistenza nella sua ulteriore avanzata sulla strada Luga-Leningrado. Ma le divisioni di Fanteria tedesche, provenienti da Luga riuscirono a fare ben pochi progressi. Di fronte a loro si trovavano delle forze russe che non si erano disintegrate ed erano in grado di offrire una dura resistenza. La sera di quello stesso giorno, la strada Luga-Leningrado, venne tagliata quando elementi dell'8ª *Panzer-Division* raggiunsero Sivoritsy, un villaggio circa quindici chilometri a sud di Gatchina.

Gli ordini per il giorno seguente imponevano alla Divisione di suddividersi in due gruppi. Una colonna doveva muoversi a sud, verso Luga, seguendo la strada, l'altra puntare a sud-est verso Staro-Siverskaya. Durante la notte del 29-30 agosto, Schneider e i suoi uomini dovevano raggiungere Kurovitsy. Il comandante della Divisione riteneva, questo villaggio, un punto di estrema importanza, attraverso cui i russi potevano fare affluire rinforzi o ritirare le proprie truppe verso Vyritsa. In ogni caso il possesso di questo villaggio era importante per consentire alla divisione di riuscire nel suo compito di assistere le divisioni di fanteria nella loro avanzata.

La Compagnia si mosse con il 1° e il 5° Plotone in testa, attraversarono Kobrino senza fermarsi e raggiunsero Kurovitsy verso le 21.45. Qui presero ancora una volta contatto con i russi, quando i carri di testa individuarono una colonna di dieci camion carichi di fanteria russa in movimento verso Vyritsa. I carri tedeschi aprirono immediatamente il fuoco ma un camion fuggì in direzione di Virytsa e altri due sulla strada diretta a Staro-Siverskaya, i restanti furono immobilizzati, ma la maggior parte degli occupanti saltarono giù disperdendosi della notte ed era troppo buio perché i tedeschi potessero inseguirli.

Schneider decise di organizzare la difesa del villaggio per la notte. Sul limite meridionale erano schierato il 1° Plotone con una Squadra del 5° che doveva minare e bloccare le due strade dirette a Staro-Siverskaya. Il 2° Plotone, meno un carro armato, doveva ostruire la strada per Virytsa che partiva da est del villaggio. A circa un miglio sulla stessa strada, un'altra squadra del 5° Plotone doveva prendere posizione sul limitare della foresta e minare la strada in quel punto. Il 5° Plotone, tranne le due squadre sopra menzionate doveva muoversi fino al limite della foresta a nord e stabilire un avamposto. Le restanti forze della 3ª Compagnia, dovevano costituire la riserva e schierarsi nelle parti settentrionale e nord occidentale del villaggio. I veicoli di servizio, invece, dovevano rimanere a Kobrino. Schneider ritenne che queste misure sarebbero state sufficienti a prevenire un attacco, che, nonostante tutto fosse tranquillo, si aspettava da un momento all'altro.

Il 2° Plotone riferì alle 00.15 di avere sentito il rumore di mezzi cingolati provenienti dalla direzione di Virytsa. Quarantacinque minuti dopo un camion russo proveniente da Staro-Siverskaya e diretto a nord saltò su una mina, un Ufficiale russo ferito fu catturato e due uomini uccisi, il resto riuscì a scappare.

Alle 02.30, il 2° Plotone riferì nuovamente di avere udito il rumore di cingoli, ma questa volta più vicino. Poco dopo il rumore cessò e regnò la quiete fino alle 04:00, quando il 2° Plotone riferì che il suo comandante era appena stato ucciso in un'imboscata. Mezz'ora dopo, il 1° Plotone riferì che cinque camion stavano arrivando lungo la strada per Staro-Siverskaya, poco dopo Schneider poté distintamente sentire dal suo posto di comando, il rumore di un combattimento nella zona meridionale del villaggio.
Arrivato sul posto, vide che i camion russi erano stati immobilizzati dopo essere passati su delle mine. Mentre le mitragliatrici tedesche sparavano a volontà, circa trenta russi erano saltati giù dal camion cercando copertura su entrambi i lati della strada, ma furono dispersi da due carri armati tedeschi e solo pochi di loro riuscirono a fuggire all'interno della foresta.

Pochi minuti si poté sentire il fuoco isolato di armi leggere provenire dall'interno del villaggio. Una staffetta arrivo a piedi e riferì a Schneider che era stata fatta segno da del fuoco proveniente da due edifici lungo la via principale del villaggio, ed era stato costretto ad abbandonare la sua motocicletta danneggiata. Il rumore della battaglia divenne sempre più vicino, e il 2° Plotone riferì via radio che era sotto il fuoco proveniente da case sul lato orientale del villaggio. Schneider capì che dovevano venire prese delle immediate contromisure e ordinò al 5° Plotone di radunare tutte le sue squadre nella zona settentrionale e ripulire il villaggio muovendosi da nord a sud.

Alle 05.10, il 5° Plotone con il supporto di due carri armati iniziò a procedere verso sud lungo la via principale del villaggio. Si svilupparono feroci combattimenti casa per casa. Mentre i tedeschi si avvicinavano, erano fatti segni del fuoco di tiratori scelti provenienti dall'interno della case, dai canali, e dalle stalle. I genieri utilizzarono cariche esplosive, bombe a mano, pistole mitragliatrici e i cannoni controcarro per aprirsi la strada attraverso le case. Alcuni russi si fingevano morti per poi riprendere a combattere non appena i tedeschi li superavano.

Il combattimento all'interno di Kurovitsy raggiunse il punto critico alle 05.20. Venti minuti più tardi la parte orientale del villaggio era stata ripulita ed erano stati catturati dieci prigionieri. Per ripulire la parte occidentale, Schneider dovette utilizzare tutte le sue riserve. Ogni casa e ogni stalla dovette essere riempita di proiettili, ogni russo doveva venire colpito con la baionetta per essere certi che fosse morto sul serio e che non riprendesse a combattere immediatamente dopo. I russi che si arrendevano lo facevano solo perché non c'erano altre possibilità di continuare a combattere. La resistenza russa dentro Kurovitsy crollò intorno alle 06.00.

Schneider, anche se oramai il villaggio era fermamente nelle mani tedesche, rafforzò il 1° Plotone perché sicure che sarebbero stati attaccati di nuovo dalla strada per Staro-Siverskaya. Alle 07.50 mentre Schneider stava ispezionando il limite meridionale del villaggio, il 2° Plotone riferì nuovamente il rumore di cingolati provenienti da Virytsa. Poco dopo il primo proiettile esplodeva al centro di Kurovitsy. Proprio mentre Schneider si stava dirigendo verso la nuova zona di pericolo, la fanteria russa emerse dai boschi a sud del villaggio e attaccò la posizione del 1° Plotone, contemporaneamente un osservatore piazzato sul tetto di una casa riferì dei movimenti sospetti anche dal bosco a ovest.

Schneider non sapeva dove andare prima. Giunto al posto di comando del 2° Plotone gli fu riferito che un carro KV era fermo appena al limite del campo minato e stava sparando verso l'interno del villaggio, tuttavia non erano stati visti altri carri armati. Schneider ordinò ai lanciarazzi del 4° Plotone di radunarsi e di sparare contro il carro nemico e anche al limitare della foresta a ovest.

Alle 08.15, il 5° Plotone prese posizione sul lato ovest di Kurovitsy, per difendere il villaggio da attacchi provenienti da quella direzione. Gli uomini arrivarono appena in tempo per vedere una Compagnia di fanteria russa muovere verso di loro. I tedeschi aprirono il fuoco a una distanza di un chilometro e immediatamente si sviluppò un intenso scambio di fuoco. Il 1° Plotone era ancora impegnato nei combattimenti a sud quando dalla parte opposta del villaggio si poté sentire una forte esplosione. Il KV era finito su una mina. Attraverso il binocolo, Schneider poté vedere l'equipaggio scendere dal carro, ispezionare il danno, quindi rimontare a bordo e riprendere a sparare, ma i proiettili passarono alti sopra i tetti del villaggio ed esplosero oltre il suo limite occidentale.

Alle 08.50 la difesa di Kurovitsy aveva raggiunto il suo punto critico. L'attacco russo da ovest stava facendo lenti ma costanti progressi, nonostante la dura difesa da parte del 5° Plotone. Contemporaneamente, i combattimenti a sud divennero anche più intensi quando giunsero altre unità di fanteria russa. Il fuoco del KV era intanto divenuto più efficace. Durante tutto questo tempo Schneider aveva continuato a chiedere assistenza via radio ma non ricevette alcuna risposta.

Arrivati a questo punto, Schneider decise di alleggerire la pressione sui suoi uomini mettendo a tacere il KV e lanciare quindi un attacco contro i russi sul lato ovest di Kurovitsy. Ordinò pertanto una serie di salve da parte dei lanciarazzi contro il carro armato. Furono segnalati diversi colpi diretti e il KV fu messo fuori combattimento. Subito dopo i lanciarazzi si girarono e spararono diverse salve verso ovest, ma il nemico era oramai troppo vicino e i colpi finirono lunghi. Immediatamente, Schneider radunò tutti i carri e i semicingolati disponibili e guidò la colonna per 500 metri sulla strada per Kobrino, quindi piegò a sinistra e avanzò sparando con tutte le armi contro il fianco scoperto dei russi. L'attacco colse i russi completamente di sorpresa, molti di loro furono schiacciati dai carri e il resto fuggì cercando un rifugio o si arrese. L'apparizione di carri tedeschi a ovest spinse i russi che attaccavano da sud a ritirarsi nei boschi a nord di Staro-Siverskaya. Alle 09.15 i combattimenti erano terminati e quindici minuti dopo l'8ª *Panzer-Division* entrava a Kurovisty provenendo da Kobrino.

Il Comandante del *Kampfgruppe* spiegò a Schneider che la loro avanzata era stata rallentata da un attacco russo proveniente da Gatchina nelle prime ore del mattino, e poi il *Kampfgruppe* aveva contribuito a catturare la città prima di potere proseguire la sua spinta verso sud. A Schneider e ai suoi uomini fu quindi ordinato di prendersi un ben meritato periodo di riposo.

Durante la summenzionata azione la Compagnia di Genieri dimostrò la sua efficacia come unità indipendente. Un eccellente lavoro di squadra tra i carri armati, i lanciarazzi e i Plotoni da combattimento rese questa piccola forza formidabile.

I precedenti esempi rappresentano casi isolati in cui i russi riuscirono a ritardare l'avanzata tedesca nei primi giorni dell'invasione del loro paese. In generale, tuttavia, i tedeschi furono in grado di respingere indietro i difensori, una buona parte della loro forza corazzata fu distrutta dall'uso combinato da parte dei tedeschi, dell'artiglieria controcarro, dei carri armati, dell'aviazione e dell'artiglieria da campagna. L'Esercito tedesco avanzò senza fermarsi fino a pochi chilometri da Mosca e Leningrado, costringendo i russi ad abbandonare anche equipaggiamenti che erano danneggiati solo lievemente e che avrebbero potuto venire riparati. Durante l'inverno 1941-1942, i russi avevano solo pochi carri armati, tuttavia non si lasciavano mai sfuggire la possibilità di un contrattacco.

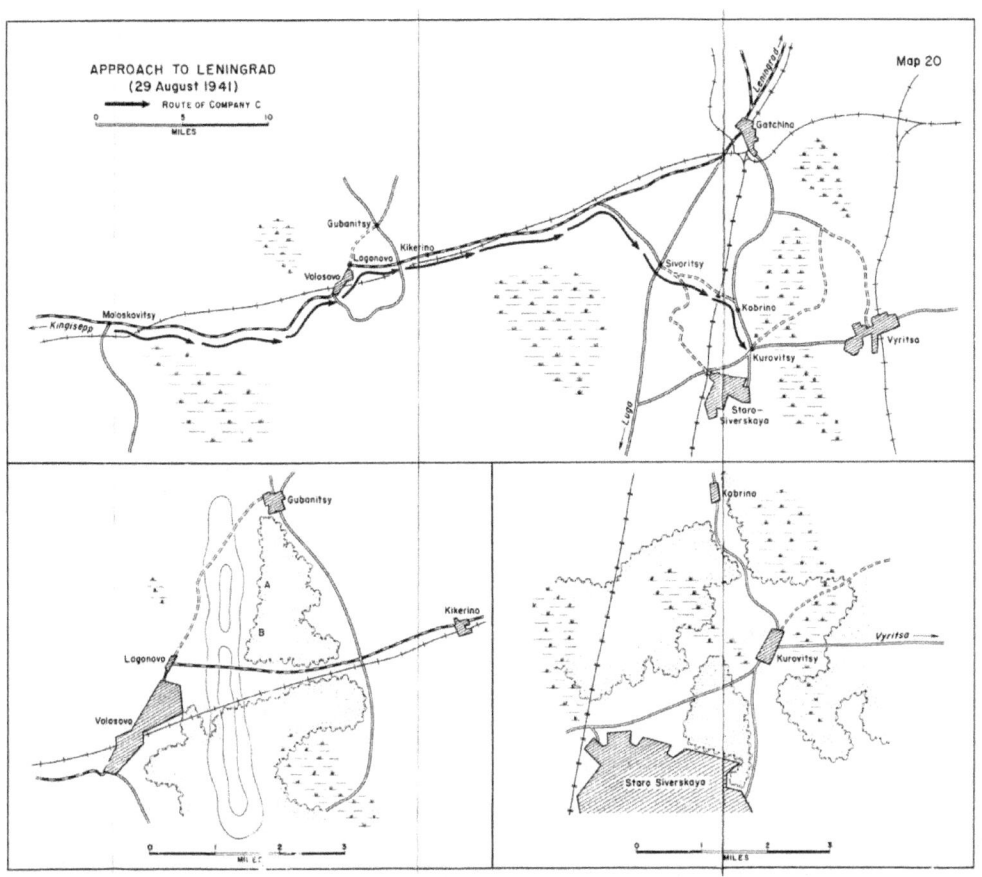

VI La lotta per i rifugi invernali (Dicembre 1941)

L'inverno 1941-1942 fu particolarmente duro e molti combattimenti si concentrarono intorno a dei centri abitati che potevano offrire riparo dal freddo alle forze in campo.
A metà dicembre una pattuglia tedesca catturò un ordine operativo che rivelava l'intenzione dei russi di attaccare verso sud-ovest, lungo una strada proveniente da Lichansk[15], sul Donets, con l'intenzione di interrompere le linee di comunicazione tedesche. Il 18 dicembre, il 203° Reggimento di fanteria si mosse per prendere una nuova posizione difensiva dentro e attorno al villaggio di Berestovaya[16], che era situato lungo la prevista linea di avanzata russa. Il Reggimento organizzò il suo centro di resistenza attorno agli edifici in pietra situati al centro del villaggio.

Il 203° Reggimento era stato impegnato in duri combattimenti durante le settimane precedenti e la sua forza combattiva era considerevolmente diminuita. La forza numerica delle Compagnie di fanteria si era ridotta ad una media di 50 uomini, e il Reggimento aveva perso un terzo delle sue armi pesanti.

Le caratteristiche predominanti del terreno attorno a Berestovaya erano rappresentate da alcuni villaggi isolati e da radi alberi. Le case in pietra al centro del villaggio, edifici piuttosto rari in quelle zone, potevano fornire un buon rifugio a contro le rigide temperature di dicembre. La profondità della neve variava da dieci centimetri a diversi metri.

Dal 18 al 22 dicembre i russi schierarono le loro forze e respinsero indietro un avamposto tedesco dopo l'altro, un dato che indicava come fosse imminente un attacco su larga scala. La sera del 22 dicembre il 2° Battaglione fu attaccato da una forza russa delle dimensioni di un Reggimento, il fuoco difensivo tedesco fu efficace e i russi furono respinti su entrambi i lati della strada Lisichansk - Belogorovka[17], ma una posizione sul fianco sinistro della 6ª Compagnia fu travolto e elementi russi penetrarono a Berestovaya vicino al comando del 2° Battaglione, il comandante del quale riuscì a radunare le riserve e a ristabilire la situazione.

Il 23 dicembre i russi lanciarono degli attacchi non coordinati con delle forze oscillanti tra la Compagnia e il Battaglione contro le posizioni del 2° Battaglione lungo la strada, e tutti questi attacchi fallirono. Dopo che fu calata l'oscurità, i russi aprirono il fuoco con l'artiglieria contro le posizioni avanzate della 7ª Compagnia, nella zona a est della strada, quindi attaccarono con due Battaglioni di fanteria supportati da dieci carri armati e riuscirono a sfondare nei pressi della collina 676. L'artiglieria tedesca aprì il fuoco sui carri armati russi costringendoli a ripiegare e la fanteria, privata del supporto dei carri, non fu in grado di avanzare oltre. I tedeschi inviarono quindi la 9ª e 11ª Compagnia del Battaglione di riserva e ristabilirono la linea difensiva.

Il 24 dicembre i russi attaccarono lungo la strada impiegando solamente con la fanteria, e per la prima volta lanciarono un attacco anche contro il fianco sinistro dell'adiacente 1° Battaglione.

---

[15] Si tratta probabilmente di Lysychansk in Ucraina, NdT.
[16] Oggi Berestove in Ucraina, NdT.
[17] Ora Bilohorivka in Ucraina, NdT.

La mattina di Natale, i russi attaccarono lungo la strada e verso est con due Battaglioni di fanteria, ma furono fermati dal fuoco dell'artiglieria. Poco più tardi, due gruppi d'assalto russi, con il supporto dei mortai e ognuno formato da due Compagnie, sbucarono dalle gole a nord-ovest di Berestovaya e attaccarono la 1ª e 3ª Compagnia. Nonostante la loro inferiorità numerica, i tedeschi riuscirono a respingere il nemico.

Di faccia a un tagliente vento orientale, dodici carri armati emersero all'improvviso dalle stesse gole verso le 14.00 e lanciarono un attacco di sorpresa contro Berestovaya da ovest. Con il supporto della fanteria, i carri avanzarono lentamente, sparando contro i caposaldi tedeschi. Dopo un'ora, i russi avevano sfondato le posizioni della 1ª Compagnia, i cui 40 uomini cercavano di difendere una linea lunga un chilometro. Alcuni dei carri abbandonarono la loro fanteria di supporto e si diressero a sud verso il terrapieno della ferrovia, ma ritornarono indietro dopo che due carri furono distrutti dal fuoco dell'artiglieria controcarro.

L'11ª Compagnia contrattaccò da sud e ripulì il villaggio da quegli elementi che avevano sfondato le linee tedesche. La Compagnia Comando del III Battaglione e la 9ª Compagnia furono trasferiti in avanti da Belegorovka e immessi in linea. Per le 21.00 la principale linea di difesa tedesca era stata ristabilita.

I Comandi dalla 9ª Compagnia e del III Battaglione furono trasferiti più indietro da Belegorovka. Alle 21.00 la principale linea di difesa tedesca era stata ristabilita.

Le pesanti perdite subite fino a quel momento costrinsero il 203° Reggimento a riorganizzare i suoi tre Battaglioni, cui dovettero venire assegnati dei settori più vicini, con il III Battaglione in riserva al centro e il I e il II rispettivamente alla sua sinistra e destra. Ogni Battaglione tenne una Compagnia in riserva.

All'alba del 26 i russi lanciarono pesanti attacchi nell'area tra Berestovaya e quella porzione di linea ferroviaria appena a est del villaggio. Diciassette carri armati accompagnati dalla fanteria si diressero contro il fianco sinistro del I Battaglione, sfasciando la posizione della 2ª Compagnia. Non appena i russi raggiunsero il terrapieno della ferrovia furono bloccati dal fuoco dell'artiglieria tedesco. Alcuni dei carri russi si volsero a sud, verso la Quota 738 che era una posizione elevata rispetto al terreno circostante e consentiva di tenere sotto tiro gran parte del campo di battaglia. La collina non offriva alcuna protezione dal fuoco dei carri russi ai tedeschi, che non furono in grado di tenerla e si ritirarono a sud della ferrovia. Per rafforzare le difese del Reggimento, la Divisione inviò da Belogorovka, un Battaglione di fanteria e uno Squadrone di fanteria montata su biciclette.

Gli aerei di supporto tedeschi furono inviati la mattina del giorno seguente, ma senza ottenere grandi risultati poiché la situazione a terra era così confusa che era impossibile effettuare un bombardamento o dei mitragliamenti a bassa quota in sicurezza. Alle 9.30 i russi penetrarono a Berestovaya da ovest, e a mezzogiorno il comandante del reggimento dietro al II Battaglione il permesso di ritirarsi dal villaggio. Ad ogni modo, dopo l'arrivo dei rinforzi - inclusi cinque cannoni d'assalto - il Battaglione fu in grado di resistere all'attacco russo fino alle 16.00, quando i russi con la fanteria e alcuni carri armati lanciarono un nuovo attacco lungo la strada. I tedeschi persero due postazioni fortificate nei pressi della Quota 676, ma il 2° Battaglione con il supporto dei cannoni d'assalto fu in grado di respingere indietro i russi.

A mezzanotte la principale linea di resistenza del 2° Battaglione era stata ristabilita, ma i contatti tra il 3° e il 1° Battaglione era stati persi quando il 1° Battaglione fu costretto ad assumere una nuova posizione difensiva più vicino al terrapieno della ferrovia.

All'alba del 27 i russi lanciarono un attacco altrettanto violento di quelli che lo avevano preceduto. Colpendo nel varco che si era creato tra il I e il III Battaglione, una forte unità di fanteria appoggiata da 20 carri attaccò le posizioni del I Battaglione lungo il terrapieno della ferrovia. Gli otto cannoni anticarro da 3.7 cm del Battaglione si dimostrarono inefficaci contro i T-34 russi e vennero presto messi fuori combattimento, e poco dopo i tedeschi dovettero abbandonare il terrapieno.

Verso le 11.00, dopo una forte preparazione di artiglieria, la fanteria russa con l'appoggio dei carri armati attaccò dalle zone a ovest e nord ovest del villaggio e riuscì a raggiungere il centro di Berestovaya. I tedeschi quindi contrattaccarono e ripresero il centro del villaggio, ma subito dopo un'altra forza russa li accerchiò passando dalla parte sud del villaggio.

Alle 14.00 un'altra forza russa, sempre con il supporto dei carri, sfondò le linee tedesche a ovest e raggiunse il centro di Berestovaya, subito dopo un'altra unità russa penetrò nel villaggio da est provenendo dalla strada Lisichansk-Belogorovka. Il comandante del II Battaglione ordinò di evacuare il villaggio durante la notte.

La ritirata notturna fu portata avanti senza alcuna interferenza. I russi, che avevano sofferto pesanti perdite, proseguirono nei loro attacchi il giorno seguente, ma erano così deboli che i tedeschi non ebbero difficoltà nel respingerli.

Quest'azione illustra con quanta durezza entrambe le parti combatterono per conquistare dei villaggi o altri rifugi permanenti durante quel gelido inverno. La difesa di Berestovaya da parte dei tedeschi fu facilitata dalla presenza degli edifici in pietra, che non erano così facile da distruggere come le normali case russe di legno, argilla e paglia.

Durante questi tentativi offensivi, i russi dispersero la loro forza offensiva senza concentrarsi in punti ben delimitati. I carri furono usati esclusivamente come supporto della fanteria, una caratteristica che fu spesso evidente durante i primi mesi dell'invasione tedesca. I russi avrebbero potuto catturare Berestovaya con assai meno sforzo se avesse cercato l'aggiramento fin dall'inizio. Uno sforzo immediato da parte dei russi sulla Quota 738 avrebbe isolato le forze tedesche dentro e fuori Berestovaya e reso impossibile una difesa prolungata del villaggio.

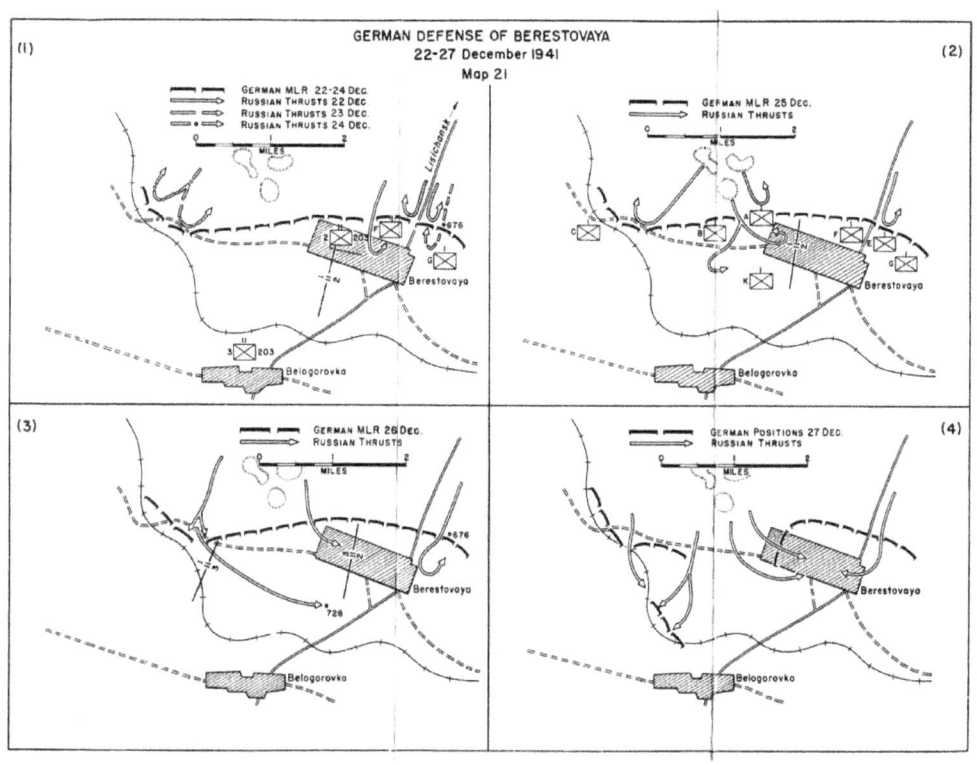

VII Battaglia a fasi alterne con temperatura sotto zero (gennaio 1942)

L'inizio della crescita della forza corazzata russa rispetto alla sua controparte tedesca può venire esemplificato dalla seguente azione, durante la quale i carri armati russi si mostrano più aggressivi del solito. Nel gennaio 1942, il fronte tedesco vicino a Kursk correva da nord a sud a circa 32 chilometri a est della città (Mappa 22). A causa delle pesanti nevicate, i movimenti attraverso la campagna erano resi difficili dai profondi cumuli di neve, e quando un forte e freddo vento iniziò a spazzare la pianura, le temperature crollarono a -35° C.

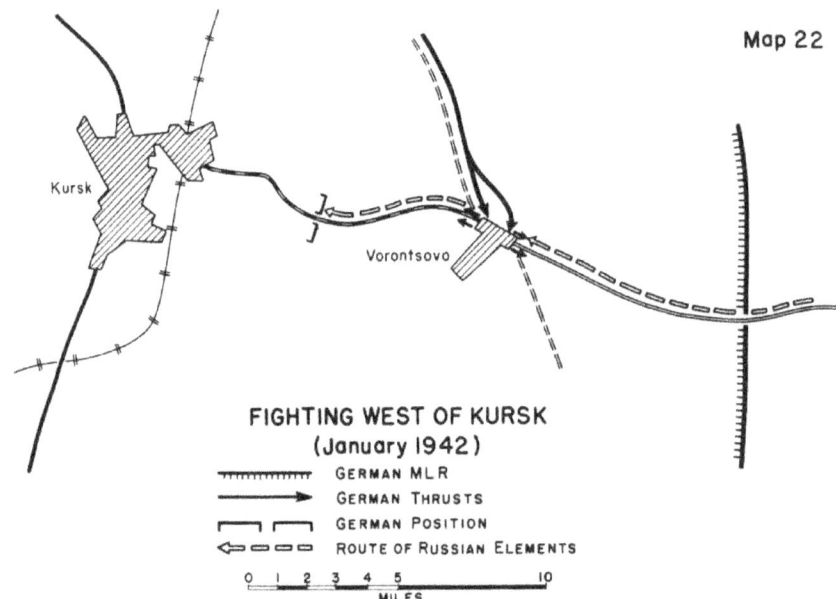

Poiché non c'erano boschi nella zona, la visibilità era buona eccetto lì dove il terreno formava delle piccole valli. La monotonia del paesaggio variava solamente per la presenza di alcuni villaggi e cittadine.

Esposti per la prima volta ai rigori dell'inverno russo, i soldati tedeschi lottarono disperatamente per sopravvivere, mentre i loro carri armati, i camion e le armi automatiche si bloccavano. Il legno per scaldarsi e per le posizioni era scarso, e per questo motivo le unità tedesche, fino a quel momento impiegate su di una linea continua, concentrarono le loro difese attorno a dei villaggi fortificati.

I russi sfruttarono il vantaggio del numero e della maggiore abitudine a combattere in inverno, cercando di minare la resistenza tedesca con una serie di attacchi locali con obiettivi limitati.
Nel settore della 16ª Divisione Motorizzata tedesca, le pattuglie esploranti russe erano abilmente riuscite a individuare un punto debole nel punto di giunzione tra due Reggimenti. Una forza combinata russa, formata da fanteria e mezzi corazzati, riuscì con successo a sfondare attraverso la principale linea di difesa tedesca, e si mosse da est a

ovest lungo la strada diretta a Kursk, dove correvano una ferrovia e una strada vitali per i rifornimenti tedeschi.

Sfruttando lo sfondamento effettuato, una forza di 25 T-34 con fanteria montata si spinse in avanti verso Kursk, catturando i piccoli centri abitati presenti sulla sua strada, difese esclusivamente da unità dei servizi che vennero facilmente sopraffatte. L'avanzata russa continuò il giorno seguente quando fu fermata a soli otto chilometri da Kursk da una forza tedesca messa frettolosamente insieme. Furono fatti diversi tentativi di chiudere il varco presente nella linea tedesca, ma solo con deboli unità di riserva; i russi poterono quindi far passare attraverso il varco tre Battaglioni fanteria inclusi alcuni montati su camion.

Il villaggio di Vorontsovo, sulla strada che portava a Kursk, era tenuta da una debole forza russa. Un Battaglione corazzato tedesco, la cui forza era scesa a 22 carri armati, fu tolto da un altro settore e inviato a nord contro il fianco settentrionale delle forza russa.
Il Battaglione catturò Vorontsovo con un colpo di mano, dopo di che i russi dovettero fermare la loro avanzata verso Kursk.

Dopo avere ricevuto dei rinforzi sotto forma di una Batteria di cannoni antiaerei da 8.8 cm e di un Battaglione di rimpiazzi di fanteria appena giunto dal retrofronte, i tedeschi condussero una serie di incursioni nelle retrovie della forza avanzata russa a est e a ovest di Vorontsovo, riuscendo a tagliare i rifornimenti alle truppe russe che si trovavano a ovest della cittadina. Il terzo giorno, queste forze russe isolate attaccarono Vorontsovo con la fanteria e i carri armati ma furono respinti.
Il giorno seguente, i russi attaccarono il villaggio da est e da ovest sotto una tempesta di neve, con la spinta da occidente supportata dai carri armati. Sfruttando il vantaggio offerto dalla loro maggiore distanza da terra dello scafo e dalla minore pressione specifica garantita dai cingoli più larghi, i carri russi attraversarono zone che per i tedeschi sarebbero state impossibili da superare.

I giovani rimpiazzi di fanteria tedeschi, appena arrivati sul fronte russo, mancanti dell'esperienza necessaria nei combattimenti corpo a corpo all'interno di centri abitati e dell'addestramento a combattere in collaborazione con i carri armati, vennero rapidamente sopraffatti. I carri tedeschi, inferiori come mobilità e armamento alla loro controparte russa furono annientati e Vorontsovo fu nuovamente in mani russe.

L'attacco russo a questa posizione chiave da due direzioni diverse fu coordinato perfettamente. I tedeschi non scoprirono mai se i russi si erano messi in contatto tra di loro via radio, o se erano stati aiutati dai civili che erano rimasti nel villaggio. L'attacco russo durante la tempesta di neve riuscì a sorpresa perché i tedeschi non avevano preso precauzioni adeguate; ricognizione estensiva e misure di sicurezza, sono le precauzioni elementari che devono essere prese in queste situazioni, senza badare alle condizioni del tempo. La negligenza in questo caso può costare parecchie vite.

Il contrattacco tedesco fu male guidato e male supportato, e la fanteria così poco esperta si rivelò più una fonte di guai che un supporto per i carri armati. Un'unità corazzata durante un'azione indipendente deve essere appoggiata da unità di fanteria esperte e con un armamento adeguato.

VIII L'Ordine Fedorenko[18] (giugno 1942)

Fin dalle prime fasi della guerra i russi si resero conto della superiorità dei carri T-34 rispetto ai modelli tedeschi, pertanto convertirono tutti i loro impianti per fabbricare questo modello. Durante il loro primo inverno in Russia i tedeschi incontrarono carri nemici o singoli o in piccoli gruppi. Questa scarsità di mezzi corazzati era causata da un basso livello di produzione e perché molti dei modelli appena prodotti venivano utilizzati per addestrare gli equipaggi alle nuove dottrine tattiche. Con il miglioramento degli equipaggiamenti ottici e radio, l'alto comando russo fu finalmente in grado di organizzare grandi formazioni corazzate e di impiegarle in operazioni a lunga distanza.

Anche se i militari russi potevano essere soddisfatti dei successi locali ottenuti nell'inverno 1941-1942, erano nondimeno consapevoli delle carenze ancora evidenti nelle tattiche di impiego di grandi unità corazzate. Furono così obbligati a intervenire alla fine del giugno 1942, emettendo una nuova direttiva, particolarmente importante poiché il suo autore, Fedorenko (Comandante delle Forze Corazzate sovietiche e vice Commissario alla difesa), trasse le giuste conseguenze dagli errori fatti in precedenza.

Che queste conclusioni fossero giuste è dimostrato dagli sviluppi successivi. Si deve presumere che i principi base espressi in quest'ordine continuino a governare l'impiego dei corazzati russi ancora oggi.
Quella che segue è una traduzione dell'ordine di Fedorenko.

SOGGETTO: Impiego delle formazioni corazzate.

A: Tutti comandanti di forze corazzate presso i Quartieri Generali dei Fronti e delle Armate, e ai Comandanti delle Armate Corazzate e dei Corpi Corazzati.

Un'analisi delle operazioni di combattimento effettuate da diversi Corpi corazzati nel maggio 1942, indica che ai comandanti delle forze corazzate presso i Quartier Generali dei Fronti (Ed: Equivalente russo di un gruppo d'armate, e chiamato così di seguito) e i Quartier Generali d'Armata non comprendono i principi base che governano la moderna guerra corazzata. Ad esempio, il XII Corpo Corazzato, schierato sulla destra di una forza che stava attaccando Kharkov, fu suddiviso in singole Brigate e impiegato a pezzi, con il risultato che il comandante delle forze corazzate al Quartier Generale del Gruppo d'Armate non fu in grado di condurre le operazioni affidate al Corpo. Il XXI e il XXII Corpo schierati sulla sinistra della forza d'attacco furono identificati dal nemico molto prima che giungessero effettivamente sul campo di battaglia. Ancora una volta il comandante delle forze corazzate del Gruppo d'Armate non ebbe il minimo controllo su ciò che facevano i suoi subordinati.

Fino a quando non saranno emanati dal Commissariato del Popolo alla difesa i nuovi regolamenti per l'impiego delle forze corazzate, dovranno venire osservati i seguenti ordini.

---

[18] Yakov Nikolayevich Fedorenko (1896-1947), responsabile del Direttorato dei mezzi corazzati, NdT.

1. Il Corpo Corazzato è un'unità base e il suo impiego deve essere riservato all'esecuzione di missioni strategiche.
2. Il Corpo Corazzato è alle dirette dipendenze del Quartier Generale del Gruppo d'Armate e deve essere utilizzato per le operazioni strategiche insieme alle altre unità del Gruppo d'Armate.
3. È proibito porre il Corpo Corazzato alle dipendenze dei comandanti di Armata, così come suddividerlo per rinforzare la fanteria. Un Corpo Corazzato impiegato nell'area di un Armata opererà congiuntamente a questo fino a quando rimarrà nella sua zona di operazione, ma manterrà sempre il collegamento con Quartier Generale del Gruppo d'Armate.
4. In un'operazione offensiva condotta dal Gruppo d'Armate, un Corpo Corazzato avrà il compito di ammassare le sue forze per un'offensiva in profondità, aggirare la principale formazione nemica circondandola e distruggerla in cooperazione con l'aviazione e con le altre forze di terra.
5. Per preservare la potenza di fuoco di un Corpo Corazzato per un aggiramento strategico o per una spinta offensiva nelle retrovie nemiche, è vietato impiegare i Corpi Corazzati per effettuare degli sfondamenti contro fortificazioni nemiche. Tuttavia se il Corpo Corazzato sarà rinforzato dall'artiglieria, dall'aviazione tattica, dalla fanteria e dai genieri, potrà venire impiegato per effettuare degli sfondamenti su posizioni preparate.
6. Un Corpo Corazzato deve spingersi avanti rispetto alle altre forze amiche e penetrare nel settore nemico per una profondità di 40-50 chilometri, purché una seconda ondata venga mandata a chiudere il varco. La situazione potrà spesso richiedere che, immediatamente dopo lo sfondamento di una posizione ostile, la forza principale nemica, schierata a 15-25 chilometri di distanza dalla principale linea di resistenza, sia accerchiata e distrutta con l0assistenza delle altre forze di terra.
7. Il Corpo Corazzato è considerato capace di soportare 72-96 ore di combattimenti ininterrotti.
8. Il fatto che un Corpo sia in grado di compiere la sua missione dipende soprattutto dall'addestramento e dallo spirito di corpo del suo personale, dal supporto aereo, e da un adeguato coordinamento con l'artiglieria, l'aviazione tattica, i genieri e le unità di altre armi o servizi.
9. Una volta ottenuto un aggiramento strategico, il Corpo Corazzato dovrà prendere contatto con le unità paracadutate e con i partigiani.
10. Durante le operazioni difensive, il Corpo Corazzato, dovrà venire impiegato per lanciare un immediato contrattacco contro le forze nemiche, che abbiano sfondato la principale linea di resistenza o effettuato un aggiramento, soprattutto se queste forze consistono in unità corazzate o motorizzate. In questo caso il contrattacco non dovrà venire effettuato come una manovra frontale, ma dovrà agire contro il fianco o le retrovie del nemico.
11. In ogni caso la sorpresa è essenziale per le azioni di un Corpo Corazzato. Per questa ragione il raggruppamento delle forze dovrà avvenire sempre durante la notte. Se è necessario effettuare un raggruppamento durante il giorno, questo dovrà venire portato avanti da gruppi di tre - cinque carri.
12. Bisogna dare la massima importanza all'esame delle condizioni del terreno per selezionare la direzione dell'attacco. Il terreno deve essere favorevole all'impiego in massa dei corazzati.

13. Se sono disponibili percorsi stradali o ferroviari, il movimento attraverso la campagna per una distanza superiore ai 50 chilometri è vietato.
14. Nella pianificazione dell'impiego di un Corpo Corazzato, specie in un'operazione di accerchiamento, bisogna dare la massima importanza a fornire un'adeguata quantità di munizioni, carburante, cibo e pezzi di ricambio, che devono essere preparati per tutta la durata dell'operazione, e il servizio di recupero carri deve essere organizzato adeguatamente. La seguente quantità di rifornimenti dovrà essere portata normalmente dai convogli di rifornimento.
Carburante: una quantità equivalente a tre volte la capacità dei veicoli da combattimento
Munizioni: da due a tre rifornimenti completi
Razioni: per cinque giorni
Gli equipaggi dei carri dovranno portare con loro le seguenti razioni aggiuntive: da due a tre confezioni di carne in scatola o di salsiccia secca, prosciutto in scatola, zuppa concentrata in cubetti, pane, zucchero, the o acqua in thermos.
15. I comandanti dei Corpo Corazzati e delle forze corazzate, così come il consiglio militare del Gruppo d'Armate, devono essere ritenuti responsabili per il corretto impiego del Corpo Corazzato in combattimento così come per il supporto tecnico e logistico da affiancargli.

Gli effetti dell'ordine Fedorenko non furono immediatamente percepibili. Nell'estate del 1942 i tedeschi presero ancora una volta l'iniziativa in molti settori del fronte. I russi, ancora svantaggiati dalla mancanza di mezzi moderni, furono costretti a utilizzare i loro meno manovrabili carri pesanti assieme ai T-34. Per cercare di guadagnare più tempo perdendo meno terreno possibile, impiegarono molti trucchi e ricorsero molte volte alle imboscate. Sostenuti da una crescente produzione di carri armati, i russi fecero ogni sforzo per rallentare l'avanzata tedesca con abili manovre difensive.

IX Finta, imboscata e attacco (luglio 1942)

La seguente azione ebbe luogo sul fronte centrale nel luglio 1942, durante l'attacco di due Divisioni *Panzer* supportate da due Divisioni di Fanteria. I russi tenevano delle posizioni ben fortificate protette da estesi campi minati. In certi punti il sistema difensivo russo raggiungeva una profondità di cinque chilometri. L'obiettivo tedesco era di penetrare fino al fiume Resseta, nelle cui vicinanze erano in costruzione da parte dei russi delle nuove fortificazioni. La fotografia aerea, effettuata prima dell'attacco, non rivelò la presenza di nessun carro russo.
Durante i primi due giorni l'attacco procedette secondo i piani. Le due Divisioni di Fanteria attraversarono i campi minati e combattendo si aprirono la strada attraverso le linee russe. Il terzo giorno le due Divisioni *Panzer* si misero in movimento e attaccarono in direzione del Resseta. Di queste due Divisioni, l'11ª era a piena forza mentre la 19ª aveva solo il 60% dei veicoli previsti. All'incirca solo metà della fanteria motorizzata aveva dei veicoli a disposizione, le altre dovevano pertanto marciare a piedi. Nel frattempo i russi avevano messo in movimento i rinforzi, incluse diverse unità corazzate, e anche la loro aviazione, in particolar modo i cacciabombardieri, era molto attiva.
I combattimenti si svolsero nelle vicinanze di una foresta molto fitta, in cui la visibilità era molto limitata. I corsi d'acqua erano guadabili in molti punti. Il clima era caldo e soleggiato.

Quando la 19ª *Panzer-Division* attaccò verso Kholmishchi, gli elementi avanzati incontrarono una forte difesa anticarro russa nei pressi di Nikitsoye (Mappa 23).

I russi avevano sfruttato al meglio tutti i mascheramenti offerti dal terreno e dalla vegetazione per nascondere le loro posizioni anticarro. Una colonna corazzata tedesca marciò dritta contro una posizione anticarro russa disposta a semicerchio rivolto a sud. I cannoni russi, che erano stati sistemati a coppie per fornirsi copertura reciproca, erano stati interrati così in profondità che la canna era solo pochi centimetri più in alto rispetto al suolo. Tra ogni coppia di cannoni era sistemato un altro pezzo anticarro montato su dei carretti a due ruote, questi cannoni erano mimetizzati ma non era stato fatto alcuno sforzo per interrarli.

Non appena i carri tedeschi avanzarono, i cannoni trincerati aprirono il fuoco a volontà, quindi cessarono di sparare. Cercando la fonte dell'attacco, i carri tedeschi individuarono i cannoni montati sui carri, e si mossero verso gli obiettivi appena scoperti. Non appena un carro tedesco si voltò per sparare contro il nuovo obiettivo, fu colpito su un fianco dai cannoni interrati. I cannoni montati sui carri erano solo delle esche. Diversi carri tedeschi furono distrutti prima di riuscire ad avere ragione delle vere posizioni anticarro. I russi erano stati attenti nel lasciare che solo poco dei cannoni sporgesse dal terreno, rendendoli dei bersagli molto difficili. Colti di sorpresa da questo inganno, i carri tedeschi voltarono i loro carri per fronteggiare le esche, scoprendo ai cannoni nemici veri il fianco e mostrando così loro i cingoli e la corazzatura laterale, i loro punti più vulnerabili.

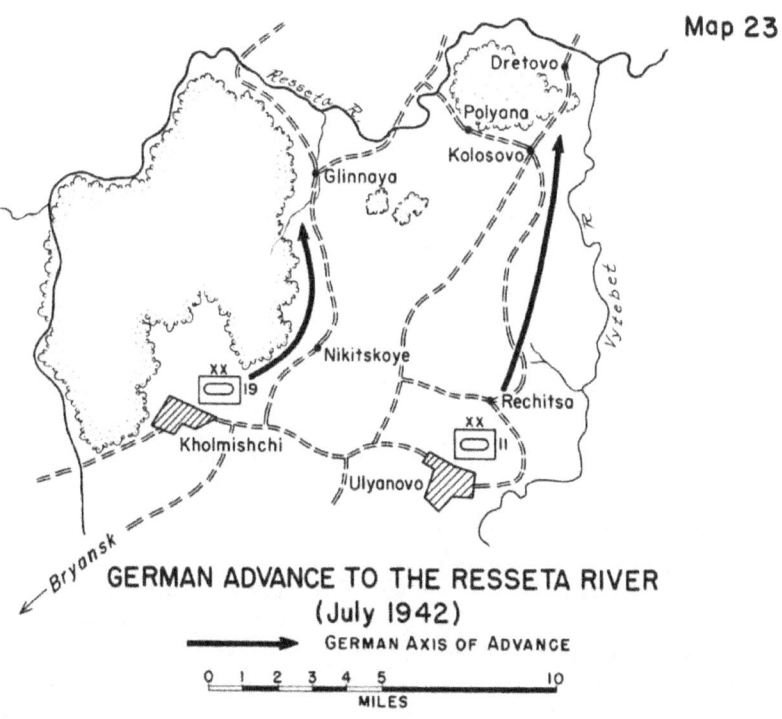

Dopo che elementi della 19ª *Panzer-Division* si furono spinti a nord di Nikitskoye, essi si trovarono ad affrontare nuovi problemi a nord della città, dove vennero ripetutamente attaccati da gruppi di cinque o sette carri armati russi che emergevano dalla grande foresta che si trovava sul fianco sinistro della linea di avanzata della divisione.

Dopo avere consentito ai corazzati in avanguardia di passare, i carri russi si gettarono sui veicoli ruotati che seguivano la punta d'attacco. Quando i tedeschi contrattaccavano i russi si ritiravano all'interno della foresta, solo per poi emergerne in un altro punto. I carri che i russi impiegarono in quest'operazione era di un tipo vecchio, inutili contro i carri tedeschi in campo aperto, ma di grande utilità in questo genere di operazioni mordi e fuggi. Queste tattiche russe provocarono un considerevole ritardo e molte perdite ai tedeschi.

Il comandante di Divisione tedesco ordinò pertanto ad un Battaglione corazzato di proteggere il fianco sinistro della Divisione. Questo Battaglione, con l'assistenza dei genieri, ripulì il limitare della foresta rendendo così sicuro il fianco sinistro della Divisione proteggendola da altri attacchi di sorpresa.

Impiegando i corazzati all'interno di aeree fittamente boscose, i tedeschi trovarono utile il farli accompagnare da unità di fanteria o del genio, perché gli equipaggi dei carri non erano in grado di vedere o udire a sufficienza per procedere da soli in sicurezza.

Nel frattempo, l'11ª *Panzer-Division* si muoveva secondo i piani verso il Resseta sul fianco destro della 19ª attaccando da Ulyanovo. Non appena i carri di testa si avvicinarono al villaggio di Rechitsa[19], diversi T-34 sbucarono da alcune profonde gole e attaccarono i carri tedeschi sul fianco sinistro. Dopo un duro combattimento, i T-34 sparirono nelle gole solo per poi rispuntarne fuori e rinnovare l'attacco più a nord.

I carri medi tedeschi inviati al loro inseguimento nelle gole si trovarono improvvisamente sottoposti al fuoco proveniente dalle gole vicine. Cercando la fonte dell'attacco, i tedeschi individuarono diversi carri pesanti che i russi avevano interrato in modo che solo la torretta e il cannone sporgessero dal terreno. I carri pesanti avevano aspettato a sparare quando i tedeschi erano giunti bene a tiro, o, quando superati dai tedeschi, erano usciti dalle gole e si erano diretti a nord.

Anche se i carri russi erano inferiori di numero, le loro tattiche, ben adattate alle condizioni del terreno, richiesero un pesante pedaggio ai tedeschi. I russi sfruttarono abilmente la superiore potenza di fuoco dei carri pesanti e la manovrabilità dei T-34 in un modo che compensò abbondantemente la poca manovrabilità dei primi, e la scarsità numerica dei secondi.

Il comandante dell'11ª *Panzer-Division* inizialmente cercò di affrontare queste tattiche poco ortodosse impiegando l'artiglieria da campagna e quella anticarro, ma quando queste si dimostrarono inefficaci chiese il supporto dell'aviazione. Gli aerei da ricognizione, scortati dai caccia, sorvolarono l'area rimanendo in costante contatto con il comando di Divisione. Almeno uno dei ricognitori rimase per tutto il tempo in volo circolare sopra l'asse di avanzata della Divisione, riferendo i nascondigli dei carri russi per radio o con razzi luminosi. Queste informazioni furono essenziali per il comandante di Divisione. Come risultato di quest'eccellente collaborazione terra-aria, i carri russi furono costretti a ripiegare con pesanti perdite.

Nonostante gli iniziali problemi, quest'azione di corazzati fu condotta a una rapida e vittoriosa conclusione. Non appena l'aviazione ebbe confermato la presenza di carri russi, li teneva sotto osservazione fino a quando questi ultimi non venivano distrutta dalla loro controparte tedesca o non si ritiravano verso nord.

---

[19] In realtà si tratta del villaggio di Staritsa, NdT.

L'11ª *Panzer-Division*, non aveva ancora tuttavia finito di confrontarsi con gli elusivi T-34. Quando la Divisione attaccò Kolosovo, il suo ultimo obiettivo prima di raggiungere il Ressets, i russi inviarono venti T-34 dalla direzione di Dretovo, a meno di un chilometro e mezzo dal fiume.

Non appena ebbero preso contatto con le punte avanzate tedesche a nord di Kolosovo, i T-34 iniziarono a ritirarsi combattendo, mettendo in atto un'azione ritardatrice. Dopo che i carri tedeschi ebbero attraversato Kolosovo, si trovarono sotto un pesante fuoco controcarro proveniente dal bosco a nord del villaggio. Molti carri tedeschi dovettero piegare verso sinistra, verso la foresta, mentre altri mantenevano la linea di avanzata della Divisione. Non appena i carri tedeschi che si erano staccati dal corpo principale raggiunsero il limite della foresta, un'intera brigata di T-34 emerse da Polyana, a ovest di Kolosovo e colpì i carri tedeschi sul fianco e alle spalle, costringendoli a ripiegare su Kolosovo, che cambiò di mano diverse volte nello scontro tra carri che avvenne in seguito. Solo dopo che il comandante di Divisione ebbe dato fondo a tutta la sua artiglieria da campagna e quella controcarro, il villaggio rimase saldamente in mani tedesche.

L'entrata in campo e il seguente ripiegamento dei venti T-34 a nord di Kolosovo, rallentò i carri tedeschi e li rese facili bersagli dei cannoni controcarro nascosti nella foresta a nord. Quest'imboscata da parte dei controcarro non era in grado, da sola, di danneggiare gravemente i carri tedeschi, ma distrasse la loro attenzione e consentì alla Brigata corazzata russa di effettuare un efficace attacco contro le spalle e i fianchi tedeschi. Le tre fasi dell'operazione russa, la finta, l'imboscata e il contrattacco, furono perfettamente coordinate. D'altra parte, se la ricognizione aerea tedesca avesse agito efficacemente, i tedeschi sarebbero stati avvertiti in tempo della minaccia e avrebbero agito di conseguenza.
Durante il combattimento a sud del Resseta i russi mostrarono la loro abilità nell'adattare le loro tattiche ai differenti tipi di terreno. Nonostante la loro inferiorità numerica, furono in grado di infliggere pesanti perdite ai tedeschi e ritardare notevolmente la loro avanzata.
A differenza di ciò che era avvenuto nei combattimenti durante l'inverno 1941-42, a partire dalla primavera del 1942 i carri russi iniziarono ad apparire in Brigate corazzate. La maggioranza di queste nuove unità era composta da T-34, occasionalmente affiancati da carri leggeri o dai KV da 52 tonnellate. Le Brigate corazzate non avevano in organico unità di fanteria, artiglieria da campagna o controcarro. In molti casi erano impiegate per effettuare uno sfondamento nella principale linea di resistenza tedesca, allargare il varco creatosi e ottenere uno sfondamento in profondità. Generalmente alle Brigate corazzate erano abbinate Divisioni o Brigate di fucilieri, sia nella prima fase dell'attacco, quando la fanteria attaccava montata sui carri armati, sia quando la penetrazione era stata effettuata, per allargare lo sfondamento e proteggerne i fianchi. Per quest'ultimo scopo i russi impiegavano sia fanteria appiedata sia motorizzata. Spesso il fuciliere russo si dimostrava in grado di stare al passo dei carri armati anche a piedi, e si dimostrò in grado di consolidare e tenere il terreno occupato dai carri armati.

X Imboscata senza inseguimento (dicembre 1942)

Nel dicembre 1942, mentre i tedeschi erano impegnati in una lotta disperata all'interno della sacca di Stalingrado, la loro avanzata nel Caucaso si era fermata a 500 chilometri dai campi petroliferi di Baku. La 3ª *Panzer-Division* tedesca si trovava a est di Modzok a copertura del fianco sinistro della 1ª *Panzer-Armee*, che si era posta sulla difensiva. Di fronte all'ala destra della Divisione era stata formata una linea difensiva continua, che si riduceva a una semplice serie di avamposti di sicurezza man mano che si estendeva verso il confine operativo della Divisione a nord (Mappa 24). Le forze russe schierate a nord del fiume Terek ricevevano continui rinforzi, e le loro pattuglie esploranti sondavano costantemente i punti più deboli della linea difensiva della Divisione. Tra la Divisione e Stalingrado, 400 chilometri più a nord, si trovavano solamente una Divisione di Fanteria motorizzata tedesca e il "Gruppo Velmy", un insieme di varie unità formate da volontari non tedeschi.

La steppa, in questa zona, appariva priva di alberi e abitazioni, e la monotonia del paesaggio desertico era rotta solo dalla presenza di alcune basse colline.

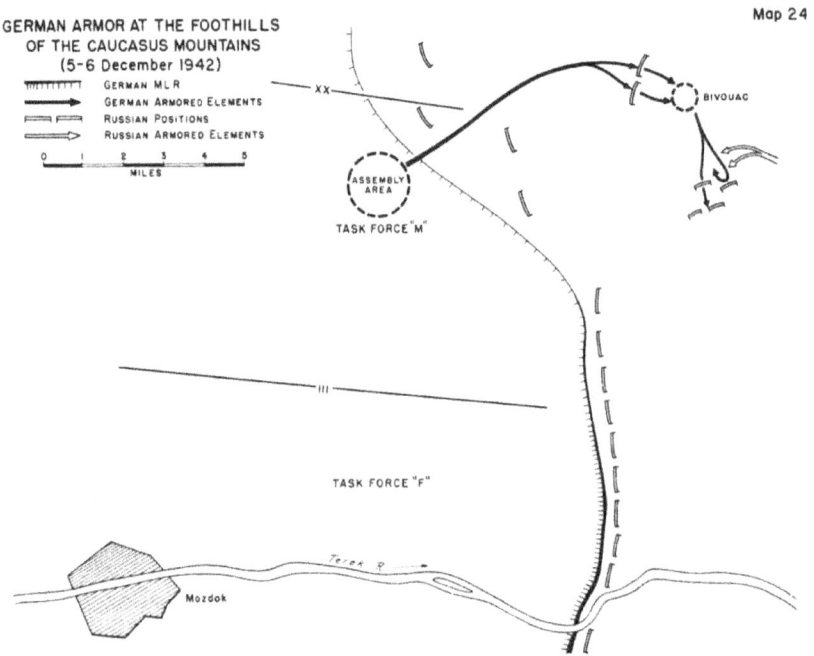

A mezzogiorno del 4 dicembre fu ordinato alla Divisione di attaccare le forze russe presenti sul fianco sinistro continuando a mantenere il contatto con l'ala sinistra dell'Armata. L'attacco doveva venire effettuato il giorno seguente.

Portare avanti un attacco e simultaneamente tenere il terreno presentava grandi difficoltà; la Divisione era sotto organico e aveva carburante sufficiente per un raggio operativo di soli 150 chilometri.

Il comandante della Divisione divise la sua forza d'attacco in due gruppi. Il *Kampfgruppe* M doveva attaccare mentre il *Kampfgruppe* F doveva difendere le linee della Divisione. La forza d'attacco, posta agli ordini di uno dei comandanti di Reggimento, era formata da due Compagnie *Panzer*, una Compagnia di fanteria montata su semicingolati, due Plotoni da ricognizione, e una Batteria di obici semoventi da 10.5 cm [*Sd. Kfz. 124 Wespe* su scafo *Pz.Kf.Wg. II*, armati con il *10.5 cm le. FH 18/2*, NdC] Il 5 dicembre il *Kampfgruppe* M si mise in movimento. Dopo una marcia di circa undici chilometri su un terreno difficile, incontrarono una dura resistenza da parte di fanteria russa trincerata. Dopo circa tre ore di combattimento, la linea difensiva russa fu finalmente superata. Nonostante il successo, tuttavia, il sopraggiungere dell'oscurità rese impossibile proseguire con l'avanzata. Subito prima del calare dell'oscurità, la ricognizione aerea riferì la presenza di forze russe in numero sconosciuto presenti a circa cinque chilometri a sud est dal punto scelto per il bivacco. Non vennero individuate forze nemiche né a est né a nord est.

Alle prime ore del mattino del 6 dicembre, il *Kampfgruppe* si mise in marcia su due colonne verso la concentrazione nemica individuata la sera precedente. La Compagnia di carri formava la colonna sinistra, mentre a destra si trovava la fanteria meccanizzata, che era stata molto indebolita negli scontri del giorno precedente. Alcuni fanti furono distaccati per proteggere gli obici semoventi da 10.5 cm che coprivano l'avanzata delle due colonne.

Dopo essere avanzati di circa un chilometro e mezzo, le due colonne tedesche entrarono in contatto con la fanteria russa, ben appoggiata da mortai e cannoni anticarro. Dopo che la fanteria russa ebbe ingaggiato in combattimento i tedeschi frontalmente attirando la loro attenzione, quindici carri russi emersero improvvisamente da una depressione del terreno e attaccarono sparando a bruciapelo contro la colonna tedesca di sinistra. I russi uccisero uno dei due comandanti della Compagnia *Panzer* e distrussero due carri armati tedeschi. Il *Kampfgruppe* riuscì a ritirarsi solo perché i russi non sfruttarono il vantaggio e non inseguirono il nemico in ritirata.

In questo caso, i russi mantennero abilmente nascosti i loro carri e attesero fino a quando i tedeschi non furono inchiodati dal fuoco frontale russo. Il *Kampfgruppe* non era sufficientemente forte per essere schierato in profondità; se lo fosse stato, avrebbe potuto organizzare un attacco contro il fianco dei carri russi.

I tedeschi non effettuarono una ricognizione adeguata del terreno e non protessero i loro fianchi durante l'avanzata.

XI: I carri armati falliscono nell'eliminare una testa di ponte (giugno 1944)

Quest'azione, avvenuta nel giugno del 1944, mostra come i principi di Fedorenko avessero preso piede e fossero messi in pratica, ed è sintomatica del progressivo miglioramento da parte dei russi nell'impiego delle proprie forze corazzate.

Alla fine del marzo 1944, i tedeschi, dopo una serie di movimenti retrogradi, avevano stabilito il fronte nell'area di Kishinev[20] lungo la sponda occidentale del fiume Dnestr. Le caratteristiche principali del terreno in questa zona erano delle basse colline e delle macchie boscose. La sponda orientale del Dnestr era più alta di quella occidentale e dominava le difese tedesche.

Aspettandosi un'imminente offensiva russa, il comandante di Corpo tedesco organizzò un *Kampfgruppe* di quaranta carri armati e di fanteria meccanizzata su semicingolati portatruppe e lo tenne di riserva in un punto centrale a circa 15 chilometri dal fiume.

Tutte le vie di avvicinamento al fiume a partire dalla zona di adunata vennero attentamente esplorate, mentre del carburante extra veniva caricato su tutti i veicoli.

Alle ore 22.00 del primo giugno, i russi attraversarono in forze il fiume e stabilirono una testa di ponte larga dieci chilometri e profonda da cinque a otto chilometri. Il *Kampfgruppe* tedesco fu immediatamente messo in allerta, e gli fu ordinato di riprendersi la testa di ponte all'alba con l'assistenza delle unità di fanteria che erano state appena respinte.

Il contrattacco tedesco ebbe inizio con una preparazione d'artiglieria. All'inizio i tedeschi incontrarono un pesante fuoco da parte dei pezzi controcarro russi, ma, quando questi

---

[20] Oggi Chisinau, capitale della Moldavia, NdT.

furono neutralizzati, il contrattacco tedesco iniziò a progredire e la fanteria russa fu messa in rotta dalle sue fortificazioni campali, ancora non completate, lungo il perimetro della testa di ponte.

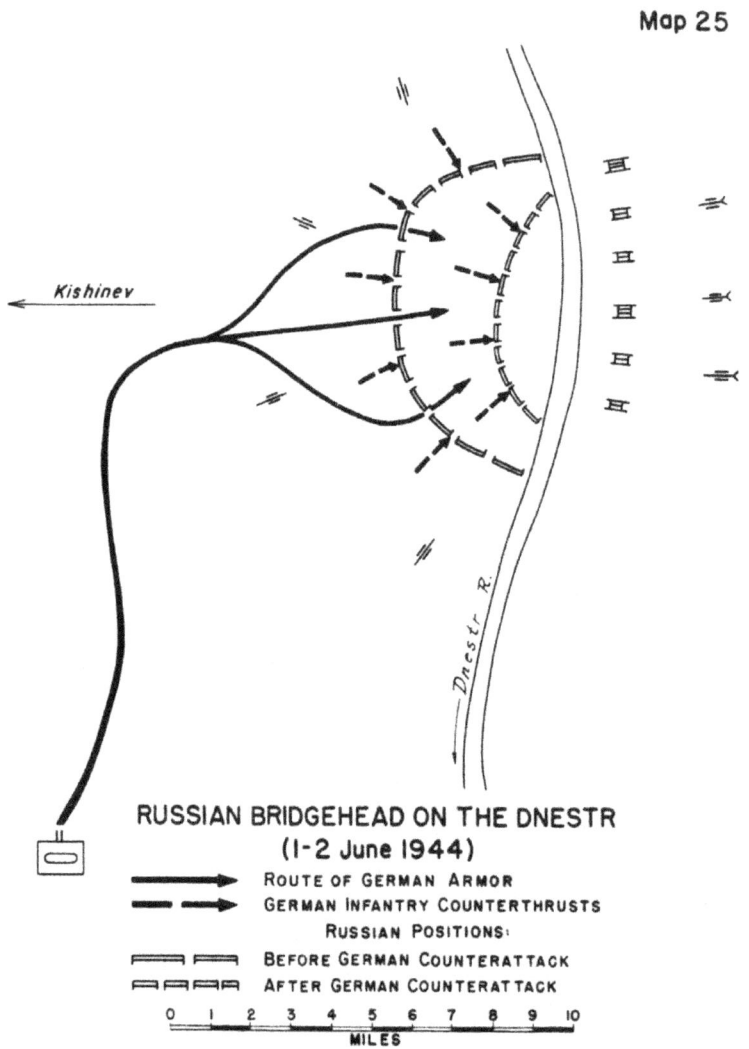

Il gruppo d'attacco tedesco non incontrò carri russi entro la testa di ponte dal momento che il nemico non aveva avuto la possibilità di portarli attraverso il fiume, ma non appena il comandante dei corazzati russi fu informato dell'accaduto, mosse i propri carri dall'area di concentramento in cui i suoi mezzi stavano aspettando il segnale per attraversare il fiume. I carri armati si diressero sulla sponda del fiume, che come abbiamo detto era più alta di quella occidentale, e, appoggiarono l'artiglieria pesante russa che era già stata schierata sulla sponda. Mentre l'artiglieria poneva sotto il fuoco la fanteria tedesca avanzante, i carri armati furono impiegati come artiglieria controcarro mobile in mancanza di cacciacarri.

Senza la protezione di un denso schermo fumogeno e di un forte supporto d'artiglieria o di cacciabombardieri, il gruppo d'attacco tedesco non fu in grado di eliminare la testa di ponte. Non erano disponibili munizioni fumogene, e il supporto aereo, sebbene fosse stato in grado di eliminare alcuni carri nemici all'inizio dell'azione, dovette venire ritirato poco dopo che il fuoco contraereo russo sulla testa di ponte divenne più intenso. Il contrattacco tedesco si fermò infine a poco più di 2.000 metri dalla sponda del fiume, riuscendo a ridurre la testa di ponte russa ma non ad eliminarla del tutto.

Se il contrattacco avesse avuto inizio prima dell'alba, il *Kampfgruppe* tedesco avrebbe potuto raggiungere il suo obiettivo. Il successo avrebbe potuto essere raggiunto solo lanciando un immediato contrattacco subito dopo l'attraversamento del nemico, mentre la maggior parte delle forze russe erano ancora al di là del fiume. Anche se la forza d'attacco era stata radunata a soli quindici chilometri dal fiume, essa dovette procedere per trenta chilometri su strade tortuose prima di potere raggiungere il luogo dell'attraversamento. In una situazione ideale, il *Kampfgruppe* avrebbe dovuto essere schierato appena al di là della gittata massima dell'artiglieria nemica, ma ancora sufficientemente vicino da potere raggiungere il luogo dello sbarco in brevissimo tempo. Bisogna fare notare, tuttavia, che nell'Esercito tedesco del 1944 i carri armati erano in numero così limitato, che delle unità corazzate relativamente piccole dovevano servire da riserva strategica per linee del fronte troppo estese. In questo caso la mancanza di materiali da parte tedesca li costrinse ad abbandonare dei consolidati principi tattici, e a soffrirne le conseguenze.

XII Un *Kampfgruppe* corazzato cattura due ponti vitali (agosto 1944)

In quei rari casi in cui le unità corazzate tedesche erano a piena forza, esse riuscivano ancora ad ottenere dei successi locali, anche nell'estate del 1944. Durante la notte tra il 13 e il 14 agosto, la 3ª *Panzer-Division* era arrivata via treno a Kielce nella Polonia meridionale. L'obiettivo della Divisione era di fermare l'avanzata russa che avevano sfondato le linee tedesche provocando il collasso del Gruppo d'Armate Centro, e di assistere le rimanenti unità tedesche in ripiegamento nella costituzione di una nuova linea difensiva sul corso superiore della Vistola.

Per consentire a tutte le unità della sua Divisione di avere il tempo necessario per prepararsi per la prossima azione, e allo stesso tempo rendere sicura la sua via d'avanzata, il comandante divisionale decise di formare un *Kampfgruppe* corazzato con le unità che erano scese dal treno per prime. Questa forza doveva essere guidata dal comandante del II Battaglione *Panzer*, ed era formato dalla 5ª e 6ª Compagnia *Panzer*, equipaggiate di carri *Panther*, una Compagnia di fanteria meccanizzata montata su semicingolati, e una Batteria equipaggiata di obici semoventi da 10.5 cm. Il Gruppo d'attacco doveva attaccare il Villaggio Z situato circa 50 chilometri a est da Kielce, per prendere i due ponti a sud e a est del villaggio per consentire al nucleo principale della Divisione di avanzare lungo la strada Kielce-Opatow, verso la Vistola (Mappa 26).

L'attacco doveva essere lanciato all'alba del 16 agosto. In base alla ricognizione aerea effettuata alle ore 18.00 del 14 agosto, il Villaggio Z era tenuto da una debole forza russa, e non si vedevano grossi concentramenti di truppe nemiche nelle vicinanze. La sola unità tedesca presente nell'area era il 188° Reggimento di fanteria [*68. Infanterie-Division*, formata nell'agosto 1939 nel *Wehrkreis III* di Berlino, NdC], che si trovava lungo la sponda est del fiume A e aveva il suo posto di comando nel Villaggio X.

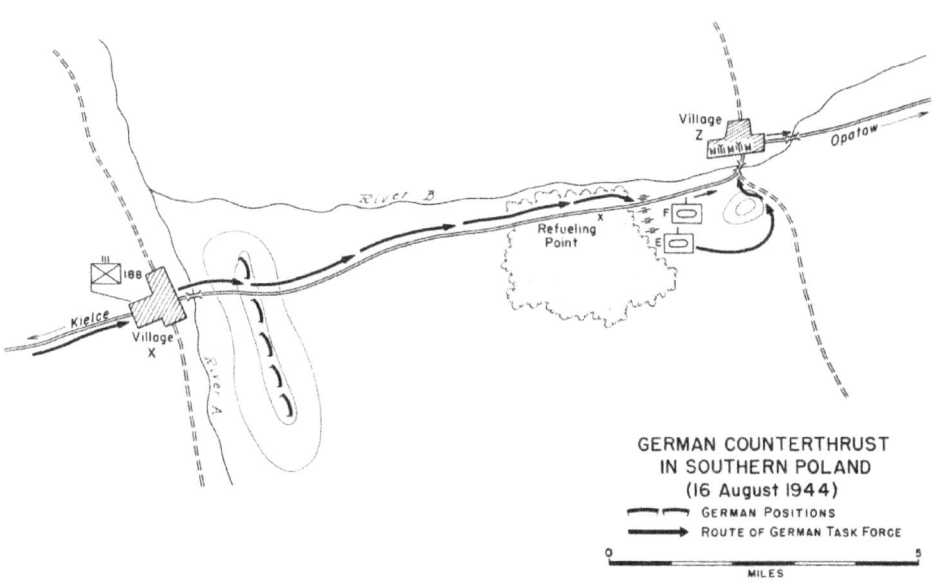

Il terreno era collinoso, con campi coltivati a grano, patate e barbabietole, intervallati da boschi. Il tempo era soleggiato e secco, con temperature calde durante il giorno e molto fredde durante la notte. Il sole sorgeva alle 04.45 e tramontava alle 19.30.

Il comandante del *Kampfgruppe* ricevette i suoi ordini alle ore 20.00 del 14 agosto e iniziò immediatamente a preparare un piano d'azione. Poiché le unità che dovevano partecipare all'attacco non erano ancora state avvertite, per il Gruppo d'attacco sarebbe stato impossibile muoversi prima delle 23.00. La velocità massima cui i mezzi potevano muoversi a fari spenti e lungo strade prive di pavimentazione era di dieci chilometri all'ora, pertanto, la marcia di avvicinamento al Villaggio Z avrebbe richiesto almeno cinque ore per essere compiuta. Tenendo conto anche del tempo necessario per rifornire i mezzi e schierare le truppe, era chiaro che era impossibile attaccare il Villaggio Z prima dell'alba. Poiché in questo modo l'operazione sarebbe stata privata della sorpresa, il comandante decise di inviare un avanguardia che doveva mettersi in movimento un'ora prima del nucleo del gruppo d'assalto, arrivare al Villaggio X intorno alle 02.00, e impiegare due ore e mezza per percorrere gli ultimi quindici chilometri. Dopo una breve sosta questa avanguardia poteva quindi lanciarsi all'attacco del Villaggio Z poco prima dell'alba.

Alle 20.20, il comandante del gruppo d'assalto radunò gli ufficiali delle unità coinvolte al suo posto di comando, e comunicò verbalmente i seguenti ordini:

> La 6ª Compagnia del 6° Reggimento *Panzer* rinforzato da un Plotone di fanteria meccanizzata formerà l'avanguardia, che dovrà essere pronta a muoversi per le ore 22.00 per catturare il Villaggio Z e i due ponti a nord e a sud con un colpo di mano. Un distaccamento esplorante dovrà guidare l'avanguardia al Villaggio X. Due camion carichi di carburante dovranno seguirli per rifornire i mezzi. Il rifornimento avverrà in un bosco tre chilometri a ovest del Villaggio Z.
>
> Il nucleo principale del gruppo d'assalto dovrà partire alle ore 23.00 e formerà una colonna con il seguente ordine di marcia: il Comando del 2° Battaglione, la 5ª

Compagnia del 6° Reggimento *Panzer*, la 1ª Batteria del 75° Reggimento d'Artiglieria e la 1ª Compagnia del 3° Reggimento *Panzergrenadiere* (meno un Plotone). Una volta attraversato il fiume A, la Compagnia Panzer avrebbe preso la testa della colonna, seguito dal Comando di Battaglione, la Compagnia *Panzergrenadiere* e la Batteria d'Artiglieria, in quest'ordine.

Il Gruppo d'attacco si sarebbe fermato e rifornito nel bosco tre chilometri a sud del Villaggio Z. Non appena attraversato il fiume A sarebbe stato mantenuto un rigido silenzio radio.

Il Comandante della 6ª Compagnia partirà alle 21.00 e mi accompagnerà al Posto di Comando del 188° Reggimento Fanteria per prendere contatto con il comandante di quest'unità. Il comandante della 5ª Compagnia avrà il comando della colonna tra Kielce e il Villaggio X.

Il Tenente Zobel, il comandante della 6ª Compagnia, dopo avere ricevuto queste istruzioni, tornò dalla sua unità, radunò i comandanti di Plotone, lo *Stabsfelwebel* [Maresciallo Maggiore, NdC] e il comandante della Sezione manutenzione, e gli fece un breve briefing. Indicò loro il percorso di marcia, che segnarono sulle loro mappe. Per la marcia da Kielce al Villaggio X il Plotone Comando della Compagnia si sarebbe posto in testa alla colonna, seguito dai quattro Plotoni *Panzer*, il Plotone *Panzergrenadiere*, i camion del carburante, e le Sezioni cucina e manutenzione a chiudere la colonne. Il comandante di Plotone più alto in grado avrebbe avuto il comando fino a quando Zobel non si fosse unito loro al Villaggio X. Mezz'ora prima della partenza, che era stata stabilita alle 22.00, sarebbe stato distribuito a tutti del caffè caldo. Il distaccamento esplorante doveva partire alle 21.30 e sistemare delle guide lungo la strada per il Villaggio X.

Dopo avere comunicato queste istruzioni, Zobel si riunì al comandante del *Kampfgruppe* e si recò con lui al comando del 188° Reggimento di fanteria presso il Villaggio X. Quando arrivarono sul posto gli vennero forniti tutti i dettagli sulla situazione locale. I due Ufficiali appresero che dopo pesanti combattimenti nella regione di Opatov, il Reggimento si era ritirato su queste nuove posizioni nella notte tra il 14 e il 15 agosto.

I tentativi di stabilire una linea del fronte continua con le unità vicine a nord e a sud erano falliti. I russi non erano avanzati per ora oltre il villaggio Z. Due civili polacchi, che erano stati trovati nei boschi a ovest del villaggio, avevano affermato che nei boschi non erano presenti unità russe.

Il comandante del *Kampfgruppe* ordinò quindi a Zobel di portare avanti il piano dell'attacco come precedentemente concordato. Zobel aspettò l'arrivo dell'avanguardia sul limitare occidentale del Villaggio X. Quando la colonna arrivò alle 01.45, Zobel riprese subito il comando e riformò la colonna nella seguente maniera: il 1° Plotone Panzer in testa, seguito dal Plotone Comando, quindi a seguire il 2° e il 3° Plotone *Panzer*, il Plotone *Panzergrenadiere*, i mezzi ruotati e il 4° Plotone *Panzer* in coda.

Fino all'arrivo alla zona degli avamposti oltre il fiume A, una guida del 188° Reggimento prese posto sul carro di testa. La colonna arrivò agli avamposti alle 02.30, qui le sentinelle riferirono che non erano stati visti movimenti da parte dei russi durante la notte. Zobel quindi comunicò via radio al comandante del *Kampfgruppe* che entrava in azione.

Per consentire una migliore visuale, i carri armati si mossero con i portelli aperti. I comandanti dei carri stavano eretti con le loro teste fuori dalle torrette, ascoltando con le cuffie. Gli altri portelli erano chiusi. Il puntatore e il servente aspettavano l'ordine di aprire il fuoco all'istante; prevedendo un incontro con dei carri armati russi i cannoni erano stati caricati con proiettili perforanti.

Alle 0.45 la colonna raggiunse il bosco in cui i carri armati e gli altri veicoli dovevano rifornirsi. I carri formarono due file una sul lato est e una sul lato ovest della strada, mentre i soldati della fanteria formavano un cordone di sicurezza, piazzando delle sentinelle a cinquanta metri di distanza su entrambi i lati della strada. I camion pieni di bidoni di benzina si mossero lungo la strada tra le due file di carri, fermandosi di fronte ad ogni coppia di mezzi e consegnando i bidoni pieni per poi ritirarli una volta vuoti nel giro di ritorno. I serventi dei cannoni aiutarono i piloti a effettuare il rifornimento e a controllare i loro veicoli. Gli artiglieri controllavano i loro cannoni mentre gli operatori radio distribuivano il caffè ai loro compagni di equipaggio. Zobel tenne con i comandanti dei Plotoni e i capocarro un breve briefing e chiese a uno dei conducenti dei camion di consegnare un messaggio al comandante del *Kampfgruppe* nel Villaggio X durante il loro viaggio di ritorno.

Secondo il piano d'attacco preparato da Zobel, l'avanguardia doveva emergere dal bosco su due colonne. Quella a sinistra era formata dal 1° Plotone Panzer, dal Plotone Comando e dal 4° Plotone *Panzer*, mentre la destra era formata dal 2° e dal 3° Plotone Panzer, insieme al Plotone Panzergrenadiere. Il 1° Plotone doveva prendere posizione di fronte al limite sud-occidentale del Villaggio Z, mentre il 2° ai piedi della collina a sud. Con la protezione di questi due Plotoni il 3° e il 4° Plotone dovevano prendere il ponte meridionale assieme al Plotone *Panzergrenadiere*, quindi passare attraverso il villaggio e catturare il secondo ponte, che si trovava a circa ottocento metri a est del villaggio.

Il 2° Plotone doveva attraversare il ponte a sud, superare il villaggio e bloccare la strada diretta a nord. Il 1° Plotone dove assicurare la difesa del ponte sud. Nessun carro doveva aprire il fuoco fino al momento in cui non avessero incontrato resistenza da parte del nemico.

Zobel non inviò nessun'unità in ricognizione per non attrarre l'attenzione dei russi. Nel preparare il suo piano, Zobel tenne ben in mente che il successo dipendeva dalla corretta tempistica dei movimenti e dall'abilità dei suoi comandanti di Plotone. Il Tenente avrebbe avuto poche possibilità di influenzare il corso degli eventi una volta che l'attacco fosse partito, a causa della velocità con cui si sarebbe svolto.

Quando alle 04.30 i primi carri armati uscirono dal bosco, il sole stava sorgendo e la visibilità era di circa 1.000 metri. Non appena il 1° e il 2° Plotone iniziarono a percorrere la strada verso il villaggio, furono colti dal fuoco sul fianco da parte dell'artiglieria controcarro e dei carri armati russi; tre carri vennero messi fuori uso e uno di loro prese fuoco. Zobel ordinò ai due Plotoni di ritirarsi.

Poiché la sorpresa era fallita e aveva perso tre carri, Zobel decise di aspettare l'arrivo del nucleo principale della forza d'attacco e fece rapporto al comandante via radio. Il resto del *Kampfgruppe* arrivò nel bosco alle 05.15. Dopo avere ricevuto il rapporto di Zobel di persona, il comandante del *Kampfgruppe* decise di attaccare il Villaggio Z prima che i russi potessero ricevere rinforzi. Questa volta l'attacco sarebbe stato lanciato da sud sotto la protezione dell'artiglieria.

Il piano prevedeva che la Compagnia di Zobel conducesse un finto attacco lungo la strada appena percorsa e di sparare ai bersagli che poteva individuare attraverso il fiume. Nel frattempo la 5ª Compagnia insieme alla Compagnia *Panzergrenadiere* dovevano muoversi verso meridione, superare la collina e attaccare il villaggio da sud. Nel frattempo il 3° e il 4° Plotone della 5ª Compagnia, il Plotone *Panzergrenadiere* e la 6ª Compagnia dovevano concentrare il loro fuoco sul limite meridionale del villaggio, e il 1° e il 2° Plotone della 5ª Compagnia dovevano attraversare il ponte a sud spingersi nel villaggio, girare a est nella piazza del mercato e conquistare il ponte a est. Non appena i primi due Plotoni avessero attraversato il ponte, gli altri carri armati della 5ª Compagnia dovevano farsi in avanti e spingersi sul lato nord del villaggio. I semicingolati portatruppe dei *Panzergrenadiere* dovevano avanzare attraversando il ponte sud e assistere il 1° e il 2° Plotone nel loro sforzo di prendere il ponte est. La 6ª Compagnia doveva annientare ogni forza russa che ancora resistesse sul limite sud del villaggio. L'artiglieria si sarebbe schierata al limitare del bosco e avrebbe appoggiato l'attacco dei carri.

Non era possibile impiegare più di due Plotoni *Panzer* nell'attacco al ponte meridionale, poiché il ponte era in grado di sostenere solo un carro armato alla volta. Tutta la potenza di fuoco restante doveva venire concentrata per stendere una cortina di fuoco sul limite meridionale del villaggio. Questo era il metodo più efficace per neutralizzare il nemico nel momento critico in cui i due Plotoni di Panzer si sarebbero messi in marcia verso il ponte. Per facilitare l'avanzata dei carri armati verso il ponte, l'artiglieria doveva sparare proiettili fumogeni a sud del villaggio lungo la linea del fiume. I due Plotoni Panzer, una volta che fossero entrati nel villaggio, non dovevano farsi distrarre dal loro obiettivo principale, il ponte orientale. L'eliminazione dei nuclei di resistenza nemici avrebbe avuto luogo in seguito ad opera delle unità di fanteria. L'attacco sarebbe iniziato alle ore 06:00.

I carri della 5ª Compagnia si rifornirono rapidamente nei boschi e l'artiglieria fu messa in posizione. Il gruppo d'attacco era pronto per l'azione.

La 6ª Compagnia si mise in movimento alle 06:00. Il comandante del Kampfgruppe e un osservatore d'artiglieria erano con la 6ª Compagnia. L'artiglieria aprì il fuoco di supporto contro gli obiettivi accuratamente designati. Alle 06.10 i carri della 5ª Compagnia si misero in movimento emergendo dai boschi in colonna per due, formarono un cuneo, ruotarono verso sud e fecero un largo cerchio attorno alla collina, mentre i mezzi della Compagnia *Panzergrenadiere* li seguivano da vicino. Non appena i carri armati e i portatruppe della fanteria si avvicinarono alla collina, furono fatti segno del fuoco delle mitragliatrici e dei cannoni anticarro russi posti sulla cima. Il comandante della 5ª Compagnia rallentò e chiese istruzioni. Il comandante del *Kampfgruppe* rispose via radio di attaccare solo quei russi in cima alla collina che ostacolavano il movimento d'attacco. Ricevuti i nuovi ordini, i Panzer della 5ª Compagnia si schierarono e avanzarono su un ampio fronte, il che forniva protezione ai portatruppe della fanteria che erano vulnerabili agli anticarro e alle granate del nemico. Poco dopo la 5ª Compagnia riferiva di avere neutralizzato i russi sulla collina e di procedere con la successiva fase dell'attacco. Ricevuta questa notizia, il comandante del *Kampfgruppe* diede il segnale all'artiglieria di aprire il fuoco sul limite meridionale del villaggio. Tre minuti più tardi i carri armati del 1° e del 2° Plotone attraversavano il ponte in fila indiana mentre i carri della 6ª Compagnia si avvicinavano al luogo dell'attraversamento da ovest.

Non appena i due Plotoni ebbero attraversato il fiume, il 3° e il 4° Plotone della 5ª Compagnia, assieme ai semicingolati portatruppe della fanteria, raggiunsero velocemente i primi due Plotoni che intanto avevano attraversato il villaggio e catturato il ponte orientale senza incontrare resistenza. Il 3° e il 4° Plotone travolsero la fanteria russa che cercava di scappare verso nord e distrussero due carri armati in ritirata sul lato settentrionale nel villaggio. Poco dopo tutte le unità riferirono di avere compiuto la loro missione.

Il comandante del *Kampfgruppe* organizzò quindi la difesa del Villaggio Z, che avrebbe dovuto tenere fino all'arrivo del nucleo principale della 3ª *Panzer-Division*. Due Plotoni Panzer bloccarono la strada diretta a nord, altri due Plotoni *Panzer* proteggevano il ponte orientale, due Plotoni di *Panzergrenadiere* stabilirono degli avamposti nella foresta a est del fiume B, e tutte le unità mobili restanti costituirono una riserva all'interno del villaggio. La Batteria d'artiglieria prese posizione sulla sponda meridionale del fiume vicino al ponte sud. I suoi pezzi erano puntati contro gli accessi settentrionali e orientali del villaggio.

In quest'azione, il comandante del *Kampfgruppe* commise l'errore di ordinare all'avanguardia di Zobel di fermarsi e fare rifornimento nel bosco a tre chilometri dal Villaggio Z. Nel dare quest'ordine, aderì al principio secondo il quale i carri armati devono andare in combattimento col rifornimento completo di carburante e munizioni. Anche se il principio è valido in generale, in questo caso si dimostrò fonte di problemi. Dal momento che l'elemento sorpresa era cruciale per la riuscita dell'operazione, ogni cosa doveva essere subordinata al tentativo di cogliere i russi di sorpresa. Nel caso in cui fosse stato necessario il rifornimento, questo avrebbe dovuto essere effettuato nel Villaggio X o subito dopo avere attraversato il fiume A. Il comandante tedesco avrebbe dovuto prevedere che, dal momento che il bosco era a soli tre chilometri dalle posizione russe, il rumore dei motori in avvio avrebbe messo in allerta i russi sulla collina e nel villaggio, che si sarebbero quindi preparati a ricevere l'attacco tedesco. Un attacco di sorpresa deve esser preparato così attentamente che non sia possibile per il nemico scoprirlo in anticipo.

Inoltre, il comandante non sarebbe dovuto rimanere nel Villaggio X, ma avrebbe dovuto guidare personalmente l'avanguardia. Rimanendo con gli elementi di testa del suo *Kampfgruppe* egli sarebbe stato in grado di esercitare il suo comando e la sua influenza sia sull'avanguardia che sul corpo principale del gruppo d'attacco.

L'attacco della forza corazzata a pieno organico fu ben pianificato e la sua esecuzione portò al previsto rapido successo.

XIII. Battaglia di corazzati vicino all'autostrada per Berlino (marzo 1945)

Ai primi del 1945 le tattiche russe sull'impiego di grandi unità corazzate erano enormemente migliorate, nonostante ciò anche negli ultimi mesi di guerra il livello medio d'addestramento rimaneva mediocre, ma questo non poteva sorprendere a causa delle pesanti perdite subite dai russi negli anni precedenti. Alcune singole unità potevano, tuttavia, ottenere degli eccellenti risultati. A questo proposito, bisogna tenere presente che le vittorie ottenute nell'ultima fase della guerra dava agli equipaggi russi un tale impeto che deficienze nell'addestramento si rivelavano spesso irrilevanti. Un fattore altrettanto importante era il continuo declinare dell'efficienza tedesca.

Nel marzo 1945 i russi concentrarono ingenti forze sull'Oder, a nord e sud della città di Kustrin, che era ancora in mani tedesche. Da Kustrin l'autostrada principale porta a ovest verso Berlino passando per Seelow. Per impedire ai russi di usare l'autostrada come un asse di avanzata verso la loro capitale, i tedeschi impiegarono una *Panzer-Division* improvvisata schierandola su ambo i lati dell'arteria di comunicazione. Il numero totale di carri armati schierato da questa Divisione era 55, una cifra di gran lunga inferiore alla forza teorica in carri armati di una Divisione *Panzer* regolare [la *Panzer-Division "Müncheberg"*, formata l'8 marzo 1945 e al comando del *Generalmajor der Reserve* Werner Mummert, NdC].

L'unico Battaglione *Panzer* della Divisione era tenuto in riserva dietro la *HKL* per contrastare eventuali attacchi di corazzati nemici. Questo Battaglione era formato dal

Comando di Battaglione, il cui Plotone da ricognizione aveva cinque carri *Panther*; la 1ª Compagnia, con 22 *Panther*, e la 2ª e 3ª Compagnia, con 14 *Panther* ognuna.
Il terreno piatto nel settore della Divisione non presentava ostacoli al movimento dei corazzati. La 1a Compagnia, sull'ala destra del Battaglione, bloccava l'autostrada Kustrin-Seelow nei pressi di Tucheband; la 2ª Compagnia era al centro, a sudest di Gorgast; e la 3ª Compagnia, assieme al Plotone da Ricognizione e al Comando, era a Golzow (Mappa 27).

Alle ore 06.00 del 22 marzo, carri armati e fanteria russa attaccarono il fronte della Divisione, sotto la copertura di uno sbarramento d'artiglieria lungo 90 minuti. La fanteria russa fu bloccata dal fuoco difensivo tedesco, ma i carri armati russi sfondarono le posizioni tedesche e si diressero verso l'autostrada da tre direzioni. La forza principale d'attacco, consistente in circa 50 carri armati russi, avanzò a sud dell'autostrada per Berlino e andò a urtare frontalmente nei Panzer della 1ª Compagnia, schierati a nord di Tucheband. Dopo un breve, ma sanguinoso scontro, i carri russi furono costretti a ripiegare.

La seconda forza d'attacco, di forza quasi pari, attaccò dalla testa di ponte a ovest di Kustrin, iniziando a passare oltre a Gorgast da sud. Appena prima che i carri armati di punta raggiungessero la strada collegante Gorgast all'autostrada per Berlino, furono intercettati dalla 2ª Compagnia. I tedeschi lanciarono un attacco sul fianco che disorganizzò la forza russa e la costrinse a ritirarsi con gravi perdite.

La branca settentrionale della tenaglia russa, stava nel frattempo avanzando in linea retta, attraverso i campi in direzione di Golzow, dove il Battaglione tedesco aveva il suo posto di comando che era protetto dalla 3ª Compagnia e dal Plotone Esplorante. Anche se era stato informato dell'attacco russo, il comandante del Battaglione rimase nel villaggio invece di disperdere le sue forze nel territorio circostante. Quest'errore doveva portare a una situazione critica.

Il fuoco dell'artiglieria pesante russa impedì ai carri tedeschi di raggrupparsi a Golzow prima del ripiegamento. La confusione tra i tedeschi crebbe ulteriormente quando l'artiglieria russa iniziò a sparare proiettili fumogeni contro la parte orientale del villaggio. Quando infine il comandante tedesco riuscì a mettere un po' d'ordine e a radunare una buona parte dei suoi carri, si trovò faccia a faccia con una colonna corazzata russa che emerse improvvisamente dalla cortina di fumo. Nella battaglia che ne seguì i tedeschi furono in grado di uscire dalla grave situazione e respingere l'attacco, ma solamente grazie alla migliore manovrabilità dei loro carri e alla loro superiorità nel combattimento ravvicinato.

Alla fine i russi ruppero il contatto e si ritirarono lasciando 60 carri sul terreno. Il fallimento nel riuscire a ottenere lo sfondamento in uno qualsiasi dei tre punti chiave, può essere attribuito all'incapacità della fanteria russa di seguire e supportare l'avanzata dei corazzati. In ogni caso, l'ala destra dell'attacco avrebbe dovuto aggirare Golzow per poi piegare a sud in direzione dell'autostrada per Berlino, invece che entrare nel villaggio coperto di fumo.

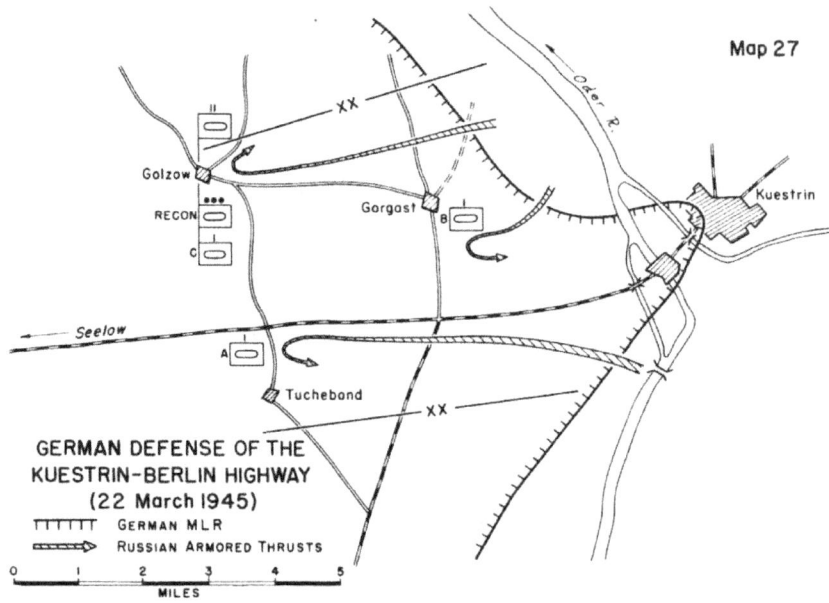

Il comandante del Battaglione tedesco aveva disposto la sua debole forza corazzata nel modo migliore in cui la situazione e il terreno lo permettevano. Intuendo correttamente la direzione che avrebbero preso l'ala sinistra e il centro della forza russa, impiegò due Compagnie per bloccare loro la strada e impedirgli l'accesso all'autostrada per Berlino. Tenne la 3ª Compagnia in riserva pronta a dare sostegno alla 1ª e 2ª Compagnia per bloccare un eventuale sfondamento russo. Il suo unico errore fu di consentire alla sua forza di riserva di rimanere dentro Golzow, invece di schierarla fuori del villaggio come aveva fatto con le altre due Compagnie.

Capitolo 3 - Reparti del Genio

I Generale

Le unità del Genio sono organizzate e addestrate per specifici compiti di combattimento che principalmente ricadono nelle tipologie di costruzione, creazione di ostacoli e demolizione. Impiegare le unità del Genio come normale fanteria in generale è un errore, poiché esse verranno utilizzate in un modo per cui non sono addestrate e non saranno disponibili per i compiti a cui sono normalmente destinate.

L'addestramento altamente specializzato dei genieri giustifica il fatto che vengano risparmiati per quelle missioni che sono specifiche al loro ruolo funzionale.

I tedeschi non osservarono questo principio in molti casi. In particolare, nella fase iniziale della campagna di Russia, vi furono molte infrazioni minori a queste procedure d'impiego. Hitler e i suoi consiglieri militari avevano valutato che la campagna si sarebbe chiusa in breve tempo, perciò i ritardi dovevano essere evitati ad ogni costo. Questo può spiegare perché un comandante di Corpo abbia inviato un'unità del Genio davanti alla propria fanteria o perché un'unità corazzata sia stata impiegata per costruire un ponte prima che la sponda opposta fosse stata resa sicura. I pericoli inerenti a queste improvvisazioni sono ben illustrati nei seguenti esempi.

II Il quasi fallito attraversamento di un fiume (luglio 1941)

Il 6 luglio 1941, quindici giorni dopo l'inizio dell'invasione, il 4° *Panzergruppe* (in seguito ribattezzato 4ª Armata *Panzer*) si stava muovendo verso est lungo la sponda meridionale del corso superiore della Dvina, prima di lanciare un attacco aggirante verso Vitebsk. In quest'attacco, l'Armata formava l'ala settentrionale delle forze tedesche che combattevano per la conquista della cosiddetta Porta di Smolensk, vitale corridoio che si trova tra la Dvina superiore e il Dnepr e che porta direttamente a Mosca. Il LVII *Panzerkorps*, essendo parte dell'ala settentrionale, doveva attraversare la Dvina a Ulla, a metà strada tra Polotsk e Vitebsk, e catturare Gorodsk a nord di quest'ultima città (Mappa 28).

I russi, dopo le sconfitte di Bialystok e Minsk dove avevano sofferto pesanti perdite di uomini e materiali, si erano ritirati verso est conducendo delle azioni volte a ritardare il nemico, nel corso delle quali avevano portato avanti demolizioni di ogni genere. Quasi tutti i ponti che incontravano durante la loro ritirata erano stati fatti saltare. Che il movimento di ritirata russo somigliasse a una rotta era dimostrato dal numero dei prigionieri, dalla quantità del materiale abbandonato e dalla distruzione di villaggi che erano ancora ben lontani dalla linea di avanzata tedesca. L'offensiva tedesca era rallentata soprattutto da contrattacchi locali tramite imboscate che avvenivano generalmente durante la notte.

Russia 1941. Fanteria tedesca attraversa un ponte gettato dal genio.

Un Sd.Kfz. 251/1 dotati di lanciarazzi da 28/32 cm, in dotazione anche ai reparti Pioniere.

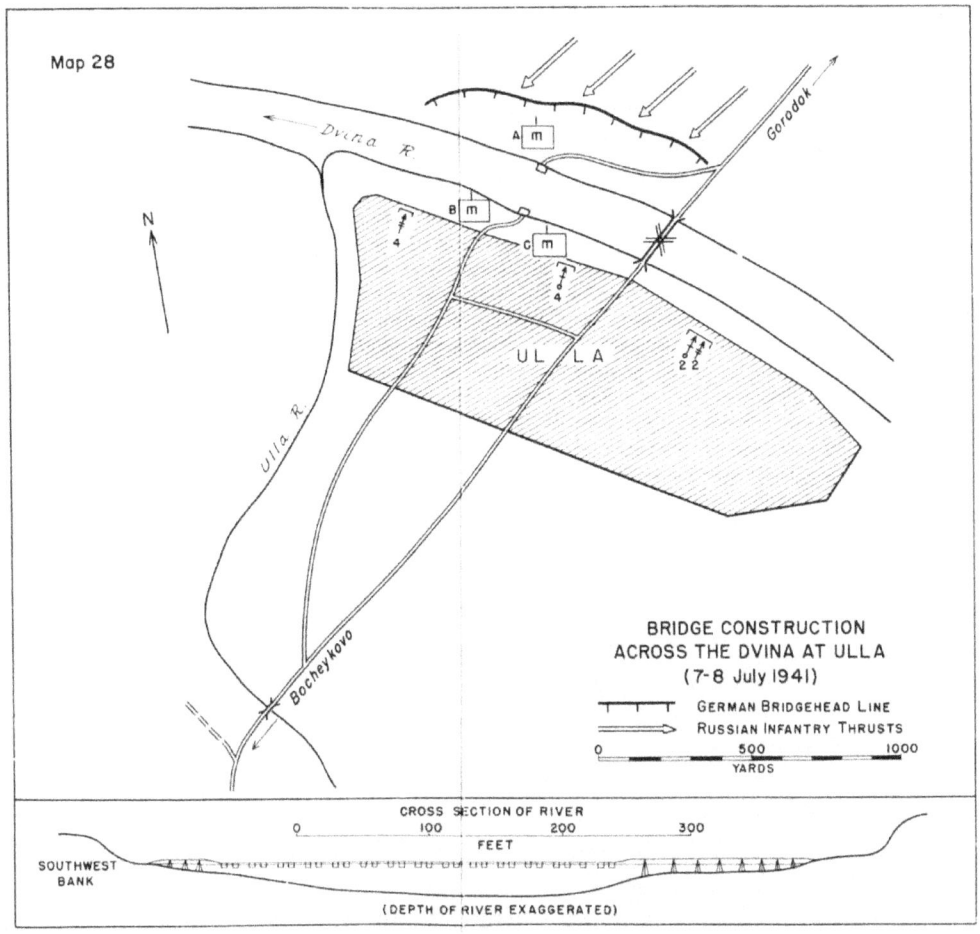

*Legenda: Linea della testa di ponte tedesca – Puntate della fanteria russa
(sotto) Argine sudovest - Sezione del ponte – Profondità del ponte accentuata.*

La ricognizione aerea non individuò nessun movimento da parte di unità organizzate russe lungo il percorso del *LVI Panzerkorps*, tuttavia poté osservare come i vitali ponti che attraversavano la Dvina a Ulla, Bashenkovici e Vitebsk erano stati distrutti. Dalle fotografie aeree non si individuò nessuna linea fortificata attorno a Ulla o sulle rive della Dvina.

L'aviazione russa limitò le sue attività a isolati bombardamenti che raramente avvenivano a più di 40 chilometri in profondità rispetto agli elementi avanzati tedeschi.

Il terreno su entrambe le sponde della Dvina e della Beresina, a nord est della linea di montagne che si trovavano nella zona tra Minsk e Vitebsk, era paludoso e ricco di laghi e torrenti. In generale il terreno era aperto e anche da piccole elevazioni del terreno si poteva osservare a grande distanza, tuttavia, lungo le sponde dei torrenti si trovavano fitte macchie di betulle e di ontani che ostruivano la visuale. Il grano e altri cereali erano già alti e pronti per il raccolto. Era prevalente il tipico clima estivo con le sue notti brevi.

Molti sbandati russi avevano gettato le uniformi e indossato abiti civili. Sotto la guida delle autorità locali, questi uomini avrebbero formato in seguito il nucleo delle unità partigiane che sarebbero spuntate ovunque sul territorio russo. Anche in questa fase iniziale facevano sentire la loro presenza terrorizzando gli abitanti civili, disturbando le linee di rifornimento tedesche e trasmettendo informazioni riguardo ai movimenti delle truppe tedesche.

La rete stradale era in cattive condizioni e in molti punti non era in grado di sostenere l'intenso traffico veicolare del LVII *Panzerkorps* nella sua marcia verso la Dvina. Una parte della strada che arrivava a Ulla provenendo Da Bocheykovo era asfaltata ed era stata riparata recentemente; tuttavia, dal momento che le strade secondarie che collegavano i vari pezzi asfaltati della strada erano strette e sterrate, le colonne della 7ª *Panzer* e della 22ª Motorizzata erano costrette a formare colonne più lunghe del normale e in molti casi si creavano degli ingorghi nel traffico. Molti dei veicoli erano sottoposti a un notevole stress meccanico. I comandanti di Divisione perciò erano felici del ritardo provocato dalla costruzione di un ponte sulla Dvina, dal momento che esso avrebbe permesso loro di radunare le unità, riorganizzare la colonna di marcia ed effettuare della manutenzione ai veicoli.

Il comandante dei corpi Panzer decise di affidare il compito di costruire il ponte - un'operazione che tecnicamente appariva molto semplice - al I Battaglione della Scuola del Genio. I Battaglioni del Genio, organici alle Divisioni, avrebbero così potuto rimanere con le loro unità e prepararsi per la ripresa dell'avanzata riorganizzandosi e recuperando i rifornimenti.

Il I Battaglione della Scuola del Genio era composto di un Plotone comunicazioni motorizzato, tre Compagnie del Genio motorizzate e una colonna d'equipaggiamento leggero motorizzata; inoltre fin dall'inizio della Campagna di Russia al Battaglione era aggregata una Compagnia del Genio dotata di 35 barchini d'assalto. L'equipaggiamento da ponte disponibile nel Corpo consisteva in un ponte di barche formato da sei sezioni di ponte, che era l'equipaggiamento standard dell'Esercito tedesco. L'equipaggiamento da ponti si trovava presso quelle unità che il comandante di Corpo voleva porre alla testa dell'avanzata.

Quando il comandante del Battaglione, il Tenente Colonnello Graf, fece rapporto al comandante di Corpo alle ore 09.00 del 7 luglio, gli furono comunicati i seguenti ordini:

> Elementi del I Battaglione della Scuola del Genio dovranno attraversare il fiume nel pomeriggio del 7 luglio. Sulla base delle informazioni ottenute dalla ricognizione aerea, il Battaglione, durante la notte, dovrà gettare il ponte sulla Dvina a Ulla e proteggere la testa di ponte con le proprie forze di sicurezza. Per questo scopo tutte le sezioni dei ponti del Corpo saranno aggregate al Battaglione. Il Battaglione del Genio e l'equipaggiamento da ponte avranno la priorità per il traffico sulla strada che porta a Ulla. I rapporti sui progressi dell'operazione dovranno venire inviati con un portaordini su motocicletta. In caso di assoluta necessità si potrà utilizzare la radio fino al momento in cui non sarà stabilita una linea telefonica fino a Ulla. La costruzione del ponte deve essere completata all'alba (ore 0300) dell'8 luglio. Questi piani sono basati sull'assunto che le forze tedesche incontreranno una resistenza debole e disorganizzata da parte del nemico.

Nel preparare questa missione, Graf, dovette affrontare vari problemi. Prima di tutto doveva estrarre le sue Compagnie dalla colonna di marcia della 7ª *Panzer-Division* e radunarle a tre chilometri di distanza da Ulla. Ordini diversi dovevano poi essere inviati alle Sezioni di ponte sparse lungo la colonna. Una volta che questi movimenti furono stati avviati, ordinò al suo vice comandante di dirigere lo spostamento e il concentramento del Battaglione. Nel frattempo Graf si recò a Ulla su una macchina di servizio, accompagnato da un altro Ufficiale e da alcuni uomini, per esaminare il punto dove gettare il ponte. Molto prima che il gruppo in ricognizione fosse giunto sul posto si rese conto che la zona era infestata da sbandati russi. Fino a quando non raggiunsero il fiume, il piccolo reparto fu fatto segno del fuoco di armi leggere da ogni direzione, compresa la sponda opposta del fiume. Prima di mezzogiorno Graf fu comunque in grado di ispezionare il fiume da diversi punti e mezz'ora dopo trasmise il seguente rapporto.

1: Gruppi di sbandati sono sparpagliati nel terreno paludoso nelle vicinanze di Ulla, questo terreno appare difficile da penetrare e da sorvegliare. La sponda opposta del fiume sembra infestata da tiratori scelti.
2: Il ponte stradale che attraversa la Dvina, tre campate che poggiano su due grandi colonne, è stato demolito in modo che 45 metri della campata centrale sono separati dalla colonna sulla sponda sud alta cinque metri. Questa colonna sembra intatta e può essere usata per poggiarci un ponte di fortuna. Non sono state individuate scorte di legname da nessuna parte.
3: A circa 500 metri a nord del ponte, si trova il vecchio sito del traghetto; la strada di accesso è asfaltata e può sopportare il peso dei carri armati. Una strada in condizioni sconosciute è stata osservata sulla sponda opposta del fiume. Dei banchi si sabbia si estendono per una profondità di circa due metri su entrambe le sponde. Questo luogo sarebbe l'ideale per la costruzione di un ponte di barche.
4: Entrambe le sponde del fiume sono alte circa 18 metri dalla linea dell'acqua. La sponda di partenza è alta dai 4 ai 6 metri e si potrà allargare solo dopo che la strada di accesso sarà stata completata. La sponda lontana è coperta da una fitta vegetazione ed è considerevolmente più alta, offre un'eccellente copertura naturale e allo stesso tempo un buon punto di osservazione. Su questa sponda vi è poca vegetazione, la sola copertura per i nostri movimenti è offerta dagli edifici di Ulla.
5: Il fiume è largo approssimativamente 150 metri e la corrente è lenta. Nell'acqua bassa vicino a questa sponda del fiume crescono in abbondanza delle piante acquatiche.

Il contenuto di questo rapporto non portò a modifiche al piano prestabilito. Il luogo dove costruire il ponte fu accettato.

Non appena fu ritornata dalla missione di ricognizione, Graf incontrò la 1ª Compagnia, che aveva posto uomini di guardia su tutti i lati mentre era ferma a metà strada tra Bocheykovo e Ulla. Il resto del Battaglione, inclusa la Compagnia con i barchini d'assalto era ancora dal lato opposto di Bocheykovo.
Graf ordinò ai barchini d'assalto di muoversi nella zona di sosta della 1ª Compagnia. Messaggi radio informarono che l'equipaggiamento per il ponte era ancora bloccato nel traffico, e fu quindi richiesto al comando del Corpo di prendere tutte le necessarie misure per facilitarne i movimenti, soprattutto nei centri abitati, attuando uno stretto controllo del traffico. Alla colonna dei pontieri fu ordinato di accelerare i loro movimenti fino al centro

avanzato delle trasmissioni del Battaglione, a circa cinque chilometri a nord di Bucheykovo, e di aspettare nuovi ordini lì.

Alle 14.30, dopo essere ritornato dalla 1ª Compagnia, Graf ordinò ad essa di avanzare e di prendere possesso di Ulla, dopo avere ripulito la strada d'accesso dal nemico. Una squadra avanzata, composta da due autoblindo assegnate in precedenza al Battaglione, guidò la 1ª Compagnia nel villaggio. Entro un'ora Ulla fu fermamente nelle mani tedesche, mentre la Compagnia con i barchini d'assalto e il resto del Battaglione si avvicinavano al villaggio. Alcuni aerei da ricognizione russi sorvolarono l'area a media altitudine. Non appena i tedeschi abbassarono la guardia, furono fatti segno del fuoco di armi leggere dalla sponda opposta del fiume. La maggior parte degli abitanti di Ulla aveva abbandonato la città, e non fu quindi possibile ottenere informazioni utili dai pochi vecchi e malati rimasti sul posto.

Quando le prime due colonne pontieri arrivarono a Ulla, Graf ordinò alla Compagnia dei barchini d'assalto di attraversare il fiume e stabilire una piccola testa di ponte, per fornire uno schermo di sicurezza attorno al sito di costruzione. La Compagnia doveva esplorare la strada di uscita, segnalare le vie d'accesso e sondare la profondità dell'acqua vicino alla riva.

Le due autoblindo del Battaglione così come le mitragliatrici e i Plotoni mortai della 2ª e 3ª Compagnia vennero sistemate nei pressi della riva, per potere fornire fuoco di supporto in caso di necessità.

La 2ª Compagnia doveva assistere due delle colonne pontieri con i materiali nel loro movimento verso il fiume, in modo che il collegamento con la riva, che è sempre la parte più difficile dell'operazione, si potesse svolgere prima del calare dell'oscurità. La 3ª Compagnia doveva montare un pontone che, trainato dai barchini d'assalto, avrebbe traghettato i ponteggi dall'altra parte del fiume, collegando la 1ª Compagnia. Una volta fatto ciò, la 3ª Compagnia doveva restare a disposizione per assemblare altri pontoni e ormeggiarli sul posto richiesto.

La 3ª Compagnia attraversò il fiume tra le 16.00 e le 16.30 sotto un fuoco sporadico di armi leggere; una volta attraversato il fiume ripulì la sponda dai cecchini russi e occupò la sponda sopraelevata.

Dopo avere effettuato ricognizione aerea nel primo pomeriggio i russi inviarono aerei per attacchi al suolo, singoli e a gruppi, a colpire le aree di raduno, le strade di accesso a Ulla e il villaggio stesso. All'improvviso nel villaggio scoppiò un incendio. Ciò rappresentava una grave minaccia per i tedeschi poiché le case erano costruite per lo più con legno e paglia. La distruzione di Ulla lasciò i tedeschi in piena vista, privi di ogni copertura. Peggio ancora dal punto di vista dei genieri, che avevano perso l'unica fonte di legname da costruzione disponibile nel raggio di diversi chilometri. Durante l'incendio, le forze di copertura tedesche schierate sulle rive del fiume al limite della città furono seriamente minacciate, e non furono costrette a spostarsi solo perché un provvidenziale vento da nord ovest tenne le fiamme lontano dalla riva del fiume. Per ore non fu possibile transitare attraverso la città, un fattore che ritardò l'arrivo delle colonne pontieri.

Alcune delle colonne pontieri furono impossibilitate ad arrivare fino a quando non furono in grado di avanzare oltre le colonne di marcia del *Panzerkorps* e non poterono arrivare al sito del ponte all'orario stabilito. La loro presenza nel tardo pomeriggio era assolutamente necessaria se si voleva terminare in tempo, poiché erano necessarie quattro colonne pontieri mentre sino a quel momento sul posto se ne trovavano solo due. Con l'oscurità l'attività di disturbo del nemico si fece più intensa e le attività di costruzione del ponte erano a rischio. Per questi motivi Graf prese la situazione in mano e si mosse per fare in modo che le due colonne arrivassero senza altri intoppi sul posto.

La 2ª Compagnia aveva intanto spostato alcuni dei ponteggi e i camion con le sezioni del pontone traghetto attraverso il villaggio fino alla sponda del fiume. La 1ª Compagnia stava portando avanti la sua missione quando munite forze di fanteria russe lanciarono un attacco a sorpresa non appena iniziò l'imbrunire. Si sviluppò un durissimo combattimento corpo a corpo: i soldati russi combattevano valorosamente, e, pur non essendo appoggiati dall'artiglieria o dalle altre armi, sarebbero riusciti a schiacciare i tedeschi e a ricacciarli attraverso il fiume se all'ultimo momento non fossero stati inviati attraverso il fiume dei rinforzi con lanciafiamme. Mentre il combattimento infuriava sulla sponda opposta del fiume, le unità di copertura schierate sulla riva vicina del fiume non potevano intervenire perché il terreno e la vegetazione ostruivano il loro campo di tiro. Quando gli aerei russi ripresero a colpire Ulla e il sito del ponte la situazione divenne critica.

Solo l'impiego di un'arma speciale, che era stata introdotta in via sperimentale in questo e in altri Battaglione del Genio motorizzati poté finalmente alleggerire la dura pressione a cui erano sottoposti i tedeschi nella testa di ponte. Ogni Battaglione era equipaggiato con due mezzi, ognuno dei quali montava un semplice lanciarazzi con telaio di legno che sparava sei razzi da 28 cm. Un primitivo mirino era stato incorporato usando il principio della livella del falegname. I due mezzi lanciarazzi, ognuno fornito di una scorta di dodici razzi, furono guidati attraverso il villaggio in fiamme e sistemati sulla riva del fiume, dalla quale i razzi furono lanciati attraverso lo specchio d'acqua. La vista e il rumore dei razzi in volo produssero un notevole effetto sui russi. Alle 22.00 il comandante della 1ª Compagnia fu finalmente in grado di comunicare che la situazione era sotto controllo.

Graf, dopo essere riuscito a far muovere le restanti colonne pontieri, ritornò a Ulla per le ore 20.00, in dubbio sul fatto che la missione si potesse compiere per tempo. In questa fase era impossibile determinare se l'attacco russo fosse un semplice caso isolato, o l'inizio di un attacco massiccio da parte di forze russe in avvicinamento. Tuttavia appariva chiaro che le unità dall'altra parte del fiume non potevano venire impiegate per la costruzione del ponte, dal momento che dovevano agire come unità da combattimento, soprattutto dal momento che non c'erano unità di fanteria nelle vicinanze per poterle sostituire. In questo modo, inoltre, la Compagnia e un terzo di un'altra di genieri rimaste sulla sponda vicina del fiume non sarebbe state in grado, da sole, di completare la costruzione del ponte nel breve tempo richiesto dal Corpo.

Poiché la situazione si sviluppò nella maniera appena descritta, non c'era tempo per richiedere delle unità di fanteria che potessero essere traghettate sull'altra sponda per sostituire i genieri. Alle 20.30, Graf, utilizzando la linea telefonica che era stata appena stabilita con Ulla, descrisse al comando del Corpo la situazione e richiese l'immediato invio di altre unità del Genio. In seguito fu impossibile determinare attraverso quali canali fosse passata la richiesta, e perché le unità del Genio della 7ª Divisione Panzer e della 22ª Divisione Motorizzata, non fossero state messe in movimento. La ragione del mancato arrivo delle unità del Genio va probabilmente individuata nella congestione nelle strade dovuta al fatto che le unità di un altro Corpo, incluse diverse unità motorizzate, stavano usando le stesse strade. Su ordine dell'Armata, la 2ª Compagnia del 43° Battaglione motorizzato del Genio, che in quel momento si stava avvicinando a Bocheykovo, fu distaccata dalla sua unità, e inviata a Ulla con l'incarico di assistere il Battaglione nella costruzione del ponte. La 2ª Compagnia arrivò a Ulla intorno alle 23:00, e poco dopo la situazione nella testa di ponte fu stabilizzata.

Durante tutto questo tempo, la *Luftwaffe* non era riuscita a intervenire efficacemente per proteggere il ponte. A tarda sera arrivarono a Ulla diverse mitragliere contraeree da 2 cm, ma si dimostrarono inefficaci a causa della loro corta gittata e della mancanza di fotoelettriche.

Graf, mentre i combattimenti erano ancora in corso, aveva deciso che a causa della mancanza di manodopera, l'unico modo per velocizzare la costruzione del ponte era di montare per prima cosa le due spalle sulle sponde del fiume. Fu stabilito un traghetto temporaneo, per portare alcune armi pesanti dall'altra parte del fiume mentre il resto del ponte veniva completato. Fu previsto di mettere in posizione e montare i pontoni uno a uno. La procedura per la costruzione del ponte era tecnicamente semplice; tuttavia, poiché il fiume era così poco profondo, non potevano venire messi a galleggiare e meno di 30 o 40 metri dal sito di costruzione. Questo causava dei ritardi poiché ogni pezzo doveva venire portato nel fiume prima di venire montato. L'operazione fu resa più difficile dal fatto che si doveva svolgere nell'oscurità e dal fatto che il letto del fiume conteneva molte depressioni. La Compagnia appena arrivata, iniziò immediatamente a montare i 16 pontoni, ognuno pesante 16 tonnellate, necessari per completare il ponte. Questo lavoro impiegava molto tempo dal momento che era disponibile una sola strada per avvicinarsi al sito di costruzione e perché gli attacchi aerei dei russi provocavano delle frequenti interruzioni. Ogni pontone fu fatto galleggiare direttamente fino al suo ancoraggio e lì sistemato. Il ponte fu completato alle 06.30 dell'8 luglio e aperto al traffico alle 08.00, solo cinque ore dopo rispetto a quando previsto.

L'azione precedente dimostra come sia un errore impiegare un'unità del genio nella costruzione di un ponte senza il supporto della fanteria, non importa quanto sembri favorevole la situazione. Nella guerra moderna la situazione cambia rapidamente, i soldati possono muoversi molto velocemente, e le interferenze prodotte dagli attacchi aerei possono ostacolare le operazioni di terra. I genieri che devono compiere una missione tecnica, non possono venire impiegati come unità da combattimento. Le unità del genio devono essere protette da forze di copertura che includano unità antiaeree e anticarro. Queste forze devono venire mosse assieme ai genieri, anche in quelle situazioni in cui non ci si aspetta un attacco nemico.

Riguardo alle tattiche applicate nella testa di ponte: contrariamente a tutte le dottrine tattiche, la testa di ponte non fu messa in sicurezza stabilendo degli avamposti. La ricognizione e la sistemazione degli avamposti devono essere la prima preoccupazione del comandante di una testa di ponte. In questo caso, non averlo fatto fece rischiare un disastro ai tedeschi.

Un comandante deve tenere a freno i suoi impulsi ed esercitare il comando da un punto vicino al centro della battaglia. Il Tenente Colonnello Graf durante quest'azione avrebbe dovuto rimanere nel suo posto di comando a Ulla, e per velocizzare il movimento delle sezioni del ponte delegare la sua autorità ad un subordinato. In questo modo avrebbe continuato a esercitare un controllo diretto sulla sua unità.

Le difficoltà incontrate da Graf durante la sua ricognizione a Ulla, cioè l'incontro con un'area infestata da nemici, rendono evidente che le unità del genio, o almeno quelle aggregate alle unità motorizzate, devono essere dotate di veicoli blindati per la ricognizione. Quasi tutte le azioni di combattimento, specialmente quelle della guerra motorizzata, portano i comandanti delle unità del genio molto avanti, in terreni sconosciuti e ad affrontare situazioni ignote, per questo motivi la protezione offerta dai blindati è assolutamente necessaria.

Gli inefficaci e poco coordinati attacchi russi dimostrano chiaramente come ai giorni nostri, un attacco condotto esclusivamente dalla fanteria abbia poche possibilità di successo. Un attacco di fanteria, non importa quanto sia limitato il suo obiettivo, deve venire condotto con l'appoggio delle armi pesanti. È difficile capire perché i russi non proseguirono con i loro attacchi alla testa di ponte nonostante avessero sofferto poche perdite: se avessero continuato a esercitare una costante pressione sulle unità tedesche la costruzione del ponte sarebbe stata certamente ritardata.

III Il bunker nascosto nella Linea Stalin (luglio 1941)

Nel prepararsi all'attraversamento di un fiume le forze attaccanti devono distruggere tutti gli avamposti, e occupare tutte le postazioni nemiche poste sulla sponda "amica". Durante le prime fasi della Campagna di Russia, i tedeschi non avevano sempre il tempo di rastrellare adeguatamente la riva di un fiume prima di effettuare l'attraversamento vero e proprio. Mentre l'avanzata dei Gruppi d'Armate Nord e Centro procedeva secondo la tabella di marcia, il Gruppo d'Armate Sud fece solo pochi progressi. A metà luglio 1941 due Divisioni di fanteria tedesca, la 22ª e la 76ª, si trovavano sulla sponda occidentale del Dnestr appena a sud di Mogilev-Podolski, pronte per avanzare verso il Mar Nero. Alle 04.30 del 17 luglio entrambe le Divisioni si lanciarono all'attacco e attraversarono il fiume.

L'assalto iniziale fu un completo successo, e le Divisioni riuscirono a conquistare il terreno sopraelevato sulla sponda orientale del fiume (Mappa 29).

Tuttavia, nella loro avanzata fulminea, i tedeschi avevano oltrepassato anche alcune munite fortificazioni russe, che costituivano la parte più meridionale della Linea Stalin. Uno di questi bunker era situato in profondità dentro un bosco d'acacie, che si trovava nei pressi di un profondo torrente nella zona d'attacco della 76ª Divisione Fanteria. Il bunker non era stato individuato né con la ricognizione aerea né con quella terrestre, il suo mimetismo era infatti eccellente. A causa della pesante cappa di fumo che copriva la zona durante il bombardamento dell'artiglieria tedesca, i suoi cannoni erano rimasti in silenzio, non aprendo il fuoco contro le colonne d'attacco che avanzavano coperte da un fitto schermo di fumo. Anche quando le pattuglie tedesche passarono nelle loro immediate vicinanze, i russi non aprirono il fuoco a causa del denso fumo, che si era stabilizzato all'altezza della cima degli alberi e gli ostruiva completamente il campo di tiro. Che nessun soldato tedesco si fosse imbattuto nel bunker fu una coincidenza del tutto fortuita.

I russi aprirono il fuoco dal forte solamente alle ore 06.30, ben due ore dopo l'inizio dell'attacco tedesco.

Il fuoco nemico, proveniente da due cannoni da 76.2 mm posti sul lato nord del forte, era diretto contro le forze tedesche che si stavano avvicinando al fiume dietro il fianco sinistro della 76ª Divisione Fanteria, e sul fianco sinistro del 230° Reggimento di fanteria, che in quel momento era concentrato nel rintuzzare dei ben coordinati contrattacchi russi da nord. Una seconda coppia di cannoni da 76.2 mm, sistemati sul fianco est della fortificazione, aprì il fuoco sulle strade e sul ponte utilizzati dalla 22ª Divisione Fanteria e sul suo traffico. Il fuoco delle mitragliatrici di fronte al forte era diretto contro la 2ª Compagnia del 744° Reggimento del Genio, che stava preparando un ponte alle spalle della 76ª Divisione. Allo stesso tempo gli osservatori russi all'interno del bunker dirigevano il fuoco della propria artiglieria, posta a una certa distanza, sul sito del ponte causando pesanti perdite in uomini e materiali ai tedeschi.

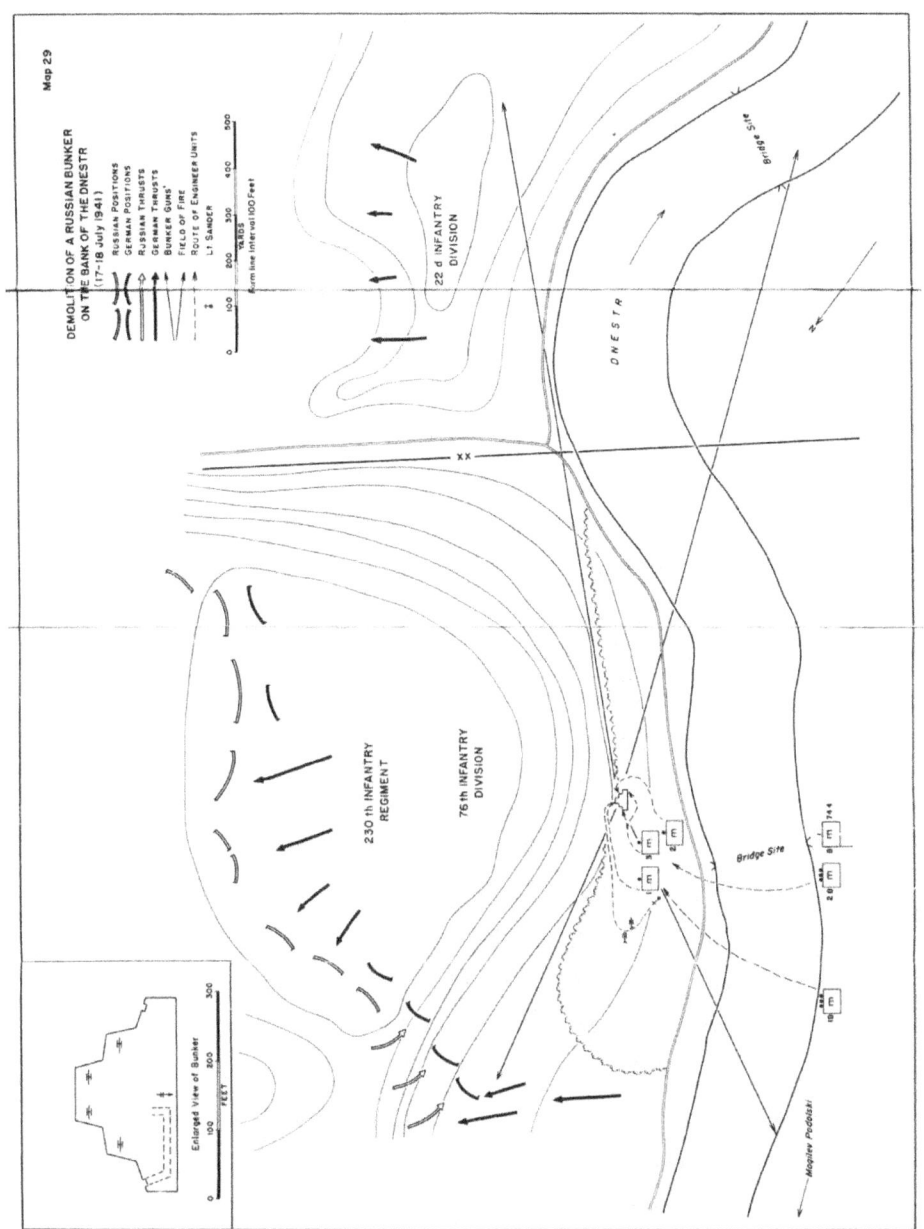

Alle 07.00, il comandante della 2ª Compagnia del 744° Reggimento del Genio ordinò al Tenente Sander, comandante del 1° Plotone di preparare la sua unità per assalire il forte. Sander allertò immediatamente i suoi capisquadra. Gli ordini operativi dati dal comandante di Compagnia erano i seguenti:

1: Un bunker nemico è situato in un bosco di acacie sulla sponda orientale del Dnestr. Il suo fuoco impedisce di dare supporto all'attacco delle nostre forze sul lato opposto del fiume e interferisce sulla costruzione del ponte.

2: La 2ª Compagnia è incaricata di eliminare il forte e poi di riprendere la costruzione del ponte, il suo obiettivo primario.

3: Il 1° Plotone attaccherà il bunker e lo neutralizzerà in combattimento ravvicinato. Il suo primo obiettivo sarà di localizzare e mettere a tacere i cannoni che stanno sparando contro i nostri fianchi. Sei battelli d'assalto saranno disponibili per trasportare la forza d'assalto attraverso il fiume leggermente più a monte rispetto al sito di costruzione del ponte.

4: Il fuoco diretto di supporto durante l'attraversamento sarà fornito da un obice leggero, un cannone anticarro da 3.7 cm e una mitragliatrice pesante, che saranno sistemati sulla sponda di partenza. Per avere fuoco di supporto durante l'assalto vero e proprio, sarà stabilito il contatto con i cannoni anticarro sull'altra sponda, alcuni dei quali hanno già scambiato dei colpi con il forte.

5: Il Comandante di Compagnia seguirà la forza d'attacco con il 2° Plotone che fungerà da riserva. Per compiere questa missione il Plotone di Sander sarà organizzato nel seguente modo.

Plotone Comando
Comandante di Plotone
Maresciallo Capo
4 Portaordini

1ª Squadra d'assalto
Comandante di Squadra
1 Sezione MG – 3 uomini
2 Sezioni Lanciafiamme – 5 uomini
1 Sezione da demolizione – 5 uomini

2ª Squadra d'assalto
Comandante di Squadra
1 Sezione MG – 3 uomini
2 Sezioni da demolizione – 10 uomini

3ª Squadra d'assalto
Comandante di Squadra
1 Sezione MG – 3 uomini
1 Sezione rifornimenti – 8 uomini

1 Sottufficiale medico
2 Barellieri

Le armi e gli equipaggiamenti del Plotone includevano un lanciafiamme in più, cariche da demolizione, detonatori con inneschi a tempo, inneschi a frizione, un kit di attrezzi, filo di ferro, bombe a mano, cilindri fumogeni, munizioni per mitragliatrice e un cercamine.

A ogni uomo furono distribuiti due cilindri fumogeni e ad ogni Squadra da demolizione furono dati due tubi *bangalore* [formati unendo più *Rohrladung, Stahl, 3kg*, tubi d'acciaio lunghi 110 cm e da 4.8 cm di diametro riempiti da 3 chilogrammi di alto esplosivo, NdC] per aprire dei varchi nel filo spinato e nei campi minati, e altri due *bangalore* più corti da usare contro i cannoni del bunker, e quattro cariche da demolizione da 6 chili.

Alle ore 07:30 Sander radunò i suoi uomini per un *briefing* finale dietro una piccola collina coperta di cespugli che forniva una certa copertura e allo stesso tempo dava un'ottima visuale dell'obiettivo. Ogni Squadra fu assegnata a un battello d'assalto che doveva portare il Plotone al di là del fiume poco prima delle 08.00.

Il fiume fu attraversato senza incidenti. Dopo avere raggiunto la sponda orientale, il Plotone entrò nel bosco d'acacie, dove si radunò per ricevere ulteriori istruzioni. Mentre aspettavano, poterono osservare che l'artiglieria media russa stava sparando sulle loro armi di supporto sull'altra sponda del fiume.

A questo punto Sander si trovava ad affrontare la seguente situazione:

Il bunker di cemento era situato a circa 230 metri dal livello del fiume. Un solo centro di fuoco era stato effettivamente scoperto fino a quel momento: si trovava sul lato frontale del bunker e ospitava una mitragliatrice che sparava quasi senza sosta. I due cannoni sul lato nord del forte sparavano verso nord e nord ovest e potevano venire individuati dalla lunga vampa alla bocca, ma l'esatta posizione degli affusti non era individuabile. I due cannoni sul lato est non davano alcun indizio sulla loro posizione. Per quello che si poteva vedere, intorno al forte, non c'erano né trinceramenti né ostacoli di filo spinato. Non si potevano individuare neanche le entrate del bunker. Non si sarebbe potuto sapere se si trovavano fucilieri nemici all'esterno del forte fino a quando questi non avessero aperto il fuoco contro i tedeschi.

Un esame del terreno che conduceva al forte indicò la presenza di gole, depressioni e molti altri luoghi in cui ci si poteva defilare, offrendo un'eccellente copertura agli attaccanti. Guardando attraverso un varco negli alberi, Sander vide diversi fucilieri tedeschi, apparentemente di un'unità trasmissioni, muoversi indifferenti su una parte di terreno scosceso alle spalle del forte senza venire bersagliati dall'interno, il che indicava che non potevano essere visti dai difensori. In base a questa osservazione, Sander concluse che avrebbe potuto avvicinarsi dal retro della fortificazione senza essere individuato né destare sospetti dal nemico.

Dall'esperienza che aveva ottenuto durante gli assalti alla Linea Maginot in Francia e alla Linea Metaxas in Grecia, Sander sapeva che se i russi avessero individuato la sua forza d'attacco avvicinarsi avrebbero lanciato un immediato contrattacco, cogliendolo in una posizione molto precaria. L'allerta costante e osservazione continua erano entrambe molto importanti. Durante la sua ricognizione del terreno, il Tenente individuò uno dei cannoni anticarro tedeschi da 5 cm.

Il ponte di barche tedesco sul Dnieper.

Sulla base delle sue osservazioni e valutazioni Sander stilò il seguente piano:

La 2ª e la 3ª squadra si avvicineranno al forte da entrambi i lati e lo terranno sotto attenta osservazione. Tutte le aperture come le porte, le botole e i vari passaggi saranno bloccati e ogni tentativo nemico di uscire dal forte impedito. Allo stesso tempo la 1ª squadra e io ci avvicineremo al bunker da dietro, sfruttando il vantaggio offerto dal terreno. L'azione non procederà oltre fino a quando non saranno individuati tutti i cannoni nemici. Poiché la 1ª squadra dovrà avvicinarsi strisciando per evitare di essere individuata, ci vorrà parecchio tempo nonostante la breve distanza. Durante questo intervallo di tempo avrò la possibilità di stabilire il collegamento con l'artiglieria controcarro per riceverne il supporto.

La 2ª squadra, in accordo con queste istruzioni, inviò tre esploratori sul lato orientale del forte per esplorare l'area e tenere il forte sotto osservazione. Due uomini dovevano

rimanere in posizione mentre uno avrebbe fatto rapporto comunicando ogni informazione ottenuta. Poco dopo che il Tenente ebbe dato i suoi ordini uno degli esploratori ritornò per riferire:
Su lato est del bunker si trova un'entrata mimetizzata sotto la superficie del terreno. Gli altri due esploratori la stanno osservando attentamente. Una postazione per mitragliatrice è sistemata in alto sopra l'entrata, creando così una zona morta di circa 20 metri. Non c'è un fossato attorno al bunker, né filo spinato, né trincee, cupole o torrette blindate.

Il Tenente Sander diede quindi i seguenti ordini verbali ai suoi uomini:

Per neutralizzare il bunker, intendo avvicinarmi dal retro attraverso il terreno scosceso. Prenderò con me la 1ª squadra e attraverseremo il bosco fino alla zona scoscesa, quindi volteremo a destra e aggireremo l'obiettivo. Dovremo fare molta attenzione a non essere individuati dai serventi dei cannoni, pertanto dovremo avanzare con cautela strisciando e sfruttando il terreno per avere copertura. Per questa missione la cautela è più importante della velocità.
La 2ª squadra si muoverà con cautela verso la sua destra e coprirà sia il lato orientale del forte sia la postazione della mitragliatrice su fronte del bunker. Quella che stimiamo sia l'entrata sarà bloccata con il fuoco delle armi o con altri mezzi; se necessario con il combattimento corpo a corpo.
La 3ª squadra si muoverà frontalmente e coprirà il lato nord del forte.
È imperativo che tutti i tratti salienti della fortificazione siano attentamente esaminate. Non attaccate il bunker stesso salvo che il nemico non tenti di uscirne. Mentre la 1ª squadra si porterà in posizione, un portaordini e io cercheremo di prendere contatto con le batterie controcarro sulla nostra destra per ottenere il necessario fuoco di supporto. Se non ci sono altre domande, andiamo!

La 1ª squadra, sfruttando abilmente le caratteristiche del terreno, riuscì con successo a superare la zona di fuoco dei due cannoni sistemati sul lato nord del forte. Sander, nel frattempo, prese contatto con i cannoni controcarro da 5 cm, l'informò sul suo piano, e gli comunicò di aprire il fuoco solo al suo segnale; se lo avessero fatto troppo presto, infatti, l'elemento sorpresa sarebbe stato perso, parimenti se avessero cessato il fuoco troppo tardi avrebbero colpito gli stessi soldati tedeschi.

Il comandante del plotone raggiunse gli uomini della 1ª squadra sulle posizioni di partenza direttamente alle spalle del forte. Dopo essersi brevemente orientato, Sander capì che vi erano diversi elementi favorevoli per l'esecuzione del suo piano. Primo, le posizioni dei cannoni non erano protette sui fianchi da feritoie per il supporto ravvicinato. Secondo, non c'era un trinceramento da cui difensori potessero lanciare bombe a mano contro gli attaccanti, né una linea continua di trincee attorno al forte. Terzo, le lastre di acciaio per la protezione dei cannoni erano poggiate sul terreno antistante ai cannoni. Queste lastre erano collegate con due cavi metallici che passando attraverso due anelli potevano essere tirate dall'interno e poste a copertura dei cannoni dall'interno. Sander, infine, notò che i soli elementi architettonici sul tetto del forte erano delle strutture a T per l'areazione. Una volta che la copertura orizzontale fosse stata fatta saltare, si sarebbe potuto gettare l'esplosivo all'interno attraverso i condotti di ventilazione.

In quel momento solo i due cannoni sul lato est stavano sparando, perciò Sander sparò un razzo luminoso e immediatamente i due cannoni da 5 cm iniziarono a sparare sul forte. Nello scambio di proiettili che ne seguì uno dei cannoni controcarro fu messo fuori uso. Non appena i due lanciafiamme entrarono in azione sulle posizioni d'artiglieria a nord queste ultime furono messe a tacere. A questo punto, Sander ordinò al cannone controcarro rimasto di cessare il fuoco. Non appena alzò la sua testa per controllare, Sander vide che le lastre di protezione stavano per venire tirate sopra i cannoni. Senza esitare un momento, il Tenente e la squadra di demolizione corsero verso la postazione nemica. Prima che le lastre potessero venire chiuse, i genieri riuscirono a bloccarle usando dei pezzi di cemento e gettarono in entrambe le aperture delle cariche di demolizione, il cui detonatore era stato accorciato per esplodere dopo cinque secondi. Dopo avere acceso gli inneschi, gli uomini si misero al riparo. Entrambe le lastre di metallo furono gettate in aria dall'esplosione e ricaddero pesantemente al suolo. La squadra si mosse rapidamente verso i cannoni, ora esposti e in piena vista, gettò in ognuna delle due canne un tubo "bangalore" e attivò gli inneschi. Mentre i genieri si buttavano al riparo, le due cariche esplosero distruggendo i due cannoni, mentre le schegge ferivano uno dei genieri.

Il comandante della 1ª squadra e tre dei suoi uomini si erano nel frattempo aperti la strada fino al tetto del forte. Dopo avere fatto esplodere la copertura di uno dei condotti di ventilazione, gettarono all'interno bombe a mano e fumogeni. Il capo squadra quindi ispezionò il lato orientale e riferì a Sander che la copertura dei cannoni su quel lato era stata chiusa, e che la 2ª squadra aveva frustrato un tentativo di sortita da parte della guarnigione nemica.

In quel momento l'artiglieria media russa aprì il fuoco sul forte, uccidendo un tedesco e ferendone altri due. Da questo momento non vi erano più dubbi che il fuoco dell'artiglieria venisse diretto dall'interno del forte. Sander, con i suoi uomini, cercò riparo lungo il muro del bunker, trovando un punto in cui poteva tenere d'occhio le postazioni d'artiglieria demolite. Quando il comandante di Compagnia si unì a loro, questi informò Sander che non sarebbero stati necessari dei rinforzi. Dopo una breve discussione, i due ufficiali stilarono un piano. La 1ª squadra doveva forzare l'ingresso nord del bunker e penetrare al suo interno. La 2ª squadra doveva neutralizzare i due cannoni sul lato est, che per il momento tacevano, e continuare a osservare l'uscita che si trovava su quel lato. La 1ª squadra doveva iniziare l'attacco poco dopo che la 2ª squadra fosse entrata in azione. La 3ª squadra nel frattempo doveva coprire le due feritoie distrutte e neutralizzare la mitragliatrice.

Il fuoco intermittente dell'artiglieria e delle mitragliatrici russe impediva ancora la costruzione del ponte e rallentava tutte le operazioni. Dal momento che la scarsità di strade non consentiva di utilizzare un altro sito per il ponte, la minaccia del forte russo doveva essere eliminata in fretta e senza ulteriori ritardi.

I due gruppi da demolizione della 2ª squadra impiegarono circa 90 minuti per ottenere i rifornimenti necessari e prepararsi per l'attacco. Per ognuna delle due coperture d'acciaio due cariche furono legate assieme con una singola corda detonante, garantente una detonazione simultanea, e il detonatore a tempo predisposto per esplodere dopo cinque secondi. Le cariche dovevano essere fissate su dei lunghi pali in modo che potessero venire calate dalla cima del bunker sulle coperture. Per distruggere le canne dei cannoni vennero preparati due tubi *bangalore* con il detonatore regolato a tre secondi. Anche questi furono sistemati su due lunghi tubi per venire inseriti nella canne dal tetto del forte.

Mentre venivano fatti questi preparativi, il fuoco dell'artiglieria russa lentamente cessò. Elementi della 3ª squadra erano infine riusciti a mettere a tacere la mitragliatrice posta nella parte frontale del bunker impiegando un lanciafiamme e alcune bombe a mano. Il fuoco dell'artiglieria russa sul ponte cessò, ma solo momentaneamente. Nel momento stesso che i tedeschi iniziarono a posare la passerella, i russi aprirono nuovamente il fuoco centrando in pieno il bersaglio.

Intorno alle 12.00 la 1ª squadra forzò la porta a nord e due uomini entrarono nel corridoio buio che conduceva all'interno, ma dopo avere fatto alcuni passi furono falciati dal fuoco di una mitragliatrice. Alcuni minuti più tardi, la 2ª squadra mise fuori combattimento i rimanenti due cannoni sul lato est del bunker facendo saltare i portelli d'acciaio e inserendo i tubi *bangalore* nelle bocche da fuoco.

Non appena il comandante della compagnia comprese che i russi avevano intenzione di continuare a resistere all'interno del forte, ordinò di gettare altre bombe a mano e tubi fumogeni nei condotti di ventilazione, e di sigillare le aperture. In un secondo momento fu ordinato a un distaccamento di sterratori di sigillare le postazioni dei cannoni distrutti con dei detriti e alla 2ª squadra di fare un altro tentativo di penetrare nel bunker.

Ancora una volta il fuoco dell'artiglieria russa interruppe questi preparativi, causando anche alcune perdite tra gli attaccanti. Il secondo attacco contro l'entrata nord fu lanciato alle 15.00. I lanciafiamme aprirono la strada alle squadre di demolizione, che usando i pali sistemarono due cariche dentro l'entrata. Il fumo prodotto dall'esplosione impedì ai genieri di penetrare immediatamente nel bunker.

Sander entrò nel bunker assieme al comandante della 2ª squadra e a due dei suoi uomini circa un'ora dopo. A circa dieci passi dall'ingresso il corridoio faceva una svolta di 45 gradi a sinistra dai gradini che portavano in basso. Pochi secondi dopo che i tedeschi furono entrati nel corridoio, furono improvvisamente fatti segno dal fuoco di una mitragliatrice proveniente da una feritoia posta direttamente sopra la scala. Il comandante della squadra fu ferito e uno dei suoi uomini ucciso. Sander gettò alcune bombe a mano contro la mitragliatrice quindi tornò velocemente indietro, trascinando con sé le due vittime.

A questo punto giunse sul posto un ufficiale del distaccamento del genio del Corpo d'Armata. Il comandante di compagnia, poiché i due tentativi di penetrare nel forte erano falliti e che i difensori, sfruttando le feritoie interne, avrebbero continuato ad avere la meglio su di loro, suggerì di demolire direttamente il forte con i difensori dentro, piazzando della cariche esplosive lungo tutto il muro esterno del forte.

Fu calcolato che la quantità di esplosivo necessaria per distruggere i muri di cemento, spessi un metro, era di 250 kg. L'ufficiale del Corpo d'Armata suggerì di fare esplodere due cariche separate e assicurò al comandante della Compagnia l'arrivo dell'esplosivo necessario.

La prima esplosione dovette essere ritardata fino alle 18.00 dal momento che, ancora una volta, l'artiglieria russa iniziò a condurre un fuoco ben diretto nei dintorni del forte. Circa 30 minuti dopo che la prima carica era stata fatta esplodere, si vide un russo, quasi sul punto di collassare, uscire barcollando dal punto dell'esplosione.

Quando fu interrogato, il soldato riferì che il forte era costruito su due livelli, era ben rifornito di munizioni e razioni, aveva un elaborato sistema di ventilazione, un generatore elettrico e acqua corrente e ospitava 60 uomini. Secondo il prigioniero le varie esplosioni avevano ucciso o reso incosciente circa metà della guarnigione. Il comandante della guarnigione, un capitano, aveva proposto di arrendersi, ma era stato prontamente ucciso dal commissario. Questi, un vero fanatico, insisteva nel combattere fino all'ultimo uomo, e continuava a dirigere il fuoco dell'artiglieria tramite un cavo sotterraneo che correva verso nord.

Nel frattempo il fuoco dell'artiglieria riprese con maggiore intensità, e la forza d'assalto tedesca fu costretta a correre al riparo. Quando alle 22.00 il fuoco cessò momentaneamente, fu velocemente piazzata e fatta esplodere la seconda carica. Dopo quell'esplosione, il fuoco dell'artiglieria nemico finalmente cessò, e il ponte poté venire completato e aperto al traffico alle 04.00 del 18 luglio.

Quando all'alba Sander entrò nel bunker, trovò che tutta la guarnigione era stata uccisa dall'esplosione o era morta soffocata.

La posizione favorevole del bunker, e la dura e fanatica resistenza degli occupanti, consentì ai russi di bloccare quasi per un giorno intero l'avanzata tedesca, sfruttando il fuoco dell'artiglieria sia del forte che delle posizioni principali russe più arretrate. Tuttavia la postazione aveva numerose deficienze. In primo luogo, i numerosi angoli morti che permisero agli assalitori di avvicinarsi inosservati. L'assenza di ostacoli a 360° sia intorno che sul tetto del bunker, la mancanza di trincee o fossati pieni d'acqua, e la mancanza di aperture per l'appoggio ravvicinato delle postazioni d'artiglieria, furono tutti elementi che facilitarono gli attaccanti. In cima al bunker non c'erano postazioni per la difesa, come cupole metalliche o torrette corazzate. Un'altra mancanza da parte dei russi fu il mancato impiego di sentinelle e pattuglie all'esterno del bunker.

Vista ravvicinata del bunker sovietico dopo i combattimenti.

IV La presa di Balta (agosto 1941)

Ai primi di agosto 1941, l'11ª Armata, posizionata sull'ala destra del Gruppo d'Armate Sud, stava avanzando in Ucraina dal confine rumeno con l'importante porto di Odessa sul Mar Nero come obiettivo. A circa 200 chilometri a nord ovest di Odessa si trova la piccola città di Balta, che nel corso dei recenti combattimenti aveva cambiato di mano molte volte ed era al momento occupata dai russi. I tedeschi conclusero che la città era protetta da almeno un Battaglione e che i russi avevano preparato delle posizioni difensive all'interno della città. Il clima era caldo, secco e limpido, e soffiava un leggero vento da nordest.

Per ordine del quartier generale, Balta doveva venire aggirata. La 239ª Divisione di fanteria tedesca doveva muovere a est della città mentre la 6ª Divisione fanteria rumena, doveva muovere a ovest. Il compito di catturare Balta fu affidato al solo 744° Reggimento del genio (tranne la sua 3ª Compagnia), come fase preparatoria per la costruzione di un ponte stradale da 24 tonnellate sul fiume Kodyma che scorreva a sud della città. Il Reggimento doveva muovere, sotto la protezione di unità rumene, nell'area di raduno a nord di Balta e procedere, quindi, all'attacco per le ore 06:00 del 3 agosto.

In quel momento la 3ª Compagnia del Reggimento, il cui comandante era il Tenente Ehrhardt, era stata temporaneamente aggregata alla 239ª Divisione Fanteria. La Compagnia doveva assistere la Divisione nelle operazioni offensive costruendo diversi ponti pedonali e un ponte veicolare sul fiume Kodyma a est di Balta.

Poiché erano appena arrivati dei rinforzi esperti, la Compagnia era a pieno organico. Inoltre, poiché aveva partecipato ad alcuni assalti attraverso i fiumi Prut e Dnestr, aveva anche esperienza nel combattimento di fanteria.

Il Plotone Comando di Compagnia includeva una sezione collegamenti, avente in dotazione cinque chilometri di cavo telefonico. I mezzi di trasporto nell'organico del Plotone includevano un'auto comando e cinque motociclette, di cui due con sidecar. Gli altri tre Plotoni erano formati da tre squadre di 14 uomini ognuna. Ogni squadra era armata con una mitragliatrice leggera, oltre che di fucili e pistole mitragliatrici. La sezione autotrasporto della Compagnia era dotata di tre camion, e ogni Plotone aveva a sua disposizione aveva due carretti da fanteria a trazione animale [gli *Infanterie-Karren IF 8*, pesanti a vuoto 81 Kg e con portata di 350 Kg, NdC] che trasportavano le armi di squadra, le munizioni e l'equipaggiamento.

Partendo alle 04.00 gli elementi di testa della 239ª Divisione fanteria attraversarono il fiume Kodyma e continuarono ad avanzare a sud verso Odessa lungo la ferrovia. La resistenza da parte della fanteria russa era debole ma qua e la, le forze tedesche vennero sottoposte ad un pesante fuoco d'artiglieria. Il fiume stesso, tuttavia, non era interessato dal bombardamento nemico.

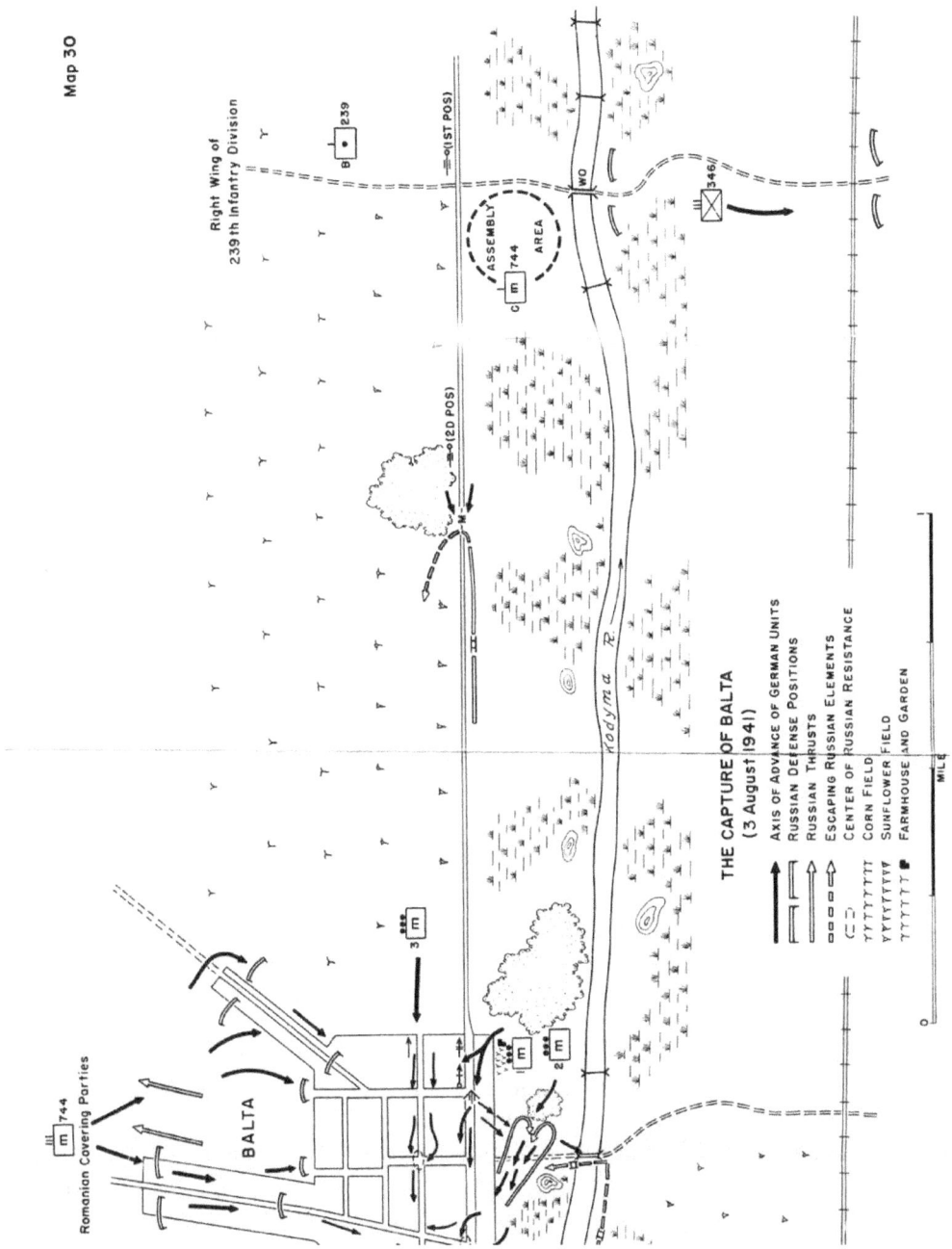

La 3ª Compagnia, dopo avere rinforzato un ponte di legno leggermente danneggiato e costruito tre ponti pedonali, aveva compito la sua missione in supporto della fanteria. Verso le 06.00 solo due squadre erano ancora al lavoro, mentre le altre stavano riposando. Al centro e alla sinistra della 239ª Divisione un intenso traffico
attraversava il Kodyma.

Nel frattempo, a partire dalle ore 05.00 si poteva udire un intenso fuoco di mortai, mitragliatrici e armi leggere provenire dalla parte settentrionale e nordoccidentale di Balta. Allo stesso tempo il tiro dell'efficace artiglieria contraerea respinse diversi attacchi a bassa quota di caccia e bombardieri russi. Intorno alle 05:30 quindici aerei russi bombardarono e mitragliarono l'area a nord di Balta, colpendo soprattutto le zone in cui si stava radunando il 744° Reggimento del genio.

La sezione collegamenti di una Batteria tedesca, passando verso le 05:00 vicino al bivacco della 3ª Compagnia, riferì di avere sentito degli spari dalla collina boscosa a nord di Balta e di avere visto la fanteria rumena correre verso nord. Gli stessi soldati riferirono di essere stati fatti segno del fuoco di uno o due fucilieri nemici nascosti in un campo di girasoli a est di Balta.

Avendo completato la sua missione originaria, Ehrhardt voleva prendere parte attiva alla cattura della città. Ehrhardt capì che l'attacco del suo Reggimento sarebbe stato ritardato a causa sia a causa della repentina ritirata delle forze di copertura rumene che per i danni subiti dagli attacchi aerei. I russi rimasti a Balta costituivano una minaccia per il fianco della Divisione tedesca in avanzata e al momento nulla impediva loro di lanciare un attacco verso est, anche solo con l'obiettivo di catturare il ponte di legno, interrompendo in questo modo i rifornimenti ai tedeschi. Inoltre Ehrhardt sapeva che il ponte da 24 tonnellate doveva essere costruito il più presto possibile, e senza la cattura della città questo obiettivo sarebbe stato ulteriormente ritardato.

Ehrhardt pensò che trincerandosi sul posto rimanendo sulla difensiva non avrebbe protetto il fianco della 239ª Divisione e che aspettare dei nuovi ordini, o anche solo temporeggiare chiedendo direttive dal comando del 744° Reggimento, avrebbe significato un'inutile perdita di tempo. Il Tenente decise pertanto di attaccare Balta da est, fornendo supporto all'attacco che il suo Reggimento avrebbe lanciato da nord.
Dopo avere preso la sua decisione, Ehrhardt radunò suoi comandanti di Plotone e della pattuglia esplorante e comunicò verbalmente i seguenti ordini:

1: Un cambiamento nella situazione del nemico sembra avere ritardato l'attacco del nostro Reggimento da nord. Ho perciò deciso di attaccare Balta da est. Il nostro obiettivo iniziale è di catturare la parte meridionale della città e soprattutto il luogo dove sarà costruito il ponte.
2: La ricognizione verrà effettuata da tutti e tre i Plotoni. Il 1° Plotone, al comando del Tenente Kuehne, e il 3° Plotone useranno le loro squadre esploranti normali, mentre il 2° Plotone designerà un distaccamento speciale di tre uomini.
3: Il 3° Plotone controllerà il campo di girasoli a nord della strada diretta a Balta. Il 2° coprirà la sponda meridionale del fiume fino a un punto all'opposto dell'angolo sudorientale della città. Il 1° dovrà controllare la zona compresa tra la strada e il fiume.
4: Determinare quali forze nemiche si trovano nel campo di girasoli, e nella depressione che si trova lungo entrambe le rive del fiume. Occorrerà anche individuare l'entità delle forze e le difese nella parte meridionale di Balta, notando in particolare se vi sono carri armati o cannoni anticarro. Voglio valutare la capacità del nemico e la situazione del terreno; una volta stabilito ciò si potrà stilare un piano per l'attacco. Ad esempio: sarebbe meglio entrare a Balta da est, attraverso il campo di girasoli, o da sud? Infine voglio avere una stima delle forze nemiche che si trovano nella stazione ferroviaria, circa un chilometro a sud della città.
5: Le pattuglie dovranno difendere qualunque punto riusciranno a catturare, e dovranno agire come forza di copertura durante la progressione della Compagnia. Dovrete fare

rapporto a me di ciò che avrete individuato. Le pattuglie si muoveranno non appena possibile.

6: Per il momento, una squadra del 3° Plotone dovrà stabilire un posto di guardia nell'area vicino al boschetto per controllare la strada diretta a Balta. La 1ª squadra del 2° Plotone sarà lasciata di guardia del punto d'attraversamento del Kodyma così che non ci sia alcuna interruzione nel traffico.

7: I comandanti dei Plotoni faranno rapporto a me quando saranno pronti a muovere.

Ehrhardt quindi preparò i due messaggi seguenti e li inviò con una staffetta motorizzata.

Messaggio n° 1

Dalla 3ª Compagnia, 744° Reggimento del Genio
500 metri a nord del ponte sul fiume Kodyma
2 chilometri e mezzo a est di Balta
3 agosto 1941, ore 06.20

Al Comandante del 239° Reggimento Genio

1: Un ponte di legno da 4 tonnellate e tre passaggi pedonali sono stati usati dal 346° Reggimento Fanteria a partire dalle ore 05:30.
2: A causa del bombardamento aereo sulla sua zona di concentramento, l'attacco frontale del 544° Reggimento del Genio a Balta è stato probabilmente ritardato.
3: La 3ª Compagnia attaccherà Balta da est dopo avere lasciato una squadra a guardia dei ponti. L'attacco avrà inizio entro un'ora.
4: Il posto di comando della compagnia rimarrà qui per il tempo necessario.

EHRHARDT
Tenente
Comandante di Compagnia

Messaggio n° 2

Dalla 3ª Compagnia, 744° Reggimento del Genio

500 metri a nord del ponte sul fiume Kodyma
2 chilometri e mezzo a est di Balta,
3 agosto 1941, ore 06:30

Al Comandante del 744° Reggimento del Genio

1: La 3ª Compagnia attaccherà Balta da est entro un'ora, con l'obbiettivo di catturare il limite meridionale della città, incluso il sito del ponte stradale.
2: Saranno usati i seguenti razzi colorati.
Bianco - Siamo qui.
Verde - Stiamo attaccando in direzione nord.
Rosso - Abbiamo bisogno di aiuto.
3: Il posto di comando della Compagnia rimarrà qui per il tempo necessario.

EHRHARDT
Tenente
Comandante di Compagnia

Mentre la Compagnia si stava preparando all'attacco, alle 06.35 due carri leggeri russi uscirono da Balta e si diressero verso est, lungo la strada adiacente al campo di girasoli, per poi venire bloccati da un campo minato steso dal 3° Plotone. Entrambi i carri aprirono il fuoco, ma questo si mostrò inefficace poiché sia il boschetto che il campo di girasoli ostruivano loro il campo di tiro. La squadra del 3° Plotone stese una cortina fumogena sulla strada e attaccò il carro di testa con delle bombe incendiarie, incendiandolo e mettendo le sue armi a tacere, mentre il secondo carro continuò invece a sparare. Una Batteria di obici leggeri ippotrainata (la 2ª Batteria del 239° Reggimento d'artiglieria) si trovò sotto il fuoco del carro nemico e subì delle perdite in uomini e animali. Uno degli obici fu rapidamente messo in posizione e con il suo secondo colpo diede il colpo di grazia al carro armato russo in fiamme. Il secondo carro si girò e ripiegò rapidamente attraverso il campo, usando una macchia di alberi come riparo.

Alle 06:50 Ehrhardt si incontrò con il comandante della Batteria, informandolo sulla situazione e sulle sue intenzioni e chiedendo che un obice rimanesse sul posto e supportasse il suo attacco a Balta. Dopo che la sua richiesta fu accettata, il Tenente diede i seguenti ordini ai serventi dell'obice:

1: Intendo impiegare la mia Compagnia per un attacco a Balta. Non abbiamo ancora deciso se attaccheremo a destra, a sinistra o su entrambi i lati della strada.
2: Stabilite la vostra posizione di tiro vicino al gruppo d'alberi a nord della strada. La vostra missione è di fornire protezione controcarro e supportare le forze di attacco sparando su obiettivi predeterminati. Aprirete il fuoco a un mio segnale. La sezione collegamenti della Compagnia, con tre chilometri di cavo, sarà a vostra disposizione e farà rapporto a breve.

Verso le 07.00 fu udito il rumore del fuoco dell'artiglieria e delle mitragliatrici provenire dalla parte nord di Balta: un'indicazione del fatto che il 744° Reggimento stava probabilmente iniziando la preparazione per l'attacco. Venti minuti dopo arrivò al posto di comando un portaordini della pattuglia del Tenente Kuehne con un prigioniero. Il portaordini fece il seguente rapporto:

> La nostra pattuglia, mentre si muoveva nell'area appena a nord del fiume, ha sorpreso e annientato un avamposto nemico. Il prigioniero che ho portato con me era una delle sentinelle di questa postazione. Continuando ad avanzare, abbiamo raggiunto una fattoria con un grande giardino sull'angolo sud est di Balta, ma non abbiamo avuto ulteriori contatti con il nemico. Dopo che ci siamo trincerati, abbiamo individuato la pattuglia della 2ª squadra sul lato opposto del torrente, nei pressi di un ponte pedonale nemico non sorvegliato.

Abbiamo anche osservato i russi muoversi tra la città e la stazione ferroviaria. E' possibile avvicinarsi all'obiettivo non visti, attraverso una depressione del terreno vicino al fiume la cui densa boscaglia offre un'eccellente copertura sia dalla città sia dalla stazione ferroviaria. Il terreno appare sfavorevole all'uso dei carri armati per via delle numerosi sorgenti e zone paludose.

Circa 500 metri a est del ponte distrutto si trova un guado. Vicino a questo guado, sulla sponda nord del fiume, abbiamo visto 10 russi intenti a costruire una strada. Non abbiamo sparato per non venire individuati. Due dei miei uomini stanno ancora tenendo d'occhio la situazione, nascosti nella boscaglia.

Abbiamo visto la squadra esplorante del 3° Plotone impegnata in combattimento nel campo di girasoli, e un carro nemico rientrare a Balta. Non siamo riusciti a verificare le posizioni e gli armamenti del nemico nella zona, ma sta per venire effettuata una ricognizione di quest'area.

Il Tenente Kuehne mi ha detto di sottolineare la presenza della depressione vicino al fiume, che sarebbe un eccellente via d'accesso per la Compagnia, e che un attacco a sorpresa dalla fattoria che sta occupando la squadra esplorante sembra fattibile.

Ehrhardt preparò il suo piano d'attacco sulla base di queste informazioni e di quanto aveva già osservato in precedenza. Alle 07.30 comunicò ai suoi comandanti di plotone e al responsabile della sezione obice aggregata, i seguenti ordini verbali:

> 1: La 3ª Compagnia si muoverà fino ai sobborghi di Balta, dove occuperà la posizione di partenza. Durante la prima fase dell'attacco dovremo catturare la parte meridionale della città, incluso il sito del ponte. Una volta che avremo compiuto questa fase, dovremo stabilire una linea difensiva rivolta a nord, con lo scopo di impedire la ritirata a quegli elementi nemici che cerchino di ritirarsi verso sud dopo l'attacco del nostro Reggimento.
>
> 2: Missioni

A: Il 1° Plotone, con il 2° che lo seguirà a 200 metri di distanza, avanzerà fino a circa 100 metri da Balta. A questo punto i due comandanti di Plotone e di squadra del 1° Plotone, faranno rapporto al posto di comando del Tenente Kuehne, dove io darò ulteriori istruzioni.

B: Il 3° Plotone si avvicinerà a Balta passando attraverso il campo di girasoli, e si fermerà a 100 metri dalla città. Questo plotone dovrà distrarre il nemico e non fargli osservare i movimenti del 1° e del 2° plotone.

L'equipaggio dell'obice è stato già istruito di sparare, se possibile, contro le prime case della città. Dei razzi bianchi potranno venire usati per designare gli obiettivi. Il fuoco dell'obice sarà diretto e osservato dal capo sezione dal mio posto di comando.

3: saranno usati i seguenti razzi colorati:
Bianco: Siamo qui.
Verde: stiamo attaccando in direzione nord
Rosso: Abbiamo bisogno di aiuto.

4: Io mi muoverò con il comando di compagnia, il comandante della sezione d'artiglieria, e il comandante del secondo plotone, nella fattoria occupata dal tenente Kuehne. Se non ci sono altre domande, i comandanti di plotone si preparino a muovere.

Il movimento iniziò alle 07:40. Trenta minuti dopo Ehrhardt e la squadra avanzata raggiunsero la fattoria. Per allora la linea telefonica con l'obice era stata attivata, e il Tenente Kuehne riferì sugli ultimi sviluppi:

Una mitragliatrice pesante russa è stata piazzata in una casa al limite orientale del villaggio sul lato nord della strada principale che porta a est, e ha sparato diversi nastri contro il campo di girasoli. Nel cortile di un'altra casa i russi hanno portato due mortai e stanno scaricandone le munizioni da un carro Panje[21]. Sono stati visti dei soldati russi muoversi di corsa verso nord, e un cannone anticarro da 76.2 mm è stato sistemato dietro una barricata posta a circa 250 metri all'interno del villaggio sulla strada diretta a est.

Il 1° e il 2° Plotone arrivarono a destinazione alle 08.30, e i loro comandanti fecero rapporto a Ehrhardt. Il capo della sezione artiglieria, poiché i bersagli erano stati individuati, ordinò all'obice di aprire il fuoco contro il cannone anticarro da 76.2 mm e sulla mitragliatrice pesante. Dieci minuti dopo, dall'obice riferirono che erano pronti a sparare.

Fu ordinato al 1° Plotone di catturare il cannone e di occupare le case in cui erano stati sistemati i mortai e la mitragliatrice pesante. Il Plotone doveva continuare ad avanzare lungo la strada principale, mentre rendeva sicuro il proprio fianco sinistro. Il secondo plotone doveva catturare il guado tenuto dai russi e quindi inviare un uomo indietro per ricevere ulteriori istruzioni. Il segnale per l'attacco sarebbe stato l'inizio del fuoco da parte dell'obice.

---

[21] "Carro Panje" è il nome dato dai tedeschi a carri o slitte trainati dai cavalli russi, di piccola taglia ma robusti, e spesso usati dai russi (e dai tedeschi) per portare rifornimenti alle unità in linea, NdT.

Non appena il 1° Plotone attraversò il giardino, e il 2° fu penetrato nella macchia d'alberi a nord est del guado, fu avvistato un gruppo di fucilieri russi, evidentemente ignari della presenza dei tedeschi, avvicinarsi alla fattoria. Il distaccamento russo fu fatto segno del fuoco tedesco e rapidamente eliminato. Dopo questo interludio inaspettato Ehrhardt, ordinò all'obice di aprire il fuoco colpendo per prima cosa il cannone anticarro e dopo la mitragliatrice pesante. Il cannone russo rispose al fuoco dell'obice fino a quando, col quarto proiettile sparato dai tedeschi, non fu distrutto da un colpo diretto. Distrutto il cannone, il fuoco dell'obice si spostò sulla casa occupata dalla mitragliatrice, che venne eliminata grazie a proiettili con spoletta ad accensione ritardata. Ehrhardt guidò il primo plotone verso i suoi obiettivi sulla via principale e li prese dopo un breve combattimento corpo a corpo. Alcuni russi riuscirono a ritirarsi nella parte settentrionale della città. Nel frattempo il secondo plotone attaccò i russi a guardia del guado e grazie alle armi automatiche occupò la zona.

Il terzo plotone, agendo di sua iniziativa, attaccò da est e utilizzando un lanciafiamme e alcune cariche di demolizione prese una casa in cui i russi avevano piazzato una mitragliatrice leggera. Il plotone continuò a muoversi verso ovest, occupando una casa ad un incrocio, a un isolato a nord dalla strada principale e respingendo con successo i contrattacchi russi. Le altre due squadre del plotone scoprirono che, poiché stavano combattendo duramente per occupare delle case al successivo incrocio, non potevano avvicinarsi alla prima casa. Il comandante del plotone decise pertanto di aprirsi un varco nella casa vicina utilizzando delle cariche da demolizione. Mentre due genieri tedeschi stavano sistemando le cariche, i russi che occupavano l'altra casa fecero esplodere a loro volta il muro seppellendo i due soldati sotto le macerie. Durante la confusione che ne seguì alcuni russi riuscirono con successo a penetrare nell'edificio.

Ehrhardt stava per dare l'ordine di riprendere l'attacco quando dalla zone del secondo plotone, si poté udire distintamente il suono dei proiettili dell'artiglieria pesante, di bombe a mano e di cariche di demolizione che esplodevano. Vedendo che da quella zona era stato sparato un razzo rosso, Ehrhardt corse fuori dalla sua posizione con il primo plotone fino al limite della città da dove poté vedere tre Plotoni di fanteria russi che stavano attaccando contemporaneamente il fronte e il fianco sinistro del 2° Plotone. Alcuni fucilieri russi erano riusciti a penetrare nel boschetto ma Ehrhardt si sentì rassicurato vedendo le fiamme di alcuni lanciafiamme e sentendo il caratteristico rumore delle esplosioni delle cariche da demolizione: il 2° Plotone stava resistendo. Proprio in quel momento l'obice tedesco aprì il fuoco sui russi costringendoli a gettarsi a terra.

Ehrhardt capì che era necessario fornire assistenza immediata; infatti non solo il secondo plotone era minacciato di annientamento, ma l'intero piano d'attacco era a rischio. Ritornando indietro al comando del primo plotone, ordinò che una squadra stabilisse una zona di sicurezza al più vicino incrocio stradale, mentre il resto del plotone doveva seguirlo per lanciare un attacco sul fianco contro i plotoni russi. Con l'appoggio di due mitragliatrici leggere i tedeschi attaccarono i russi, che completamente impreparati ad un attacco proveniente da quella direzione subirono pesanti perdite, mentre i tedeschi prendevano molti prigionieri, portando l'attacco russo a collassare. Trenta minuti dopo che il contrattacco tedesco era iniziato, i resti delle forze russe, cercarono di ritirarsi verso sud al di la del guado, ma caddero sotto il fuoco della squadra esplorante del secondo plotone.

Alle 9:45 Ehrhardt tenne una riunione con i comandanti di plotone e con il capo della sezione d'artiglieria e dopo avere esaminato la situazione, diede i seguenti ordini:

1: per sfruttare il nostro successo iniziale, sarà necessario occupare la strada principale fino all'incrocio stradale in modo da bloccare le vie di ritirata nemica verso sud. Il 1° Plotone dovrà quindi attaccare lungo la via principale fino all'incrocio, io seguirò alle spalle del 1° Plotone.
2: Il 2° Plotone dovrà rendere sicura la sponda settentrionale del Kodyma, tra il ponte pedonale e sito del ponte stradale, per impedire alle forze nemiche a sud del fiume di penetrare in città.
3: Il 3° Plotone dovrà rafforzare le sue posizioni dentro la città e inviare una pattuglia verso nord per cercare di prendere contatto con il nostro reggimento.
4: L'obice terrà sotto controllo, il guado, il ponte pedonale e il sito del ponte stradale.

Anche se il 1° Plotone ebbe successo nel prendere il successivo incrocio (un isolato a nord rispetto alla strada) e nel respingere un contrattacco da nord fu incapace di impedire al nemico di ritirarsi verso sud. Mentre questi elementi nemici si stavano aprendo la strada attraverso il terreno fangoso a sud, furono colte dal fuoco del 2° Plotone e costrette a voltarsi verso ovest in direzione del sito del ponte stradale. Non appena Ehrhardt si rese conto di questi movimenti, ordinò all'obice di aprire il fuoco sulle forze nemiche in ritirata.

L'incrocio tra le due strade principale, così come quello appena più avanti, era stato catturato da elementi del 1° Plotone. Anche se i contrattacchi russi furono bloccati sul secondo incrocio, i russi furono in grado di ritirarsi verso ovest.

Verso le 10.00 un piccolo gruppo di cinque o sei soldati nemici armati con una mitragliatrice pesante e mortai fu visto muoversi verso ovest in direzione del sito del ponte stradale. Due esploratori del secondo plotone aprirono il fuoco con i loro fucili e segnalarono a una mitragliatrice leggera di avvicinarsi e unirsi al combattimento. Nel frattempo, l'obice aveva continuato a sparare sulla zona del sito del ponte, dove i russi erano riusciti a costruire un ponte pedonale sui resti del ponte stradale. Per coprire la loro ritirata verso ovest i russi, avevano sistemato una mitragliatrice pesante che sparava sulle forze tedesche nelle vicinanze.

Durante questo scambio di colpi a corto raggio, la mitragliatrice leggera tedesca fu messa fuori uso da un colpo diretto, ma i tiratori tedeschi, in particolare uno che si era arrampicato su un albero, riuscirono a mettere a segno molti colpi. Il nemico abbandonò presto la lotta e si ritirò nel bosco a sud ovest del sito del ponte. Un esame successivo rivelò che un mitragliere, un mortaista, e diversi altri soldati erano caduti sotto il tiro di precisione tedesco.

Due carri leggeri russi comparvero, alle 10.40, sulla sponda meridionale del fiume nella zona del guado. Mentre uno forniva copertura, l'altro attraversò il torrente. I tedeschi sulla sponda opposta del fiume, lanciarono delle bombe fumogene, che aiutate da un favorevole vento da nord est, avvolsero i due veicoli in una densa nebbia che impediva ai cannoni e alle mitragliatrici di individuare i loro bersagli.

Il carro che aveva attraversato il fiume si diresse verso Balta, ma fu rapidamente messo fuori uso da una carica da demolizione piazzata sul fianco del mezzo dal comandante della squadra mitraglieri. Il secondo carro, a questo punto, si diresse prima verso il ponte stradale a est e in seguito verso la stazione ferroviaria a sud, che era già sotto attacco e da cui si poteva sentire il rumore di combattimenti corpo a corpo.

La 3ª Compagnia ottenne il controllo della parte meridionale di Balta per le 11.00, bloccando ogni grosso tentativo di sfondamento nemico, ma fu incapace di impedire a piccoli gruppi o a singoli fucilieri nemici di infiltrarsi e dirigersi a sud.

I rumori prodotti dall'attacco del 744° Reggimento del genio si stavano nel frattempo facendo sempre più vicini. Una squadra della 1ª Compagnia riuscì a sfondare le linee russe e stabilire il contatto con la 3ª Compagnia nella parte occidentale di Balta.

Ottenuto il collegamento, Ehrhardt ordinò al 2° Plotone e alla squadra di sorveglianza del Plotone comando, di portarsi sul luogo del ponte e di prepararsi a iniziare la costruzione di un ponte stradale da 24 tonnellate non appena fossero giunto l'equipaggiamento necessario. Due metal detector per le mine vennero inviati nella zona del ponte con una motocicletta.

Ehrhardt, poiché l'obice non era più necessario, ordinò all'equipaggio di rientrare alla propria Batteria.

Sul sito del ponte, il secondo plotone iniziò a eseguire gli ordini, esaminando l'area, eliminando i resti del ponte precedente e, in attesa dei metal detector ,gli uomini cercarono le mine sulla strada utilizzando le proprie baionette. Altri ancora rimossero gli alberi caduti e altri ostacoli simili. Improvvisamente, verso le 11.45 dei proiettili d'artiglieria di medio calibro iniziarono a piovere sulla zona di costruzione, ma senza produrre alcun danno. I russi stavano cercando apparentemente di aggiustare il proprio tiro sul ponte. I russi, all'inizio andavano per tentativi, dal momento che il ponte si trovava in una depressione naturale e non poteva venire visto né dalla stazione ferroviaria né dal terreno elevato che si trovava più a sud; inoltre, dal momento che gli aerei tedeschi dominavano il cielo, l'utilizzo dell'osservazione aerea da parte russa era fuori questione. Il comandante del plotone pensò che un osservatore d'artiglieria russo dovesse essere nascosto nel campo di girasoli tra il ponte e la stazione.

Capendo che la costruzione del ponte sarebbe stata enormemente rallentata, una volta che il fuoco dell'artiglieria russa avesse iniziato a essere efficace, il comandante del plotone, lasciò gli uomini con il metal detector e il distaccamento di sorveglianza a fare il loro lavoro, e prese il resto del plotone con sé per controllare il campo di girasoli entrandovi da entrambi i lati della strada. I suoi sforzi furono coronati dal successo quando fu catturato un osservatore d'artiglieria russo, equipaggiato con una radio e nascosto in una buca, a circa 400 metri a sud del ponte. Il comandante del plotone, inviò quindi due uomini a esplorare la zona della stazione facendo riprendere agli altri il lavoro, che continuò senza altre interferenze da parte dell'artiglieria russa.

I metal detector avevano nel frattempo individuato quattro mine metalliche, mentre altre sei di legno erano state scoperte dagli uomini con le baionette e con le sonde cercamine. Il comandante del plotone ordinò ai suoi uomini di mettersi al riparo, mentre una mina di legno e una metallica venivano fatte brillare utilizzando un cavo che garantiva la distanza di sicurezza. Una delle mine tuttavia esplose in anticipo poiché era stata collegata con un innesco a strappo. Gli uomini decisero quindi di non continuare a sondare il terreno fino a quando non fossero arrivati i necessari esplosivi.

Ehrhardt, che verso le 13.00 si stava dirigendo verso sud lungo la strada rialzata a bordo dell'auto comando, fu fermato da uno sbarramento sistemato dagli uomini per segnalare la zona ancora non ripulita dalle mine. Informò quindi il comandante del plotone che Balta era saldamente in mani tedesche e che erano stati catturati 300 prigionieri, quindi distribuì agli uomini gli esplosivi e gli inneschi che si trovavano a bordo della sua macchina, e fece detonare le mine rimaste il più in fretta possibile, infine comunicò che la cucina da campo sarebbe arrivata in mezz'ora e che la compagnia doveva fare rapporto al battaglione. Non appena il comandante del plotone avrebbe finito di preparare i piani per la costruzione del ponte Ehrhardt sarebbe stato in grado di fare rapporto al comandante del battaglione, il cui arrivo era previsto da un momento all'altro.

La decisione di attaccare, presa da Ehrhardt con tempismo e un'appropriata stima della situazione fu indubbiamente corretta. Se avessero aspettato ordini diretti ed espliciti avrebbero ottenuto solamente di sprecare tempo. Se la 3ª Compagnia non avesse agito in questo modo, il 744° Reggimento avrebbe incontrato molta più resistenza e il vitale ponte di Balta non sarebbe stato messo in opera così in fretta. Se la forza nemica all'interno di balta non fosse stata eliminata rapidamente, essa avrebbe causato molte perdite e molto fastidio colpendo ai fianchi della divisione di fanteria in avanzata.

Le misure preparatorie di Ehrhardt non lasciarono niente al caso. Diede ordini scritti e verbali rapidamente, succintamente e in forma corretta; inoltre, avendo spiegato chiaramente la missione, diede ai suoi uomini un tempo sufficiente per lasciare i lavori di costruzione e prepararsi per la missione d'attacco. Il periodo di tempo intermedio servì ad inviare pattuglie per effettuare una ricognizione del terreno, senza la quale la compagnia non sarebbe stata impiegata correttamente.

Ehrhardt nelle sue valutazioni considerò la zona d'attacco del 1° Plotone come la più importante. Per questo motivo la pattuglia esplorante del 1° Plotone fu guidata dallo stesso comandante del plotone: in questo modo il Tenente Kuehne, era nella posizione di partenza prima dell'arrivo del resto dei suoi uomini, e aveva così avuto modo di osservare attentamente il terreno e di organizzare la sua unità in base a ciò che aveva visto. Bisogna anche notare come il comandante diede i suoi ordini iniziale in presenza sia dei comandanti dei Plotoni che di quelli delle squadre da ricognizione; se avesse dato le istruzioni per la ricognizione ai comandanti dei Plotoni quando questi li avessero riferiti alle squadre si sarebbe ottenuto solo un ritardo ed eventuali distorsioni degli ordini stessi.

Ehrhardt effettuò un nuovo *briefing* prima che i plotoni si muovessero dalle loro posizioni di partenza. Il fatto di riuscire ad effettuare un *briefing* alle porte di Balta era infatti molto dubbio; in questo modo invece, tutti gli ufficiali e i sottufficiali furono correttamente informati sulle sue intenzioni e poterono così agire di loro iniziativa, tuttavia sempre rimanendo in accordo con il piano iniziale.

La richiesta di Ehrhardt di aggregare temporaneamente un obice alla sua unità fu senza dubbio presa con eccellente tempismo. Normalmente, comunque, le armi di supporto non vengono assegnate in maniera così parcellizzata alle unità che lo richiedono, e per una buona ragione. Una sezione formata da due obici, sarebbe, infatti, stata molto più utile soprattutto per quello che riguarda la direzione del fuoco.

L'avere comunicato i dettagli della missione in maniera chiara e semplice permise che il piano fosse eseguito da parte dei comandanti diPplotone in maniera indipendente rispetto al Comando di Compagnia.
Ad esempio, il 3° Plotone agì autonomamente per tutto il corso dell'azione. La decisione di impiegare il Plotone in un attacco frontale attraverso il campo di girasoli contro il lato est di Balta, si rivelò infatti, eccellente, in quanto facilitò le operazioni del primo plotone nel suo attacco da sud.

La determinazione del 2° Plotone nel respingere i contrattacchi russi con solo due squadre fu senza dubbio notevole. Durante questi combattimenti ravvicinati, i genieri utilizzarono le cariche da demolizione e bombe a mano. L'intuizione, da parte di Ehrhardt, di utilizzare il 1° Plotone per soccorrere il 2° lanciando un contrattacco sul fianco ne dimostra il grande intuito.

All'epoca di questa azione, le sole armi anticarro per il combattimento ravvicinato a disposizione dei tedeschi erano delle bombe fumogene, cariche concentrate, e bottiglie incendiarie, queste ultime preda bellica russa, al cui uso i genieri erano stati ben addestrati. Lanciagranate e lanciarazzi a carica cava non furono sviluppati che più avanti nel corso della guerra.

I russi avevano concentrato la loro attenzione sulle forze di copertura rumene a nord, ignorando le forze tedesche presenti a est. Un altro contribuito alla rapida cattura di Balta da parte dei tedeschi derivò dalla debolezza delle forze di sicurezza russe lungo il fiume, zona che era difficile controllare dalla città, che furono rapidamente eliminate dai tedeschi senza attrarre l'attenzione. Se i russi avessero occupato la fattoria e il giardino a sud est della città la cattura di Balta da parte dei tedeschi sarebbe stata molto più lenta e costosa.

V Il metodo russo per sminare un'area (luglio 1942)

A metà luglio del 1942, in un settore del saliente di Voronhez nel fronte centrale, tre battaglioni russi fronteggiavano un battaglione tedesco. La distanza tra le due linee variava tra un chilometro e mezzo e due chilometri. Ogni Battaglione russo era composto da tre Compagnie di fanteria, una Compagnia mortai, un Plotone di obici e un numero non determinato di uomini del genio. Le posizioni tedesche erano protette da uno sbarramento di filo spinato e da un campo minato, quest' ultimo formato da mine antiuomo a pressione. I russi, dopo avere inviato numerose pattuglie, alcune delle quali avevano subito perdite, erano stati in grado di identificare i limiti del campo minato.

In una notte senza luna, un distaccamento del genio russo, formato da 15 uomini, si avvicinò al limite del campo minato e vi si trincerò. Lavorarono tutta la notte senza sosta, portando la terra scavata nelle retrovie e costruendo delle coperture con cui coprivano le loro buche. Una linea telefonica fu stesa dalle buche alla principale linea di resistenza russa. Il lavoro era stato compiuto così abilmente che la mattina dopo i tedeschi non individuarono nessun cambiamento significativo nel terreno di fronte a loro. Neanche la ricognizione fotografica aerea, effettuata più tardi quello stesso giorno, riuscì ad evidenziare alcunché di sospetto. Nessun movimento tradì la presenza del distaccamento russo, nonostante il terreno fosse tenuto costantemente sotto controllo.

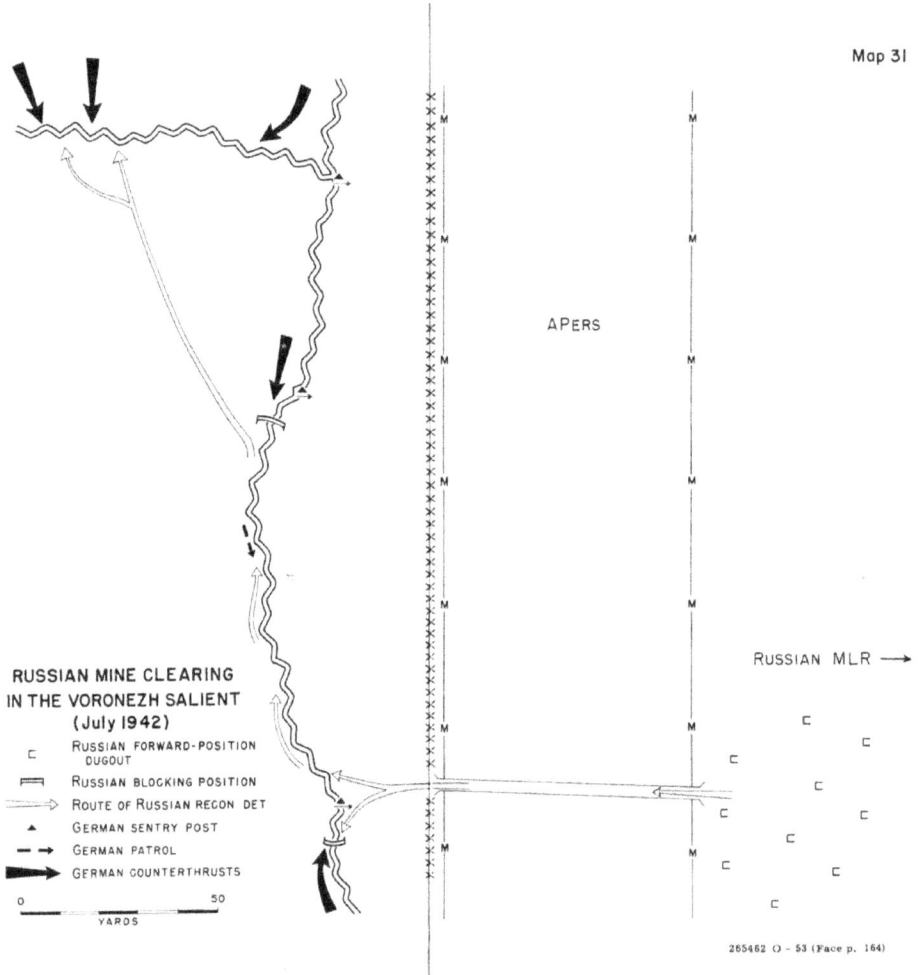

Legenda: Trinceramenti avanzati russi – Posizione di blocco russa – Percorso del distaccamento da ricognizione russo – Posto di sentinella tedesco – pattuglia tedesca – Contrattacco tedesco.

La notte successiva, un gruppo di quattro uomini emerse dalla trincea avanzata e strisciando iniziò attentamente a esaminare ogni pollice del terreno. Dal momento che gli uomini avevano grande familiarità con le mine tedesche non ebbero alcuna difficoltà nel disinnescarle al buio. Procedendo metodicamente riuscirono a sminare un tratto di 25 metri nel corso della notte. Per mascherare il rumore prodotto dall'accidentale innesco della mina, l'artiglieria russa sparò su tutto il settore difensivo tedesco. Altri quattro genieri erano pronti per sostituire immediatamente qualsiasi eventuale perdita. Una pattuglia

tedesca uscita a esaminare il terreno non riuscì a notare nessun movimento, nonostante passasse a meno di 30 passi dal distaccamento russo e fosse una notte stellata.
Il giorno seguente il distaccamento russo rimase nascosto, e ancora una volta non fu individuato. Al calare delle tenebre l'artiglieria russa riprese il suo fuoco di disturbo sulle linee russe, mentre il distaccamento riprendeva il suo lavoro riuscendo a sminare altri 20 metri di terreno. L'esplosione accidentale di una mina provocò a un soldato russo la perdita di un braccio ma l'esplosione, sebbene fosse stata sentita dai tedeschi, fu attribuita ad un proiettile russo caduto corto. Il ferito fu evacuato in silenzio.

La quarta notte fu inviato un altro gruppo di sminatori. Dopo circa un'ora di lavoro gli uomini riuscirono a raggiungere il reticolato. Dopo avere sondato il terreno al di là del reticolato e scoprendo che non era minato, i genieri fecero rapporto al comandante del distaccamento nella posizione avanzata che ordinò alla squadra di ritirarsi e ordinò ad un ufficiale e un sottufficiale di strisciare nel varco aperto nel campo minato.
Una volta superato il reticolato, osservarono la linea tedesca e il cambio delle guardie e la posizione delle sentinelle, che si trovavano a circa 20 metri dal punto in cui si trovavano loro, e annotarono che erano le 01.30; il fuoco dell'artiglieria russa continuò per tutta la notte.

La quinta notte, un distaccamento russo formato da 55 uomini ed equipaggiato con armi automatiche e bombe a mano si portò nelle posizioni avanzate. La sua missione era di sfondare le linee tedesche, demolire i rifugi e rientrare con qualche prigioniero. L'ufficiale comandante e altri tre uomini conoscevano un po' di tedesco e avevano fatto pratico con alcune frasi che erano in grado di ripetere senza che si notasse l'accento. Il piano originale prevedeva l'immediato invio di una compagnia di fucilieri di rinforzo che dovevano allargare il varco e sfruttare la situazione.

Guidato dal gruppo di genieri e dagli osservatori della notte seguente, il distaccamento tagliò il filo spinato e vi si fece strada. Alle 01.45 il comandante del distaccamento, inviò un piccolo gruppo in avanscoperta dopo avere osservato che le guardie nell'avamposto vicino erano state sostituite. L'avanguardia assalì le sentinelle legandole e imbavagliandole, dopo di che un gruppo di 12 uomini fu inviata a sinistra per bloccare l'accesso all'avamposto da quella zona. Il nucleo principale del distaccamento si aprì lentamente la strada dalla parte opposta. Questi ultimi avevano fatto circa 60 passi quando si imbatterono in una pattuglia tedesca che veniva nella direzione opposta. La pattuglia tedesca ordinò ai russi di fermarsi a cinque passi e di dare la parola d'ordine. L'ufficiale russo replicò in tedesco, "silenzio, non fate rumore", il comandante della pattuglia tedesca rispose a sua volta, "Parola d'ordine o sparo", cui il russo rispose, "tenete la voce bassa". Non appena i due ufficiali furono solamente a due passi l'uno dall'altro uno dei tedeschi aprì improvvisamente il fuoco colpendo l'ufficiale russo. Un secondo tedesco non riuscì ad alzare la sua arma perché la trincea era troppo stretta. Non appena i russi saltarono addosso al primo tedesco il secondo fuggì via sparando in aria e chiedendo aiuto, poco dopo fu raggiunto da un'altra sentinella, e insieme i due ritornarono indietro e iniziarono uno scontro a fuoco con i russi.

I russi lasciando un distaccamento di blocco a circa 40 metri dal punto in cui si erano imbattuti nella pattuglia tedesca, uscirono dalla trincea e si diressero verso la trincea di collegamento che si trovava a circa 60 metri davanti a loro e sulla loro sinistra. Qui incontrarono una pattuglia tedesca formata da un ufficiale e da tre uomini. Non appena i russi si gettarono avanti furono accolti dal fuoco delle pistole mitragliatrici e delle bombe a mano. Il comandante di compagnia tedesco, responsabile per la difesa di quel particolare settore, mise i propri uomini in allerta e li lanciò in un contrattacco contro i russi. Entro due ore il distaccamento d'assalto era stato distrutto.

Quest'azione mostra quanto tempo e quanti sforzi i russi impiegassero per preparare una semplice operazione di pattuglia. Il distaccamento del genio russo rimase nelle vicinanze delle linee tedesche per quattro giorni e quattro notti, aprendo il varco nel campo minato nelle ore d'oscurità. I russi dimostrarono una grande abilità nel mascheramento e nel disinnescare le mine tedesche, e la loro disciplina fu esemplare.

Quando divenne evidente che il distaccamento non avrebbe raggiunto il suo obiettivo, non fu fatto alcun tentativo per effettuare una ritirata. Come spiegazione del perché la compagnia di fanteria di supporto non apparve, non è una congettura irragionevole ritenere che il comandante russo responsabile non avesse mai avuto l'intenzione di inviare truppe addizionali, e che lo disse solo per fare innalzare il morale del distaccamento del genio e del gruppo d'attacco. Qualunque sia stata la ragione di questo incidente, non si trattò di un caso isolato. In molte occasioni, dopo un'attenta preparazione da parte delle forze del genio, le pattuglie russe erano in grado di penetrare in profondità nelle linee tedesche sfruttando l'oscurità, tuttavia quando non riuscivano a ritornare, non veniva fatto alcun tentativo per soccorrerle.

VI Metodi di scavo russi (settembre 1943)

In un altro caso che avvenne nel settore del Gruppo d'Armate Nord, i genieri russi superarono i loro avversari tedeschi, scavando un tunnel direttamente sotto una fortificazione nemica. I russi furono in grado di nascondere il loro lavoro nonostante questo si svolgesse per diverse settimane e sotto il naso dei tedeschi.

Il 2° Battaglione del 474° Reggimento di fanteria tedesco [della *254. Infanterie-Division*, formata nell'agosto 1939 nel *Wehrkreis VI*, Dortmund, NdC] fu trasferito alla fine di agosto 1943 a sud di Gaytolovo, una località a circa 15 chilometri a sud del lago Ladoga. Il terreno attorno a Gaytolovo era formato da diverse colline e creste che facilitavano il lavoro di scavo. In questo settore i tedeschi occupavano un certo numero di trincee e bunker russi. Una di queste postazioni, chiamata in codice "Caposaldo Olga", era situato su una piccola collina sei metri più in alto del terreno paludoso in cui i russi avevano stabilito la loro linea di combattimento. La cresta era così ripida verso la parte in cui si trovavano i russi, che la sua base non poteva venire osservata dagli occupanti la postazione. Le posizioni russe e tedesche, distavano tra loro in questo punto circa 50 metri, il terreno intermedio era coperto da buche e trincee che i russi avevano abbandonato. La 5ª Compagnia, di presidio ad "Olga", inviava frequenti pattuglie in ricognizione nella terra di nessuno, ma non riuscì mai a notare alcuna attività da parte dei russi.

I russi iniziarono un pesante fuoco di artiglieria contro "Olga" alle 05:15 del 15 settembre 1943. A causa del fumo, che i russi avevano contribuito ad aumentare sparando proiettili fumogeni, alla 3ª Compagnia era impossibile tenere sotto controllo la terra di nessuno. Alle

05.20 la fanteria russa si portò nelle posizioni di partenza e attraverso non vista la terra di nessuno. Il fuoco dell'artiglieria russa proseguì fino alle 05.25. Non appena la fanteria russa stava per assalire "Olga", una terrificante esplosione colse di sorpresa i tedeschi nella zona, polverizzando il "Caposaldo Olga" e annientando la 5ª Compagnia, di cui sopravvissero solo tredici uomini scioccati e sanguinanti. Più di cento russi che si erano avvicinati troppo prima dell'esplosione, vennero sepolti dai detriti.

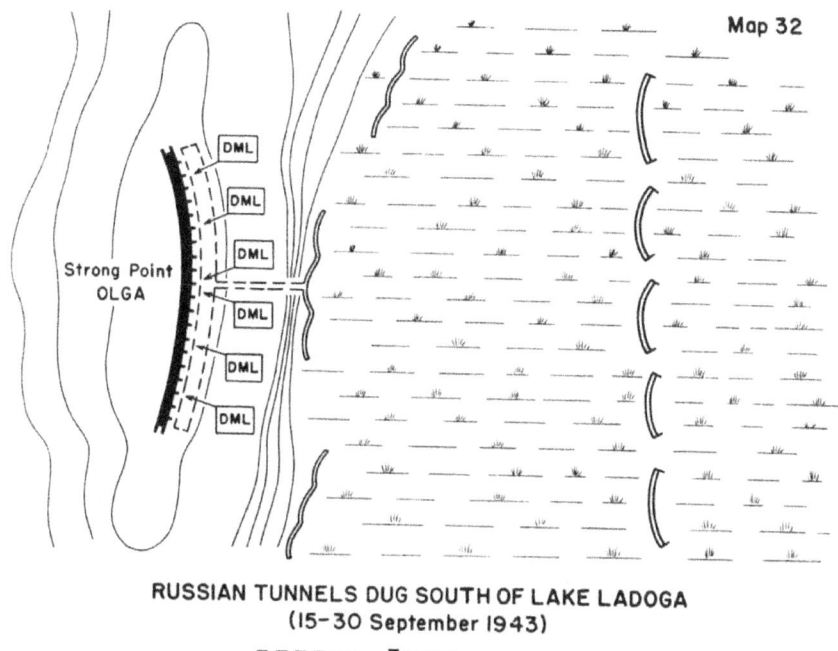

Legenda: Strong Point OLGA = "Caposaldo Olga" – DML = Demolizioni Tunnel – Posizioni russe – Trincee non occupate.

Il comandante del settore tedesco radunò in fretta i suoi uomini e li guidò in cima alla collina su cui fino a prima si trovava la fortificazione, i tedeschi arrivarono proprio quando la seconda ondata russa stava giungendo anch'essa sull'obiettivo, nel combattimento corpo a corpo che ne seguì i tedeschi riuscirono a respingere tre attacchi russi, i quali, sorpresi dall'inaspettata resistenza, dopo avere subito pesanti perdite si ritirarono sulle loro posizioni di partenza.

L'esplosione del "Caposaldo Olga" colse i tedeschi completamente di sorpresa. I Genieri russi avevano scavato un tunnel sotto la terra di nessuno, fino a quando non avevano raggiunto un punto quasi direttamente sotto la fortificazione nemica. I russi, invece di piazzare l'esplosivo direttamente alla fine del tunnel, continuarono il loro lavoro di scavo su entrambi i lati del tunnel, scavando due gallerie parallele alla fortificazione e piazzando tre tonnellate di esplosivo a uguale distanza lungo questi tunnel. L'esplosione che ne seguì fece crollare il muro frontale della fortificazione all'interno seppellendo la maggior parte degli uomini della Compagnia E sotto i detriti.

Mentre il tunnel era in costruzione i russi fecero estrema attenzione nello smaltimento del materiale di scavo. Per diverse settimane portarono via i canestri pieni di terra e li svuotarono nelle paludi più lontane. Inoltre, camuffarono con estrema cura l'entrata del tunnel che si trovava in una delle vecchie trincee russe.

Se la fanteria russa non si fosse avvicinata troppo all'obiettivo prima dell'esplosione, il loro piano avrebbe funzionato alla perfezione. Come conseguenza di questo errore, sotto i detriti rimasero molti più russi che tedeschi.

Indotti dal successo dello scavo, i russi decisero di scavare altri tre tunnel nella stessa zona ma questa volta i tedeschi erano stati messi in guardia. Il comandante tedesco del settore, per anticipare ogni tentativo di scavo del nemico, stabilì dei punti di ascolto e osservazione gestiti da soldati del genio. Questi uomini dovevano fare rapporto tre volte al giorno su ogni rumore sospetto e su ogni movimento di terra da parte russa.

I primi movimenti sospetti furono riferiti da un geniere il 19 settembre. Alle 12.45 diversi osservatori videro un gruppo di russi portare cavo per comunicazioni e attrezzi pesanti nel cosiddetto "Bunker del Commissario", poco dopo cinque ufficiali russi si aggiunsero al distaccamento. Dieci minuti dopo un altro gruppo di soldati russi portava delle casse in un altro bunker.

Poco dopo i distaccamenti d'ascolto riferirono che i loro apparecchi avevano individuato il rumore di scavi provenire dalle linee russe. Nei seguenti giorni queste osservazioni furono confermate. I russi stavano scavando un altro tunnel diretti verso il posto di comando della 3ª Compagnia. Si pensava che l'entrata del tunnel fosse nelle immediate vicinanze del "Bunker del Commissario". Una pattuglia d'assalto tedesca fu inviata verso il bunker ma fu respinta prima di potere individuare l'entrata del tunnel. Fu ordinato, perciò, a una batteria di obici di sparare sul bunker e nelle sue immediate vicinanze.

Poiché nessuno di questi tentativi sembrava avere avuto qualche successo, il comandante del reggimento decise di scavare un pozzo nella direzione del tunnel nemico, e di fare evacuare dalla zona tutto il personale non considerato assolutamente necessario. Fu lasciata solo una linea di avamposti per proteggere i genieri durante i lavori di scavo del pozzo. Il lavoro di scavo subì un ritardo quando i genieri incontrarono uno strato di sabbia. Il 26 settembre i tedeschi riuscirono a penetrare nel tunnel nemico senza venire individuati dai russi. Mentre una pattuglia tedesca eliminava i russi presenti nel tunnel e occupava l'ingresso, i genieri tagliarono i cavi d'innesco e recuperarono 20 tonnellate di esplosivo.

VII La riconquista di Goldap (novembre 1944)

Durante l'ultimo anno di guerra i genieri tedeschi vennero sempre più spesso impiegati come fanteria. In particolar modo per guidare attacchi contro postazioni nemiche fortificate e circondate da campi minati. Il problema del potenziale umano si stava facendo sempre più grave per l'esercito tedesco, e molti comandanti si trovarono costretti a sacrificare le loro unità più specializzate in ruoli non loro, per obbedire agli ordini di Hitler.

Nel corso dell'autunno 1944 la 4ª Armata Tedesca, era impegnata in combattimenti difensivi attorno a Gumbinnen in Prussia Orientale. La linea russa, dopo che l'88ª Divisione [Fucilieri, NdT] della Guardia era riuscita a catturare il villaggio di Goldap, formava un saliente che costeggiava il villaggio. Questo saliente partiva dalla sponda settentrionale del lago Goldap, costeggiava il limite occidentale della città e procedeva in linea retta parallelamente all'autostrada Goldap-Treuburg. Circa cinque chilometri a sud della città i russi avevano occupato il monte Goldap, la cui elevazione di 310 metri offriva un'eccellente visuale del territorio circostante.

Verso la fine di ottobre fu ordinato al comandante della 4ª Armata di riprendere Goldap. Il piano che aveva preparato prevedeva di lanciare un attacco a tenaglia con la 50ª Divisione Fanteria ad avanzare da sudest, mentre la Fuhrer-Begleit-Brigade doveva attaccare simultaneamente da nordovest. Le due forze di attacco dovevano sfondare le linee russe alla base del saliente, circondare la guarnigione nemica dentro e attorno Goldap, annientare le forze nemiche nella sacca, e ristabilire una linea del fronte dritta a est della città. L'attacco doveva venire lanciato il 3 novembre.

Per eliminare ogni minaccia che dal monte Goldap potesse essere lanciata contro il fianco della 50ª Divisione Fanteria, al battaglione del genio del quartier generale, un'unità che era alle dirette dipendenze del comando d'Armata, fu ordinato di attaccare e prendere le posizioni avanzate russe rivolte a sud. Per questo scopo il battaglione fu rinforzato con una Batteria di cannoni d'assalto. L'attacco doveva venire lanciato 90 minuti prima che la 50ª Divisione uscisse dalle sue posizioni di partenza.

La posizione avanzata russa a sud del monte Goldap consisteva in una linea fortificata continua situata a metà della pendice meridionale del monte, tra le due strade che partendo da Goldap portavano rispettivamente ad Angerburg e a Szczuczyn. La cima della montagna era stata trasformata in una fortezza con difese rivolte su ogni lato.

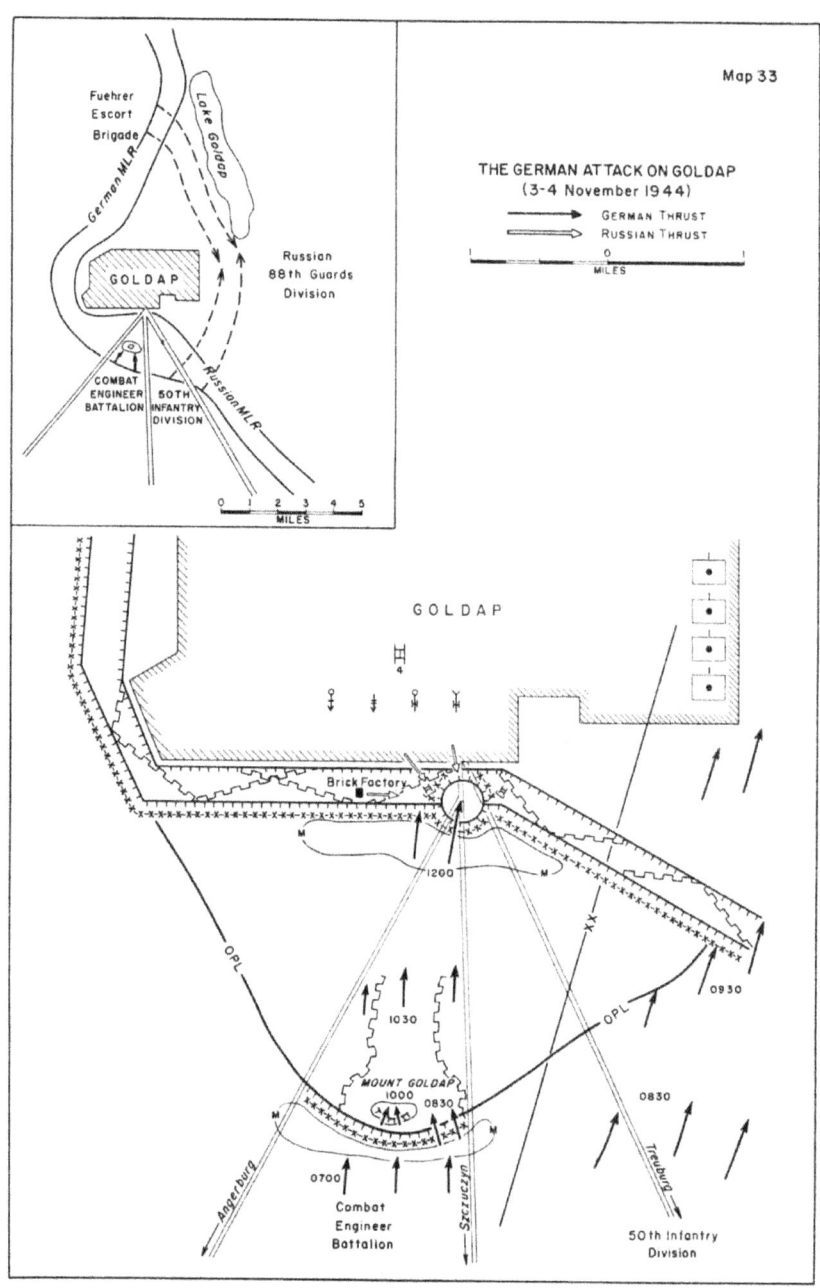

Legenda: Brick Factory = Fabbrica di mattoni – Lake Goldap = Lago Goldap – Mount Goldap = Monte Goldap.

Due trincee di collegamento bloccavano l'accesso alla postazione da sud, rendendo così impossibile un aggiramento. La posizione principale, sulle pendici meridionali, era difesa da uno sbarramento di filo spinato, mentre le vie di accesso alla collina erano state pesantemente minate, in modo particolare nelle vicinanze delle due strade.

La posizione avanzata era tenuta da una forza nemica consistente in tre Compagnie ognuna delle quali dotata di cinque mitragliatrici e tre mortai. Le vie d'accesso alla collina erano nel raggio di tiro di due Batterie d'artiglieria poste sul limite meridionale di Goldap, il cui fuoco era diretto da osservatori d'artiglieria in cima alla collina. I fianchi della posizione avanzata erano collegati alla principale linea di resistenza russa da una linea di avamposti, che potevano venire supportati dal fuoco della principale linea di resistenza.

La principale linea di resistenza russa si trovava circa 45 metri più avanti rispetto al limite meridionale della città, e consisteva in due linee parallele fortificate poste a 150 metri l'una dall'altra. Delle trincee di collegamento attraversavano la zona tra le due linee, collegandole insieme e permettendo ai difensori di sigillare ogni eventuale penetrazione nemica. Dei reticolati erano piazzati davanti alla linea esterna.

Ad ogni Compagnia schierata nella principale linea di resistenza era affidato un settore di 500 metri. In ogni settore due terzi della Compagnia si trovavano nella linea esterna, con una mitragliatrice ogni 50 metri e un mortaio ogni 200, il resto degli uomini si trovava nella seconda linea pronta per lanciare un contrattacco.

La linea esterna si era sviluppata in un punto fortificato, all'incrocio dove si incontravano le strade provenienti da Angerburg e da Szczuczyn. Questo punto era occupato da una forza di 25 uomini, il cui armamento includeva delle mitragliatrici leggere e dei mortai. Inoltre, due carri armati infossati fornivano il necessario supporto. Il punto fortificato era circondato da un reticolato continuo. Lungo il limite meridionale di Goldap i russi avevano sistemato un gran numero di armi pesanti per la fanteria e cannoni controcarro, mimetizzandoli così bene che erano quasi invisibili. Come riserva mobile, all'interno della città si trovavano quattro T-34.

Per ottenere la massima sorpresa, il 3 novembre i genieri avrebbero attaccato il monte Goldap senza che l'artiglieria effettuasse alcun fuoco di preparazione all'alba. Durante la notte precedente l'attacco, il battaglione si radunò nelle posizioni di partenza. La pioggia e un forte vento da nord ovest, impedì ai russi di effettuare una ricognizione e aiutò a nascondere le intenzioni tedesche. Durante la notte, alcuni distaccamenti di sminatori riuscirono, senza venire notati dai russi - o almeno così credevano - ad aprire diversi varchi nel campo minato fino a 50 metri dagli avamposti nemici.

Il Battaglione si lanciò all'attacco alle 07.00. Il piano prevedeva di prendere la prima linea difensiva russa con l'assalto iniziale, ma divenne subito evidente che i russi avevano osservato le attività notturne degli sminatori tedeschi, e anziché aprire immediatamente il fuoco sugli sminatori, avevano spostato le mitragliatrici in modo da potere coprire l'intero campo minato, infliggendo così un numero considerevole di perdite alla forza d'assalto tedesca. Dopo 15 minuti dall'inizio dell'attacco, l'intera area di fronte le postazioni difensive russe venne colpita dal fuoco dell'artiglieria pesante e dei mortai russi. L'attaccò si bloccò di fronte la linea di avamposti.

I genieri furono incapaci di avanzare oltre anche quando due Gruppi di artiglieria tedeschi concentrarono il fuoco sul monte Goldap e misero a tacere la maggior parte delle armi pesanti della fanteria russa. Le quattro Batterie russe poste in cima alla collina vennero distrutte dall'artiglieria tedesca, che preparava l'avanzata della 50ª Divisione intorno alle 08.00, e quando il fuoco delle armi pesanti sul monte Goldap venne diretto contro la Divisione, i genieri riuscirono finalmente ad avanzare e a penetrare le posizioni nemiche sulle pendici nord occidentali della collina. Anche se alle 08.30, quando la Divisione iniziò il suo attacco, la collina non era interamente nelle mani dei tedeschi, l'attacco diversivo dei genieri aveva impegnato così tante forze russe da prevenire la possibilità di un attacco sul fianco della Divisione.

Il comandante russo capì che non avrebbe potuto tenere le posizioni avanzate molto a lungo, e per evitare un inutile bagno di sangue ordinò l'evacuazione della posizione dalle 09.00. Le compagnie nelle posizioni avanzate, con il fuoco di copertura di tre mitragliatrici pesanti poste in cima alla collina, riuscirono a sganciarsi e a ripiegare su entrambi i lati della collina, raggiungendo la principale linea di resistenza senza subire perdite serie. Gli uomini nella posizione fortificata in cima alla collina riuscirono efficacemente a coprire la ritirata ai loro compagni ma verso le 10.00, dopo un duro combattimento corpo a corpo con baionette, pistole, bombe a mano e il calcio dei fucili, la loro resistenza fu infine infranta.
Essendo riusciti a catturare la cima della collina, al Battaglione del Genio fu ordinato di unirsi alla fanteria per l'attacco alla principale linea di resistenza russa, ma prima doveva aspettare ulteriori ordini. Il comandante della 4ª Armata, infatti, intendeva lanciare l'attacco frontale da parte dei genieri quando la manovra di aggiramento da est fosse progredita a sufficienza da assicurare che il maggior numero possibile di nemici fosse rimasto accerchiato in città. Questo piano dovette tuttavia venire presto abbandonato. Infatti, quando la 50ª Divisione raggiunse alle 09.30 la linea difensiva nella parte meridionale della città, fu sottoposta a un fuoco sul fianco proveniente dal punto fortificato all'incrocio stradale così intenso che ai genieri venne ordinato di intervenire per eliminare la posizione nemica il più in fretta possibile.

A partire dalle 10.50 e per quasi un'ora, tre Gruppi di artiglieria tedesca concentrarono il loro fuoco sull'incrocio e sulle posizione immediatamente adiacenti. Due delle Compagnie del Genio iniziarono l'attacco alla principale linea di resistenza russa, protetti da questa cortina di fuoco e con alla testa i cinque cannoni d'assalto le due compagnia avanzarono su un fronte largo 300 metri. I genieri soffrirono ancora una volta pesanti perdite, soprattutto a causa del campo minati che si estendeva davanti alle linee russe con una profondità di 200-300 metri. L'artiglieria tedesca si dimostrò troppo debole per riuscire contemporaneamente a ridurre la fortificazione nemica, mettere a tacere l'artiglieria nemica e le armi pesanti della fanteria nella città e di proteggere il fianco tedesco contro un attacco russo sul fianco che partisse dalla fabbrica di mattoni. Per questo motivo l'attacco tedesco fu costretto ad arrestarsi a 150 metri dalla posizione nemica.
Intorno alle 12.00, il supporto aereo ravvicinato tedesco riuscì a mettere fuori uso due dei carri russi interrati. Per quell'ora l'artiglieria tedesca era riuscita a fermare l'attacco sul fianco russo e concentrò la sua attenzione sulle posizioni di artiglieria intorno alla città. Fu solo allora che i genieri tedeschi riuscirono e penetrare nelle fortificazioni russe. Mentre cercavano di allargare il varco, i genieri subirono un violento contrattacco da parte della fanteria russa supportata dai quattro T-34 tenuti di riserva in città. I carri russi e i cannoni

d'assalto tedeschi si trovarono impegnati in un combattimento a distanza ravvicinata, e nel violento confronto che ne seguì tutti i cannoni d'assalto tranne uno furono distrutti. Le Compagnie del genio, invece, dopo un violento corpo a corpo riuscirono stabilirsi all'interno della zona fortificata e a mettere in sicurezza un varco di 150 metri su entrambi i lati dell'incrocio. Grazie a quest'azione fu impedito ai russi di lanciare un contrattacco contro il fianco della 50ª Divisione Fanteria durante la fase più critica del movimento aggirante.

I fucilieri russi, sfruttando al massimo il vantaggio offerto dalle varie trincee di collegamento, cercarono ripetutamente di chiudere il varco nelle loro linee. Nel tentativo di riprendere la posizione i russi lanciarono vari contrattacchi nel corso del pomeriggio, impiegando forze di varia entità, la più numerosa delle quali con circa due Compagnie, ma questi tentativi anche se supportati dall'artiglieria e dai mortai a nord e a sud, vennero tutti frustrati. L'intensità della resistenza russa non accennò a diminuire quando verso sera, la 50ª Divisione Fanteria prese contatto con la *Führer-Begleit-Brigade*, circondando Goldap. Durante la notte i russi spostarono la maggior parte dell'artiglieria e delle armi pesanti a est, per fornire supporto alla forza di soccorso che si stava dirigendo verso Goldap da oriente per un ben coordinato tentativo di soccorre i loro compagni. Dei distaccamenti d'assalto russi, nonostante fossero senza supporto d'artiglieria, continuarono a tentare di riprendersi l'incrocio stradale per tutta la notte, ma tutti i loro tentativi fallirono.

La mattina seguente, i genieri, che avevano ricevuto durante la notte il rinforzo di alcune unità di fanteria, ripresero il loro attacco alla linea difensiva interna. Non incontrarono una sola arma pesante nemica. Ma ancora una volta, nonostante la situazione senza speranza, i russi combatterono così duramente che i tedeschi dovettero catturare le trincee di collegamento, una ad una. I russi continuarono a combattere fino a quando non esaurirono le munizioni, e difficilmente venne preso un prigioniero che non fosse ferito. A mezzo giorno i genieri entrarono a Goldap, ma si dovette aspettare la sera prima che la città fosse stata ripulita.

Durante quest'azione, il Battaglione del genio ebbe il vantaggio delle condizioni del tempo, che mascherarono la loro preparazione e le operazioni di sminamento. La cooperazione tra la fanteria russa e le sue armi di supporto fu esemplare, non solo durante il combattimento attorno al monte Goldap, ma anche dopo quando i genieri riuscirono infine a penetrare la principale linea di resistenza russa. Da segnalare è la grande flessibilità dimostrata dall'artiglieria russa, in netto contrasto con la rigidità mostrata nei primi anni.

L'alto spirito combattivo dei russi trova espressione in quest'azione, nella disciplina e nell'autocontrollo mostrato dagli uomini dopo che ebbero individuato i reparti di sminatori tedeschi, dall'efficace azione di ritardo portata avanti dagli uomini in cima alla collina, nei contrattacchi lanciati contro le posizioni catturate dai tedeschi e nella coraggiosa, fiera resistenza dei fucilieri russi i quali, specialmente nell'ultima fase dello scontro combatterono una battaglia senza speranza solamente per guadagnare tempo.

Il Battaglione del Genio tedesco, anche se combatté con coraggio e abilità e riuscì ad ottenere il successo in questa azione, impiegato come fanteria dopo due giorni di combattimento si trovò decimato. Questo fu un alto prezzo da pagare per avere contribuito a eliminare un saliente russo.

ILLUSTRAZIONI

Operazione Barbarossa, 1941: le truppe della Heer e delle Waffen-SS avanzano in Russia.

Fanteria tedesca con MG 34 e lanciafiamme (foto sopra) e in combattimento urbano.

Soldati di un'unità motociclista accanto a un Kolkhoz in fiamme, 1941.

L'avanzata verso est della Wehrmacht si fa più dura.

La prima neve cade sulle truppe tedesche alle porte di Mosca.

Una scena consueta durante l'inverno 1941/1942: si tenta di sghiacciare un motore con mezzi di fortuna.

Il primo inverno in Russia colpisce i reparti della Wehrmacht, scarsamente equipaggiati per resistervi, con tutta la sua forza.

Una foto emblematica delle durissime condizioni di combattimento affrontate dal soldato tedesco nel primo inverno in Russia: inadeguatamente protetto dal suo vestiario in panno da temperature arrivate sino a -40° C, con poche armi di squadra e di appoggio rimaste o funzionati, scarse munizioni e rifornimenti, e attaccato continuamente da ben muniti reparti sovietici.

Lo "sguardo del fronte" negli occhi di questo tiratore di MG 34.

Una postazione costruita con blocchi di neve per questa mitragliera a guardia di un ponte.

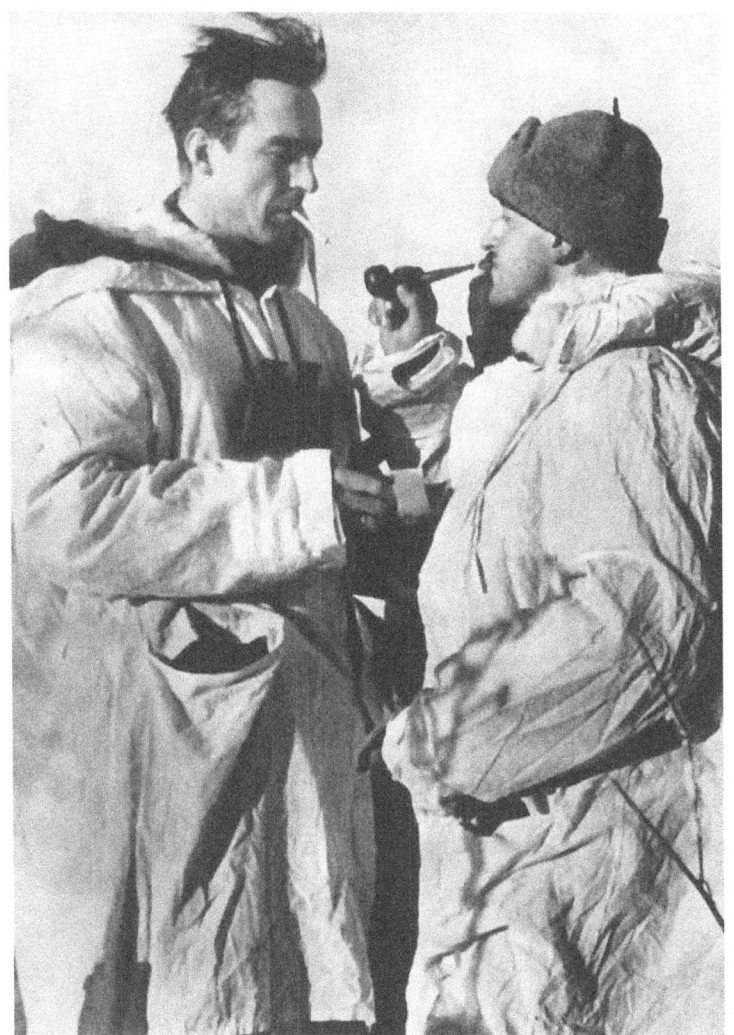

Degli equipaggiamenti invernali sono finalmente arrivati alle truppe di prima linea; due soldati si gustano una fumata in un periodo di quiete tra i combattimenti.

L'offensiva della Wehrmacht riprende nell'estate 1942. Nella foto, una sezione d'assalto pronta a entrare in azione. Al centro, con il grado di Gefreiter, Rudi Brasche, poi decorato della Ritterkreuz il 9 novembre 1942 quale Obergefreiter e comandante di sezione nella 4./Pz.-Grenadier-Regt. 93. Come nella prima guerra mondiale, per portare rilevanti quantità di Stielgranate erano impiegati dei sacchetti in tela, del tipo regolamentare o improvvisati sul campo. Sotto, un gruppo di Ufficiali dopo uno scontro.

Un gruppo d'assalto riceve ordini durante un'azione alla periferia di Stalingrado. Sotto, una sezione armi pesanti: notare il mortaio leggero 5 cm leichte Granatwerfer 36 portato dal soldato al centro e il bipiede di un mortaio medio 8 cm Granatwerfer 34 a sinistra.

Una pausa durante il combattimento per questo veterano Sottufficiale decorato della Eisernes Kreuz di prima classe e dell'Allgemeine Sturmabzeichen. Sotto, si combatte casa per casa.

Panzerkampfwagen III e SPW della 6. Panzer-Division durante l'Operazione Wintergewitter, il tentativo di sfondare dall'esterno la sacca di Stalingrado. Nella foto in alto, il Generale Walther von Hünersdorff dà ai suoi carristi le ultime disposizioni prima dell'attacco dalla cupola del suo Panzerbefehlswagen III.

Inverno 1942/1943. Un caposaldo armato di sMG 34. Sullo sfondo, gli impatti di una preparazione d'artiglieria in appoggio a un attacco locale di Panzer.

La Hauptkampflinie nella steppa, vasta e inospitale.

Un Panzer VI Ausf. E Tiger di produzione iniziale (notare la cupola del capocarro cilindrica) seguito da un Panzer III N d'appoggio e da un reparto di Grenadiere.

Un Mörser 18 da 21 cm pronto al fuoco.

Grenadiere con delle slitte portamateriale Akyas superano un carro armato inglese Valentine fornito ai sovietici come materiale Lend-Lease.

Inverno 1942/1943. La messa in batteria di un pezzo FlAK: notare la tenuta invernale reversibile dell'artigliere in primo piano e quella trapuntata di quello in secondo piano.

Il comandante di una Batteria di pezzi FlAK da 8.8 cm della Heer osserva il terreno con un binocolo a forbice Scherenfernrohr SF 14 Z.

Un Grenadiere armato di Mauser K98k si appresta a portare a una MG un nastro da 50 colpi di proiettili 7.92x57 JS.

Una MG 34 apre il fuoco. Notare l'elmetto ricoperto di vernice bianca del mitragliere. Sotto, Grenadiere accanto a dei T-34/76 messi fuori combattimento nella Hauptkampflinie.

Un Gruppe di Waffen-SS in marcia verso la prima linea.

Nuove armi controcarro giungono al fronte: l'istruzione all'impiego del Panzerfaust 30.

Bella immagine di un soldato di una Luftwaffe-Feld-Division (Divisione Campale della Luftwaffe) su di un veicolo leggero. Notare il Ppsh 41 catturato e il Peltzmutze (berretto foderato di pelo).

Unità di Gebirgsjäger affrontano l'ambiente estremo della Tundra in Lapponia e Carelia.

Fronte nord. Un Gruppe di Gebirgsjäger prende posizione su di una duna di neve.

Un posto d'osservazione nella linea principale di combattimento. Notare lo Scherenfernrohr SF 14 Z, i due Ppsh 41 catturati, e le tenute reversibili complete di cuffie imbottite.

Un reparto Gebirgsjager dotato di Sd.Kfz. 2 Kettenkrad sotto una abbondante nevicata. Sotto, tra le nuvole filtra il sole invernale su un Ufficiale alla testa dei suoi uomini.

L'area d'assembramento di un reparto del Panzer-Regiment 5 della 5. SS Pamzer-Division "Wiking".

Il comandante di una Sezione di Grenadiere delle Waffen-SS dà ordini alla sua unità: notare il mitragliere che si appresta a mettere in posizione l'MG 42 e i fucilieri in linea estesa a sinistra.

Una sezione MG della Leibstandarte SS Adolf Hitler in azione.

Dopo un'azione, un comandante di reparto decora sul campo i suoi soldati.

Un MG-Schütze 1 (capoarma tiratore) di MG 42, equipaggiato di fondina rigida per la pistola Walther P-38, la sua arma secondaria, e di due Stielhandgranate 39. L'MG-Schütze 2 (servente) alle sue spalle porta una cassetta portamunizioni Patronenkasten 41 bilanciata sulla canna del suo Mauser.

Un altro MG-Schutze 1 sul fronte russo. Notare il portattrezzi per l'MG (Werkzeugtasche) al cinturone, i nastri da 50 colpi uniti, e il bel Bergmütze di prima produzione.

Un comandante di Sezione dei Gebirgsjäger, dotato di giacca a vento, MP 40 e binocoli Dienstglas 6x30.

Inverno 1943/1944. Una colonna di Panzerkampfwagen V Ausf. D Panther con fanteria montata avanza verso la prima linea. Sotto, il caricamento di un Nebelwerfer 41 da 15 cm.

Anche in questa foto un Gruppe di Grenadiere, armato di Mauser K98k e di MG 34 approfitta di un Panzer per l'avvicinamento alla zona di operazioni.

Sacca di Korsun, febbraio 1944. Due Grenadiere pronti al combattimento.

Un Grenadiere porta indietro il suo comandante di sezione ferito. Notare le tenute invernali, e gli stivali in cuoio e feltro del Sottufficiale. Le fettucce sulle maniche, staccabili e di diversi colori, servivano per favorire l'identificazione delle proprie truppe da quelle avversarie, se, come usuale d'inverno, anche queste ultime indossavano capi mimetici bianchi.

Bella foto di un Plotone di carri armati pesanti Tiger.

Russia, 1944. La fanteria d'accompagnamento scava delle postazioni vicino ai Panzer per garantirne la difesa ravvicinata in una lunga sosta durante un contrattacco.

Inverno 1943/1944. Un ben equipaggiato Gruppe di Grenadiere si prepara a seguire alcuni Panzerkampfwagen IV Ausf. H.

Inverno 1943/1944. Un reparto di Panzerkampfwagen IV Ausf. H si prepara a un contrattacco.

Un Panzer IV nel fango della Rasputitsa (il disgelo autunnale e primaverile russo).

Un veterano Gefreiter: notare lo scudetto "Kuban", conferito per i combattimenti nella testa di ponte del Kuban nel 1943.

Russia 1944. Un comandante di Squadra ferito da decine di schegge viene portato in salvo.

Un momento di quiete tra i continui combattimenti di retroguardia per questi Grenadiere, immagine della Wehrmacht ormai costretta alla difensiva davanti all'Armata Rossa.

Capitolo 4 - Combattimenti nella Taiga e nella Tundra

I Generale:

Durante l'estate del 1941, le forze tedesche che dalla Finlandia settentrionale cercavano di raggiungere Murmansk e Kandalshka fallirono nel loro obiettivo di tagliare la ferrovia Murmansk-Leningrado. Dopo una fallita offensiva russa nella primavera del 1942, il fronte si stabilizzo per i successivi due anni e mezzo.

Durante questo periodo, le forze tedesche nell'area si trovarono ad affrontare i loro avversari russi su due diversi fronti separati tra di loro. Il Fronte di Kandalshka era tenuto da due divisione di fanteria al comando del XXXVI Corpo, mentre il fronte di Murmansk, più a nord era tenuto da una Divisione da difesa costiera e due Divisioni da montagna, poste al comando del XIX Corpo da montagna. L'area intermedia era sorvegliata da delle pattuglie.

Immediatamente dopo la firma dell'armistizio russo-finlandese all'inizio del settembre 1944, i russi lanciarono un'offensiva contro Kandalshka, seguita un mese dopo da un'altra nella zona di Murmansk.

Le azioni descritte in questo capitolo hanno luogo nelle terre della taiga e della tundra. Caratteristiche della taiga sono fitte foreste, laghi, paludi e terreno roccioso, questa zona si estende dal circolo polare artico fino alla zona in cui i russi lanciarono la loro offensiva nell'ottobre 1944. La loro offensiva si svolse fino alla zona in cui la taiga e la tundra si confondono, da qui alle scogliere del mare artico si estende invece la tundra senza alberi.

I fattori decisivi per le operazioni in questa regione furono il clima e il terreno, pertanto l'assistenza data ai tedeschi dai loro alleati finlandesi si dimostrò preziosissima. Infatti, non solo i finlandesi combatterono fianco a fianco delle unità tedesche, ma provvidero anche ad addestrare le unità tedesche appena arrivate e le aiutarono ad adattarsi alle peculiarità del teatro. Quando i finlandesi uscirono dalla guerra, divenne impossibile tenere questo fronte.

Anche i russi erano estremamente familiari al combattimento in queste zone, e durante la fase di stallo combatterono con grande abilità. Durante l'offensiva del 1944 si dimostrarono estremamente abili nel muoversi tra le fitte foreste e in zone prive di strade, e nell'adattarsi alle condizioni del terreno. Perfino i carri armati e l'artiglieria riuscivano a muoversi attraverso strade che i tedeschi avevano considerato impercorribili per ogni veicolo. Non meno sorprendente per i tedeschi era l'abilità con cui i russi riuscivano a superare ostacoli e barriere costruiti dall'uomo. Inseguendo le unità tedesche in ritirata, spesso inviavano unità a compiere delle azioni di accerchiamento su entrambi i fianchi dei tedeschi.

Le prime tre azioni si svolgono nel periodo di stallo tra la primavera del 1942 e l'autunno del 1944, mentre l'ultima durante i combattimenti e il ripiegamento dei tedeschi dal nord della Finlandia.

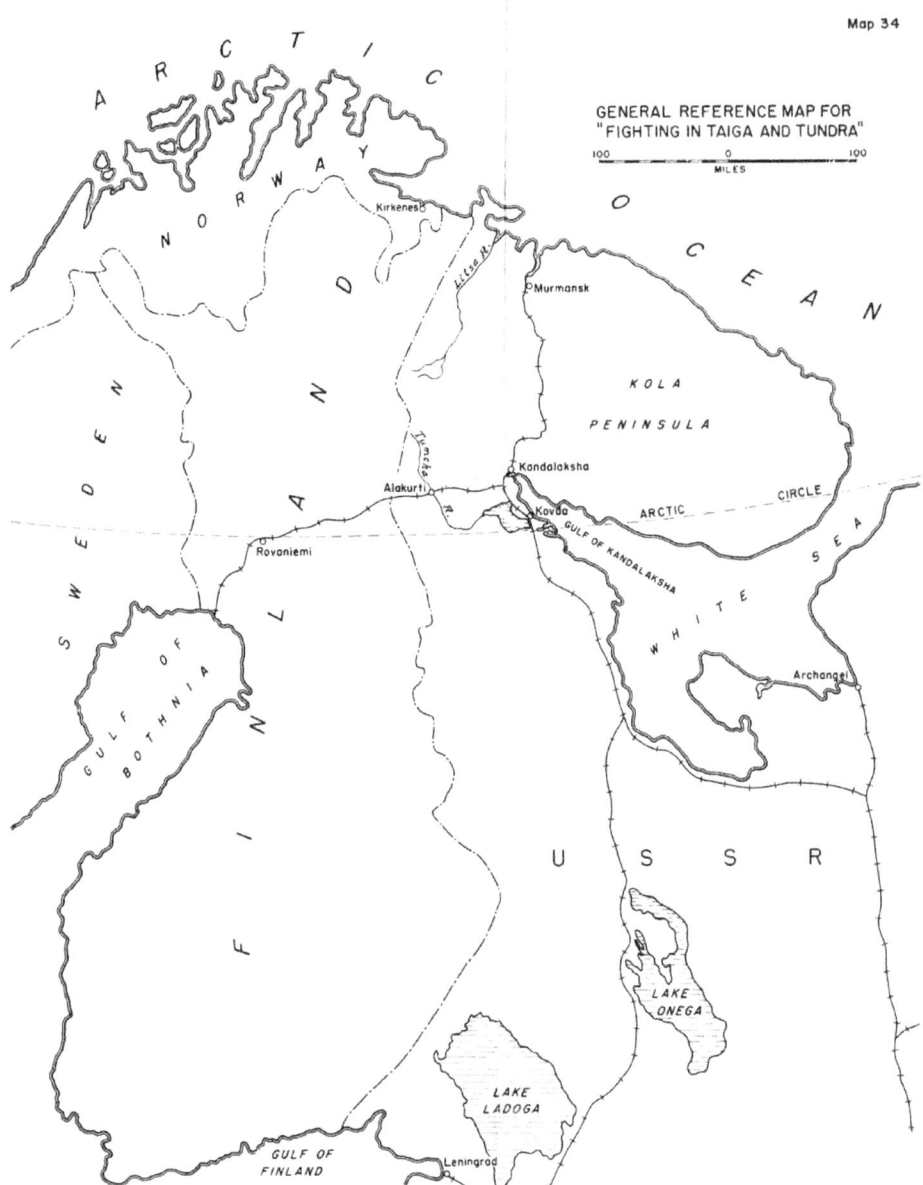

Mappa generale al Capitolo 4.

II Un'operazione di sabotaggio alla linea Murmansk-Leningrado (agosto 1942)

Nell'estate del 1942, la 20ª Armata da montagna tedesca fu inviata nella Finlandia settentrionale. Il XXXVI Corpo da montagna teneva la parte centrale del fronte finlandese a est di Alakurti contro forze russe superiori. Dopo che l'offensiva tedesca avente come obiettivo la ferrovia Murmansk-Leningrado si era conclusa con un fallimento, entrambe le parti si erano trincerate su posizioni ben preparate e il fronte si era così stabilizzato. Il fronte tedesco non era una linea continua: tra il Corpo schierato a nord e quello a sud, attraverso il circolo polare artico si trovava un varco di 70 chilometri, che era protetto solamente da due Battaglioni di fanteria finlandese. Le attività di entrambe le parti erano limitate ad attività di pattuglia e a attacchi di piccola scala.

Non era un mistero agli occhi dei comandanti tedeschi, che la maggior parte degli aiuti *Lend-Lease* Alleati, inclusi veicoli a motore, munizioni, razioni e vestiario, arrivavano all'epoca in Russia attraverso il porto di Murmansk, che era libero dai ghiacci per tutto l'anno. Da qui i rifornimenti arrivavano a Leningrado attraverso una ferrovia[22]. Tutti i tentativi da parte dell'Aviazione e della Marina di neutralizzare il porto avevano avuto poco effetto, e il flusso di rifornimenti continuava ininterrotto. La *Luftwaffe* riusciva frequentemente a interrompere la ferrovia per Leningrado, ma queste interruzioni erano solo temporanee. I russi, infatti, impiegando sia lavoratori militari che civili, riuscivano con sorprendente rapidità a riparare e a rimettere in funzione i tratti di rotaia danneggiati, così come i ponti e i tunnel. I tedeschi decisero infine che il solo modo per interrompere il traffico lungo questa importante arteria ferroviaria era di provvedere con squadre appositamente addestrate alla demolizione di ponti e tunnel.

A: La Compagnia per le Missioni Speciali e il Sabotaggio (Compagnia SMS).
Le normali unità da combattimento dei servizi si trovavano in grande difficoltà nel combattimento in una zona densamente boscosa e piena di laghi, corsi d'acqua e paludi, così come in regioni collinari e rocciose. A causa di questi problemi derivati dal terreno, venne scartata l'idea di lanciare un offensiva generale verso la ferrovia dal momento che un tentativo del genere, effettuato in precedenza, si era risolto in un completo fallimento. Venne deciso, con il consenso generale, di impiegare una piccola unità altamente addestrata e molto mobile. Quest' unità era la cosiddetta, Compagnia per le Missioni Speciali e il Sabotaggio, un unità aggregata al quartier generale d'armata e che all'epoca si trovava nel settore del XXXVI Corpo.

La Compagnia per le Missioni Speciali e il Sabotaggio (Compagnia SMS) [vedi tavola organizzativa], fu creata nella primavera 1942 come parte del cosiddetto Reggimento *Brandenburg*. Questo Reggimento, che operava sotto il diretto controllo dell'*Oberkommando della Wehrmacht*, era responsabile per il reclutamento, l'organizzazione e l'addestramento di unità per il sabotaggio e per lo spionaggio. Queste unità erano di varie dimensioni, da Compagnie fino a piccole squadre o singoli operatori. A differenze di altre unità speciali dell'Esercito tedesco, quest'unità era formata da soldati veterani e ben dotata di armi ed equipaggiamenti.

---

[22] Poiché Leningrado era ancora accerchiata, in realtà i rifornimenti venivano portati verso Mosca tramite alcune linee ferroviarie costruite apposta, NdT.

Organizzazione della Compagnia

		Comando Compagnia					
\multicolumn{2}{c}{1° Plotone}	\multicolumn{2}{c}{2° Plotone}	\multicolumn{2}{c}{3° Plotone}	Squadre Rifornimenti (7)
\multicolumn{2}{c}{Comando Plotone}	\multicolumn{2}{c}{Comando Plotone}	\multicolumn{2}{c}{Comando Plotone}	
1ª Squadra	2ª Squadra	1ª Squadra	2ª Squadra	1ª Squadra	2ª Squadra	

Composizione delle unità componenti la Compagnia

Comando Compagnia	Comando Plotone	1ª Squadra	1ª Squadra
1 Comandante Cp. 1 Sergente 2 Portaordini 1 Sottuff. Medico 1 Guida finlandese + cane 4 Operatori Radio Totale 10	1 Comandante Plt. 1 Comandante Sq. C.do 2 Portaordini 1 Barelliere 1 Guida finlandese + cane 2 Operatori Radio Totale 8	1 Comandante Sq. 1 Guida finlandese 3 Mitraglieri 3 Genieri 1 Tiratore scelto 1 Fuciliere lanciagranate 2 Fucilieri Totale 12	1 Comandante Sq. 1 Guida finlandese 3 Genieri 1 Tiratore scelto 1 Fuciliere lanciagranate 5 Fucilieri Totale 12
Squadre Rifornimenti	1 Capo Squadra 2 Soldati Totale 3		

Forza totale della Compagnia: 127 Ufficiali, Sottufficiali e Truppa.

Il comandante della Compagnia SMS era un energico giovane Ufficiale in possesso di abilità tattiche superiori e un'ottima conoscenza della lingua russa [la Compagnia qui denominata "SMS" era era la *Kompanie Tromsdorff*, dal nome del suo comandante, il Capitano Tromsdorff; a capo dell'azione era il Tenente Hettinger, NdC]. Ogni squadra aveva un abile ed esperto Sottufficiale finlandese che parlava correntemente il tedesco e il russo [questi Sottufficiali erano sei volontari delle *Waffen-SS* finlandesi guidati dal Sergente SS Kaarlo Paananen, NdC]. Due o tre uomini erano ex prigionieri di guerra o disertori dell'Armata Rossa, originari dell'Ucraina o da altre parti della Russia che si opponevano al potere sovietico. Gli altri erano cosiddetti "tedeschi etnici" provenienti dal Sud-Tirolo, dai Balcani e dagli insediamenti tedeschi lungo il Volga. Tre uomini per ogni squadra erano stati sottoposti all'addestramento da genieri, ed erano esperti nel posizionare e maneggiare cariche esplosive.

La Compagnia era equipaggiata con pistole mitragliatrici tedesche e finlandesi. Ogni Plotone aveva un mortaio da 8 cm e ogni squadra una mitragliatrice leggera. La Compagnia aveva anche due cannoni da 7.5 cm che potevano venire smontati e trasportati in sezioni [probabilmente i cannoni leggeri da montagna *7.5 cm leichte Gebirgs-Infanteriegeschütze 18* o *7.5 cm Gebirgs-Geschütze 36*, NdC].

L'equipaggiamento radio consentiva al Comando di Compagnia di rimanere in contatto con i Comandi superiori, con ognuno dei suoi Plotoni e con uno degli immediati punti di rifornimento. Aggregato alla Compagnia c'era anche un distaccamento di 18 cani mastini e cani da guardia gestiti da sei finlandesi.

B: Operazioni preliminari. A metà del luglio 1942 le armate tedesca erano all'offensiva in profondità all'interno della Russia europea.[23] In quel periodo la Compagnia SM ricevette l'ordine di prepararsi per un operazione di ricognizione in profondità e sabotaggio della linea ferroviaria Murmansk-Leningrado.

L'operazione doveva venire lanciata ai primi di agosto, e durare tra le due e le tre settimane. In quel periodo la lunga estate nella terra del sole di mezzanotte, se da una parte avrebbe facilitato i movimenti, dall'altra avrebbe reso più difficile passare inosservati ai punti di osservazione russi.

Secondo il piano, i circa 250 chilometri che separavano l'obiettivo dal punto di partenza nella regione di Kairala, dovevano essere percorsi attraversando i fiumi e i laghi di cui era ricca la regione. Per questo scopo vennero fornite delle barche smontabili con motori fuoribordo dal peso rispettivamente di 20 e 10 chili, e gli uomini furono addestrati a usare sia le barche che i motori presso la base della Compagnia, vicino a Kairala.

Durante l'addestramento venne scoperto che il miglior modo per evitare che le barche si ribaltassero, soprattutto quando erano spinte dal fuoribordo o rimorchiate, era di legarle insieme a due a due con pali e grosse corde. Tuttavia, dal momento che la maggior parte del viaggio sulle vie d'acqua doveva venire effettuata a remi questo espediente non poteva venire anticipato molto di frequente. Fu comunque deciso di utilizzare i motori fuoribordo solo in caso di emergenza, una volta che si fosse superata Tumcha.

Per portare avanti la missione di sabotaggio fu distribuito un esplosivo altamente efficace sviluppato dai finlandesi, da impiegare con un normale detonatore a tempo. Quest'ultimo poteva essere settato per esplodere anche dopo otto giorni da quando veniva piazzato, il che dava alla Compagnia il tempo necessario per ritornare alla base. Durante l'addestramento, la Compagnia prese parte a delle esercitazioni per familiarizzare gli uomini con il nuovo esplosivo.

Anche gli operatori radio vennero addestrati ad utilizzare il codice russo a quattro cifre (il codice a cinque cifre era quello standard dell'Esercito tedesco.) Fu necessario adottare il codice russo per evitare che un messaggio intercettato potesse far fallire l'intera operazione.

Il comandante della Compagnia ebbe due volte la possibilità di effettuare una ricognizione dall'aria delle vie di accesso e dell'obiettivo, ed entrambe le ricognizioni non rivelarono nulla che rendesse necessario modificare il piano, confermando che non c'erano unità russe o distaccamenti di operai a ovest di Kovda. L'ufficiale di collegamento finlandese escluse la possibilità di incontrare unità russe di grandi dimensioni se il piano fosse rimasto segreto.

Nell'aeroporto di Alakurti erano pronti un bombardiere *Junker 88* e un ricognitore *Henschel 126* [monoplano , nel caso fosse necessario effettuare dei rifornimenti aerei o

---

[23] Si tratta dell'offensiva che porterà i tedeschi a Stalingrado, NdT.

evacuare dei feriti. Gli aerei dovevano venire contattati via radio e guidati sull'obiettivo da segnali fumogeni o luminosi.

C: Preparativi finali. Il 25 luglio 1942, il comandante della Compagnia ricevette le seguenti istruzioni operative dallo Stato Maggiore del XXXVI Corpo da Montagna.

Partendo il 2 agosto, e utilizzando tutte le vie d'acqua disponibili, la Compagnia SMS si muoverà a ovest di Kovda per effettuare la demolizione di due o più tratti delle ferrovia Murmansk Leningrado. Escludendo la reazione a un attacco da parte dei russi, bisognerà evitare qualsiasi combattimento. Dovranno venire prese tutte le precauzioni per non attirare l'attenzione del nemico.

> Il comandante della Compagnia decise di utilizzare il percorso scelto in precedenza, dal momento che era necessario portare le barche per via terra una volta soltanto attraverso il bacino idrografico dodici chilometri a sud est di Kairala (Mappa 35). Per avanzare più velocemente e per risparmiare il carburante, vennero assegnati dei battelli d'assalto alla Compagnia, così che l'intero reparto potesse essere trasportato su di essi per la prima parte del viaggio.

Per diminuire il pericolo di venire identificati, una parte dell'equipaggiamento invernale standard dell'esercito tedesco fu lasciato alla base e rimpiazzato da stivaletti di gomma russi, giacche mimetiche, un pugnale finlandese e una piccola borsa per portare razioni e munizioni. Venne vietato l'indossare nastri di munizioni e insegne di grado, e tutti i soldati vennero dotati di una retina antizanzare e di un repellente di produzione finlandese.

A causa del limitato materiale che la Compagnia poteva portare con sé vennero lasciati alla base sia i cannoni leggeri che i mortai. Ad ogni squadra venne assegnato, in sostituzione del mortaio, un fucile dotato di lanciagranate, che si era dimostrato molto utile nel combattimento ravvicinato nella foresta. Le cariche sparate da questo lanciagranate avevano il vantaggio aggiuntivo di potere venire lanciate a mano durante i combattimenti corpo a corpo nella foresta. Oltre alle pistole mitragliatrici, la Compagnia aveva in dotazione tre mitragliatrici leggere, ognuna con 2.500 colpi in dotazione. Il principio guida era di portare relativamente poche armi ma ben più del minimo indispensabile di munizioni.

Il problema di rifornire la Compagnia era di non facile soluzione. Il vivere solo di ciò che offriva il terreno era impossibile, dal momento che la zona offriva solo bacche e funghi: vi si potevano trovare molti animali selvatici, come conigli, renne, alci, fagiani e quaglie, ma il rumore degli spari si sarebbe sentito a chilometri di distanza. I laghi erano pieni di pesci, che potevano fornire delle razioni supplementari. Fu deciso che il rifornimento della Compagnia sarebbe stato affidato a sette squadre di tre uomini ognuna che avrebbero trasportato i rifornimenti da Kairala, stabilendo lungo la strada sette punti di rifornimento. Dal momento che la Compagnia aveva con sé razioni e altri rifornimenti per i primi sei giorni, non ci si aspettava di utilizzare i punti di rifornimento prima di raggiungere il campo base sul lago Kovd.

Non era disponibile alcun Ufficiale medico, ma l'unità sarebbe stata accompagnata da un tecnico medico esperto e da tre barellieri, uno per ogni Plotone. Prima di partire, il comandante di Compagnia chiese che l'area del Tumcha venisse messa in sicurezza da due pattuglie esploranti, una da ogni Battaglione finlandese. Queste pattuglie, se si fossero imbattute in delle unità russe sulla strada, avrebbero dovuto attuare dei diversivi per attirare il nemico, usando anche dei falsi segnali radio.

Di seguito, la tabella di marcia prevista per l'operazione.

Primo giorno: procedere per il lago Siyeminki, situato a monte del fiume Kuvzhdenga.
Secondo giorno: Continuare fino al punto di rifornimento 4 a ovest di Tumcha. Terzo giorno: Superare Tumcha, inviare pattuglie in ricognizione e prendere contatto con le pattuglie finlandesi sui fianchi, quindi procedere fino al punto di rifornimento 6.
Quarto Giorno: dopo avere raggiunto il lago Kovd esplorare la regione attorno all'isola Velijki.
Quinto giorno: procedere in direzione dell'isola Pazhma e stabilirvi un campo base. Sesto giorno: riposo.
Settimo e Ottavo giorno: procedere verso est in direzione della linea ferroviaria.
Dal nono all'undicesimo giorno: inviare tre distaccamenti da demolizione, ognuno composto da un Plotone, in tre diversi punti della linea ferroviaria. Piazzare le cariche da demolizione nei tunnel e sotto i ponti.
Dodicesimo giorno: rientro al campo base e riposo.
Dal tredicesimo al quindicesimo giorno: iniziare il viaggio di ritorno per Kairala, utilizzando i motori fuoribordo solo dopo avere raggiunto Tumcha.

D: Svolgimento dell'operazione. La Compagnia si mise in movimento alle prime ore del 3 agosto. I battelli vennero collegati a coppie di due e trainati in gruppi di sei dalle barche d'assalto lungo la catena di laghi a sud di Kairala. Poco prima di mezzogiorno ebbe inizio il percorso di cinque chilometri che doveva essere effettuato portando le barche via terra. Nell'attraversamento fu perso diverso tempo dal momento che per trasportare tutto l'equipaggiamento furono necessari tre viaggi. Nel tardo pomeriggio le barche furono slegate e assemblate a coppie. Quindi si mossero verso valle utilizzando dove possibile i motori fuoribordo. Dopo avere raggiunto il lago Siyemiki si fermarono per riposare.

La mattina del 4 agosto la Compagnia continuò ad avanzare, tutti i movimenti vennero effettuati silenziosamente e seguendo la tabella di marcia. La sera venne stabilito il contatto radio con le due pattuglie finlandesi che riferirono l'assenza di unità russe dentro e intorno Tumcha.

Il 5 agosto con la copertura delle pattuglie finlandesi, la compagnia avanzò lungo il lago Sush raggiungendo in serata il punto di rifornimento 6. Nel frattempo i finlandesi appresero che una pattuglia russa era passata tre o quattro giorni prima attraverso la città, ora deserta, di Tumcha. Dal momento che i russi effettuavano queste ricognizioni ogni 10 o 14 giorni, si poteva supporre che non sarebbero ripassati da lì prima di altri 7 o 10 giorni.

Il 6 agosto si dovette ritardare l'avanzata verso il punto di rifornimento 7 dal momento che la parte occidentale del lago Kovd era piena di giunchi che ostruivano il passaggio. Durante la sera venne inviata una squadra sull'isola Velikij, per verificare se vi fosse la presenza di soldati russi o di distaccamenti di lavoro.

Più tardi, quella squadra doveva fornire copertura al resto della Compagnia mentre sbarcava sulla sponda occidentale dell'isola Pazhma e vi stabiliva un campo base. Per comunicare l'eventuale presenza o l'assenza di truppe russe venne scelto un semplice codice radio che consisteva solamente in uno o due segnali, quindi gli operatori radio dovevano stare sempre all'erta.

Alle 07.00 del mattino seguente un segnale comunicò l'assenza di truppe russe sull'isola Velikj, mentre alle 11.30 un altro segnale dall'isola Pazhma confermò l'assenza di russi nella zona. La Compagnia poté quindi sbarcare e stabilire un campo base senza di timore di venire intercettata. Il campo base A fu stabilito nella parte occidentale dell'isola vicino a una piccola baia in cui sfociava un torrentello. Per tenere sotto osservazione il villaggio di pescatori sul lato orientale dell'isola venne stabilito un cordone di sentinelle. Si presumeva che ogni pattuglia esplorante russa che fosse passata nella zona avrebbe sfruttato gli edifici di mattoni e l'acqua corrente del villaggio. L'ipotesi di sistemare il campo base sull'isola Velikij era stata scartata dal momento che i fuochi degli accampamenti avrebbero potuto facilmente venire individuati dai molti gruppi di pescatori che si sapeva frequentavano la parte settentrionale del lago Kovd.

L'8 agosto, sesto giorno d'operazioni, doveva in base alla tabella di marcia essere un giorno di riposo. Non appena iniziarono ad arrivare al campo base i primi rifornimenti dai depositi posizionati lungo la strada, si apprese che un uomo della squadra di rifornimento 4 era affogato quando la sua barca si era rovesciata. Dal momento che la squadra 4 non poteva più operare lungo tutto il suo settore con un uomo in meno, i comandanti delle squadre di rifornimento 4 e 5 decisero di spostare il punto di rifornimento 5 a otto chilometri a ovest. Dal momento che la pesca attorno all'isola Pazhma era buona, gli uomini della Compagnia furono adeguatamente nutriti anche se l'arrivo delle razioni fu ritardato.

All'alba del 9 agosto ognuno dei tre Plotoni, inviò una squadra ad esplorare i ponti ferroviari e i tunnel che dovevano venire distrutti. Dei tre obiettivi che erano stati individuati il più importante era il ponte ferroviario che, in base alle fotografie aeree, si stimava lungo 500 metri. Era possibile avvicinarsi al ponto solo con le barche, e una piccola isola che si trovava vicino all'approccio occidentale al ponte offriva un eccellente punto di partenza. Tuttavia, proprio grazie a questo vantaggio, si riteneva che il ponte fosse ben sorvegliato e protetto contro azioni di sabotaggio o altri attacchi, ciò era confermato dalla presenza del pesante fuoco antiaereo che gli aerei tedeschi avevano incontrato nelle loro missioni sulla zona.

Anche se la via d'accesso al piccolo ponte più a nord sembrava favorevole, ci si aspettava maggiori difficoltà per il ponte che era l'obiettivo meridionale dell'operazione, tra cui ben due attraversamenti via terra con le barche. Questo ponte attraversava una profonda gola e ci sarebbe voluto presumibilmente più tempo per ripararlo una volta che fosse stato fatto saltare in aria rispetto agli altri due obiettivi posti più a nord.

Tra il tardo pomeriggio e la sera del 9 agosto, le tre pattuglie esploranti riuscirono a raggiungere con successo le vicinanze dei tre obiettivi. Le cariche esplosive vennero nascoste ripari in ben mimetizzati nei pressi dei ponti. Durante la notte, eccezionalmente luminosa, i tedeschi furono in grado di osservare il traffico sui ponti e le sentinelle russe pattugliare la linea ferroviaria.

Il comandante della compagnia decise di fare riposare i suoi uomini durante la giornata dell'11 agosto. A sera, ordinò ai comandanti del secondo e del terzo plotone di spostarsi sulla sponda nord occidentale dell'isola Velikij. Qui, il giorno seguente venne stabilito il campo base B, con lo scopo di accorciare la linea di rifornimento per questi due Plotoni, mentre la squadra di rifornimento 7 prese possesso del campo base A per dare supporto al primo plotone.

Il 13 agosto vennero inviate altre pattuglie di ricognizione, gli esplosivi vennero portati più vicini alle aree bersaglio e tutte le variabili vennero esaminate. Il Comandante di compagnia ordinò di posizionare le cariche esplosive tra le 01:00 e le 03.00, dal momento che a quell'ora le sentinelle nemiche sembravano allentare la vigilanza.

Le tre operazioni di sabotaggio vennero eseguite nelle prime ore del mattino del 14 agosto. Il primo Plotone ebbe la sfortuna di venire individuato da una sentinella russa alle 02.00, prima che fosse riuscito a sistemare le sue cariche. Anche se il comandante del plotone riuscì a gettare della benzina sul ponte e a incendiarlo, fu costretto a ritirarsi dopo un breve scontro a fuoco con le pattuglie russe messe in allerta dalla sentinella. Nella ritirata che ne seguì, una delle barche fu colpita e tutti i suoi occupanti uccisi, mentre un'altra si rovesciò ma i soldati vennero tratti in salvo da un'altra barca. Le guardie russe sul ponte erano dei bersagli eccellenti per i fucilieri tedeschi che ne abbatterono una decina.

Poco dopo l'inizio dello scontro a fuoco le guardie russe attivarono l'allarme, il che mise in allerta tutte le postazione russe lungo la linea ferroviaria. L'allerta fu seguita quasi immediatamente da una febbrile attività radio da parte dei russi, attività che fu prontamente intercettata dagli operatori radio tedeschi al campo B. Quando il comandante della compagnia ricevette via radio dal primo plotone la descrizione di ciò che era successo, ordinò che gli altri due plotoni posizionassero le cariche senza altro indugio. Il primo plotone raggiunse il campo B alle ore alle ore 11.00, dopo avere usato ancora i motori fuoribordo per raggiungere il lago Kovda.

Il secondo Plotone, che doveva attaccare l'obiettivo principale al centro, riuscì ad avvicinarcisi con successo al ponte sfruttando la protezione offerta dalla vegetazione che cresceva sulla sponda meridionale del fiume. I tre finlandesi presenti nel plotone, guidati dai loro cani, rapidamente e silenziosamente aggredirono e uccisero le due sentinelle russe sul lato sud del ponte, che venne rapidamente preparato per la demolizione sistemando le cariche in tre punti differenti. Apparentemente le sentinelle russe al centro e all'estremità nord del ponte non avevano notato la presenza delle truppe tedesche, tuttavia, non appena venne suonato l'allarme, i soldati russi attraversarono di corsa il ponte e i tedeschi non furono in grado di piazzare la quarta carica esplosiva al centro del ponte. Così, si dovettero far detonare tutte insieme le ceriche già piazzate. Una mitragliatrice leggera piazzata abilmente vicino al limite meridionale del ponte tenne sotto tiro le sentinelle russe fino a quando il nucleo del plotone non si fu ritirato. Mentre gli uomini si ritiravano, una sezione di 70 metri del ponte venne fatta saltare in aria. Solo due soldati tedeschi erano leggermente feriti, mentre le perdite russe erano molto più alte, almeno otto uomini erano stati colpiti dalla mitragliatrice e altri erano stati uccisi dall'esplosione. Il Plotone si radunò alle 03.15 e ricevette via radio l'ordine di rientrare immediatamente alla base, dove arrivò verso le 11.00 usando i motori fuoribordo.

Il terzo plotone incontrò alcune difficoltà nell'avvicinarsi al suo obiettivo. Dopo avere inizialmente preso una strada sbagliata, il plotone venne ulteriormente ritardato dalla forte corrente del fiume. Una delle guide finlandesi prese il comando di una barca da pesca e i soldati tedeschi si camuffarono da pescatori. Il plotone fu in grado di recuperare il tempo perduto e raggiunse le vicinanze dell'obiettivo nella serata del 13 agosto. Gli esplosivi vennero posizionati alle 21.00, e dal momento che il comandante voleva osservare l'esplosione da una distanza di sicurezza i timer vennero settati per attivarsi dopo cinque ore.

Poco dopo le guardie russe emersero dal loro rifugio e iniziarono a pattugliare le spalle del ponte. Le cariche esplosero alle 02.30 facendo crollare un pilastro e uccidendo diversi soldati russi che si trovavano sul ponte. Il comandante del plotone fece rapporto via radio al comando di compagnia da cui ricevette l'ordine di rientrare alla base, dove arrivarono a metà pomeriggio.

I tre Plotoni si radunarono e insieme alla squadra di rifornimento 7, iniziarono il viaggio di ritorno poco dopo le 17.00. Degli aerei da ricognizione russi volarono sopra di loro e li attaccarono con le mitragliatrici, ferendo tre uomini e danneggiando diverse barche.

Mentre si muovevano verso ovest attraverso il lago Kovd, la retroguardia della compagnia sentì il rumore di diverse barche a motore dirigersi verso di loro da est alla massima velocità. Spegnendo i propri motori, la compagnia riuscì appena in tempo a rifugiarsi in una zona paludosa subito prima che sei grossi battelli li superassero, ognuno con a bordo 45 soldati russi dotati di armi automatiche.

Per seminare gli inseguitori russi, il comandante di compagnia, contrariamente a quanto prevedeva il piano, decise di passare attraverso il lago Vizi. Dal momento che solo la squadra di rifornimento 3 era equipaggiata con una radio, fu possibile avvertire solo quest'ultima di questo cambiamento del piano. In ogni caso, tutte le altre squadre si stavano dirigendo verso le linee tedesche, dal momento che gli ordini erano di rientrare qualora la compagnia non fosse riuscita a raggiungerle per la mezzanotte del 16 agosto.

Grazie all'abilità dei finlandesi, percorrere il torrente che collegava i lago Kovd con il lago Vizi fu sorprendentemente facile. La compagnia procedette con i motori al minimo, verso la sponda occidentale del lago Vizi, impiegando tutta la notte per raggiungere l'obiettivo. Nelle rapide tra i due fiumi vennero perse 5 barche, ma i loro occupanti vennero presi a bordo delle altre.

Gli aerei da ricognizione russi li sorvolarono ripetutamente, ma la compagnia riuscì ogni volta a trovare una copertura. Una volta raggiunto lo sbocco occidentale del lago Vizi, la compagnia si riposò per diverse ore sulla sponda settentrionale del lago.

Nel tardo pomeriggio, il nucleo principale della Compagnia, che seguiva da vicino l'avanguardia, aveva appena iniziato a navigare nel corso d'acqua che collegava il lago Vizi con il lago Tumcha, quando venne attaccata da una forza russa di circa quattro plotoni che si era schierata su entrambi i lati del fiume per un' imboscata. Gli uomini furono costretti ad abbandonare le barche e con esse il loro equipaggiamento, incluse le radio. La maggior parte degli uomini nuotò verso la sponda settentrionale del fiume mentre i rimanenti su quella meridionale. Fortunatamente per la compagnia, la squadra di punta aveva salvato la sua mitragliatrice. Il comandante della squadra, avendo compreso rapidamente la situazione, sistemò la mitragliatrice sulla sponda nord e iniziò a innaffiare di proiettili i cespugli. Man mano che altri membri della compagnia giungevano sulla sponda settentrionale, univano il loro fuoco a quello della mitragliatrice. Con la copertura di questo schermo difensivo, il resto della compagnia fu in grado di sfuggire all'imboscata tesa dai russi con solo cinque morti e otto feriti. Poco dopo gli uomini si radunarono sulla sponda meridionale del fiume.

Dal momento che la maggior parte delle barche era distrutta, il viaggio dovette continuare a piedi. A mezzanotte la compagnia raggiunse un punto, circa 7 chilometri a nord ovest di Tumcha, dove, dopo avere sistemato un perimetro difensivo, riposò per metà giornata.

I due Battaglioni finlandesi avevano messo in allerta le loro pattuglie nell'area a sud di Tumcha fin dalla mattina del 15 agosto, in modo che potessero coprire la ritirata della Compagnia. Quando i finlandesi notarono la presenza dei velivoli russi, e udirono il rumore di un combattimento dalle parti del lago Vizi, si misero in movimento e attaccarono la forza russa alle spalle uccidendo o ferendo almeno 35 nemici.
Altre pattuglie finlandesi recuperarono le squadre di rifornimento 4 e 5 che si stavano aprendo la strada verso ovest nella zona del la Tumcha.

Nella confusione del combattimento, un ucraino membro della squadra di rifornimento 4 riuscì a fuggire, e dalle intercettazioni radio i tedeschi appresero che era riuscito a raggiungere le linee russe. Si può tranquillamente ritenere che la ricompensa per la sua fuga sia stato un biglietto di sola andata per un campo penale in Siberia.

La compagnia prese contatto con gli avamposti finlandesi circa 15 chilometri del lago Siyeminki nel pomeriggio del 16 agosto, ritornando a Kairala in serata.

E. Il comportamento dei soldati stranieri: Durante l'operazione i tedeschi "etnici" così come i finlandesi diedero buona prova di sé. La loro tenacia, l'autosufficienza e la loro familiarità con l'ambiente naturale si dimostrarono di enorme valore. Con l'eccezione del disertore dalla squadra di rifornimento 4, gli ex sovietici si comportarono bene. In questa operazione vennero guidati da esperti ufficiali tedeschi e austriaci, il che influenzò le loro performance.

Durante due azioni successive nell'area del XXXVI Corpo da Montagna, la Compagnia fallì nel compiere la sua missione, e nell'ultima la maggior parte dei russi disertò dopo avere ucciso alcuni dei propri ufficiali e sottufficiali tedeschi.

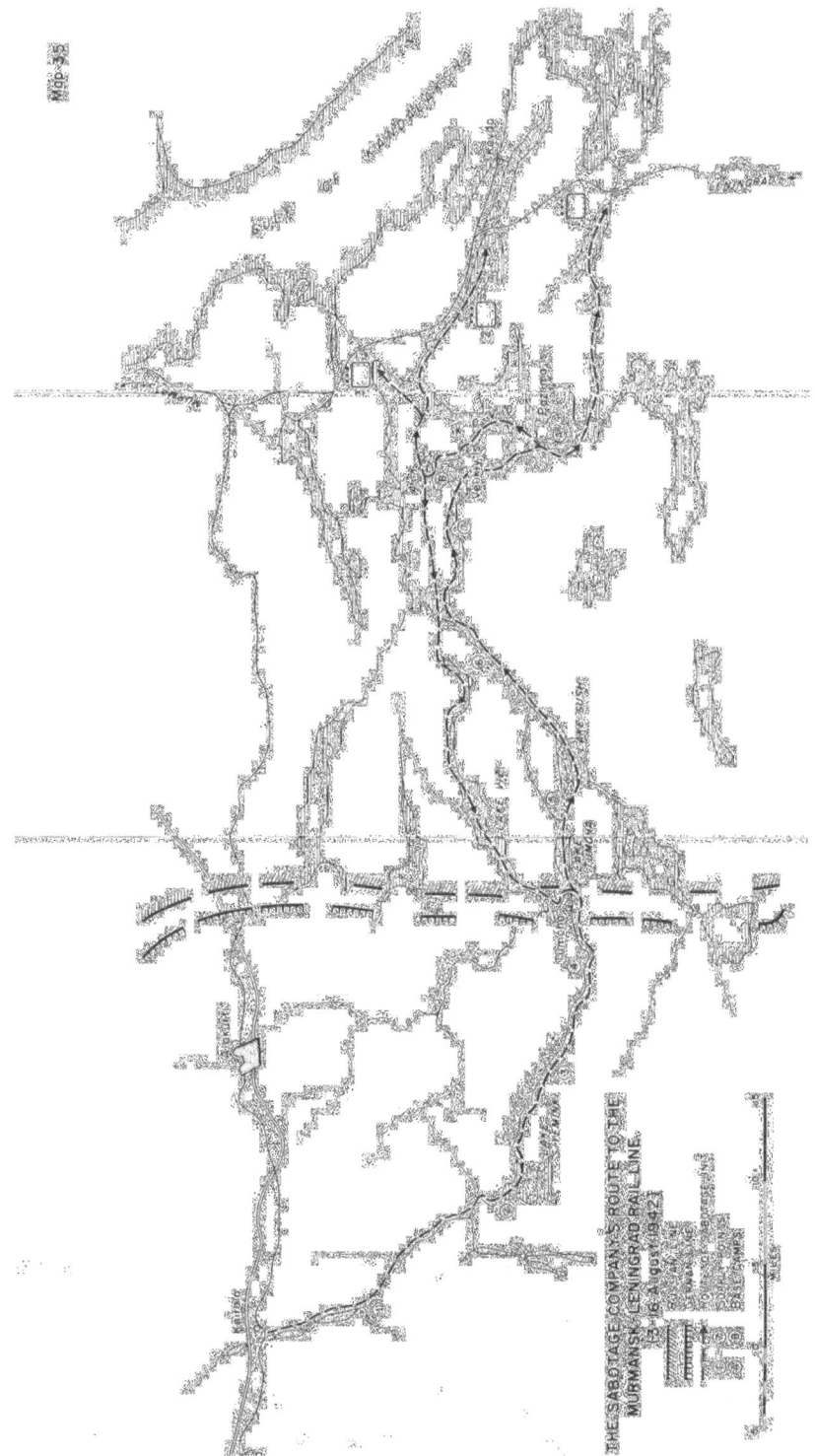

Legenda: Linee russe – Linee tedesche – Punti di rifornimento – Campi base.

III: Raid tedesco contro un caposaldo russo nella Finlandia settentrionale (febbraio 1944)

Il XIX *Gebirgs-Korps*, nel settembre 1944, occupava il settore più settentrionale della XX *Gebirgs-Armee*, ed era formata da due Divisioni di fanteria da montagna e una Divisione costiera. Di fronte al Corpo erano schierate forze russe numericamente superiori. Sia i russi che i tedeschi stavano tenendo posizioni ben consolidate, per il terzo inverno di guerra.

Una delle Divisioni da montagna, rinforzata da truppe speciali, aveva occupato delle posizioni nel terreno roccioso della tundra, circa un miglio a ovest dal fiume Litsa, il cui corso ghiacciava durante l'inverno e non costituiva quindi un ostacolo di rilievo. La tundra combinava le caratteristiche delle cime delle montagne subalpine e dei terreni collinari. I rilievi, relativamente bassi, fornivano un eccellente visuale del terreno circostante. Il terreno roccioso si alternava con macchie di muschio, salvo alcuni rari e spogli alberi la vegetazione non offriva alcuna copertura.

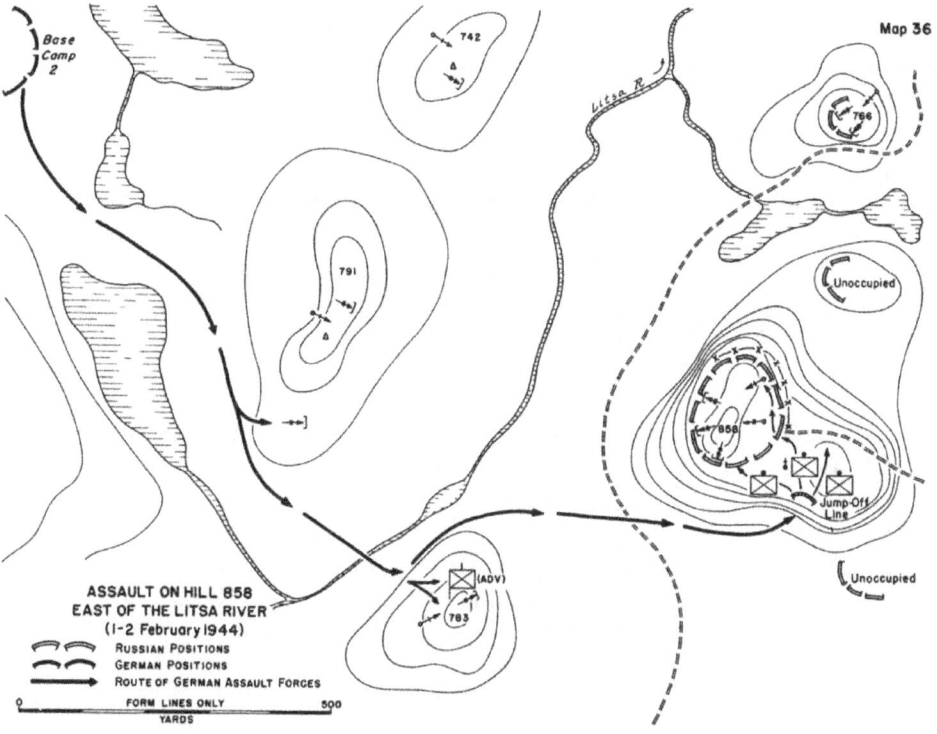

La linea del fronte tedesca era costituita da una serie di punti fortificati non collegati tra loro, ognuno dei quali era preparato per una difesa del perimetro contro attacchi da ogni direzione. In alcuni punti gli intervalli tra i punti fortificati erano larghi fino a due chilometri. Questi varchi erano protetti da un intricato sistema difensivo che coinvolgeva il fuoco incrociato dai punti fortificati e, se necessario, l'impiego delle riserve. In generale, la principale linea di resistenza era una linea immaginaria che collegava le posizioni che erano state preparate per le armi difensive. Tra le linee si trovavano delle sentinelle e dei punti d'ascolto venivano sistemati durante la notte o quando c'era il cattivo tempo. La distanza tra le linee russe e quelle tedesche variava tra uno e due chilometri.

Durante l'inverno entrambe le parti limitavano le loro attività a intense azioni di pattuglia, mentre le operazioni con forze più grandi di una squadra erano molto rare. In aggiunta alla costante ricognizione ravvicinata, che era essenziale per la sicurezza in special modo durante le lunghe notti invernali e le tempeste di neve, entrambe le parti, portavano avanti raid e attacchi esplorativi per raccogliere informazioni, disturbare il traffico dei rifornimenti e mantenere intatta l'aggressività delle truppe.

Ai primi di gennaio del 1944, il I Battaglione del 143° Reggimento *Gebirgsjäger* [della *6. Gebirgs-Division*, formata nel giugno 1940 nel *Wehrkreis XVIII*, Klagenfurt, NdC], ricevette l'ordine di prepararsi ad un raid contro la fortificazione russa sulla collina 858 (Mappa 36).

L'obiettivo di questo raid era di prendere dei prigionieri e di distruggere quante più istallazioni difensive e rifugi possibile. Per assicurarne il successo, l'operazione venne preceduta da un accurata preparazione per il battaglione che durò quattro settimane. I tedeschi avevano scelto la collina 858 come obbiettivo perché non era stata attaccata dal 1941. Le pendici meridionali e occidentali della collina erano considerate inaccessibili, soprattutto d'inverno, pertanto i tedeschi presunsero che la guarnigione russa tenesse sotto controllo la parte orientale e settentrionale, fidandosi dell'inaccessibilità degli altri settori. La ricognizione aerea e la ricognizione ravvicinata rivelò che degli sbarramenti di filo spinato erano stati piazzati solamente nella parte nord ed est della collina. Un altro fattore che determinò la scelta dell'obiettivo fu la possibilità che l'attacco potesse venire appoggiato dalle armi pesanti sulle colline 742, 781 e 793 che si trovavano nella terra di nessuno tra le linee tedesche e la collina 858.

Secondo la ricognizione aerea e l'osservazione terrestre, la fortificazione era tenuta da una forza valutata in un plotone. Il comandante di Battaglione decise di selezione una corrispondente forza d'attacco formata da un Sergente di Plotone, tre comandanti di squadra e 24 uomini. Questo gruppo doveva a sua volta dividersi in una squadra d'assalto, formata dal Sergente, da un comandante di squadra e da 10 uomini e 2 squadre di supporto formate da un comandante di squadra e sette uomini. La squadra d'assalto doveva venire appoggiata da una squadra esplorante, una squadra medica, una sezione mitragliatrici armata di due mitragliatrici pesanti, e una squadra mortai con un mortaio da 8 cm.

Il punto fortificato tedesco più vicino all'obiettivo venne designato come campo base 2, qui dovevano rimanere di riserva un plotone di fanteria da montagna e uno di genieri; su richiesta sarebbe stato fornito il supporto dell'artiglieria.

Il raid doveva venire diretto da un posto di comando avanzato sito sulla collina 783. I collegamenti tra il posto di comando avanzato e il campo base 2 dovevano venire mantenuti via telefono e via radio. I cavi telefonici sarebbero stati stesi fino al punto di partenza della squadra d'assalto a sud est dell'obiettivo. Durante la fase iniziale del raid venne imposto il silenzio radio. Al comando della squadra d'assalto venne posto il sergente Hofer, un uomo che aveva dimostrato la sua abilità in azioni simili svoltesi in precedenza. Era un eccellente montanaro del Tirolo e si era offerto volontario per questa missione.

Hofer era convinto che con il tempo giusta e con la necessaria preparazione sarebbe stato possibile arrampicarsi sulle ripide pendici della collina che portavano alle posizioni russe.

Il piano richiedeva che la squadra d'assalto fosse equipaggiata solamente con pistole mitragliatrici russe catturate, e ogni uomo doveva portare con sé sei caricatori. Le squadre di supporto erano equipaggiate con due fucili lanciagranate [*Mauser Kar 98k* dotati di tromboncino lanciagranate *Schiessbecher* da 3 cm, NdC] e 60 granate, un mortaio medio con 48 proiettili, e una mitragliatrice pesante con 3.000 colpi. Gli uomini dovevano anche portare con loro mine e cariche di demolizione per distruggere le posizione russe. In aggiunta alla squadra d'assalto furono fornite tre pistole lanciarazzi da segnalazione con i relativi razzi.

Tutti gli uomini dovevano indossare giacche imbottite e stivali di feltro, con l'eccezione della squadra d'assalto a cui vennero forniti degli stivali da sci le cui pesanti suole di gomma consentivano una miglior presa sul terreno. Ogni uomo doveva indossare un parka bianco munito di cappuccio, dei sovra pantaloni bianchi, un cappello di lana e dei guanti di lana con un buco per il dito del grilletto. Le munizioni dovevano venire portate nelle tasche esterne dei loro parka, e un pugnale finlandese era pronto per venire estratto. Dopo un attento esame fu deciso di non portare né sci né bracciali colorati, come era uso nelle pattuglie, dal momento che la velocità era meno importante del passare inosservati

Le razioni di emergenza portate dalla squadra d'assalto includevano, delle barrette combinate di cioccolato e cola, gallette, bacon e destrosio. In aggiunta ai soliti rifornimenti, la squadra medica doveva portare con sé una slitta trainata da cani, due slitte pieghevoli, diversi sacchi a pelo in pelle di renna e alcune bottiglie termiche piene di the caldo.

Le fotografie prese più recentemente dalla ricognizione aerea vennero confrontate con quelle più vecchie prima di dare inizio all'operazione. A parte alcuni rifugi non osservati in precedenza, dalle foto non si notarono cambiamenti sostanziali nelle difese russe. Ad ogni uomo della squadra d'assalto fu data la possibilità di familiarizzare con il terreno e con la disposizione delle difese russe, osservandole dal campo base 2 e dai posti di osservazione sulle colline 791 e 742. Le informazioni così ottenute vennero confrontate tra loro e disegnate su delle mappe, che furono nuovamente valutate e esaminate sulla base delle ricognizioni aeree più recenti.

Nelle retrovie tedesche, una zona che per le caratteristiche del terreno assomigliava alla posizione russa venne utilizzata dai genieri per costruire una replica della fortificazione. Per circa due settimane la squadra d'assalto svolse delle esercitazioni, alcune delle quali con munizioni vere. Durante questo periodo di provo, le armi, i vestiti e l'equipaggiamento vennero testati, così come vennero provate le varie soluzioni tattiche in modo da ottenere il massimo coordinamento tra gli uomini della squadra.

Il piano proposto originariamente che prevedeva di dividere la forza d'assalto in tre squadre separate si dimostrò il più efficace e venne pertanto adottato ufficialmente. Durante l'avvicinamento la squadra d'assalto doveva venire divisa a sua volta in due, e ogni metà venire condotta alla posizione di partenza da una delle due squadre di supporto; fatto ciò, le due unità di supporto dovevano occupare le posizioni sulle pendici meridionali e sudorientali della collina 858, mentre la squadra d'assalto si radunava e si preparava a muovere. Ovviamente ad ogni uomo dovevano venire date precise istruzioni sulla parte che doveva svolgere nel raid, il successo del quale dipendeva dalla velocità e dal tempismo nell'esecuzione del piano.

Il comandante del battaglione ordinò a tutti i comandanti coinvolti nell'azione di partecipare ad esercitazioni cartografiche, in cui vennero riviste tutte le fasi sia del piano previsto che di quelli alternativi, incluse le possibili contromisure del nemico. Il più vicino punto fortificato russo si trovava a un chilometro e mezzo nelle retrovie della collina 858, così che, a causa della neve profonda un metro nella zona, non ci si poteva aspettare l'arrivo di rinforzi nemici prima di 45 minuti dopo che fosse stato dato l'allarme. Dopo una prolungata serie di giorni limpidi e freddi in cui la temperatura toccò i – 40°, il cielo si coprì e verso mezzogiorno del 1 febbraio iniziò a cadere la neve. La leggera nevicata verso sera si trasformò in una violenta tempesta di neve. Questo era il momento ideale per lanciare il raid, e dal momento che gli uomini erano ben riposati e che tutti i preparativi erano stati fatti, venne deciso di attaccare quella notte.

Il gruppo d'assalto lasciò il campo base alle 00.30. Aprivano la strada gli elementi esploranti, a seguire vi erano il comandante dell'unità con il personale del quartier generale che doveva gestire il posto di comando avanzato, la squadra del mortaio medio, la forza d'assalto vera e propria, la squadra medica e la squadra della mitragliatrice pesante. Ogni elemento si manteneva a distanza visiva da quello che lo precedeva. Una volta raggiunte le pendici meridionali della collina 791, la squadra della mitragliatrice pesante si staccò dal gruppo e raggiunse una posizione, stabilita in precedenza, da cui avrebbe potuto coprire la squadra d'assalto.

Poco dopo la partenza della squadra d'attacco, la tempesta di neve cessò improvvisamente e solo alcune nuvole coprivano parti di cielo mentre la luce della luna illuminava il suolo; quest'improvvisa luminosità fu percepita come chiaramente sfavorevole dal gruppo d'assalto che tuttavia continuò la sua missione, sapendo che una volta che la luna fosse calata la luminosità sarebbe calata nuovamente. Nonostante le condizioni di eccellente visibilità per i russi la vetta della collina 783 fu raggiunta alle 01.15. Il reparto d'attacco si rimise in movimento verso la collina 858, non appena venne stabilito il posto di comando e sistemate le sentinelle. La luna scomparve verso le 03.00 e poco dopo, nonostante le occasionali nevicate e i razzi luminosi lanciati di tanto in tanto dai russi, la squadra d'assalto raggiunse i piedi della collina 858 senza venire individuata. Giunti alla parte più ripida della collina gli uomini dovevano arrampicarsi in due lunghe file, un compito che richiedeva grande forza e abilità.

Alle 03.45 tutti gli uomini erano radunati sulla posizione di partenza. Le due squadre di supporto presero le posizioni che erano state loro assegnate senza entrare in contatto con il nemico. Hofer e i suoi uomini, intanto, si aprivano la via verso la strada che conduceva all'obbiettivo da est. Hofer sperava di riuscire a guadagnarsi l'accesso alle fortificazioni sfruttando la copertura della neve, che era stata ammucchiata in grande quantità ai due lati della strada. Non appena i tedeschi ebbero raggiunto un punto a circa 50 metri da una trincea di comunicazione che collegava le varie postazioni e i vari rifugi, videro un russo emergere da un rifugio e camminare verso la parte nord orientale della fortificazione; il russo scomparve in un'altra sezione della trincea senza avere notato la presenza dei tedeschi. Hofer decise, senza alcuna esitazione, di catturare il bunker. Non appena la sua squadra fu pronta per l'assalto, Hofer si accorse di avere scambiato per un bunker una parte della trincea che era stata rinforzata con un muro di pietra. Cambiando rapidamente idea, Hofer mosse la sua squadra attraverso una trincea di collegamento, verso il rifugio situato a nord est della fortificazione. Uno dei suoi uomini notò un cavo che correva lungo il fondo della trincea e lo tagliò. Improvvisamente il comandante sentì un rumore di passi venire verso di lui nell'oscurità, ad un segnale gli uomini si gettarono sull'uomo e lo sopraffecero. Proprio mentre Hofer e i suoi uomini cercavano di immobilizzare l'uomo nella stretta trincea, un altro russo sopraggiunse nel passaggio senza venire notato, sentendo i rumori di lotta urlando l'allarme corse via e si infilò nel rifugio più vicino prima che i tedeschi potessero fermarlo. Hofer, dal momento che la guarnigione era stata messa in allerta e che aveva catturato un prigioniero, decise di ritirare i propri uomini e di lasciare all'artiglieria e alle armi pesanti la neutralizzazione delle fortificazioni, visto che con le informazione che era riuscito ad ottenere sarebbero state in grado di individuare tutti i bersagli.

La ritirata si svolse secondo i piani. Prima la squadra d'assalto evacuò l'area portando con sé il prigioniero, quindi si mosse la squadra di supporto schierata a sinistra, e infine di quella schierata a destra. La squadra di supporto di sinistra non ebbe il tempo di minare le trincee di comunicazione e quindi di bloccarle come era stato previsto. I russi che emersero di corsa dai loro rifugi vennero bloccati dalla retroguardia, che, con il lancio delle granate e il fuoco delle pistole mitragliatrici, inflisse loro pesanti perdite prima di raggiungere il resto del reparto. Hofer fu l'ultimo uomo ad abbandonare la collina.

Non appena i russi si furono ripresi dalla sorpresa e si furono resi conto che i tedeschi si stavano ritirando, aprirono il fuoco con i mortai leggeri e medi sulla loro presunta via di ritirata, ma sparando alla cieca mancarono completamente la colonna di uomini che si stava ritirando dalla collina 858.

Alle 04:40 la squadra d'assalto raggiunse un punto circa a metà strada tra la collina 858 e la collina 783. Il sergente sparò in aria un razzo rosso, sia per indicare la sua posizione, sia per richiedere il fuoco dell'artiglieria sulla collina 858. I tedeschi sulle colline circostanti stavano solo aspettando il segnale. Il fuoco si sviluppò sull'obbiettiva con improvvisa veemenza, il che facilitò ulteriormente la ritirata della squadra verso le proprie linee. Anche i russi lanciarono dei razzi e illuminarono con essi la terra di nessuno tra loro linee e quelle tedesche. Al fuoco dei mortai provenienti dalla collina 858 si aggiunse il fuoco delle mitragliatrici pesanti dalla collina 766, che spazzava la valle del Litsa. Il loro fuoco era ben diretto e il tiro di controbatteria tedesco non riuscì a mettere i russi a tacere. I mortai russi lanciarono dei proiettili ben direzionati contro il campo base 2.

La forza d'assalto in ritirata sfruttò tutti i vantaggi offerti dal terreno mentre attraversava la sponda settentrionale della collina 783 e guadava il Litsa. Fino a questo punto non aveva sofferto alcuna perdita. Ma, non appena la colonna ebbe iniziato a salire dal fondo della valle del Litsa la collina 791, la sua retroguardia fu colpita dal fuoco delle mitragliatrici che sparavano dalla collina 766, che ferirono cinque uomini. I tedeschi soffrirono altre sei perdite quando un proiettile da mortaio di 120 mm colpì in pieno la squadra della mitragliatrice pesante sulle pendici meridionali della collina 791.

Gli ultimi elementi della squadra d'assalto raggiunsero il campo base 2 alle 05.30, e per quell'ora tutti i feriti erano stati tratti in salvo e gli erano state offerte le prime cure. I tedeschi cessarono il fuoco quindici minuti più tardi e i russi smisero anche essi poco dopo.

Questa azione è un tipico esempio dei combattimenti su piccola scala che si svolsero nella Finlandia settentrionale tra il 1941 e il 1944. Una preparazione meticolosa e degli enormi sforzi generalmente portavano solo a piccoli risultati. In questo caso i tedeschi riuscirono ad ottenere la sorpresa e a catturare un prigioniero, salvo scoprire che i russi erano in allerta nonostante la collina non fosse stata attaccata per tre anni. L'interrogatorio del prigioniero diede poche informazioni e di limitata utilità, salvo il fatto che le truppe sulla collina 858 erano state da poco sostituite con truppe fresche. Se si può trarre una lezione da questa azione, è che anche la preparazione più meticolosa non dà sempre garanzie di successo.

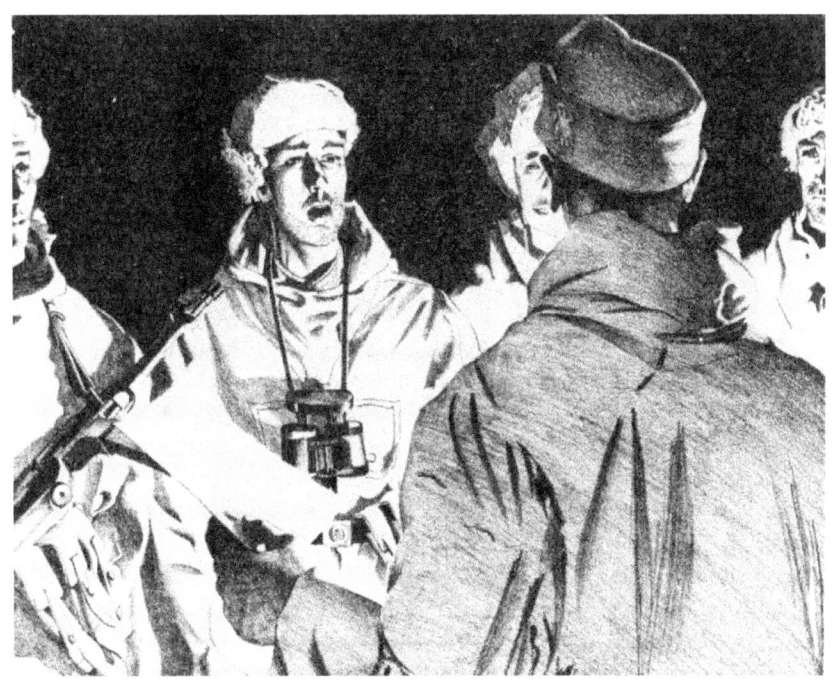

Lapponia 1942. Il rapporto di un capo pattuglia.

Marzo 1944. Una Compagnia sciatori nella tundra.

IV. L'ultima operazione offensiva tedesca nella Finlandia settentrionale (agosto 1944)

Nella tarda estate del 1944 i tedeschi si stavano preparando ad evacuare la Finlandia settentrionale. I russi, per anticipare questa mossa, avevano schierato delle nuove divisioni con l'intenzione di tagliare la ferrovia Kandalska-Rovaniemi e la strada ad ovest di Alakurti oltre che il vitale incrocio stradale Alakurti-Vuorijarvi Salla. Per la difesa del largo saliente che si estendeva da un punto a circa venti chilometri a nord est di Alakurti fino alle foreste ad ovest del lago Ori, era responsabile la 163ª Divisione Fanteria, facente parte del XXXVI *Korps*.

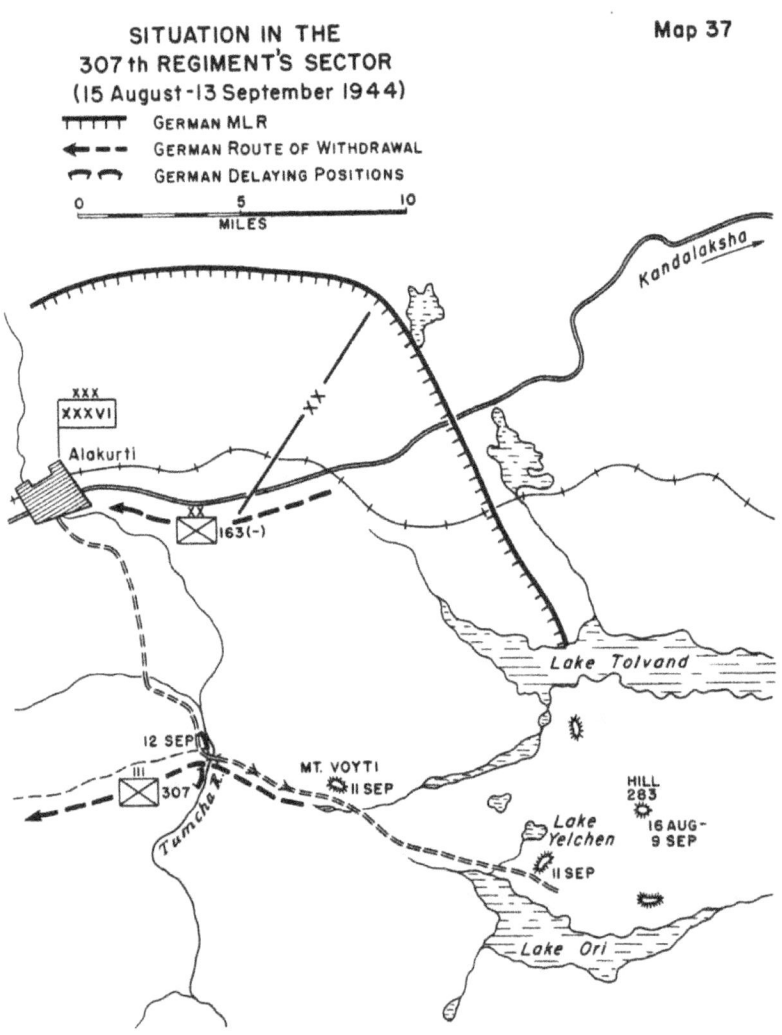

Legenda: MLR tedesca – Via di ripiegamento tedesca – Posizioni di retroguardia tedesche

La missione della 163ª Divisione Fanteria era di rendere sicure le vitali vie di comunicazione tedesche durante l'imminente ritirata. La linea difensiva tedesca tra i laghi Ori e Tolvand, era formata da una serie di zone fortificate costituite da bunker e casematte protette da reticolati di filo spinato. Ogni zona fortificata era difesa da uno o due plotoni di fucilieri supportai da mortai e mitragliatrici pesanti. I contatti tra le zone fortificate erano mantenuti da pattuglie delle dimensioni di una squadra, e da diverse postazioni di sentinella intermedie. Il sistema difensivo sviluppato dai russi difronte alle linee tedesche era costituito in maniera simile.

Il terreno attraverso cui si sviluppavano le difese tedesche era costituito da paludi, laghi, foreste, altopiani rocciosi e occasionalmente dalle colline che dominavano la zona. Gli alberi in questa regione erano prevalentemente pini e abeti disposti in macchie relativamente rade. Vi si trovavano d'altro canto numerosi cespugli di mirtilli e more che coprivano vaste aree. Grossi massi ed enormi tronchi di alberi caduti rendevano il controllo della zona ancora più difficile. Gli animali presenti nelle foreste erano bisonti, alci, renne, orsi e anatre. I pochi, soli abitanti della regione si trovavano molti chilometri alle spalle delle linee tedesche.

Anche se i tedeschi durante l'inverno erano in grado di mantenere facilmente la sicurezza delle loro linee, dal momento che ogni nuova traccia era facilmente visibile nella neve, durante l'estate ciò non era più possibile e un incontro con le pattuglie russe poteva avvenire in ogni momento.

Scavare delle buche era pressoché impossibile perché il sottosuolo roccioso era coperto solo da un leggero strato di terra. Come espediente vennero costruito bunker o delle casematte, ma queste strutture offrivano un invitante bersaglio ai cannoni controcarro del nemico. I parapetti di pietra offrivano protezione solo contro proiettili di piccolo calibro e anzi, aumentavano il numero di perdite causate dalla frammentazione delle pietre all'impatto con gli esplosivi.

Ogni movimento in questa regione richiedeva un enorme quantità di tempo e fatica. Le armi, gli equipaggiamenti e tutti i rifornimenti dovevano arrivare attraverso le strette piste che col tempo erano state realizzate nel profondo delle foreste. Là dove la strada era stata allargata potevano venire utilizzati dei carri a due ruote, ma anche così ci volevano ore per evacuare i feriti, e l'evacuazione di un solo ferito richiedeva l'impiego di 12 uomini: 4 portatori della barella, altri 4 per dare il cambio ai primi e infine quattro uomini per portare le armi, gli equipaggiamenti e gli altri bagagli. Il vecchio proverbio finlandese, "alla creazione del mondo il buon Dio non pensava ad avere fretta" è caratteristico della quantità di tempo che la natura richiedeva allo svolgimento delle attività umane nella zona.

Per la maggior parte del tempo i comandanti tedeschi di compagnia, di plotone e persino di squadra erano lasciati a loro stessi, di conseguenza qualunque piccolo errore da parte loro poteva avere conseguenze disastrose. La distribuzione degli ordini richiedeva molto tempo, così come la comunicazione di eventuali modifiche ai piani. La responsabilità degli ufficiali inferiori andava molto al di là di quanto ci si sarebbe potuti aspettare da uomini con il loro grado.

Le truppe tedesche, quando vestite ed equipaggiate in maniera adeguata, sopportavano bene le temperature invernali quando queste scendevano a -40° C. D'estate tuttavia, quando la temperatura saliva fino a + 35° C all'ombra, ogni attività in queste paludi umide si trasformava in una tortura. I tedeschi preferivano pertanto occupare le zone più sopraelevate dove potevano avere un po' di sollievo dagli sciami di zanzare che infestavano le zone basse. I russi invece, erano apparentemente indifferenti alla temperatura o agli insetti e potevano passare giorni nelle paludi senza che questo ne rallentasse gli sforzi.

Dopo che per diversi mesi la zona del fronte innanzi al 307° Reggimento era stata calma per mesi, il 13 agosto, i fucilieri russi con il supporto dei mortai attaccarono Yelchen, una ben fortificata zona tedesca così chiamata dal piccolo lago Yelchen vicino alla sponda nord occidentale del lago Ori. Uno dei russi presi prigionieri durante quest'attacco fallito asserì di fare parte della 67ª Divisione Fucilieri che era stata trasferita in quella zona solo di recente.

Il comandante del 307° Reggimento fanteria, il Tenente Colonnello Schmitt, che era responsabile per la difesa di questo settore, decise di migliorare la sua posizione prima che i russi lanciassero un'altra offensiva. Per questo scopo concentrò alcune delle forze a sua disposizione per un attacco alla collina 283, che dominava l'area tra i laghi Tolvand e Ori. Con i tedeschi trincerati sulla cima di questa collina, un attacco russo sarebbe potuto essere respinto fino a quando da altri settori non fossero giunti i rinforzi.

Schmitt non aveva informazioni dettagliate né sulla forza ne sulle fortificazioni russe sulla cima della collina 283. Le pattuglie tedesche inviate di recente verso la collina erano state tutte respinte, ma non era stato rilevato alcun fuoco da parte dell'artiglieria nemica nella zona.

Il 16 agosto, com'era stato previsto dal piano, il I Battaglione del 307° Reggimento raggiunte la zona fortificata Yelchen. L'artiglieria del Battaglione, che doveva appoggiare l'attacco con i suoi obici leggeri, incontrò notevoli difficoltà nello spostamento e fu costretta a fermarsi a circa tre chilometri di distanza dal suo obiettivo, così invece di occupare le posizioni designate a ovest di Yelchen l'artiglieria dovette venire messa in posizione a malapena a distanza di tiro dalla collina 283.

Durante la notte del 16-17 agosto il I Battaglione sotto la copertura dell'oscurità raggiunse le immediate vicinanze della collina 283 appena prima dell'alba.

Poiché l'artiglieria non era ancora in posizione, ma non era più possibile ritardare l'attacco senza perdere la sorpresa, Schmitt ordinò di attaccare la collina sena la prevista preparazione di artiglieria. I russi furono presi completamente di sorpresa, ma si ripresero in fretta rapidamente e resistettero con coraggio. Solo quando Schmitt inviò dei rinforzi, i russi abbandonarono la collina 283 lasciandosi alle spalle 89 caduti.

Nei successivi due giorni, Schmitt non riuscì ad avere un quadro completo della situazione dal momento che i collegamenti radio tra Yelchen e la collina 283 erano stati interrotti; decise pertanto di unirsi ad una colonna di rifornimenti che si stava dirigendo verso la collina. Questa colonna era formata da non meno di 170 uomini per portare le casse contenenti il minimo di munizioni e di razioni per rifornire il battaglione con due giorni di autonomia.

Schmitt arrivò al posto di comando del I Battaglione dopo diverse ore di una marcia sfiancante, nel pomeriggio del 20 agosto, qui scoprì che la sommità conica e coperta di arbusti della collina 283 era ancora in mano russa, e che i tedeschi erano bloccati all'interno di strette buche e dietro le rocce, e tra gli alberi sulle pendici occidentali della collina. Gli fu comunicato che il Battaglione non era riuscito a disperdere i russi durante l'attacco iniziale. Impossibilitati a scavare delle buche nel terreno roccioso, i disgraziati soldati tedeschi erano sottoposti al costante fuoco di mortai e di mitragliatrici proveniente dalle posizioni occupate dai russi.

Nella mente di Schmitt era fuor di dubbio che dovesse venire effettuato un altro tentativo per scacciare il nemico dalla cima della collina, perciò vennero inviate delle pattuglie in ricognizione. Le informazioni così ottenute furono la base per la discussione del piano tra Schmitt e il comandante del battaglione. Il giorno dopo, Schmitt ritornò a Yelchen per coordinare il fuoco dell'artiglieria che doveva precedere l'attacco.
Durante la notte gli obici aggiustarono il loro tiro tramite l'uso di granate spolettate per esplodere in aria.

Alle 05.00 del 22 agosto, dopo una breve ma intensa preparazione d'artiglieria i tedeschi si lanciarono all'attacco. A causa del difficile terreno che dovevano attraversare, i fanti fecero pochi progressi e non riuscirono a sfruttare pienamente il vantaggio dell'artiglieria. I tedeschi non riuscirono a effettuare alcuna penetrazione nelle linee difensive russe, anzi dopo che il comandante di Battaglione fu gravemente ferito, furono costretti a rientrare nelle posizioni di partenza

L'attacco alla collina 283 fu l'ultima operazione offensiva tedesca nella regione.

V. Movimento di ripiegamento tedesco attraverso la taiga (settembre 1944)

Tra la fine di agosto e l'inizio di settembre, ci furono pochi cambiamenti nella situazione dinanzi alle posizioni del 307° Reggimento di Fanteria tra il lago Ori e il lago Tolvand. Il I Battaglione manteneva ancora la sua precaria posizione sul fianco occidentale della collina 283, di fronte ai ben trincerati russi sulla cima. Le sentinelle tedesche poterono notare un'attività febbrile nel campo russo con lavori di costruzione e l'abbattimento di alberi, ma poiché tutti i lavori erano portati avanti di notte, non furono in grado di determinare quali fossero le intenzioni dei russi (Mappa 38).

L'artiglieria russa aprì improvvisamente il fuoco sulle posizioni tedesche in cima alla collina la mattina del 9 settembre. Le truppe tedesche rimasero notevolmente sorprese poiché in tre anni di scontri in quella zona i russi non avevano mai utilizzato l'artiglieria. Dopo un breve fuoco di preparazione, tre carri armati emersero dalle fortificazioni russe e spararono con i loro cannoni ad alzo zero sulle truppe tedesche, che, colte di sorpresa e completamente impreparate ad affrontare la nuova minaccia, dovettero abbandonare la collina senza ricevere alcun ordine in merito. Nel ritirarsi il battaglione subì poche perdite, ma la radio e altro equipaggiamento di valore venne perduto.

La notizia della perdita della collina 283 non raggiunse il comandante del reggimento, il Tenente Colonnello Schmitt, prima del tardo pomeriggio quando il I battaglione raggiunse la posizione Yelchen. Immediatamente il comandante richiese al quartier generale di divisione l'invio di alcune armi anticarro, armi che fino a quel momento erano state ritenute superflue per quel teatro di combattimento.

L'11 settembre le truppe russe attaccarono Yelchen con armi leggere e l'appoggio di mortai. Le truppe tedesche, invece di mantenere la più stretta disciplina di fuoco, usarono così velocemente le munizioni che dovettero abbandonare le loro ben preparate posizioni prima di quanto avessero supposto.

Incoraggiato da questo inaspettato successo le forze russe, valutabili nelle dimensioni di un plotone o di una compagnia, attaccarono la colonna tedesca in ritirata, cercando di scompaginarne le fila. Uno di questi distaccamenti irruppe nella colonna del battaglione d'artiglieria del reggimento, che si stava ritirando da Yelchen verso il monte Voyti. Dopo l'iniziale sorpresa gli artiglieri tedeschi si difesero strenuamente sparando contro gli attaccanti russi da una distanza di appena 50 metri. In questo modo il battaglione riuscì a sfuggire all'annientamento, perdendo solo due cannoni che dovettero venire distrutti per impedirne la cattura da parte del nemico.

Quella sera Voyti era il solo avamposto a est del fiume Tumcha ad essere ancora in mani tedesche. Le casematte ai piedi del monte Voyti erano tenute dal debole I Battaglione che aveva combattuto strenuamente durante tutta la ritirata da Yelchen. La guarnigione era equipaggiata sia con armi leggere che pesanti ma non aveva né artiglieria né le armi controcarro da poco richieste al comando divisionale. Tutte le altre unità del reggimento avevano attraversato in sicurezza il Tumcha e si stavano dirigendo verso Vuori-Jarvi (Mappa 38). Ogni ora che i difensori di Voyti riuscivano a far perdere alle mobili forze russe era di estrema importanza per consentire alla lenta colonna di fanteria tedesca di raggiungere una zona sicura. Dopo la prematura caduta di Yelchen l'intero destino della 163ª Divisione dipendeva dalla resistenza di Voyti e degli accessi al fiume Tumcha.

Quella notte i russi fecero primo tentativo di prendere Voyti. Ancora una volta i tedeschi furono stupiti nel vedere i carri russi attraversare un terreno che loro avevano considerato a prova di carro armato per i precedenti tre anni. I corazzati russi sfondarono le difese esterne e il combattimento per le casematte si sviluppo alla luce dei tronchi in fiamme. Tre carri armati furono messi fuori uso dalle mine, ma i loro cannoni seguitavano a sparare contro i difensori tedeschi. Il Tenente Colonnello Schmitt, chiamando con un telefono da campo dal suo posto di comando sulla sponda occidentale del Tumcha, chiese al comandante del battaglione di resistere fino all'arrivo dei rinforzi che aveva inviato non appena aveva saputo che Voyti era sotto attacco. La forza di soccorso, composta da un plotone del genio, arrivo a Voyti appena in tempo per salvare il battaglione e condurlo in salvo al di là del Tumcha. I genieri, per bloccare l'unica strada che conduceva al fiume, utilizzarono degli ostacoli stradali e delle mine che avevano preparato nei mesi precedenti. Schmitt sperava che il ritardo inflitto ai russi fosse sufficiente per permettere al nucleo principale del reggimento di ritirarsi oltre Vuorjarvi.

Quando il reggimento del genio raggiunse la sponda occidentale del Tumcha, fu raggiunta da altri elementi tedeschi che avevano attraversato il fiume in precedenza. I genieri, a questo punto, fecero esplodere l'unico ponte che attraversava il veloce e profondo fiume. Mentre Schmitt e la retroguardia osservavano la demolizione, vennero improvvisamente colti dal fuoco di tre carri russi che erano riusciti ad arrivare al fiume evitando le mine e i blocchi stradali.

Durante i successivi giorni, il 307° Reggimento riuscì a ritirarsi oltre Vuorjarvi secondo i piani. I russi guadarono il fiume Tumcha e ottennero così l'accesso alla strada a ovest del fiume: adesso erano in posizione favorevole per accerchiare e distruggere la maggior parte degli elementi della colonna tedesca in ritirata. Come contromisura, Schmitt decise di impiegare la retroguardia per stabilire delle improvvisate posizioni per ritardare il nemico, in punti favorevoli della strada per Salla e Rovaniemi

Una di queste posizioni fu stabilita nel punto "*Esche*" [Frassino, NdC], vicino alla catena di laghi che si estende a sud ovest da Keirala. La posizione era tenuta dalla 2ª Compagnia del 307° Reggimento, il cui comandante aveva ricevuto l'ordine di resistere fino a quando non fosse arrivato l'esplicito ordine di ritirarsi.

Quando i russi raggiunsero la posizione "*Esche*", il 16 settembre, aggirarono la posizione su entrambi i fianchi e un battaglione di fanteria con l'appoggio dei carri armati iniziò ad attaccare i tedeschi. Durante il pomeriggio e parte della notte i russi lanciarono non meno di sette attacchi, che furono tutti respinti con pesanti perdite.

Schmitt, dopo avere appresso che la 2ª Compagnia era circondata e sotto attacco, organizzò una forza di soccorso con il III Battaglione. A causa dei necessari preparativi la partenza del battaglione dovette venire ritardata fino a sera. Schmitt, poiché le comunicazioni radio con la posizione "*Esche*" erano interrotte, inviò una pattuglia per cercare di mettersi in contatto con i difensori, ma la pattuglia non riuscì a penetrare nelle linee russe. Dopo che tutti gli altri mezzi si erano dimostrati incapaci di stabilire una comunicazione con i difensori, un aereo da ricognizione cercò di sganciare un messaggio su "*Esche*" con l'ordine di rompere l'accerchiamento e ritirarsi.

Quando la forza di soccorso tedesca fu a circa un miglio da "*Esche*" si scontrò con elementi avanzati russi che erano riusciti a superare la posizione tedesca: così, sottoposto all'attacco da parte di forze superiori, il III Battaglione invece di andare in soccorso dei propri compagni dovette ripiegare. Schmitt aveva oramai perso ogni speranza di rivedere la 2ª Compagnia quando, poco dopo l'alba del 17 settembre, gli operatori radio riferirono di avere intercettato dei messaggi russi che affermavano che la 2ª Compagnia aveva compiuto uno sfondamento. Questa inaspettata notizia fu confermata, quando quel pomeriggio gli uomini, esausti, raggiunsero le linee tedesche. Il comandante di Compagnia riferì che 16 uomini erano stati uccisi e 25 feriti.

Il comandante di Compagnia riferì come per un colpo di fortuna, il messaggio sganciato dall'aereo fosse caduto all'interno delle loro linee. Dopo avere aspettato che calasse l'oscurità, la compagnia aveva eseguito un attacco diversivo verso nord est, e sfruttando l'iniziale confusione e sorpresa dei russi, erano usciti dalla sacca diretti a ovest.

Nella seconda metà di settembre, mentre la parte principale della 163ª Divisione si stava ritirando lungo la strada principale, al 307° Reggimento fu ordinato di utilizzare un sentiero che attraversava l'altrimenti impenetrabile foresta da un punto da sud est di Lampela a Kallunki, tuttavia, poiché questo percorso non poteva essere percorso dai veicoli, questi dovettero venire inviati a Salla per un'altra via. Con il rinforzo di una compagnia ciclisti e di un plotone del genio, fu ordinato, agli elementi del 307° Reggimento, di disseminare la foresta di ostacoli e di stabilire una linea difensiva nel villaggio di Kallunki subito dopo il loro arrivo in questa località.

Il 25 settembre il reggimento iniziò la sua marcia attraverso il sentiero a malapena visibile nel sottobosco della foresta. Il Plotone del genio, posto alla retroguardia della colonna cercò di fare del suo meglio per rallentare i russi.

Schmitt stabilì il suo posto di comando e fece rapporto via radio alla Divisione non appena giunto a Kallunki.
Nel suo messaggio riferì che si sarebbe mangiato il cappello se i russi fossero giunti a Onkano nelle successive 72 ore. Quest'ottimismo si dimostrò ingiustificato, in quanto la mattina seguente, gli elementi avanzati russi iniziarono ad attaccare la posizione tedesca con mortai e obici leggeri da montagna. Schmitt si trovò costretto a richiedere che gli fosse inviato un battaglione di artiglieria da Maerkerjaervi, per rafforzare le sue forze indebolite.

Durante la notte seguente avvenne un incidente che mostra a quali tensioni nervose fossero sottoposti i tedeschi durante la loro ritirata attraverso la Taiga. La compagnia di ciclisti, che si era ridotta alle dimensioni di un plotone dopo una serie di duri combattimenti durante la ritirata nei quali aveva perso anche il proprio comandante, stava tenendo una linea di avamposti al limite della foresta di fronte alla posizione Onkamo. Alle 02.00 il facente funzione di comandante, mise in allerta i suoi uomini riferendo che stavano venendo aggirati da una forte forza russa. Secondo il tenente tutte le informazioni portavano a credere che la forza aggirante russa fosse all'incirca di un battaglione, tuttavia nessuna delle pattuglie inviate per verificare quest'allarmante informazione, trovarono traccia di alcuna forza russa. La sola traccia di attività che poté venire individuata furono numerose impronte di renne; si giunse pertanto alla conclusione che i veterani di tante battaglie erano fuggiti davanti a un branco di renne.

I tedeschi, durante l'intera ritirata attraverso la taiga, rimasero meravigliati dalla facilità con cui i russi superavano sia gli ostacoli naturali sia quelli realizzati dall'uomo. Lungo percorsi che - in base alle opinioni di ufficiali tedeschi che avevano passato anni nella zona - potevano venire attraversati solo da unità di fanteria, forze meccanizzate e motorizzate russe potevano fare un'improvvisa apparizione cogliendo i tedeschi alle spalle. I russi lanciarono una serie di limitati attacchi aggiranti, alternati con larghe manovre di accerchiamento, contro le esauste forze tedesche che avevano oramai perso una buona parte del loro equipaggiamento. Alla fine del novembre 1944 tutti i soldati tedeschi o erano rientrati in Norvegia o erano stati presi prigionieri dai russi in Finlandia.

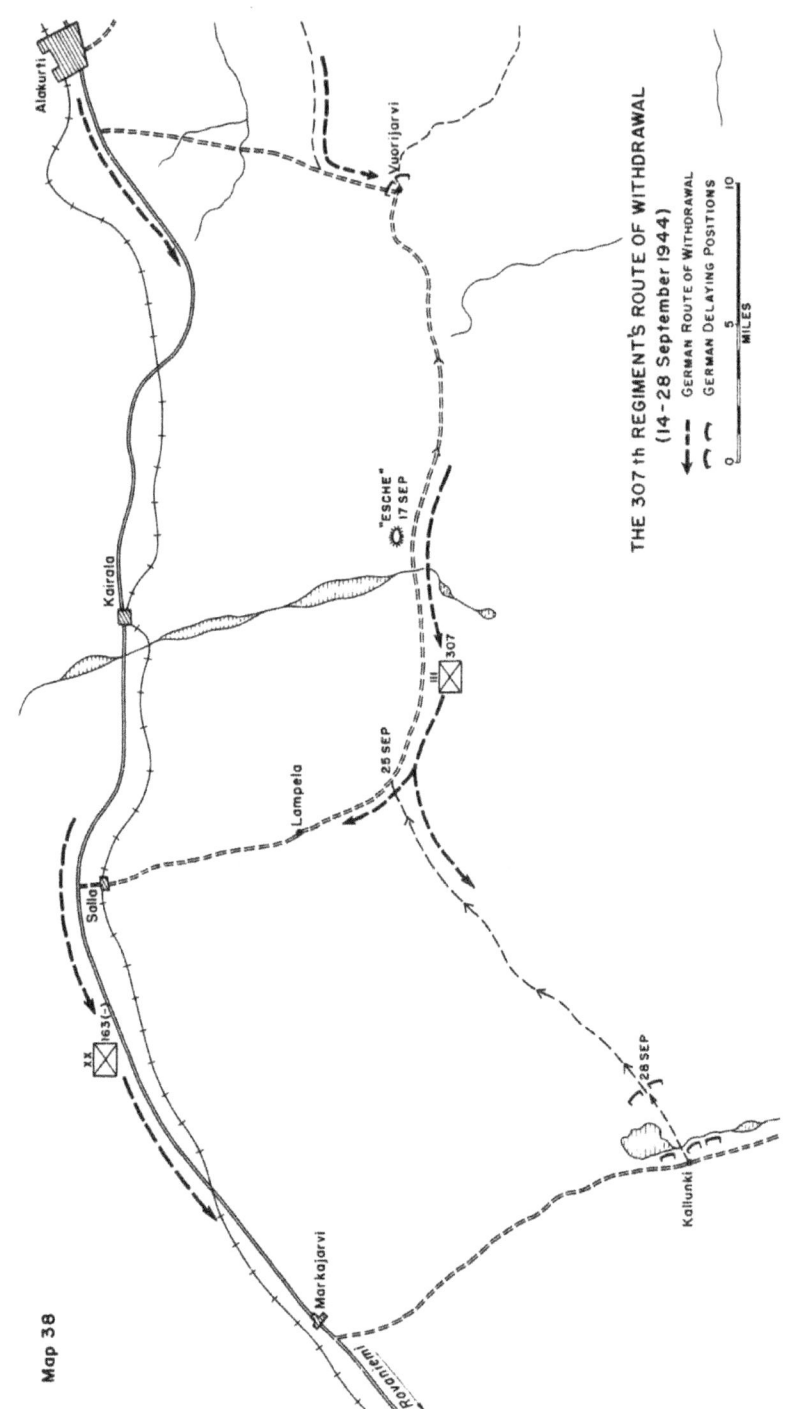

Map 38

Bunker tedeschi nella taiga.

Capitolo 5 - Operazioni russe nelle zone fluviali

I Generale

I russi erano pienamente consapevoli dei principi tattici necessari per le operazioni di attraversamento dei fiumi. Nei loro sforzi di raggiungere la riva occupata dal nemico e di stabilirvi una testa di ponte, erano soliti attaccare in punti in cui la difesa era particolarmente difficile e in cui, di conseguenza, ci si poteva aspettare una difesa più leggera. Una volta stabilita una testa di ponte la tenevano ad ogni costo.

La caratteristica principale delle operazioni russe in zone fluviali era l'accurata pianificazione che, anche se portava spesso a ritardi nell'esecuzione dei piani, era accuratamente mascherata. I difensori tedeschi vennero molte volte presi di sorpresa. Nei primi due anni di guerra, questo genere di operazioni da parte russa, generalmente fallivano poiché i tedeschi avevano ancora sufficienti uomini e materiali per lanciare dei veloci contrattacchi. Inoltre, molti comandanti russi mancavano dell'esperienza necessaria per esercitare un controllo efficace sui tipi diversi di piccole unità e distaccamenti che avevano infiltrato al di la del fiume. Gli sforzi delle altre armi, come i mezzi corazzati, i genieri e l'aviazione tattica non erano ben coordinati con la fanteria. Durante questa fase i comandanti russi spesso fallirono nel dimostrare iniziativa e sfruttare i vantaggi che i loro dolorosi sforzi avevano contribuito a creare.

La prima azione descritta in questo capitolo avvenne dopo due mesi dall'inizio dell'invasione dell'URSS. A quel tempo i russi stavano cercando di ritardare l'avanzata tedesca con ogni mezzo a loro disposizione, e l'attraversamento dei fiumi erano poco più mezzi per effettuare una ricognizione attraverso l'infiltrazione. Uno studio di quest'operazione è utile poiché i russi impiegarono degli insoliti metodi d'infiltrazione che furono in seguito perfezionati fino all'alto grado di perfezione raggiunto nell'ultima azione del capitolo avvenuta nel febbraio del 145.

II Ricognizione di combattimento mediante l'infiltrazione (agosto 1941)

Durante gli ultimi dieci giorni d'agosto, l'offensiva tedesca sul fronte sud subì un arresto una volta raggiunto il fiume Dnepr. I russi, che erano trincerati sulla sponda orientale del fiume, stavano ancora conducendo degli attacchi limitati intorno a Cherkassy.
Mentre una Divisione di fanteria tedesca si stava preparando a forzare il fiume presso Cherkassy, un'altra Divisione era stata schierata su un largo fronte con lo scopo principale di proteggere il fianco settentrionale della divisione d'assalto.
A nord di Cherkassy, una parte di quest'ultima divisione, al I Battaglione del 196° Reggimento di fanteria [della *68. Infanterie-Division*, formata il 26 agosto 1939 nel *Wehrkreis III*, Guben, NdC] venne schierata su un fronte esteso e schierato in profondità, tra i villaggi di Dachnovka e Svidovok, con l'ordine di difendere il fiume e impedire eventuali attraversamenti da parte dei russi (Mappa 39).

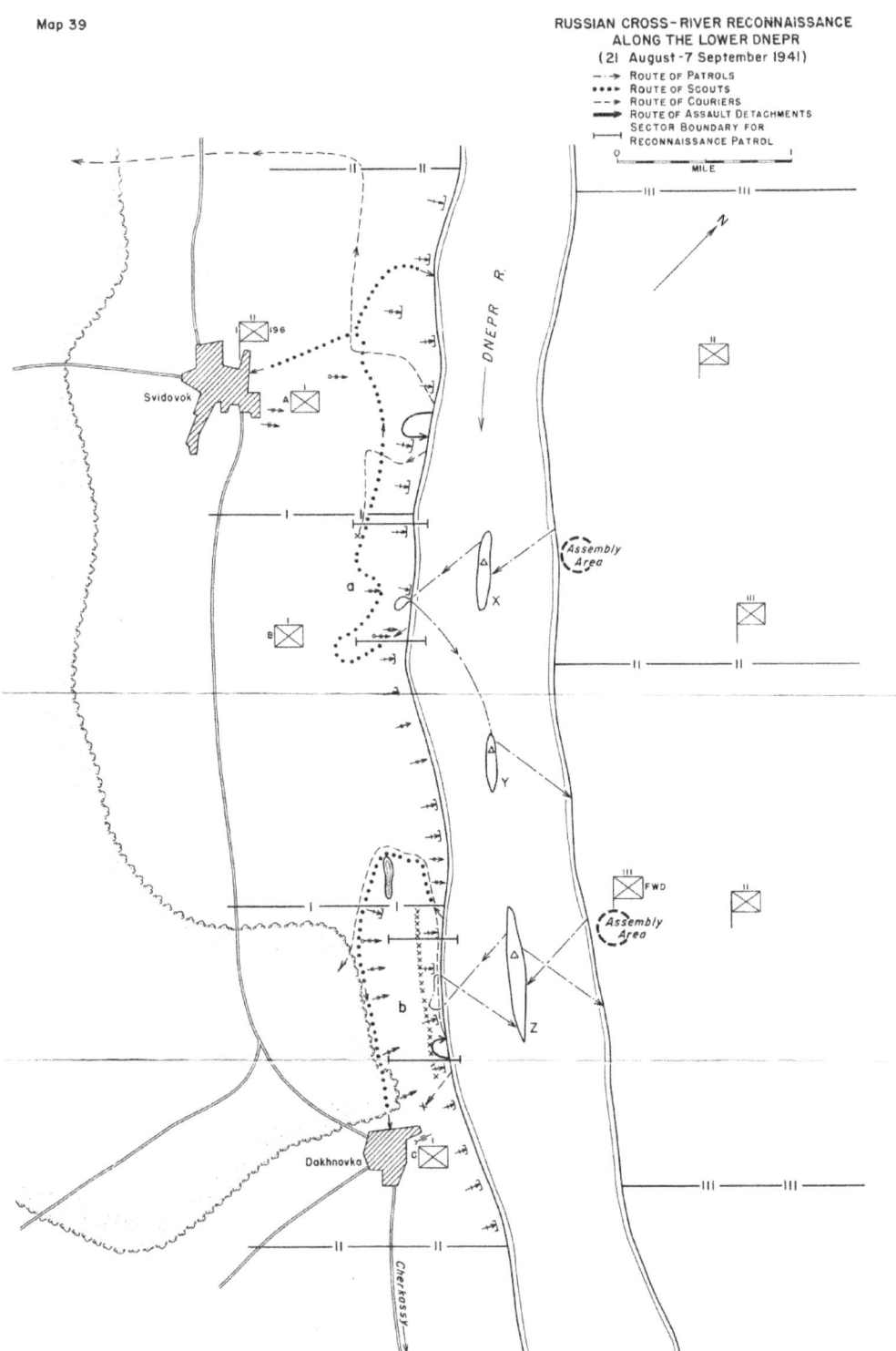

Di fronte al I Battaglione era schierato un Reggimento di fucilieri russi rinforzato. Le sue difese erano costituite da trinceramenti rinforzati con tronchi con postazioni di mitragliatrici, e da primitive trincee non collegate tra loro. La posizione era occupata da molti uomini e un intero battaglione era tenuto di riserva al centro della linea. Nelle isole al centro del fiume si erano stabiliti degli osservatori di artiglieria e alcuni distaccamenti di sicurezza.

I russi avevano tre missioni: dovevano difendere il fiume contro eventuali tentativi tedeschi di attraversamento, osservare ogni segnale di attività nemica e mantenere i contatti con la brigata partigiana che operava nelle retrovie tedesche.

Il Reggimento russo era formato da truppe veterane e gli uomini erano ben riposati avendo stazionato nella zona e lontano dai combattimento per un po' di tempo. I rifornimenti di razioni, armi e munizioni erano adeguati. Per quel che riguarda il morale, i veterani avevano un'attitudine un po' fatalistica mentre molti dei nuovi rimpiazzi, molti dei quali erano membri della Gioventù Comunista, erano dei veri fanatici.

Il Battaglione tedesco era all'80% della sua forza di combattimento. L'unità era ben addestrata e temprata dalla battaglia, e ben rifornita di tutto l'essenziale. Anche se gli uomini erano stanchi per la continua vigilanza necessaria a mantenere in sicurezza il fronte e le retrovie, il morale era alto.

Durante la notte del 21-22 agosto tre uomini, residenti a Svidonovk e Dakhnowka, attraversarono a nuoto il fiume con l'aiuto di zattere realizzate con rami e canniccio, e raggiunsero il comando del reggimento russo. Portavano informazioni sulla disposizione delle forze tedesche e sulle presunte posizioni del loro posto di comando e delle armi pesanti.

Una volta ricevute queste informazioni, e con lo scopo di ottenere maggiori dettagli, il comandante del reggimento russo decise di inviare una pattuglia in ricognizione al di la del fiume. Come prima passo le forze di copertura sulle tre isole al centro del fiume venero rinforzate, quindi il comandante selezionò quaranta uomini dal suo battaglione di riserva, scegliendo quelli che apparivano più adatti per compiere una missione dietro le linee nemiche.
Vennero organizzati due distaccamenti esploranti, ognuno formato da un ufficiale tre sottufficiali e 16 uomini. Ogni uomo era armato con una pistola mitragliatrice e tre bombe a mano e indossava un'uniforme da lavoro leggera. L'età degli uomini variava dai 16 ai 30 anni, ed erano tutti eccellenti nuotatori.
Sulla sponda est del fiume erano state predisposte otto barche a chiglia piatta, che dovevano portare gli uomini sull'altra sponda passando attraverso le isole. Ogni barca era manovrata da due pescatori locali che la manovravano usando un remo da bratto e sfruttando la corrente del fiume.

Il 23 agosto alla pattuglia furono impartiti i seguenti ordini:

> La sponda occidentale del fiume è tenuta da poche truppe tedesche. Secondo i rapporti da Svidovok e Dachnovka, gli avamposti tedeschi distano 300 metri l'uno dall'altro.
> Le riserve locali tedesche sembrano essere limitate. La loro presunta posizione è indicata sulla mappa per com'è stata riferita dagli informatori civili.

Il reggimento richiede l'ottenimento di informazione precise sulla posizione e sulla composizione delle forze nemiche nel settore, ed è essenziale che vengano riportati alcuni prigionieri per interrogarli.

L'operazione sarà protetta dalle forze di copertura sulle isole sotto l'attento controllo degli osservatori d'artiglieria. Una volta completata la missione, la pattuglia dovrà ritornare sulle isole.

Una volta che questi ordini vennero ricevuti, fu formulato il piano d'azione. Alle ore 03.00 del 24 agosto il distaccamento procederà fino alle isole X e Z e vi rimarrà nascosto fino alla sera seguente. Per evitare di venire scoperti gli uomini dovranno nascondere accuratamente il loro equipaggiamento e in special modo le barche. L'ora H è prevista per le 22.00. L'intera operazione sarà posta al comando del Capitano Orlov, con i Tenenti Novikov e Mirskiy al comando rispettivamente delle pattuglie X e Z.

Durante il giorno fu tenuto un ultimo briefing, con la presenza degli informatori civili, che espressero una piena fiducia nella riuscita dell'operazione a patto che la sponda occidentale potesse essere raggiunta senza destare alcun sospetto nel nemico. Nella tarda serata del 24 agosto il posto di comando del reggimento fu spostato sulla riva del fiume, direttamente di fronte all'isola Z. Un Plotone delle comunicazioni si occupò di creare un collegamento con segnali luminosi tra il comando e le isole.

A: Pattuglia Novikov. All'imbrunire del 24 agosto, le barche scivolarono lentamente nel fiume al limitare nord delle isole, e si prepararono ad attraversare il fiume verso la sponda ostile. Le barche dall'isola X si misero in movimento alle 21.45 e si spinsero avanti verso la sponda occidentale di fronte al settore A, cercando di stare il più vicino possibile le une alle altre. Le cinghie del remo erano state avvolte in stracci e non era producevano alcun rumore. Dopo cinque minuti la sagoma scura della sponda divenne visibile, e dopo altri cinque minuti tutte e quattro le barche toccarono la terraferma che in quel punto era più alta rispetto al fiume di circa 5 o 10 metri e coperta di cespugli.

Il Tenente Novikov si arrampicò sulla scarpata e dopo avere dato un'occhiata al terreno circostante e avendolo trovato sgombro da nemici, piazzò un segnale in legno in un punto ben nascosto del terreno.

A un segnale di Novikov, gli uomini si arrampicarono sulla sponda in fila indiana. Fu formato un distaccamento di sicurezza di cinque uomini cui fu ordinato di rimanere vicino il punto di sbarco. Il resto del distaccamento si mosse con cautela verso l'interno di un centinaio di metri prima di piegare verso sud.

Verso le 23.00 fu sentito il suono di passi e delle voci in avvicinamento. La pattuglia cercò rapidamente un riparo e si appiattì al suolo. Poco dopo quattro tedeschi passarono lì vicino e a un segnale di Novikov i russi saltarono addosso ai soldati tedeschi e cercarono di catturarli e immobilizzarli facendo meno rumore possibile. Tuttavia, uno dei tedeschi riuscì a sparare alcuni colpi con la sua pistola mitragliatrice, mentre un altro urlava "I russi, i russi!" Nel conseguente combattimento corpo a corpo tutti e quattro i soldati tedeschi vennero uccisi mentre i russi ebbero un morto e quattro feriti, uno dei quali così gravemente che dovette venire lasciato sul posto.

Il rumore del combattimento aveva messo in allarme i tedeschi. Poco dopo si sentirono urlare ordini e il rumore di passi avvicinarsi da diverse direzioni. I russi rapidamente tornarono indietro, ma quando furono a solo 50 passi dal punto di sbarco, dei razzi tedeschi illuminarono l'area intorno a loro e delle mitragliatrici aprirono il fuoco a distanza ravvicinata, costringendoli a gettarsi a terra. Dei soldati tedeschi stavano correndo incontro a loro da est, così i russi furono costretti a correre disperatamente per raggiungere il fiume. Uno dei russi fu abbattuto dal fuoco di una mitragliatrice ma Novikov e gli altri riuscirono a raggiungere il fiume incolumi, a scendere dalla ripida sponda, salire sulle barche ed immettersi nel fiume. I razzi tedeschi continuavano a illuminare l'aria e una delle barche fu colpita uccidendo il timoniere, ma il resto degli occupanti riusciva a salire su un'altra barca e a raggiungere l'isola Y.

Nonostante il fatto che la pattuglia non fosse riuscita a compiere la missione, i russi avevano appurato che esistevano vuoti tra le posizioni tedesche, che erano controllati solo da pattuglie. La situazione sembrava richiedere un'ulteriore ricognizione.

B: Pattuglia Mirsky. Dopo che la pattuglia Z ebbe raggiunto la sponda occidentale di fronte al settore B, Il tenente Mirsky segnò il punto di attraversamento con uno straccio bianco su un paletto, che nascose all'interno di un cespuglio, quindi provvide ad esplorare le immediate vicinanze del punto di sbarco non trovando nessun tedesco in un raggio di 50 metri. Lasciando il nucleo dei suoi indietro, Mirsky prese con sé cinque uomini e si spinse verso sud in cerca delle posizioni nemiche. Dopo aver avanzato di circa 150 passi, il tenente sentì l'odore di tabacco nell'aria. Mentre gli altri lo coprivano Mirsky strisciò lentamente e con cautela seguendo l'odore. Dopo pochi minuti raggiunse un reticolato basso che sembrava essere profondo diversi metri; spintosi ancora più avanti, riuscì a sentire distintamente il suono di una conversazione e lo sbattere del metallo contro altro metallo.

Mirsky tornò indietro con cautela dal gruppo di cinque uomini, poi tornò indietro al grosso del reparto. Poi, dopo avere lasciato un altro gruppo di cinque uomini a tenere sotto controllo il sud, con il nucleo della pattuglia si diresse a nord muovendosi parallelo al fiume e circa 150 metri all'interno.

I russi silenziosamente si mossero attraverso i cespugli ma erano avanzati solo di poco, quando sentirono il rumore di una mitragliatrice provenire dalle vicinanze del punto di sbarco, che adesso si trovava sulla destra e alle spalle della pattuglia, furono uditi altri rumori e i razzi tedeschi illuminarono l'area. Mirsky, per evitare di venire tagliato fuori dal punto di sbarco, rapidamente fece correre indietro i suoi uomini. Intorno a loro esplodevano le bombe a mano e le mitragliatrici tedesche sparavano a distanza ravvicinata. I russi rapidamente si dispersero e cercarono di tornare al punto di sbarco. Il fuoco intermittente da sud indicava chiaramente che il distaccamento di sicurezza era impegnato in combattimento contro una pattuglia tedesca.

Undici membri della pattuglia russa riuscirono a raggiungere il fiume e a radunarsi in un punto a nord dell'area di sbarco, dove aspettarono pazientemente che la situazione si calmasse. Nel frattempo i tedeschi stavano controllando attentamente l'area. Trascorse un'ora e nove uomini inclusi il Tenente Mirsky ed il sergente Petrov non erano ancora rientrati; pertanto il sergente Rudin ordinò a due uomini di portare le barche più a monte, sfruttando la copertura del'alta sponda del fiume. Il resto della pattuglia quindi s'imbarcò e raggiunse l'isola Z senza ulteriori incidenti. La notte stessa fecero ritorno alla sponda orientale.

Le scoperte fatte da questa pattuglia, come da quella precedente, furono inconcludenti; anche se furono individuati varchi nelle linee tedesche, questi erano sorvegliati attentamente da molte pattuglie nemiche. Alcune delle posizioni tedesche non furono individuate nei punti dove i civili le avevano segnalate, probabilmente perché i tedeschi avevano nel frattempo riallineato le loro forze. Una cosa era però certa, un'altra missione esplorativa era necessaria, e possibilmente una di maggiore durata. Per sfruttare il mascheramento offerto dalla fitta boscaglia sulla sponda occidentale sembrava meglio, per le prossime esplorazioni, che queste si svolgessero durante il giorno dopo che le forze necessarie avessero attraversato il fiume e trovato dei nascondigli la notte precedente.

C: Gli esploratori riescono dove le pattuglie hanno fallito. Il comandante russo decise immediatamente di mandare degli elementi aggiunti per effettuare una ricognizione delle linee tedesche. Questa volta fu deciso di prendere contatto anche con la brigata partigiana nella foresta; per fare ciò, i tre informatori civili vennero rimandati a Svidonovk e a Dakhnovka, per stabilire un sistema di comunicazioni tra la brigata partigiana e il posto di comando reggimentale sulla sponda orientale. Tramite un semplice sistema convenzionale di segnalazione, basato sul fumo emesso dai camini delle case dei due villaggi, dovevano venire trasmesse informazioni riguardo all'arrivo di rinforzi tedeschi, a movimenti di truppe e alla posizione dei posti di comando; rapporti più dettagliati dovevano venire inviati periodicamente sulla sponda orientale per mezzo di alcuni corrieri.

Per compiere questa missione furono selezionati come esploratori dieci uomini del Reggimento con intelligenza superiore alla media, e familiarità con la regione. Furono loro fornite delle fascine di rami e assegnato un numero identificativo; gli esploratori da uno a cinque dovevano esplorare il settore A e gli altri dovevano operare nel settore B.

Agli esploratori venne ordinato di attraversare il fiume durante la notte, quindi trovare dei nascondigli tra i cespugli o le rocce che si trovavano sulla sponda occidentale, e rimanervi celati durante il resto della notte. Al sorgere del sole avrebbero dovuto strisciare nascosti tra i cespugli e la vegetazione paludosa e osservare le immediate vicinanze per verificare la presenza e la disposizione delle truppe tedesche, la posizione delle armi pesanti e dei posti di comando, individuare e segnalare i possibili percorsi per un infiltrazione in base alla procedura convenzionale adottata dai partigiani. Gli esploratori dovevano inoltre prendere contatto con i civili a Svidonovk e Dakhnovka e, se possibile, con i partigiani stessi, infine non dovevano ingaggiare scontri con il nemico se non come ultima risorsa.

Nell'oscurità della notte del 25 agosto mentre stava scendendo una leggera pioggia, i dieci esploratori uscirono dall'isola X. Ogni uomo indossava maglietta e pantaloni e aveva un coltello legato al collo. Sopra le fascine erano legati all'interno di un involucro impermeabile una giacca di tela del tipo in uso nella zona, pantaloni, un paio di scarpe, una pistola con 25 colpi, una mappa e una penna.

L'esploratore 1 raggiunse la sponda senza venire individuato, in un posto ben mimetizzato si cambiò gli abiti, quindi strisciò sull'argine per controllare la situazione. Nessun soldato nemico era in vista, quindi si nascose nel fitto sottobosco a breve distanza dal fiume e vi rimase mentre osservava tre diverse pattuglie tedesche passargli vicino.

All'alba vide un distaccamento delle cucine tedesche avvicinarsi da un nido di mitragliatrici circa 150 metri a sud della sua posizione. Dopo che i tedeschi furono rientrati nella loro posizione, lo scout seguì le loro orme e individuò un posto di comando e una postazione per mortai pesanti lì vicino. Proseguì ulteriormente verso l'interno ma verso mezzo giorno decise di dirigersi verso nord rimanendo più vicino al fiume. Mentre si prendeva una pausa per osservare un nido di mitragliatrici, ebbe il suo primo incontro ravvicinato. I tedeschi, pensando di avere visto dei movimenti sospetti nei cespugli controllarono l'area, ma l'esploratore riuscì comunque a evitare di venire scoperto voltandosi e muovendosi rapidamente verso ovest. Nell'eccitazione tuttavia perse la pistola, che insieme con altri indizi della sua presenza, furono trovati dai tedeschi il giorno dopo.

Dopo il calare dell'oscurità, l'esploratore 1 trovò un buon nascondiglio a nord est di Svidonovk e li rimase per il resto della notte. La mattina seguente, 27 agosto, poté osservare diversi uomini e donne con dei bidoni d'acqua e contenitori di legno e di paglia che scortati da soldati tedeschi li portavano tra il villaggio e la più vicina postazione di mitragliatrici tedesca. Poco dopo l'esploratore li vide rientrare senza scorta e colse l'opportunità per unirsi a loro ed entrare nel villaggio senza venire riconosciuto e molestato. Dopo avere mangiato, prese contatto con un abitante del villaggio, che era noto ai tedeschi come anticomunista. I due uomini discussero delle maniere per comunicare. L'esploratore rimase nel villaggio fino al 1° settembre e colse ogni occasione per raccogliere informazioni. Professando odio per Stalin e il desiderio di combattere al fianco dei tedeschi riuscì persino a guadagnarsi l'accesso alla cucina da campo tedesca, dove lavorava in cambio dei pasti.

Riuscì a prendere contatto con la brigata partigiana utilizzando le mogli dei partigiani provenienti dal villaggio. Accompagnando le donne mentre andavano nella foresta a fare legna riuscì a incontrare per la prima volta i capi dei partigiani; in questo incontro si scambiarono informazioni riguardo alle forze nemiche e concordarono sulla maniera di scambiarsi messaggi. Alla conclusione dell'incontro all'esploratore fu dato un rapporto che doveva consegnare al suo comando una volta rientrato.

Il 2 settembre l'esploratore iniziò il suo viaggio di ritorno, ancora una volta si unì ad un gruppo di donne che stavano portando legna e acqua alle posizioni tedesche e , una volta fuori dal villaggio, si nascose nel sottobosco, e dopo essersi assicurato che la via per il fiume era libera strisciò in un punto cieco tra due posizioni tedesche. Al tramonto mentre dal fiume si alzava una fitta nebbia raggiunse il fiume e arrivò sull'altra sponda del fiume.

Le informazioni raccolte in questa ricognizione furono di così grande valore che già il giorno seguente i russi poterono lanciare un attacco efficace contro il posto di comando tedesco a Svidovok e alla posizione delle armi pesanti.

L'esploratore 10 raggiunse la sponda occidentale del fiume più o meno con la stessa modalità dell'esploratore 1. Il 26 agosto uscì dal suo nascondiglio e seguì un canale che correva a nord ovest dal fiume. Quando vide una postazione di mitragliatrici pesanti con alcuni soldati che prendevano l'acqua dal canale si nascose e aspettò. Dal suo nascondiglio sentì delle urla e il rumore di spari provenire da qualche punto più a nord. Un cane, che stava abbaiando nelle vicinanze, all'improvviso appare sul bordo dell'argine. Poco dopo, l'esploratore 10 sentì i tedeschi che si stavano avvicinando da ogni parte, così senza esitare si getto nel canale e s'immerse sott'acqua e lì rimase mentre i tedeschi intensificavano le ricerche, respirando tramite una canna forata che aveva raccolto in precedenza.

Passata una mezz'ora, l'esploratore tirò fuori la testa dall'acqua solo quel tanto necessario per dare un'occhiata in giro. Sentendo che il pericolo immediato di essere scoperto era passato, decise di muoversi nuotando nell'acqua o strisciando quando l'acqua del canale si faceva troppo bassa. Poco dopo abbandonò il canale e attraversò la palude e il sottobosco dirigendosi verso occidente fino a che non raggiunse una piccola elevazione nel terreno che dava su una pozza d'acqua. Una volta giunto qui sentendo nuovamente abbaiare un cane, senza esitazione si gettò nella pozza dove rimase per più di un ora rimanendo immerso, completamente o solo parzialmente.

Quando ritenne di essere al sicuro uscì dalla pozza e salì sul rilevo nascondendosi nel sottobosco. Numerose pattuglie tedesche e distaccamenti di rifornimento gli passarono vicina senza individuarlo. Verso il tramonto seguì a una certa distanza uno dei distaccamenti di rifornimenti che stava muovendosi verso sud. Raggiunto il limitare del bosco, si arrampicò su un albero e vi si nascose per passarvi la notte senza venire scoperto. Quando sorse il sole, dalla sua posizione in cima agli alberi fu in grado di individuare una postazione per mitragliatrici pesanti e una per mortai. L'esploratore scese dall'albero e tenendosi vicino al bosco si diresse a sud raggiungendo il villaggio di Dakhnovka. Nascostosi in un campo di grano, osservò il villaggio fino al calare della sera. Era appena sceso il buio, quando sentì un gruppo di donne parlare, capì che stavano portando cibo ai loro mariti che si trovavano coi partigiani, uscito quindi, dal suo nascondiglio e fattosi riconoscere le convinse a portarlo con loro quando la mattina seguente sarebbero rientrate al villaggio

Quando, la mattina seguente, raggiunse Dakhnovka in compagnia delle donne, venne indirizzato ad un granaio che doveva servirgli come nascondiglio. Quel giorno lo scout s'incontrò con un agente, che lo avvertì delle severe misure di sicurezza che i tedeschi avevano attuato nel villaggio e gli diede dei vestiti da donna da usarsi in caso di emergenza. L'agente gli disse anche che non era possibile attraversare il canale e raggiungere il fiume direttamente dal villaggio, perché i tedeschi pattugliavano attentamente la zona e l'area era vietata a tutti i civili. L'esploratore invece informò l'agente che era stato fatto un accordo con i partigiani, in base al quale sarebbe stata paracadutata una cassa di piccioni viaggiatori e che sarebbe stato compito dei partigiani consegnarli al villaggio. Poiché lo scout rimase nel villaggio fino al 3 settembre, ebbe ampie possibilità di ottenere informazioni sulla guarnigione tedesca, incluse le posizioni di un posto di comando e di una batteria di obici.

La sera del 3 settembre, in compagnia delle donne, si diresse verso i partigiani nella foresta per incontrarsi con l'ufficiale addetto alle comunicazioni e discutere sui modi in cui era possibile inviare un messaggio. I due uomini furono d'accordo che la strada più sicura per un corriere, per andare dalla foresta al fiume, era quello che lo scout aveva percorso e segnato in precedenza.

Il giorno seguente, percorrendo il percorso già fatto all'andata, lo scout iniziò il viaggio di ritorno. Per la sera del 5 settembre aveva raggiunto il fiume nel punto in cui era arrivato in precedenza, quindi attraversò a nuoto il fiume e raggiunse l'isola Z

Le informazioni ottenute da tutti e dieci gli esploratore furono raccolte ed esaminate, e come risultato di questo lavoro d'intelligence, numerose e importanti istallazioni tedesche furono messe nel raggio di tiro dell'artiglieria russa.

D: Un portaordini russo s'infiltra durante un'azione diversiva da parte di una pattuglia da combattimento. Il coronamento di tutta l'operazione doveva essere lo stabilimento di un servizio regolare di portaordini tra i partigiani nella foresta e le forze regolari russe sulla sponda orientale del Dnepr. Per rendere più facile ai corrieri di passare, delle pattuglie da combattimento doveva effettuare delle azioni diversive simultaneamente contro Svidonovk e Dakhnovka, in un tentativo di distrarre l'attenzione delle forze tedesche.

L'operazione fu coordinata dal comandante reggimentale russo e supportata dall'artiglieria russa schierata sulla sponda orientale. Per potare avanti la finta furono organizzati due plotoni d'assalto, ciascuno formato da un distaccamento di cinquanta marinai della Flottiglia del Dnepr. A ogni pattuglia erano assegnati due messaggeri. Per trasportare le truppe oltre il fiume erano disponibili tre grandi chiatte e un certo numero d'imbarcazioni più piccole. I marinai erano armati con mitragliatrici leggere, fucili automatici, pistole mitragliatrici e pistole. Ogni corriere, vestito con giacca di tela pesante, pantaloni leggeri e scarpe basse, portava una pistola 50 proiettili, una mappa tattica impermeabile e un contenitore con un piccione viaggiatore. A ogni corriere era stato dato il seguente ordine da trasmettere alla brigata partigiana:

Supremo Quartier Generale Partigiano, Ucraina   6 settembre 1941

1. Ordine con validità immediata e secondo ordini del Comando Supremo dell'Esercito, Il Colonnello N.N. è sollevato dal comando della Brigata Partigiana …. e trasferito al Supremo Quartier Generale Partigiano, Ucraina. Il maggiore M.M. assumerà il comando della brigata.
2. Non saranno disponibili apparecchiature radio ancora per diverse settimane.
3. Da questa data fino al 13 settembre i piccioni viaggiatori saranno lanciati da aerei agli orari e nei luogo stabiliti, dopo avere ricevuto la segnalazione luminosa di "via libera".

Per ordine del Comandante del Supremo Quartier Generale Partigiano, Ucraina.

(firmato) Generale X.X.

Durante la notte tra il 6 e il 7 settembre i villaggi di Svidonovk e Dakhnovka così come l'area tra i due villaggi fu colpito da un intenso fuoco di sbarramento dell'artiglieria russa. Gli sbarchi furono compiuti tra le 00.30 e le 01.00.

I tedeschi, quando notarono che gli abitanti dei due villaggi stavano abbandonando le loro case per i campi, presero delle precauzioni che gli consentirono di diminuire notevolmente le perdite.

Dopo avere preso terra nel settore di Svidonovk, il distaccamento d'assalto A avanzò per circa 400 metri verso l'interno. Le riserve tedesche che erano state concentrate in quell'area, attaccarono i russi e dopo un duro combattimento corpo a corpo durato un' ora li respinsero indietro. Nel frattempo i messaggeri si stavano facendo strada nelle linee tedesche; anche se uno di loro fu individuato circa tre ore dopo e immediatamente ucciso il secondo, aggirando il villaggio con una lunga deviazione a nord ovest, riuscì a raggiungere il campo partigiano nella serata.

Nel settore di Dakhnovka i tedeschi avevano teso un'imboscata al distaccamento B, il cui attacco fu di conseguenza bloccato fin dall'inizio, entrambi i corrieri riuscirono tuttavia a raggiungere la riva. Uno dei due cercò di passare attraverso le linee tedesche nei pressi del villaggio ma venne individuato e ucciso, il secondo invece, seguendo il percorso nel canale tracciato in precedenza, raggiunse i partigiani senza ulteriori incidenti.

Nel corso di quest'azione combinata che coinvolse sia i corrieri sia le pattuglie da combattimento, i russi ebbero trentasei perdite tra morti e feriti mentre i tedeschi ebbero sette morti e otto feriti.

I russi in generale mostravano grande abilità nel gestire gli attraversamenti dei fiumi con i primitivi mezzi a loro disposizione, spesso a nuoto. I tedeschi al contrario dovevano osservare con molta attenzione ogni cumulo di rami o di erba che vedessero galleggiare nel fiume, non importa quanto sembrasse innocuo o naturale.

Era pratica comune da parte dei russi attaccare in più punti contemporaneamente, anche solamente per assicurare il successo a operazione di poca importanza, senza curarsi delle perdite. In queste situazioni, dove i difensori tedeschi non potevano mantenere una linea difensiva continua, poteva essere concesso avere dei varchi nella linea, ma solamente in quei punti in cui era possibile avere una visione chiara e un eccellente campo di tiro. Era necessario inoltre l'uso di continue pattuglie e un sistema di allarmi a strappo.

L'uso di cani spesso si dimostrava efficace, poiché i russi riuscivano facilmente ad attraversare fiumi paludi e foreste senza piste e l'osservazione tedesca delle linee nemiche era sovente limitata.

Di regola i soldati russi collaboravano molto strettamente con gli abitanti civili nelle zone occupate dai tedeschi, e sfruttavano ogni possibile nascondiglio, pertanto era indispensabile da parte tedesca una sorveglianza stretta dei civili con frequenti irruzioni e perquisizioni della case. Per lo stesso motivo spesso fraternizzare con i russi, che fossero civili e militari, spesso si dimostrava sconsiderato e pericoloso. I cambi frequenti dei posti di comando e dei punti di acquartieramento riducevano drasticamente la possibilità che le truppe tedesche diventassero troppo amichevoli con la popolazione locale.

III Un ponte subacqueo unico (agosto 1943)

Quest'azione illustra la determinazione con cui i russi cercavano di attraversare i fiumi nonostante gli ostacoli insormontabili. Nessun sacrificio in vite umane appariva così grande da rendere impossibile, agli occhi degli spietati comandanti russi, raggiungere l'obiettivo designato.

L'ultima grande offensiva tedesca in Russia, l'Operazione *Zitadelle*, fu lanciata il 5 luglio 1943 avente come obiettivo la città di Kursk. Dopo il fallimento dell'offensiva, le semidistrutte divisioni tedesche ritornarono sulle loro posizioni di partenza lungo il corso superiore del Donets nei pressi di Belgorod, in cui si trovavano le loro ben costruite posizioni difensive e vi aspettarono l'offensiva russa, che appariva imminente. La 320ª Divisione Fanteria, che occupava il saliente attorno al Villaggio C, era al 45% della sua forza (Mappa 40).

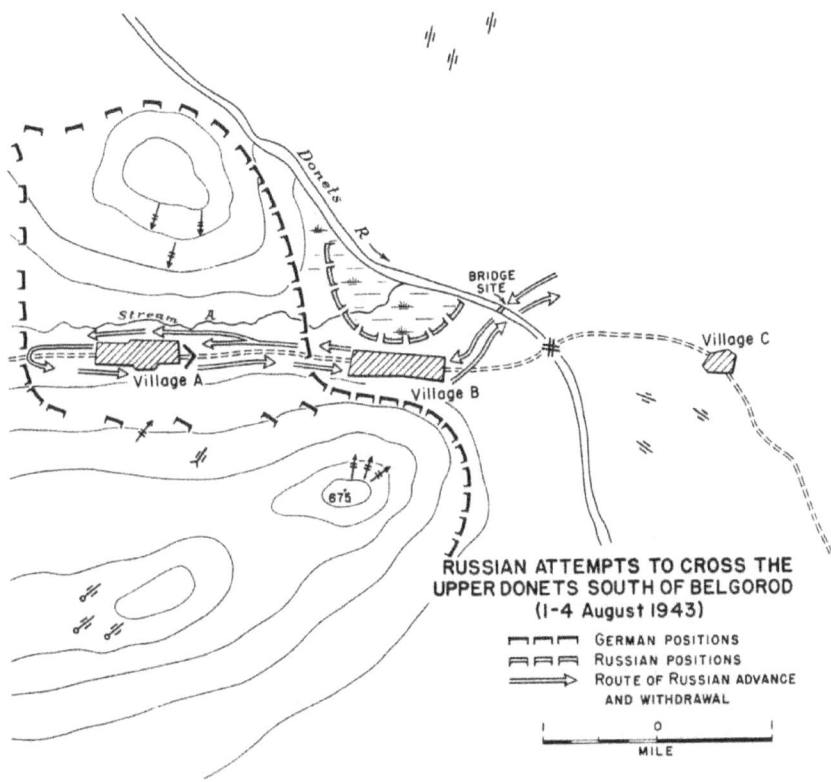

L'artiglieria tedesca e le armi pesanti, che erano posizionate sulle colline a sud ovest del Villaggio B erano puntate sul sito di un precedente ponte e pronte a reagire in caso di un attacco notturno. La cresta 675, che offriva un'eccellente visibilità sulla zona, era stata trasformata in un bastione imprendibile, buche a prova di proiettile, profondi rifugi e tunnel di comunicazione, davano protezione ai serventi dei cannoni anche contro i più pesanti bombardamenti d'artiglieria. Le uscite dei tunnel di fronte al fiume erano state mimetizzate in maniera eccellente, e delle mitragliatrici erano state poste a protezione di queste uscite, pronte ad aprire il fuoco nell'eventualità il nemico avesse attraversato il fiume di notte, il loro campo di tiro copriva l'area di raduno delle truppe russe e gli accessi al fiume su entrambe le rive. Tutte le armi erano state controllate ed erano pronte all'uso. Dei piccoli fari erano stati posti in cima alla cresta e illuminavano l'area degli avamposti, ma il loro raggio non si estendeva al di la della gittata massima dei fucili. I russi non erano a conoscenze di questi preparativi difensivi, poiché i tedeschi avevano fatto, in modo di tenerne nascosta la preparazione.

Dopo avere raggiunto il Donets il 1° agosto, con la copertura di un intenso fuoco di sbarramento da parte dell'artiglieria, pattuglie di fanteria russe attraversarono il fiume circa un miglio a nord rispetto alla posizione del ponte stradale demolito e s'infiltrarono nelle linee tedesche. Il giorno seguente alle pattuglie si unirono diverse compagnie, che riuscirono a sbarcare e ad avanzare, ma il pesante fuoco di risposta tedesco inflisse loro pesanti perdite. Il resto del reparto di sbarco russo fu costretto a rifugiarsi in una palude sulla sponda del fiume. In questa palude i russi stabilirono una testa di ponte, che tennero con forza e rinforzarono durante le due notti successive.

Gli osservatori tedeschi sulla cresta che sovrastava il Villaggio B, nella notte del 2 agosto sentirono dei suoni provenire dai campi lungo l'adiacente sponda orientale. Questi suoni non lasciavano dubbi sul fatto che i russi intendessero costruire un ponte sul fiume. La notte era limpida e calma, ed era possibile riconoscere il suono delle seghe e dei martelli. La costruzione del ponte era apparentemente ben avviata e l'artiglieria russa sparava sulle posizioni tedesche in un tentativo di mascherare il rumore dei lavori.

Il comandante della Divisione tedesca decise di non interferire nei lavori di costruzione immediatamente, ma di prepararsi ad assestare un colpo deciso non appena fosse giunto il momento giusto. Diverse batterie furono ammassate e tenute pronte ad aprire il fuoco sul sito del ponte non appena i lavori di costruzione fossero progrediti sufficientemente. Al momento designato, subito prima la mezzanotte, tutti i cannoni aprirono il fuoco simultaneamente sul sito del ponte, quindi smisero all'improvviso come avevano iniziato.
Con il fuoco dei tronchi bruciati che illuminava la zona, gli osservatori sulla cresta videro la sagoma di una bizzarra struttura di piani e pilastri. Il ponte parzialmente completato era poggiato vicino ad uomini feriti che chiedevano aiuto. Si videro di uomini curvi, presumibilmente medici, correre verso di loro.

Era a mala pena passata mezz'ora quando gli osservatori tedeschi notarono che i lavori di costruzione erano ricominciati nello stesso punto in cui erano stati interrotti. L'intenso rumore di seghe e martelli, indusse il comandante tedesco a ordinare un altro breve e intenso bombardamento d'artiglieria subito dopo la mezzanotte. Il risultato fu ugualmente devastante, ma questa volta seguì il silenzio, interrotto solamente dall'esplosione di alcuni mucchi di munizioni che erano stati colpiti direttamente. I fuochi lentamente si spensero, e ancora una volta i russi ripresero il loro lavoro come se niente fosse, evidentemente il ponte doveva venire completato prima dell'alba.

Per impedire ai russi di raggiungere il loro scopo, e per non sprecare troppe munizioni, il comandante tedesco ordinò a un obice da 21 cm [Il *21cm Mörser 18* era uno dei pezzi più importanti dei reparti dell'artiglieria pesante della *Heeresartillerie*. La munizione normalmente utilizzata, la *Granate 18*, lunga 90.5 cm, pesava 113 kg e, con una *Vo* di 565 m/s, raggiungeva i

16.700 metri di gittata, NdT] di sparare a intermittenza sul sito di costruzione. L'osservazione luminosa indicava se il proiettile era caduto vicino e aveva colpito direttamente il bersaglio. Nell'ora seguente, fu possibile dedurre l'effetto di ogni colpo dallo schema di reazione dei russi, se un proiettile faceva un danno importante, i lavori s'interrompevano per diverso tempo, mentre se il proiettile cadeva vicino i martelli, ritornavano immediatamente all'opera. Il comandante tedesco comprese che in queste condizioni i russi sarebbero riusciti a completare il ponte entro l'alba nonostante il fuoco di disturbo.

Decise pertanto di utilizzare alcune delle mitragliatrici a sua disposizione per sparare delle raffiche di proiettili a brevi intervalli sul luogo di costruzione. A giudicare dalle urla e dall'immediata sospensione dei lavori, il preciso fuoco delle mitragliatrici aveva avuto degli effetti devastanti sul nemico. Nonostante le ovviamente pesanti perdite, i russi cercarono di proseguire con i lavori ma rallentarono sempre di più e infine si fermarono del tutto.

A intervalli periodici, gli obici tedeschi riprendevano il fuoco di disturbo, per impedire ai russi di riprendere il lavoro e per completare la distruzione di ciò che era già stato costruito. Solo quando sorse il sole fu possibile fare una valutazione dei risultati ottenuti quella notte. Agli osservatori si presentò uno spettacolo orribile. Grossi pezzi di legno spezzati erano rivolti verso il cielo, e tra di essi erano sparsi i corpi grottescamente mutilati degli uomini temerari che avevano sfidato la morte cercando di completare la loro missione. Un numero ancora maggiore di corpi mutilati era disposto in un cerchio approssimativo attorno al sito del ponte, o erano parzialmente sommersi nelle pozze di fango che i proiettili avevano creato sul terreno. L'intera area era coperta da carcasse di veicoli, da cavalli morti e da munizioni ed equipaggiamento di ogni genere.

I russi sembravano essere scomparsi dalla scena del loro fallimento. A causa di questo disastro, il comandante di divisione riteneva che almeno per il momento fosse da escludere ogni tentativo di attraversare il fiume. A suffragare questa tesi, durante il giorno i russi fecero guadagni territoriali in settori adiacenti, e certamente li avrebbero sfruttati il più possibile. Se i genieri russi fossero riusciti a costruire il ponte, i loro generali avrebbero sicuramente cercato di lanciare una potente offensiva nella valle verso Belgorod e Kharkov, con il risultato che l'intero fronte tedesco sul Donetz sarebbe potuto crollare.

Il 3 agosto tutto rimase tranquillo nel settore della 320ª Divisione; tuttavia, non appena calò l'oscurità, i russi ripresero a lavorare nello stesso punto della volta precedente. Anche se i tedeschi non si aspettavano la ripresa delle attività nello stesso punto, il loro sistema difensivo era intatto, e loro intendevano fare buon uso delle esperienze della notte precedente. Quasi immediatamente i proiettili degli obici e le raffiche delle mitragliatrici iniziarono a colpire gli stessi obiettivi della notte prima. Le mitragliatrici era di gran lunga l'arma antiuomo più efficace, mentre il fuoco dell'artiglieria era diretto contro i veicoli e l'equipaggiamento. Nonostante le pesanti perdite, i russi non si scoraggiarono e continuarono nei loro sforzi per attraversare il fiume. Solo poco prima di mezzanotte, apparentemente rinunciarono al progetto di costruzione del ponte e smisero di lavorare. Il suono di veicoli proveniente dalla sponda orientale diede l'impressione che stessero provvedendo a recuperare i veicoli danneggiati e i depositi di materiale e l'equipaggiamento da ponte.

I tedeschi in questo caso commisero un grave errore. Con loro grande sorpresa, con l'approssimarsi dell'alba il rumore dei veicoli cingolati non diminuì, al contrario divenne più forte e più vicino. Non appena i tedeschi accesero i fari, scoprirono che quelli che pensavano fossero dei trattori erano in realtà dei carri armati che in qualche modo avevano attraversato il fiume con la copertura dell'oscurità. Mentre l'alba stava sorgendo, i carri di testa raggiunsero il limite del Villaggio B da cui iniziarono a sparare direttamente contro le posizioni tedesche a ovest di quel villaggio. Questo fu il segnale di un attacco generale, immediatamente l'artiglieria russa sulla sponda orientale aprì il fuoco contro il Villaggio B. I proiettili cadevano sulla cresta 675 e sulle altre colline situate su entrambi i lati della valle del torrente A, la loro intenzione era ovviamente quella di neutralizzare le posizioni dominanti del sistema difensivo tedesco. Anche i russi nella testa di ponte nella palude entrarono in azione.

I tedeschi replicarono immediatamente con il fuoco dell'artiglieria contro le forze russe nella valle a est del Villaggio A. Questo fuoco di sbarramento, insieme agli ostacoli che erano stati precedentemente disposti sul terreno, rallentò l'attacco russo fino a quando non ci fu luce sufficiente per potere effettuare un tiro più accurato. Con la piena luce del giorno i tedeschi, furono alla fine in grado di valutare pienamente la situazione. I carri russi avevano eliminato il blocco stradale a est del Villaggio A e, seguiti dalla fanteria scaglionata in profondità, erano avanzati al centro del villaggio. Altri carri, avevano seguito lo stesso varco e dopo avere girato a nord a sud, avevano iniziato a ridurre le fortificazioni del Villaggio A distruggendo i punti di difesa tedeschi uno a uno. Elementi della testa di ponte, con l'appoggio di carri armati, avevano raggiunto il limite nordoccidentale del villaggio. Ogni ulteriore avanzata era tuttavia bloccata dall'intenso fuoco di mitragliatrici e di armi controcarro provenienti dalle colline circostanti.

La guarnigione tedesca, combattendo ostinatamente, si ritirò gradualmente verso ovest. Per continuare la loro avanzata, le truppe russe nel Villaggio A avevano bisogno di assistenza, ma i rinforzi non riuscirono ad arrivare perché furono bloccati dal fuoco dell'artiglieria tedesca prima di riuscire a raggiungere il villaggio. Durante la mattina alcuni carri armati e alcune pattuglie cercarono di spingersi verso ovest, ma non riuscirono ad avanzare oltre le ultime case occidentali del villaggio lungo un miglio. Sottoposti al fuoco di disturbo da parte dell'artiglieria e dalle mitragliatrici, la forza principale russa, composta da circa tre battaglioni, cercò di rendere sicuri i fianchi sia nord che sud.

A mezzogiorno l'attacco era stato bloccato, e i russi si trovavano bloccati in una sacca lunga e stretta, senza potere né attaccare né ritirarsi senza subire pesanti perdite. La loro situazione era resa ancora più senza speranza, dal fatto che l'artiglieria tedesca, posta sulle colline dominanti la strada che portava dal Donets al Villaggio A, aveva bloccato ogni tentativo di inviare rinforzi.

I russi non potevano sperare di spostare un numero sufficiente di truppe fino al calare dell'oscurità. La ripresa degli attacchi avrebbe posto in grave difficoltà i tedeschi, che avevano utilizzato ogni uomo e ogni arma disponibile per bloccare il primo. Ovviamente i tedeschi dovevano eliminare le forze russe sulla sponda occidentale prima della fine del giorno.

Il comandante di divisione tedesco ritirò dal settore a nord del Villaggio A una compagnia del Genio, nove cannoni d'assalto, cannoni anticarro e antiaerei e li radunò a circa 7 chilometri di distanza dal villaggio. Poco dopo le 13:00 queste forze lanciarono un attacco frontale su entrambi i lati della strada con il supporto dei cacciabombardieri.

I genieri erano particolarmente desiderosi di raggiungere la sponda del fiume per capire come i russi avessero portato un gran numero di carri medi al di là del fiume senza il supporto di un ponte. Questa domanda era fissa nella mente di tutti i tedeschi, soprattutto nel comandante di Divisione e in quello del Corpo, che erano familiari con questa parte del Donets e che erano convinti che il fiume fosse troppo profondo per essere guadato dai carri. Durante l'Operazione *Zitadelle* i tedeschi avevano dovuto costruire un ponte da 70 tonnellate nei pressi di Belgorod prima che i loro carri e i cannoni d'assalto lo potessero attraversare.

All'alba del 4 agosto gli osservatori sulla cresta 675 avevano visto tracce di cingoli diretti alla sponda orientale del fiume scomparire al limite dell'acqua, per poi riapparire sulla sponda occidentale. Per prima cosa i tedeschi pensarono che avessero fatto la loro improvvisa apparizione al fronte dei carri anfibi, ma poiché tutti i carri impiegati nel villaggio erano dei normali T-34 quest'ipotesi era da scartare.

Come avevano fatto i russi a portare tutti quei carri al di là del Donets in un punto la cui profondità era stata misurata in tre metri? Anche se i T-34 superavano tutti i carri europei nella mobilità in campo aperto, e avevano spesso compiuto imprese incredibili, gli esperti tedeschi non ritenevano possibile che un carro armato potesse superare un fiume profondo con i suoi soli mezzi.

L'enigma non poté essere risolto fino a quando dopo ore di combattimento i tedeschi non riuscirono a raggiungere il fiume. I russi offrivano ancora una dura resistenza, e la loro fanteria appoggiata dai carri combatteva per ogni metro di terreno e per ogni casa del villaggio, che dovette venire riconquistato dopo duri combattimenti casa per casa.

I cannoni d'assalto guidavano l'attacco tedesco, e ingaggiavano furiosi duelli con i T-34. I carri russi, che ancora conservavano la superiorità numerica, tennero duramente il terreno, portando i cannoni d'assalto ad avvicinarsi il più possibile prima di sparare. Nel corso dell'azione alcuni cannoni d'assalto subirono dei colpi diretti ma continuarono a sparare finché i loro cannoni rimasero intatti.

Gli aeroplani tedeschi bombardavano e mitragliavano le forze russe, che erano colpite dal fuoco dell'artiglieria dalle colline circostanti. La fanteria iniziò a cedere, ma i T-34 continuarono a offrire una dura resistenza. Il loro rifiuto a cedere portò a un considerevole ritardo nello sviluppo del contrattacco tedesco. Nel tardo pomeriggio l'ultimo carro russo cadde vittima degli ultimi cannoni tedeschi, e con esso la resistenza russa collassò.

L'oscurità era oramai calata quando i tedeschi raggiunsero le loro precedenti posizioni difensive al limite orientale del villaggio A. Una sezione di cannoni d'assalto e una pattuglia di genieri inseguendo il nemico in ritirata raggiunsero il punto del fiume in cui i carri russi avevano effettuato il loro attraversamento quella mattina. Anche a distanza ravvicinata non fu possibile individuare alcunché. Fu solamente quando furono compiuti dei sondaggi nel fiume che il mistero fu risolto.

I genieri scoprirono un ponte circa 50 centimetri sotto la superficie dell'acqua. In diversi casi durante la campagna, in uno sforzo per nascondere gli attraversamenti dei fiumi dall'osservazione aerea tedesca e per proteggerli da una prematura distruzione, i genieri russi avevano costruito dei ponti subacquei. Di conseguenza non fu il ponte in sé a causare sorpresa quando il fatto che fosse stato costruito in così breve tempo e nonostante un devastante fuoco di disturbo. A un'osservazione più ravvicinata il ponte subacqueo rivelò i suoi misteri. I tedeschi scoprirono che il ponte era stato costruito sopra dei "carri ponte", uno standard dell'equipaggiamento russo, che consisteva in una speciale struttura montata sul telaio di un normale carro medio. Altri carri armati potevano muoversi sopra la struttura piatta superiore, in questo modo dei fossati anticarri e delle piccole barriere d'acqua potevano venire superati con estrema facilità. In questo caso i russi fecero entrare nel fiume due file di carri ponte collegandoli alle due sponde, delle assi furono gettate tra le due file di carri che furono legate tra loro utilizzando dei grossi cavi. I russi non sembrarono dare molta importanza al fatto alcuni carri si rovesciarono e affondarono nell'acqua, la cosa principale è che la forza d'attacco potesse attraversare il fiume.

Se l'attacco russo avesse avuto successo, questo espediente unico, che servì per questo scopo immediato nonostante le sue ovvie visione a breve termine, sarebbe stato ancora più efficace. Se l'operazione avesse funzionato, i russi avrebbero recuperato i carri dal fiume per riutilizzarli in seguito. Alla fine invece, i genieri tedeschi la notte seguente fecero saltare i carri sommersi, condannandoli al loro destino acquatico.

IV La testa di ponte nella palude (giugno 1944)

Durante gli anni seguenti i russi perfezionare i loro metodi per attraversare i fiumi. In quest'azione che ebbe luogo nell'estate del 1944, i russi mostrarono grande abilità nell'attraversare i fiumi senza venire disturbati. I russi costituirono gradualmente una testa di ponte senza quasi venire notati dai tedeschi, incominciando a inviare singoli soldati al di la del fiume. Per non venire individuati scelsero il punto più sfavorevole possibile per questo genere di operazioni, con la conseguenza che i tedeschi tesero a ignorare la loro presenza. Persistendo nella loro preparazione, nel corso di diverse settimane i russi riuscirono a realizzare i prerequisiti per allargare la loro testa di ponte. Quando i tedeschi alla fine compresero la gravità del pericolo - ormai troppo tardi per effettuare un efficace contrattacco, anche per le enormi difficoltà presentate dal terreno - non furono in grado di respingere i russi fuori dall'area. Diverse settimane dopo i russi usarono la testa di ponte come base di partenza per un'offensiva su vasta scala. Questo esempio è tipico delle tattiche russe, e se ne deve trarre l'avvertimento di non sottovalutare mai le piccole le azioni da parte di piccole unità, non importa quanto possano sembrare innocue.

Durante il giugno 1944 una Divisione tedesca aveva preso una posizione difensiva lungo la sponda settentrionale del fiume Pripyat. Il settore tra i villaggi A e B era difeso da un Battaglione di fanteria (Mappa 41).

In quest'area il corso del Pripyat era circondato su entrambe le sponde, da estese paludi e un insieme piccoli torrenti, pozze d'acqua stagnante e laghi. Le sponde paludose del fiume erano ricoperte da un intrico di piante che formavano un fitto sottobosco alto fino a 2 metri. Le sponde erano relativamente prive di vegetazione solo lungo la strada che provenendo dal Villaggio A attraversava il fiume diretta a sud. Il ponte stradale era stato distrutto, ma poiché in quel punto l'acqua era bassa e il letto del fiume sabbioso, poteva essere facilmente attraversato.

In origine la principale linea di resistenza tedesca doveva correre direttamente lungo la sponda settentrionale del fiume, tuttavia poiché il terreno non rendeva possibile lo scavare delle fortificazioni e la vegetazione ostruiva il campo di tiro delle armi, era stato deciso di sistemare la linea più indietro. I tedeschi, inoltre, erano convinti che nessun essere umano sarebbe potuto rimanere per anche per un tempo minimo nelle paludi stagnanti. La principale linea di resistenza fu sistemata come indicato nella mappa. Vicino alla sponda del fiume vera e propria, erano stati sistemati degli avamposti di tre o quattro uomini su piattaforme di tronchi costruite nella palude.

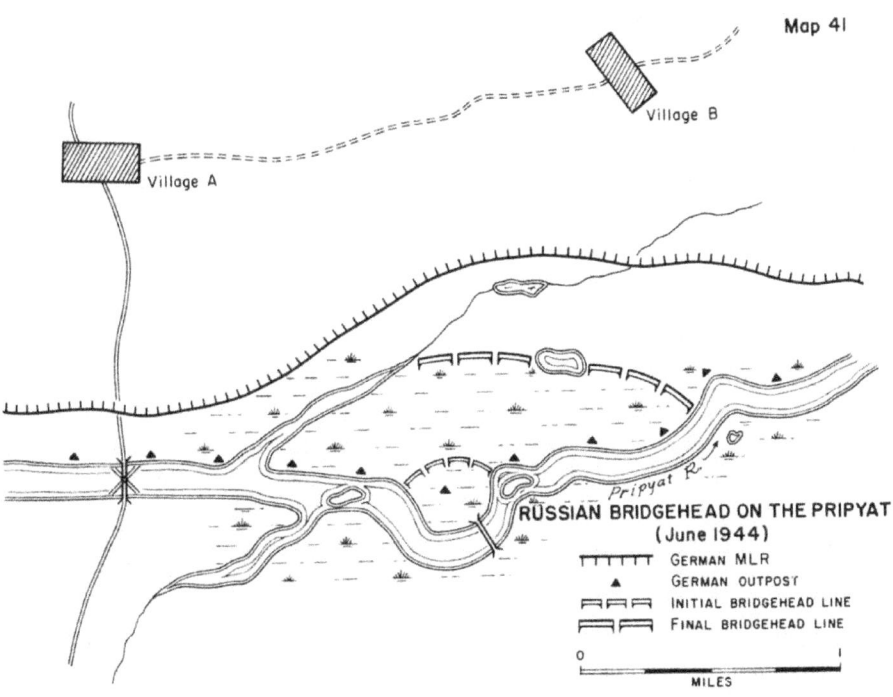

Legenda: MLR tedesca – Avamposto tedesco – Linea inziale e finale della testa di ponte.

All'inizio i tedeschi poterono osservare solo deboli pattuglie russe nella zona; queste pattuglie tuttavia, lentamente crebbero in numero e forza. I tedeschi ritenevano che i russi avrebbero cercato di forzare il fiume nel sito del ponte, dove le condizioni del terreno favorivano questo tentativo, ma i russi, comprendendo che la resistenza tedesca sarebbe stata più forte su entrambi i lati del ponte, decisero di stabilire una testa di ponte nel posto più impensabile, la peggiore zona paludosa a est del ponte. All'inizio, i russi stabilirono delle posizioni nelle due piccole isole che i tedeschi avevano lasciato non sorvegliate perché troppo paludose. Passarono diversi giorni, poi, un mattino, i tedeschi osservarono dei russi sulla sponda settentrionale del fiume direttamente di fronte alle isole. Si erano infiltrati nel sottobosco e in mezzo alle piante, anche se in certi punti l'acqua arrivava loro al petto. I tedeschi non diedero molta importanza a questa scoperta dal momento che non ritenevano possibile che i russi potessero stare lì e non si aspettavano alcuna minaccia da quella direzione.

Ciò si rivelò un gravissimo errore. La testa di ponte fu gradualmente rinforzata e tre o quattro giorni dopo la guarnigione attaccò e prese il più vicino avamposto tedesco. Il seguente contrattacco tedesco fallì perché era molto difficile entrare nella palude, inoltre le unità tedesche furono sottoposte a un intenso fuoco sui fianchi proveniente dai tiratori scelti russi appostati sugli alberi o nelle isole. Dal momento che i russi non potevano essere sloggiati con le armi leggere i tedeschi considerarono la situazione come inevitabile. La sensazione generale era comunque quella che da quella direzione non potesse giungere alcuna seria minaccia alle posizioni tedesche.

La successiva condotta russa nella loro piccola testa ponte è tipica della loro tattica nel 1944. Sfruttando soprattutto la copertura dell'oscurità fecero sforzi continui per migliorare la loro situazione, costruendo strade di tronchi, posti di osservazione sugli alberi e piattaforme di legno. Esposti al fuoco tedesco, i soldati russi si muovevano attraverso la palude, spesso con l'acqua che arrivava loro al petto. Con i limiti imposti dalla scarsità delle munizioni i tedeschi fecero il possibile per rendere la testa di ponte russa intenibile, ma la fitta vegetazione facilitava i movimenti d'infiltrazione ed era impossibile osservare gli effetti del proprio fuoco.

In quel momento i russi iniziarono a costruire un ponte pedonale subacqueo. Questo ponte, largo circa 2 metri, consisteva di parti assemblate in precedenza che con l'oscurità venivano portate sulla riva del fiume e sistemate a circa 10 centimetri sotto il livello dell'acqua. A causa delle deboli correnti del Pripyat questa manovra non aveva delle difficoltà tecniche da superare. Il ponte era così invisibile all'osservazione dei tedeschi, che non sospettarono la sua esistenza fino a quando dei cannoni anticarro non fecero improvvisamente la loro apparizione sulla sponda settentrionale del fiume. In seguito prigionieri russi confermarono la presenza del ponte e riferirono su com'era stato costruito. Nonostante numerosi tentativi i tedeschi non riuscirono a distruggere il ponte.

I russi erano così riusciti in due settimane a creare un'adeguata base di partenza per le loro successive operazioni. Una mattina nebbiosa attaccarono gli avamposti tedeschi nelle immediate vicinanze della palude, e in seguito, con l'appoggio dell'artiglieria e anche di alcuni aerei per l'attacco al suolo neutralizzarono le difese della principale linea di resistenza tedesca e impedirono ogni movimento delle riserve. Fino a quel momento l'artiglieria russa non aveva mostrato la sua presenza nell'area, probabilmente perché i russi non volevano attirare l'attenzione dei tedeschi sulla testa di ponte.

Come risultato di quest'attacco i tedeschi vennero respinti fuori dalla palude. Soddisfatti di questo successo, i russi stabilirono delle posizioni difensive lungo il perimetro della loro nuova testa di ponte, che era protetta in parte dal fiume e in parte da varie aree di acqua stagnante. Dal momento che a causa del terreno paludoso era impossibile effettuare degli attacchi con i carri armati o con i cannoni d'assalto, tutti contrattacchi tedeschi fallirono. I russi consolidarono la loro testa di ponte nelle settimane seguenti, che quindi fu usata come una delle basi di partenza per la loro grande offensiva estiva di quell'anno.

V L'attraversamento dell'Oder (Febbraio 1945)

La seguente azione, che ebbe luogo durante l'ultima fase della guerra, portò i russi a stabilire una testa di ponte che si rivelò d'importanza decisiva alcune settimane dopo. La procedura seguita dai russi fu una variante di quella dell'esempio precedente, in questo caso i russi stabilirono la testa di ponte in un solo giorno usando un ben coordinato attacco a tenaglia. Prima dell'attraversamento vero e proprio, forti elementi russi eseguirono un attacco diversivo più a nord, quest'attacco secondario ottenne lo scopo di fare impiegare ai tedeschi le loro riserve e di costringerli a combattere su due fronti non appena la principale forza d'attacco ebbe attraversato il fiume. In questo caso le due forze d'attacco coordinarono la loro azione e ricevettero supporto da terra e da aria. Nel valutare quest'azione bisogna considerare che le truppe tedesche fronteggianti i russi erano unità improvvisate, organizzate in un momento di grande emergenza.

All'inizio del febbraio 1945, dopo il collasso del fronte tedesco in Polonia in gennaio, l'avanzata russa da terra si fermò momentaneamente sulle rive del fiume Oder. Un'improvvisata Divisione di fanteria tedesca [la *Divisione Raegener*, formata il 4 febbraio 1945 con i resti della *433.* e *463. Infanterie-Division* e disparate unità d'allarme e seconda linea, NdC] era schierata sulla sponda occidentale del fiume, a sud di Francoforte sull'Oder. Il secondo Reggimento granatieri di questa Divisione, comprendeva un gran numero di formazioni diverse, unità delle SS, Battaglioni del *Volkssturm* [Unità della Milizia Popolare create durante gli ultimi mesi di guerra] così come classi di cadetti di una scuola militare. A questo Battaglione fu assegnato un settore di 7 chilometri lungo la riva dl fiume, che in quel punto formava un saliente approssimativamente 15 chilometri a sud di Francoforte sull'Oder. Il I e il II Battaglione presero posizione direttamente sulla riva, mentre il III battaglione fu dispiegato lungo un argine che formava la corda del saliente e dominava il terreno aperto tra l'argine e il fiume. Il 2° Reggimento granatieri era supportato da un Gruppo di artiglieria leggera, due Batterie di obici da campo e un Gruppo di *Nebelwerfer*, i cui osservatori si trovavano nelle postazioni avanzate, vicino al posto di comando del Reggimento e sull'argine (Mappa 42).

A metà febbraio le unità corazzate russe di testa, tentarono di attraversare l'Oder vicino Francoforte ma fallirono. Dopo di che i russi aspettarono che le loro unità di fanteria fossero arrivate vicino ai loro elementi avanzati. Nella notte del 22 febbraio diverse pattuglie esploranti russe cercarono di attraversare il fiume inosservate, ma vennero intercettate e respinte dai due battaglioni sulla sponda occidentale. Nelle notti seguenti si ebbero una serie di scontri su piccola scala, ma il comandante del reggimento era sicuro che nessuna pattuglia nemica si fosse infiltrata nella sua area, e che i russi non intendessero effettuare un attraversamento in quella zona.

Legenda: Posizioni tedesche – Contrattacchi tedeschi – Attacchi russi – Argine.

La notte del 27-28 febbraio fu caratterizzata da poca visibilità, pioggia e un forte vento da ovest. Nonostante il cattivo tempo, gli aerei russi erano molto attivi e si poté sentire il rumore dei loro motori per tutta la notte. L'intero settore reggimentale sulla cresta ricevette sporadicamente il fuoco di disturbo da parte dell'artiglieria russa.

Alle 03.00 una forte pattuglia russa attraversò il fiume a bordi di battelli pneumatici senza essere notata di tedeschi, sfondò l'ala sinistra del II Battaglione, mise a tacere i difensori e rese sicuri entrambi i fianchi della penetrazione. I rumori dei combattimenti furono coperti sia dalla tempesta che dai motori degli apparecchi, di conseguenza né le unità vicine né il posto di comando reggimentale furono allertate.

Nello stesso punto, entro un'ora venne messo in funzione un traghetto e un battaglione di fanteria russa, con armi anticarro obici e cinque carri leggeri, attraversò il fiume. I tedeschi non si resero conto della testa di ponte russa, fino alle 04.00 quando sentirono il rumore dei motori dei carri leggeri. Il comandante del secondo battaglione allertò le riserve, ma il contrattacco su entrambi i fianchi della testa di ponte fallì nello scacciare i russi dalla sponda del fiume. Per bloccare ogni altra penetrazione russa, il comandante reggimentale, mentre era ancora buio, ordinò alla 9ª e 11ª Compagnia di radunarsi in un bosco vicino. Alle 05.30 entrambe le compagnie furono attaccate da una forza proveniente da nord. I cinque carri russi erano usciti dalla testa di ponte e con l'appoggio della fanteria stavano attaccando la parte occidentale della cresta. Nel tentativo di fermare l'attacco russo, le due Compagnie ebbero pesanti perdite in un duro combattimento corpo a corpo. Anche se il fuoco dei carri leggeri russi era impreciso, paralizzò la resistenza delle inesperte unità tedesche. Alle 06.00 un Plotone di fanteria russa attaccò alle spalle il posto di comando del II Battaglione, costringendolo all'evacuazione.

All'alba il comandante del Reggimento valutò la situazione. I russi tenevano la metà orientale dei boschi. A sud dei boschi invece alcune sacche tedesche stavano ancora combattendo il nemico. Sporadicamente dai boschi si sentivano dei conflitti a fuoco. I resti della 9ª e 11ª Compagnia avevano perso il contatto con il Quartier Generale reggimentale. Dal suo nuovo posto di comando lo staff del II Battaglione non aveva più il controllo con le sue unità sulle rive del fiume.

In questa situazione d'emergenza il comandante del Reggimento ordinò all'ultima unità di riserva ancora disponibile, la 12ª Compagnia, di muoversi dalla sua posizione al limite meridionale del saliente per bloccare qualunque nuovo tentativo di avanzata russo. Notificò quindi la situazione al comando di Divisione che gli promise dei rinforzi; un Battaglione doveva venire trasferito nel suo settore per lanciare un contrattacco contro la testa di ponte nemica, ma non sarebbe giunto prima di mezzogiorno. Nel frattempo il comandante del Reggimento diresse il fuoco d'artiglieria contro i russi nel bosco.

Mentre l'attenzione tedesca era rivolta a nord, la forza d'attacco principale russa si stava preparando ad attraversare il fiume nel settore del I Battaglione. Alle 07.00 circa 25 Batterie russe aprirono il fuoco sulle posizioni del I e del II Battaglione sulla sponda occidentale, sui punti d osservazione dell'artiglieria sulla diga, sulla Compagnia L in movimento verso nord, e sull'artiglieria nelle retrovie. La principale forza d'attacco, della forza di due reggimenti di fanteria, iniziò ad attraversare l'Oder alle 07.40 guadagnando immediatamente un punto d'appoggio sulla riva. Nel frattempo la forza che aveva lanciato il primo attacco si radunò nei boschi e iniziò a spingersi verso sud, supportata efficacemente dall'artiglieria sulla sponda orientale. Le forze russe respinsero i resti del III Battaglione, inclusa la 12ª Compagnia, eliminarono dalla cresta quei posti di osservazione che erano sopravvissuti al fuoco dell'artiglieria e tagliarono fuori le forze tedesche che resistevano sulla riva del fiume, impedendo loro i ritirarsi sulle posizioni preparate in precedenza lungo la cresta.

In queste condizioni, la principale forza d'attacco russa non ebbe alcuna difficoltà nel ripulire un'area di un miglio sulle rive del fiume e che arrivava fino alla cresta. Nei giorni seguenti i russi, consolidarono la testa di ponte che divenne uno dei principali punti di partenza per la loro ultima grande offensiva della guerra.

I russi in quest'azione mostrarono tutta la loro abilità nell'ottenere la sorpresa, selezionare un punto di attraversamento vantaggioso per la costituzione di una testa di ponte, supportare con le artiglierie quelle truppe che avevano effettuato il primo attacco, e coordinarle con l'attacco effettuato dalle forze principali.
L'attacco a tenaglia era basato su informazioni molto precise e su un piano dettagliato e ben integrato. La sorpresa fu ottenuta mantenendo nascosto ai tedeschi il punto di attraversamento principale. I russi, attraverso la ricognizione effettuata dalle pattuglie la notte precedente lo sbarco, erano a conoscenza della posizione dei posti di comando, dei punti di osservazione d'artiglieria e delle riserve. Il luogo scelto per l'attraverso principale si trovava a una considerevole distanza da quello scelto per l'attacco diversivo. Nel corso

dell'attacco l'artiglieria russa sulla sponda orientale appoggio ottimamente le forze di terra durante tutto l'attacco, i suoi osservatori rimasero con le unità avanzate della forza iniziale e individuarono tutti i bersagli. La forza iniziale, distraendo l'attenzione dei difensori e attraendo le loro forze di riserva, garantì il successo dello sbarco della forza principale.

Capitolo 6 - Il combattimento nelle foreste

I Generale.

Il combattimento nelle foreste, qualunque sia la dimensione delle forze impiegate, assume generalmente la forma di un combattimento tra piccole unità. Le dense aree boscose formano una cortina che separa gli elementi delle unità che vanno verso un obiettivo e le divide in gruppi sempre più piccoli mentre nel frattempo la situazione generale perde chiarezza.

Un terreno in cui è difficile mantenere il contatto mette in grande discussione la tenuta delle truppe e l'efficacia dei loro comandanti. La fatica mentale del combattimento nelle foreste è molto alta, in particolar modo per i soldati inesperti. Il rumore di ogni proiettile sembra più forte all'interno dei boschi, e i periodi prolungati in cui è necessario il combattimento corpo a corpo, mettono a dura prova i nervi e la forza anche di truppe ben addestrate.

La mancanza di esperienza da parte tedesca nel combattimento in foresta fu un grave svantaggio durante la Campagna di Russia. Le truppe tedesche, addestrate all'uso combinato di tutte le armi, dovettero adattarsi ad un terreno dove la maggior parte dello sforzo era richiesto alla fanteria, e anche essa era costretta ad utilizzare solamente fucili, pistole, bombe a mano, pistole mitragliatrici, mortai e *Panzerfaust*. Le mitragliatrici nei boschi avevano un effetto limitato, e nelle foreste europee sono rari i punti adatti per l'osservazione d'artiglieria.

I russi, d'altro canto, possedevano delle caratteristiche naturali che si adattavano perfettamente al combattimento nei boschi. La loro forza fisica, la capacità di sopravvivere con pochi comfort, la loro abilità naturale come boscaioli, li spingeva a cercare il combattimento nelle foreste mentre i tedeschi facevano il possibile per evitarlo.

II Iniziazione al combattimento nelle foreste (luglio 1941)

Durante le prime settimane della Campagna di Russia, una delle divisioni tedesche facenti parte del Gruppo d'Armate Nord stava attraversando la Lettonia dirigendosi verso Leningrado. Dopo avere attraversato la Dvina in un punto circa 50 chilometri a nord di Dvinsk, l'avanguardia del reggimento di testa incontrò una leggera resistenza da parte dei russi. La mattina del 13 luglio, quando l'avanzata iniziò a diventare più difficile, il comandante del reggimento decise di inviare due battaglioni in avanti. Avanzando in formazione estesa, i due battaglione raggiunsero una radura all'interna di una densa foresta che era attraversata dalla strada che stavano seguendo per l'avanzata che in quel punto girava verso est (Mappa 43).

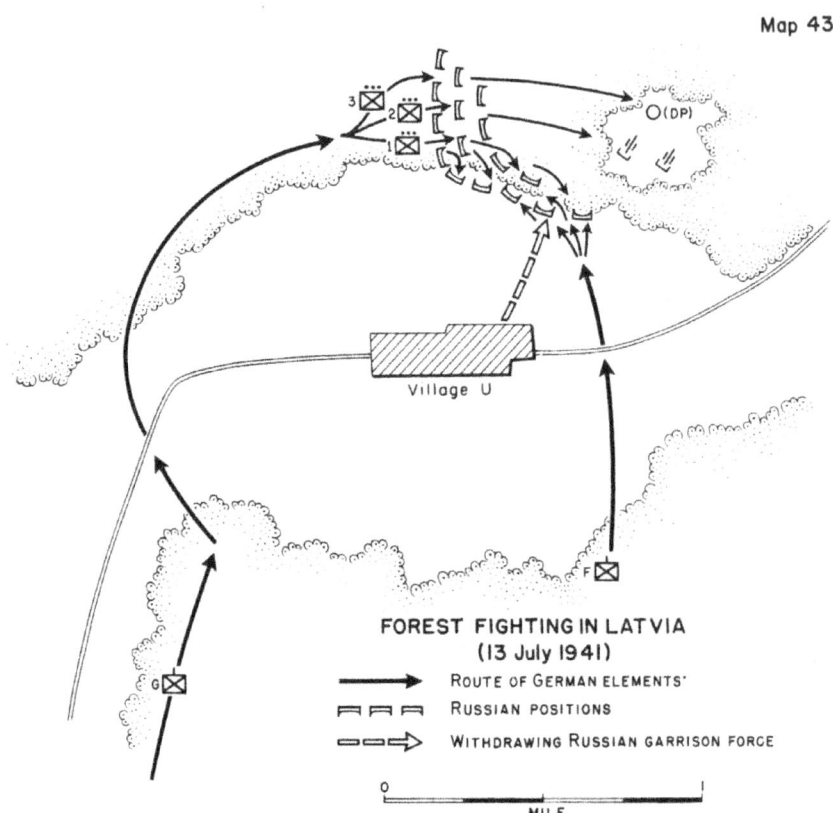

Legenda: Itinerario delle forze tedesche – Posizioni russe – Via di ripiegamento della guarnigione russa.

La radura aveva una forma grosso modo ellittica ed era lunga circa tre chilometri e larga uno. Al suo centro si trovava il Villaggio U tenuto dai russi, che era attraversato dalla strada che stavano seguendo i tedeschi. I reparti esploranti tedeschi osservarono i movimenti delle truppe russe e individuarono quelle che sembravano delle posizioni difensive sul limite nordorientale della radura alle cui spalle si trovavano anche diverse posizioni d'artiglieria.

Quando il comandante reggimentale arrivò al limite meridionale della radura, raccolse tutte le informazioni disponibili e suggerì un immediato stop dell'avanzata della divisione. Dopo avere valutato la situazione escluse un attacco frontale contro il villaggio; ordinò invece al Tenente Meyer, comandante della 7ª Compagnia, di effettuare un largo aggiramento attraverso i boschi da nord e quindi attaccare i russi e riaprire la strada all'avanzata della divisione. La 6ª Compagnia doveva invece simulare un attacco sul lato sud della radura senza tuttavia uscire fuori dagli alberi.

La 7ª Compagnia dovette attraversare un tratto di terreno aperto attraverso cui passava la strada, e, nonostante il fuoco intermittente dell'artiglieria russa, Meyer e i suoi 100 uomini raggiunsero la parte settentrionale della foresta, senza subire alcuna perdita. Il comandante della guarnigione russa osservò i movimenti dei tedeschi col binocolo, e intuendo il pericolo spostò alcuni uomini sul lato settentrionale della radura.

Meyer e i suoi uomini si mossero lentamente al limitare della foresta tenendosi fuori dalla vista del nemico. Improvvisamente, in un punto a nord del villaggio, i tedeschi vennero colti dal fuoco nemico proveniente dalla foresta. Una pattuglia inviata da Meyer riferì che le posizioni russe si estendevano all'interno della foresta verso nord coprendo il fianco destro delle forze difensive del villaggio e che la pattuglia era stata fatta segno del fuoco da parte di singoli tiratori scelti e di distaccamenti nascosti in buche e trincee.

Sulla base di queste informazioni Meyer decise di dividere la sua forza, impiegando il primo e il secondo battaglione per un attacco frontale mentre il terzo rimaneva di riserva. Non appena l'attacco ebbe inizio, Meyer comprese che, dal momento che le posizioni russe si estendevano verso sud molto di più di quanto avesse immaginato, doveva impiegare alche il terzo plotone nell'attacco.

Mentre la 7ª Compagnia si stava radunando all'improvviso successe il pandemonio. Proiettili da mortaio iniziarono a cadere sul terreno e sugli alberi, i colpi delle mitragliatrici attraversavano l'aria rimbalzando sui tronchi e sul terreno, bombe a mano lanciavano schegge in ogni direzione, i tiratori scelti russi - che avevano lasciato che i tedeschi li superassero - si misero in azione e iniziarono a sparare sui tedeschi alle spalle, e urla selvagge attraversavano tutta la foresta.

Quest'inferno di fuoco e rumore era troppo per i soldati tedeschi, inesperti al combattimento nelle foreste. Gli uomini erano così terrorizzati che si fermarono sul posto e cercarono un riparo. L'attacco rallentò. Mentre i tedeschi erano schiacciati al suolo, si vide che il terrore provocato dall'attacco russo era molto superiore alla sua effettiva efficacia. Nel frattempo, Meyer era strisciato presso ogni Plotone e aveva date le istruzioni ai sottufficiali. I comandanti di Plotone radunarono i loro uomini formando dei distaccamenti d'assalto, e incitarono gli uomini a non lasciare che i russi gettassero su di loro il panico e la confusione. A un dato segnale, gli uomini iniziarono a sparare con le loro armi e a urlare selvaggiamente; stimolati dalle loro stesse grida e dal fuoco dei propri camerati, la 7ª Compagnia riprese l'attacco.

Ne seguì un duro combattimento corpo a corpo: i difensori lottarono strenuamente e dovettero venire abbattuti uno ad uno. Dopo due ore di combattimento, il 1° Plotone riuscì a penetrare le difese russe e ad attaccare alle spalle le posizioni russe lungo il limite della foresta. A questo punto la resistenza dei difensori collassò e altri due Plotoni riuscirono a farsi largo nella piccola radura in cui si trovavano i cannoni russi.
I tedeschi sopraffecero gli artiglieri russi e catturarono i cannoni e un deposito di munizioni prima che i difensori riuscissero a farli esplodere.

La 6ª Compagnia si unì agli uomini della 7ª Compagnia nel ripulire i nidi di resistenza russi nella foresta e la divisione fu in grado di riprendere la sua marcia nel tardo pomeriggio.

Il fattore psicologico del combattimento ravvicinato è particolarmente importante quando un unità si trova coinvolta per la prima volta in questo tipo di combattimento. Dal momento che il suono tende ad aumentare all'interno della aree boscose, il fuoco concentrato di diverse armi insieme al fischio dei proiettili e a forti grida può avere un effetto devastante sui nervi delle truppe che attraversano una foresta. Il combattimento ravvicinato è spesso nocivo per i nervi, in special modo nelle foreste dove i combattimenti spesso durano molto tempo e sono molto ravvicinati. Dal momento che i difensori possono nascondersi molto bene tra gli alberi e il sottobosco, spesso negli attaccanti può sopraggiungere un senso di incertezza e di essere senza supporto alcuno.

È in questi casi che la capacità di comando acquista maggiore importanza. Nella situazione precedente, l'abilità di Meyer nel valutare prontamente la situazione, di esercitare una forte leadership personale, e di risolvere il problema opponendo al rumore altro rumore, rese la 7ª Compagnia in grado di risollevarsi e riprendere in mano una situazione che altrimenti sarebbe stata perduta.

III Posizioni difensive russe al limite di una foresta (agosto 1941)

Le posizioni difensive costruite al limite di una foresta o appena all'interno possono essere neutralizzate efficacemente con un attacco dall'aria e da terra ben coordinato. Nell'agosto 1941 i tedeschi riuscirono a farlo otto chilometri a sud ovest di Kanev. In quel periodo le forze russe stavano venendo respinte indietro verso il Dnepr dalle divisioni di fanteria tedesche provenienti da ovest e da sud. A un Battaglione russo facente parte di una Brigata di fanteria era stato ordinato di trincerarsi a sud di un incrocio stradale in direzione di Kanev, e di resistervi fino all'ultimo uomo. Il Battaglione non aveva il supporto dell'artiglieria, ma era equipaggiato con mortai pesanti e con cannoni da fanteria. Il 169° Reggimento di fanteria tedesco, facente parte della 68ª Divisione di fanteria proveniente da sud, doveva catturare l'incrocio e prendere contatto con le forze tedesche dirette al Dnepr da ovest. Il Reggimento tedesco era al 65% della sua forza mentre il Battaglione russo era pressoché intatto.

Nello stabilire la loro linea difensiva i russi crearono due linee d'avamposti, la prima linea occupava due creste adiacenti a circa 1.000 metri di fronte alla principale linea di resistenza al limite meridionale della foresta, la seconda su una cresta a circa 500 metri alle spalle della prima. Ogni linea di avamposti era tenuta da un plotone, con un tiratore scelto e due mitragliatrici per squadra. Tra le due linee di avamposti i russi posizionarono due squadre con mortai leggeri. I cannoni da fanteria e i mortai pesanti supportavano la fanteria da dietro la principale linea di resistenza, e gli osservatori avanzati per questi pezzi erano posizionati sulle creste (Mappa 44).

La principale posizione da combattimento russa era organizzata con due Compagnie di fucilieri, ognuna delle quali aveva un Plotone schierato sulle creste e gli altri scaglionati in profondità nella foresta. L'incrocio vero e proprio era difeso dai restanti elementi della Compagnia assegnata alla protezione degli avamposti.

La posizione sul limite della foresta consisteva in gruppi di buche, da due a sei, ognuna delle quali ben mimetizzata. Un certo numero di tiratori scelti era piazzato tra gli alberi all'interno o al limitare della foresta. Le posizioni all'interno della foresta erano state scavate quasi in linea retta ed erano così ben mimetizzate che non potevano venire individuate se non a breve distanza. In certi punti i mitraglieri e i tiratori scelti russi avevano liberato il terreno per avere un buon campo di tiro, ma nessuna di queste posizioni si trovava a più di 50 centimetri sul livello del suolo, così che i tedeschi non sarebbero stati in grado di individuarle in anticipo. I difensori non avevano abbastanza tempo per preparare delle abbattute[24], quindi stesero tre campi minati con mine antiuomo in legno in tre campi ai lati della strada diretta a Kanev da ovest, alcuni fucilieri si nascosero all'interno di mucchi di tronchi il cui accesso era stato ben mimetizzato.

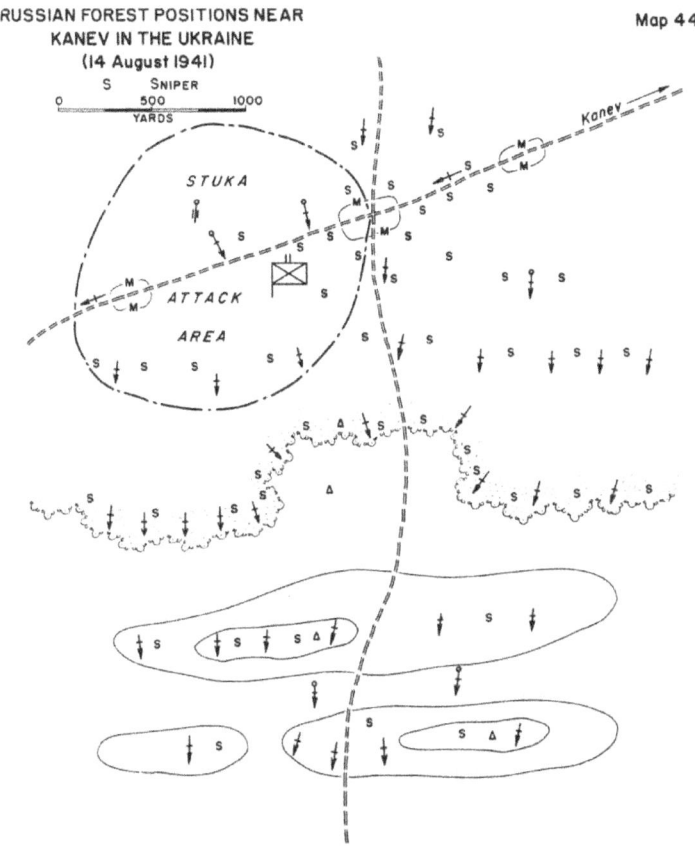

Legenda: S = Cecchino – Stuka Attack Area = Area d'attacco degli Stuka.

Una rete telefonica collegava il comando di battaglione con i posti di comando di compagnia, e armi pesanti e gli avamposti. Due posti di osservazione erano stati sistemati nella radura situata nel punto in cui la strada diretta da nord a sud entrava nella foresta ed erano nascosti sotto tre tronchi; le loro linee di comunicazione correvano a 25 centimetri di profondità sotto terra.

Alle 09.00 del 14 agosto il I Battaglione del 169° Reggimento fanteria si avvicinò alla foresta da sud. Dal momento che il comandante non si aspettava di incontrare alcuna resistenza all'interna della foresta, non era a conoscenza della forza delle difese russe. I tedeschi erano arrivati a circa 1.000 metri dalla prima cresta quando i russi aprirono il fuoco con mitragliatrici mortai e armi leggere. Il comandante del Battaglione schierò la sua unità per un attacco alla cresta e richiese il supporto dell'artiglieria. Il fuoco tedesco, sparato ad alzo zero, era troppo per i difensori russi, e i tedeschi dopo un duro

---

[24] Un'abbattuta è il modo in cui nella terminologia militare viene definito un ostacolo realizzato con rami d'albero disposte in fila con le cime affilate dirette verso l'esterno, nella direzione da cui proviene il nemico, NdT.

combattimento corpo a corpo catturarono la prima linea di avamposti. Non appena le due squadre dei mortai leggeri tra le due creste iniziarono a ritirarsi i tedeschi le colpirono con armi leggere e mitragliatrici e le eliminarono.

Alle 10.30 la seconda linea di avamposti stava ancora resistendo. I mitraglieri e i tiratori scelti bloccavano i tedeschi sulla cresta opposta. I cannoni da fanteria e i mortai pesanti russi posizionati nella linea principale di combattimento all'interno della foresta effettuavano un fuoco di interdizione nel terreno che si trovava tra i tedeschi e il loro obiettivo successivo. Gli osservatori tedeschi sulla cresta individuarono degli obiettivi per la loro artiglieria, e sotto questo fuoco di copertura i fanti lentamente si spinsero avanti. Anche se la seconda linea di avamposti era distante solo 550 metri, i tedeschi impiegarono un'ora intera prima di raggiungere la base della cresta, e quando riuscirono a salire in cima non poterono procedere oltre a causa dell'intenso fuoco proveniente dal limite della foresta.

Mentre il Battaglione tedesco si riorganizzava per attaccare la principale linea di resistenza russa, il comandante richiese al quartier generale di divisione di iniziare un bombardamento in picchiata contro il centro nervoso della resistenza russa vicino all'incrocio. Verso mezzo giorno una forza di bombardieri in picchiata tedeschi *Stuka* portò distruzione all'interno della foresta, mettendo a tacere i cannoni e i mortai russi, distruggendo il posto di comando e smantellando la rete telefonica. Non appena l'artiglieria tedesca si unì ai bombardieri, il I Battaglione riprese l'avanzata, incontrando solo una sporadica resistenza nella punto di entrata nella foresta opposta al sito del bombardamento. La linea avanzata era deserta, nelle posizioni più profonde i tedeschi trovarono diversi soldati russi morti e feriti e molte armi scariche. Qua e la dei tiratori scelti appostati sugli alberi aprirono il fuoco su di loro, ma le mitragliatrici e le pistole mitragliatrici tedesche innaffiavano di colpi la cima degli alberi. Il I Battaglione rastrellò la foresta fino all'incrocio, quindi girò a destra seguendo la strada in direzione di Kanev. Vennero presi alcuni prigionieri, ma molti soldati russi nelle retrovie riuscirono a scappare. Un commissario russo, che stava urlando contro i propri uomini in ritirata, si fece saltare la testa con una bomba a mano non appena vide i tedeschi avvicinarsi.

I campi minati non riuscirono a ritardare i tedeschi; uno fu fatto saltare in aria dall'artiglieria durante il bombardamento, mentre gli altri vennero indicati dai prigionieri catturati. I russi si erano impegnati molto nel nascondere le mine, alcune delle quali erano nascoste sotto delle finte tracce fresche di veicoli a ruota: indubbiamente, senza le indicazioni date dai prigionieri, queste mine avrebbero causato molte perdite tra le truppe tedesche. Dai prigionieri si apprese anche che i cannoni del Battaglione erano stati comandati da una donna.

Alcuni dei tiratori scelti e degli osservatori, erano nascosti così bene che i loro nascondigli non vennero individuati fino a quando la foresta non venne rastrellata accuratamente. Ancora un'ora dopo che il nucleo principale del Battaglione aveva imboccato la strada per Kanev, dei soldati russi venivano tirati fuori qua e la dai loro nascondigli.

I tedeschi rimasero sorpresi dalla velocità con cui i russi avevano costruito le loro eccellenti posizioni al limite e all'interno della foresta. Durante una sola notte, avevano scavato le loro posizioni e le avevano mimetizzate con grande efficacia. Una volta preso contatto con il Battaglione tedesco, i russi avrebbero potuto prolungare di molto il combattimento se si fossero ritirati sulle loro posizioni principali abbandonando gli avamposti in cima alle creste. Questi uomini e le loro armi sarebbero stati molto più efficaci se impiegati dentro la foresta.

La foresta diede un grande aiuto al Battaglione russo, che mancava sia di artiglieria che di supporto aereo. Se questa unità fosse stata impiegata in campo aperto i tedeschi l'avrebbero distrutta in pochissimo tempo, come nel caso di molte unità russe nella prima fase di questa campagna.

IV Difesa di un caposaldo tedesco nella foresta.

Nei primi mesi del 1942, le Divisioni tedesche del Gruppo d'Armate Centro fecero un disperato tentativo di fermare la controffensiva russa ad ovest e a sud ovest di Mosca. Dopo avere partecipato ai duri combattimenti a sud ovest della capitale sovietica, i Reggimenti della 15ª Divisione di fanteria tedesca erano oramai ridotti a tre o quattro Compagnie decimate ognuno, disposte verso ovest in direzione del fiume Bolshaja Shanja, dietro cui si supponeva potesse stabilirsi una nuova linea difensiva continua circa 65 chilometri a est di Vyazma (Mappa 45).
All'inizio di febbraio prevalevano le tipiche condizione metereologiche di metà inverno russo, con le temperature che arrivano a -30° C. Sotto un tappeto di un metro di neve il terreno era completamente congelato, fino a un metro sotto il livello del suolo. Dal momento che con questo clima la costruzione di posizioni difensive avrebbe richiesto un considerevole lasso di tempo, Il comandante di Divisione aveva ordinato ai suoi Reggimenti di attuare delle azioni ritardatrici e di combattere per ogni centro abitato che avessero incontrato lunga la via della ritirata.

Il 1° febbraio, l'81° Reggimento, facente parte della 15ª Divisione di fanteria, stava tenendo Vaditskoye, contro un forte attacco portato avanti dalla ben equipaggiata 1ª Divisione della Guardia di Mosca. Il comandante del Reggimento dubitava che le sue deboli forze sarebbero riuscite a resistere per più di due o tre giorni. Dal momento che la linea difensiva a est di Orlovo non era ancora stata completata, e che Vaditskoye era l'ultimo centro abitato prima di essa che bloccava l'avanzata delle forze russe, il comandante del reggimento ordinò alla 3ª Compagnia di trasformare in un punto fortificato il terreno attorno ad una capanna nella foresta situata a circa 1.000 metri ad est di Orlovo. La Compagnia consisteva di un ufficiale e 25 soldati veterani [in pratica appena gli effettivi di un Plotone; la Compagnia Fucilieri tedesca aveva in teoria nel 1941-1942 un organico di quattro Ufficiali e 187 uomini, NdC] che come molti uomini del Gruppo d'Armate Centro, erano a corto di uniformi invernali. La disponibilità di munizioni era ampia, ma le razioni di cibo si limitavano a 10 once di pane al giorno per ogni uomo. Per aiutare la 3ª Compagnia nei lavori di costruzione, da Orlovo vennero inviati 25 genieri e 30 uomini dei servizi.

La capanna nella foresta era una struttura in legno con il tetto di paglia; nelle vicinanze si trovava una rimessa. Queste strutture erano situate lungo la strada Vaditskoye-Orlovo al centro di una radura di circa 100 metri di diametro. La foresta consisteva in una densa distesa di giovani pini.

Con l'aggiunta di una sezione mitragliatrici pesanti, di operatori per la radio e il telefono e di un osservatore avanzato d'artiglieria la guarnigione nella foresta fu aumentata a 35 uomini. Dal momento che non era possibile sistemare tutti gli uomini nella capanna e nella rimessa se non per breve tempo, il comandante di compagnia decise di costruire altri due rifugi sull'altro lato della strada. La Compagnia non aveva degli attrezzi da scavo adatti né c'era sufficiente esplosivo per aprire dei varchi nel terreno gelato; il comandante della compagnia dovette pertanto improvvisare e ordinò così ai suoi uomini di ripulire un tratto di terreno dalla neve e di accendere dei fuochi con la legna. Questi fuochi vennero tenuti accesi per 36 ore, il tempo necessario per sciogliere il terreno e consentire loro di scavarlo con le primitive vanghette russe. La sola controindicazione di questo sistema fu che i fuochi attrassero l'attenzione di alcuni aerei russi. Per mitigare questo svantaggio, degli altri fuochi vennero accesi in altre parti della foresta.

Dopo che i lavori di scavo furono finiti, sopra le buche vennero posti dei grossi tronchi che vennero ricoperti con la terra di scavo, che non appena congelata creava un rifugio a prova di proiettile. Per riscaldare i rifugi vennero usate delle stufe fatte con il metallo di scarto. Per fornire un certo isolamento, la capanna, la rimessa e le due buche furono rinforzate con la terra. Altri rinforzi vennero posti su ogni lato della struttura.

Gli alberi al limite della radura vennero segati e del filo spinato venne legato attorno ai ceppi, delle mine antiuomo vennero legate ai fili e coperte con un leggero strato di neve. Furono preparati tre blocchi stradali ma questi vennero lasciati aperti lungo la strada che dal fiume portava alla foresta.

Questi preparativi vennero completati in tre giorni. Per il pomeriggio del 4 febbraio tutto era pronto. Non era troppo presto, dal momento che il reggimento che stava tenendo Vaditskoye stava subendo una forte pressione da parte dei russi. Quella sera il comandante del reggimento diede ordine ai suoi uomini di ritirarsi sulla linea fortificata ad est di Orlovo. Dopo che il reggimento ebbe oltrepassato la nuova zona fortificata all'interno della foresta, la guarnigione chiuse i blocchi stradali e minò il terreno davanti ad essi.

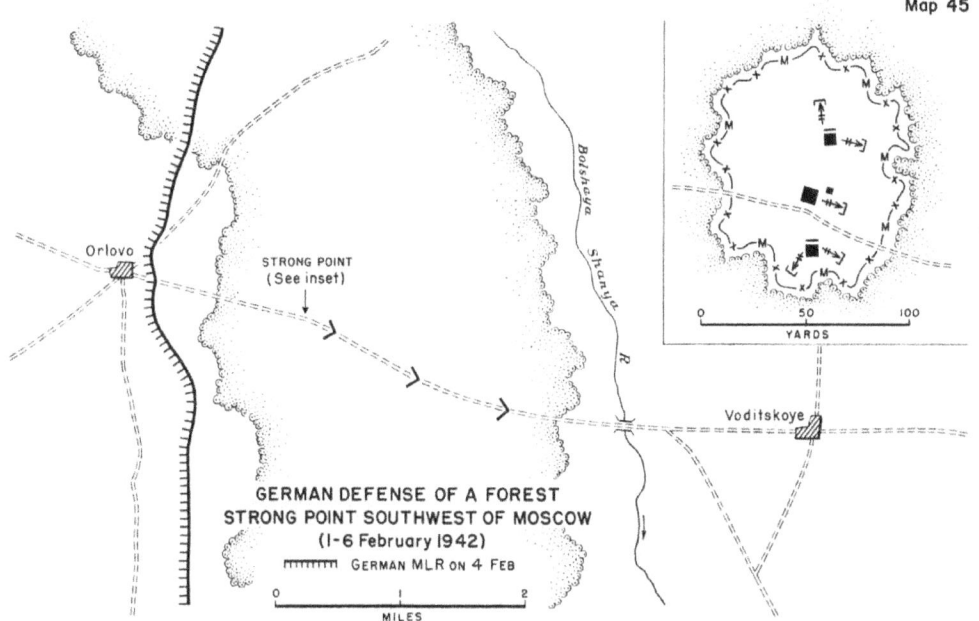

Legenda: Strong Point (See inset) = Caposaldo (vedi riquadro).

Il giorno seguente, la guarnigione sentì il rumore di alcune esplosioni provenire dalla zona di fronte ai blocchi stradali. Mentre la Compagnia stava ultimando i suoi preparativi, l'osservatore d'artiglieria, richiese del fuoco di sbarramento nelle zone di fronte ai blocchi stradali 2 e 3.

La notte tra il 5 e il 6 febbraio passò tranquillamente. Al sorgere dell'alba, le sentinelle all'interno della fortificazione, osservarono delle sagome di figure vestite con delle tute bianche che li rendevano simili a fantasmi contro gli alberi al limitare della radura vicino ai reticolati. Il suono delle mine sovrastò il rumore dei primi colpi sparati dai fucili russi e tedeschi. Il breve ritardo subito dagli attaccanti ad opera del reticolato, consentì ai difensori di tirare fuori dai rifugi caldi le mitragliatrici e di metterle in posizione. I russi tagliarono il filo spinato in tre punti dove formarono dei distaccamenti d'assalto, quando ad un segnale irruppero nella radura vennero annientati dal fuoco delle mitragliatrici. Dopo alcuni minuti il fuoco dell'artiglieria colpì il punto in cui si erano radunati i rinforzi russi mettendoli in fuga disordinata. L'attacco fallito era costato ai russi 40 morti e 10 feriti, i tedeschi non avevano subito alcuna perdita.

Come risultato di questo scontro il morale della 3ª Compagnia era alto. Nei giorni seguenti i tedeschi riuscirono a difendere la posizione contro ripetuti attacchi russi, infine finalmente i russi rinunciarono ad effettuare attacchi in questo punto del fronte.

I russi avevano dimostrato ancora una volta la loro capacità nel sopportare il freddo estremo. Anche durante quell'inverno così rigido, furono capaci di passare molti giorni di seguito all'aperto e di rimanere in grado di combattere. La foresta era loro alleata fornendo protezione contro il vento e legna per scaldarsi in quantità illimitata.

Gli interrogatori dei russi feriti rivelò l'incredibile durezza delle condizioni che avevano sperimentato durante la battaglia per difendere la loro capitale. Dal momento che molti centri abitati erano bruciati, i russi erano quasi completamente privi di rifugi. I quartieri generali delle unità erano occasionalmente sistemati nelle cantine di edifici bruciati, ma le truppe rimanevano all'aperto. Quando non erano in marcia, si radunavano attorno ai fuochi nella foresta. I prigionieri riferirono anche che alcune compagnia passavano le notti al gelo. Una compagnia di uomini si ammassava l'uno sull'altro come un fascio di paglia e in questo modo il calore di ogni uomo scaldava i compagni. Ogni ora il gruppo di uomini cambiava posizione in modo che tutti potessero stare al centro del gruppo e ricevere più calore.

V Tattiche di infiltrazione russe (Ottobre 1942)

Le abilità mostrate dai russi nell'infiltrazione attraverso le foreste creavano grandi difficoltà ai tedeschi. I russi erano esperti nell'aprirsi un passaggio attraverso stretti sentieri e a guadagnare posizioni attraverso apparentemente impenetrabili foreste e paludi. Il metodo russo seguiva generalmente lo stesso schema. Durante la prima notte alcuni soldati si infiltravano tra le linee tedesche e scomparivano nelle foreste. Durante la notte i rinforzi avrebbero portato la forza alle dimensioni di un plotone. In questa maniera, se non venivano prese le contromisure, entro una settimana un intero battaglione completo di stato maggiore e di reparti comunicazione poteva venire schierato alle spalle dei tedeschi. In malti casi dei settori crollavano perché il comandante responsabile non aveva considerato pericolose le infiltrazioni di piccoli gruppi di uomini che avvenivano sotto il suo naso.

Nell'estate del 1942 la 129^a Divisione di fanteria tedesca stava tenendo un settore largo circa 15 chilometri a sud ovest di Rzhev. Nonostante la pesante pressione da parte russa la divisione aveva resistito fino a metà agosto, quando il villaggio di Dubakino, sul fianco destro della Divisione, era stato perso dopo un breve scontro. Dopo la ritirata da Dubakino, la debole forza tedesca aveva stabilito una linea di avamposti un centinaio di metri a ovest in una foresta paludosa (Mappa 46).

Il livello più alto rispetto all'acqua a livello del suolo, impediva ai tedeschi di realizzare una linea difensiva continua. Ogni notte dei soldati russi si infiltravano nella foresta, passando attraverso un punto che dal momento che il terreno era paludoso, i tedeschi consideravano intransitabile. I russi quindi formarono dei distaccamenti che furono in grado di annientare i singoli avamposti colpendoli alle spalle uno dopo l'altro. Con questo metodo i russi allargarono gradualmente l'area sotto il loro controllo con un numero minimo di perdite.

Dal momento che i tedeschi erano incapaci di resistere nella foresta furono costretti ad abbandonare l'area e a stabilirsi al limitare di un altro bosco. Qui il terreno era più solido e consentiva di stabilire una linea difensiva continua da cui i difensori potevano osservare la porzione del bosco occupata dai russi che distava 300 metri di terreno scoperto. Delle pattuglie esploranti cercarono di sondare la quantità delle forze russe nel bosco ma vennero respinti dal fuoco di armi leggere e dovettero ritornare indietro senza informazioni utili.

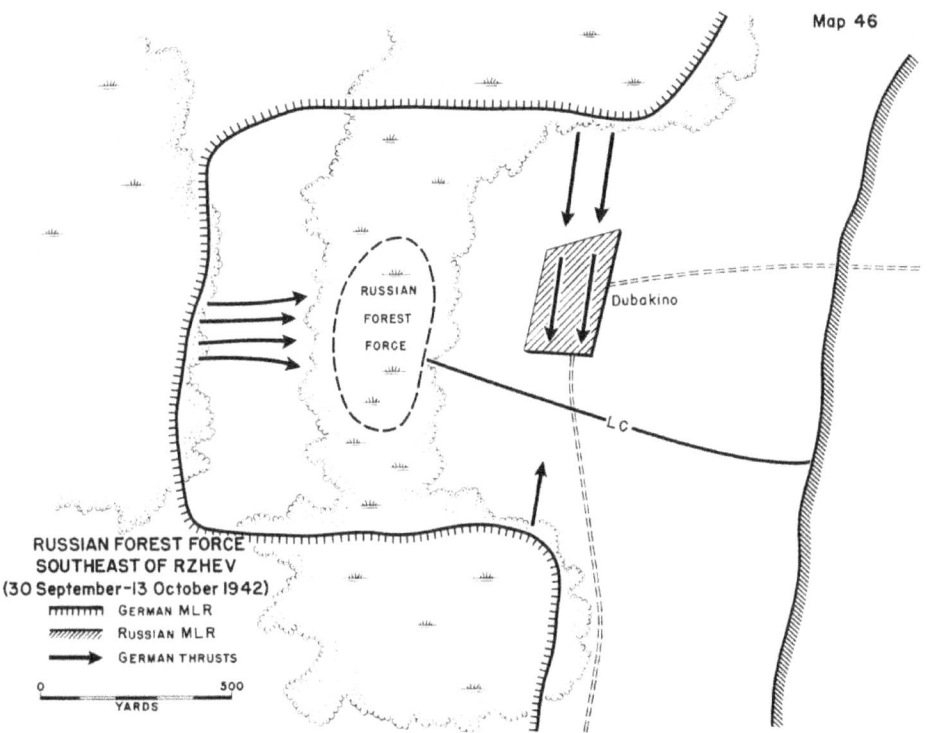

Legenda: Russian Forest Force = Forza russa infiltrata nella foresta.

A metà settembre la battaglia intorno a Rzhev rallentò, il comandante della divisione fu così in grado di ritirare dalla prima linea il 427° Reggimento e dargli l'ordine di eliminare il saliente russo a ovest di Dubakino. Nel preparare il suo piano d'attacco, il comandante voleva per prima cosa tagliare le comunicazioni dei russi nel bosco, in modo da impedire sia che potessero sopraggiungere loro dei rinforzi sia che potessero ritirarsi verso est. Una volta che questa parte del piano fosse stata completata, un battaglione avrebbe attaccato frontalmente e ripulito la foresta dai russi.

Per attuare questo piano sul lato settentrionale del saliente vennero messe due compagnia di fanteria del I Battaglione, mentre una compagnia del genio doveva formare la branca opposta della tenaglia. Dopo una preparazione di artiglieria iniziata a mezzogiorno del 30 settembre e durata 60 minuti, le due Compagnia si misero in marcia e catturarono Dubakino incontrando solo una debole resistenza. I genieri, invece, riuscirono ad avanzare solamente fino a 200 metri di distanza del villaggio quando vennero colti dal fuoco sul fianco proveniente da est li costrinse a fermarsi. Il III Battaglione con il supporto di una Batteria di cannoni d'assalto lanciò la sua offensiva contro il bosco alle 14.00 come era stato previsto, anche se l'accerchiamento non era stato completato. Dopo avere attraversato la radura i cannoni d'assalto si fermarono al limite del bosco per supportare le forze di fanteria, queste tuttavia non riuscirono a penetrare nelle foresta a causa del pesante fuoco di mortai da parte dei russi e del gran numero di mine di legno che erano state sistemate lungo i pochi punti di accesso alla foresta. Il fuoco delle armi leggere russe indebolì gli attaccanti, che non furono in grado di individuare i punti di fuoco del nemico.

Alla fine del primo giorno l'attacco a tenaglia non era riuscito a fare ulteriori progressi, mentre i resti del III Battaglione si erano dovuti ritirare sulle posizioni di partenza. Durante la notte e in quella seguente, i russi ricevettero munizioni e rinforzi attraverso il varco nelle linee tedesche. Le forze che formavano la tenaglia non furono in grado di impedire questi movimenti a causa dell'alta probabilità di colpire i commilitoni dall'altra parte del varco. Il fuoco d'artiglieria contro i movimenti di bersagli non ben identificati si mostrò inefficace.

Prima di riprendere l'attacco il comandante del Reggimento richiese al comando di Divisione l'invio di rinforzi, che si materializzarono la sera del 2 ottobre sotto forma di una batteria di obici da 21 cm ben rifornita di munizioni. Con l'arrivo degli obici le unità che formavano la tenaglia vennero ritirate sulle posizioni di partenza, per prevenire il rischio che venissero colte dal fuoco di saturazione che doveva venire sparato sull'area. Dopo un'ora da quando gli obici avevano iniziato a sparare il III Battaglione, ormai rinforzato, fece un altro tentativo di prendere il bosco, ma anche questa volta l'attacco si arenò contro il tiro dei mortai e delle armi leggere russe dopo avere subito pesanti perdite. Era evidente che il tiro degli obici aveva fatto pochi danni.

Il comandante reggimentale decise quindi di riprendere la sua idea iniziale di circondare le forze nella foresta con un altro attacco a tenaglia prima di attaccare di nuovo frontalmente. Durante i successivi 10 giorni, le forze sui due lati del saliente si aprirono lentamente la via l'uno verso l'altro in una serie di attacchi ben coordinati. Nel corso dei combattimenti vennero catturati alcuni prigionieri, che asserirono di aver ricevuto l'ordine di resistere fino all'ultimo uomo, ma i tedeschi non riuscirono ad ottenere informazioni sul numero e sulla disposizione delle forze russe.

Il varco venne infine chiuso il 13 ottobre, e il III Battaglione lanciò il suo terzo attacco frontale in pieno giorno contro quelle forze russe che si presumeva fossero rimaste nella sacca. I soldati tedeschi trovarono solo una leggera resistenza e a rallentarli fu soprattutto il terreno paludoso e le operazioni di sminamento. Dopo avere attraversato tutto il bosco le unità si incontrarono con i loro compagni a Dubakino, vennero catturati solo 20 russi che erano rimasti a fornire la retroguardia mentre i loro compagni si ritiravano attraverso il varco.

La forza che i russi avevano disposto nella sacca, che aveva provocato più di 250 perdite ai tedeschi e che era riuscita a ritirarsi di notte attraverso il varco, non fu mai determinata. Nei boschi furono trovate delle estese fortificazioni campali che potevano ospitare una forza di circa 600 uomini, ma non c'era modo di sapere se le posizioni erano state occupate completamente. Ogni zona di terreno leggermente più elevata rispetto al livello del suolo era coperta di trincee e postazioni, così ben mimetizzate che non potevano venire individuate se non a pochi metri di distanza. Molte delle trincee erano coperte dal sottobosco ed erano collegate tra di loro da passaggi sotterranei. Il sistema difensivo, che era stato costruito facendo buon uso del terreno solido presente nel bosco, non era stato preparato in base a un piano tattico. I proiettili d'artiglieria tedeschi erano scomparsi nell'acqua e nel fango profondo della palude non lasciando altra traccia che alcuni alberi rotti.

Contrariamente alle loro normali abitudini, i russi avevano abbandonato il terreno conquistato, ma solo dopo averne tratto ogni possibile guadagno tattico dal possesso. In questo caso i russi non solo s'infiltrarono nelle linee tedesche, ma con la loro ritirata non rilevata dai tedeschi mostrarono la loro capacità nello sfuggire a un accerchiamento quasi completo.

VI Un attacco russo attraverso una foresta (novembre 1943)

Le unità corazzate sono generalmente inefficaci nel combattimento nelle foreste, ma i russi usavano dei piccoli gruppi di carri armati in supporto alla fanteria ovunque il terreno lo permettesse. Verso la fine del 1943, la ricognizione aerea tedesca riferì che la testa di ponte russa sulla sponda occidentale del Dnepr a nord di Kiev veniva rinforzata costantemente. Le unità di fanterie e corazzate erano portate dall'altra parte del fiume utilizzando ponti di barche, ponti subacquei o traghetti. Le deboli forze della *Luftwaffe* non erano in grado di rallentarne il processo di costruzione.

Alle forze sovietiche presenti nella testa di ponte era negata la possibilità di avanzare dalla 68ª e dall'88ª Divisione di fanteria tedesca, le quali tenevano un fronte di circa quindici chilometri tra il fiume Dnepr e il fiume Irpen (Mappa 47). Le forze russe erano al completo, ben armate ed equipaggiate di tutto ciò che è necessario in guerra. La 68ª Divisione era un'unità veterana la cui forza era ridotta al 40% del totale. Il I e il II Battaglione del 196° Reggimento fanteria, tenevano le posizioni a sud di una larga radura nella foresta che attraversava il settore della divisione. I confini dell'area di responsabilità dei Battaglioni erano protetti da campi minati con delle unità di riserva che proteggevano gli accessi alla strada che passava attraverso la principale linea di resistenza tedesca a sudovest di Kiev. La principale linea di resistenza era stabilita al limite della foresta e a un miglio nelle retrovie erano disperse le Batterie di mortai, cannoni anticarro e obici da campagna. Gli obici da 10.5 cm e i cannoni da 15 cm presero posizione di fronte e dietro una bassa collina boscosa situata quattro chilometri alle spalle della principale linea di resistenza.

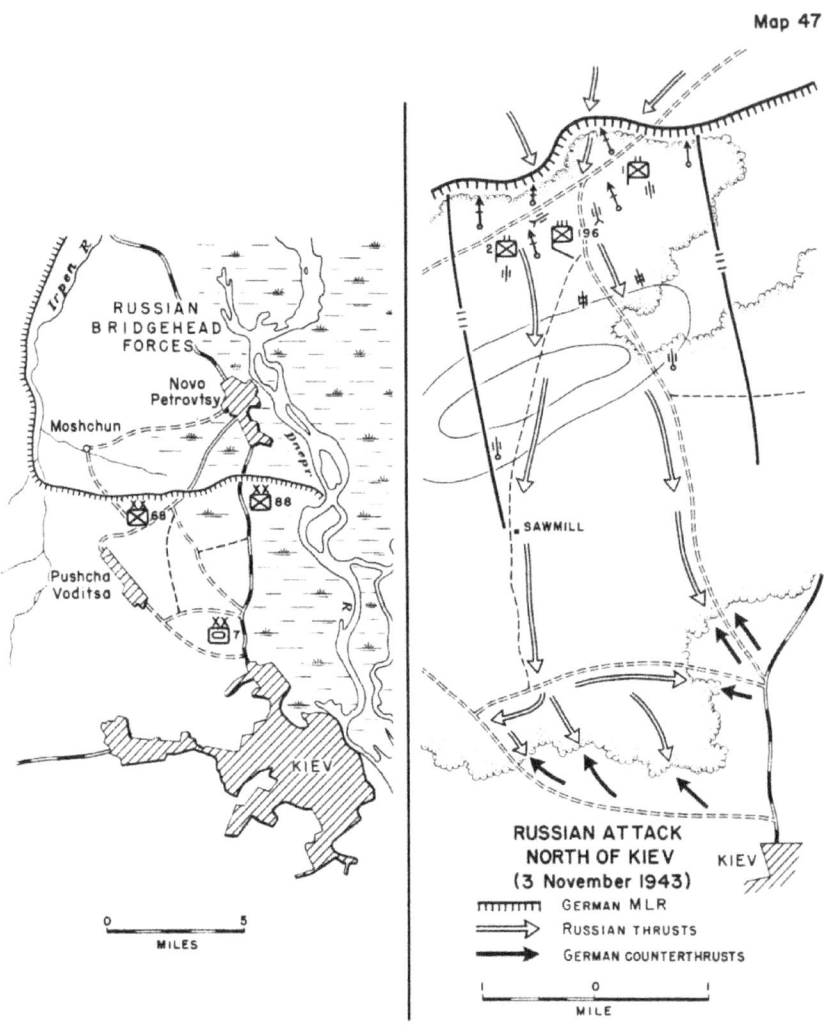

Legenda: Russian Bridgehead Forces = Testa di ponte russa – Sawmill = Segheria.

Durante gli ultimi giorni di ottobre delle pattuglie esploranti russi controllarono il terreno nei presi dei due Battaglioni, mentre dei distaccamenti d'assalto ne sondavano la forza. Allo stesso tempo erano avanzati fino a 500 metri dalla principale linea di resistenza tedesca e avevano stabilito un gran numero di posizioni, molte delle quali false. Per aggiustare il tiro, l'artiglieria russa utilizzava delle granate fumogene, in questo modo i tedeschi non furono inoltre in grado di identificare le postazioni d'artiglieria prima che l'attacco vero e proprio avesse inizio.

Il comandante di Divisione tedesco si aspettava un attacco russo verso Kiev, a causa della velocità con cui i russi stavano rinforzando la testa di ponte e sondando l'area del I e del II Battaglione. Quando, il 31 ottobre, i russi intensificarono il fuoco di artiglieria nel settore di Moshcun, sembrava più probabile che tentassero di sfondare verso Kiev in un punto a ovest del settore del 196° Reggimento. Nei successivi due giorni le pattuglie russe esercitarono una forte pressione lungo l'intero fronte della foresta, lasciando i tedeschi in dubbio su quale fosse il punto in cui si sarebbe concentrato il massimo sforzo dell'attacco.

All'inizio di settembre il tempo era eccezionalmente soleggiato e mite per il tardo autunno russo. La seguente azione ebbe luogo una distesa di alberi decidui e conifere. Il terreno era piuttosto secco e consentiva il passaggio di veicoli corazzati.

La notte tra il 1° e il 2 novembre trascorse tranquilla, ma alle 06.00 l'artiglieria russa iniziò un pesante fuoco di sbarramento sulle posizioni del I e del II Battaglione. La principale linea di resistenza tedesca al limite della foresta e la sua immediata retrovia subirono il terrificante fuoco per un'ora e mezza. I proiettili fumogeni che i russi sparavano mischiati ai proiettili esplosivi avevano ridotto la visibilità a meno di 50 metri. La principale linea di resistenza al limitare della foresta era coperta da una coltre di fumo particolarmente spessa, ancora una volta i posti di osservazioni e i centri per la direzione del fuoco non poterono funzionare.

Alle 07.30 il fuoco fu improvvisamente spostato nei settori adiacenti e nell'area alle spalle dei due Battaglioni. Nello stesso momento la fanteria russa iniziò a infiltratasi tra le posizioni malconce del 196° Reggimento che era oramai difesa solamente da alcuni isolati nidi di resistenza. La prima ondata di carri russi esercitò il massimo sforzo in un punto opposto al settore del 196° Reggimento, muovendo attraverso i campi minati parzialmente distrutti e avvicinandosi al limitare della foresta in formazione estesa e con tutti i cannoni fiammeggianti; immediatamente dietro i carri, e qualche volta in mezzo a loro, avanzava la fanteria russa armata di pistole mitragliatrici, fucili automatici e bombe a mano.

A 300 metri seguiva la seconda ondata, consistente anch'essa di carri armati e fanteria, questi ultimi armati con mitragliatrici e mortai. I carri armati annientarono i nidi di resistenza e la fanteria eliminò tutti i tedeschi che erano ancora vivi. La fanteria a questo punto si raggruppò ed entrò nella foresta protetta dai carri che si erano fermati al limite degli alberi. Le unità della fanteria russa entrarono nel settore del I Battaglione in una formazione a cuneo avanzando verso sud lungo la strada Novo Petrovtsy-Pushcha Voditsa verso il bivio da cui partiva la strada per Kiev. Una volta raggiunto il bivio, le unità di fanteria richiesero l'assistenza dei carri, per continuare l'avanzata con i mezzi più vicini. Non appena si spinsero nella foresta i carri armati, si occuparono di quei nidi di resistenza tedeschi che la fanteria non era riuscita a sopraffare immediatamente. Durante questa fase, la fanteria avanzò lentamente ma inesorabilmente, mantenendo il contatto ravvicinato tra le unità.

Il II Battaglione riuscì in alcuni punti a ritardare l'avanzata russa combattendo una dura battaglia di retroguardia, ma il I Battaglione cedette di colpo costringendo anche l'altro Battaglione a ritirarsi. Vista la debole resistenza incontrata, le unità di fanteria russa passarono da una formazione ammassata a una formazione estesa ed iniziarono a rastrellare la foresta. Dei distaccamenti d'assalto della dimensione di una Compagnia, equipaggiati esclusivamente con pistole mitragliatrici, seguivano la linea allargata della fanteria. I carri russi avanzarono ed eliminarono ogni centro di resistenza tedesca che continuava a resistere dopo essere stato circondato dalla fanteria. I carri armati che erano entrati nella foresta in formazione aperta, arrivati al bivio si raggrupparono e si spinsero lungo la strada diretta a sud verso Kiev in una singola colonna fermandosi solo quando la fanteria richiedeva la loro assistenza. I cannoni anticarro e gli obici tedeschi, furono circondati dalla fanteria russa che bloccò i movimenti degli artiglieri con le armi leggere.

La maggior parte delle unità della prima e della seconda ondata russa superò queste armi tedesche isolate lasciandone la distruzione ai carri armati e alla fanteria della terza ondata.

Le forze d'attacco russe nel settore del II Battaglione procedettero alla stessa maniera ma progredivano lentamente poiché la fanteria era appoggiata solamente da cinque carri armati. Una volta raggiunto il posto di comando abbandonato del 196° Reggimento le forze russe si fermarono quindici minuti per raggrupparsi. Nel frattempo la colonna di carri armati continuava la sua marcia verso Kiev, mentre la fanteria all'est della strada si raggruppava e si riposava una volta raggiunto un percorso che si dirigeva a est verso il Dnepr.

La fanteria russa nel settore del II Battaglione raggiunse la collina alle 10.00, i cinque carri armati in quel momento si stavano dirigendo verso sud lungo la strada che portava alla segheria. Nel settore del 1° battaglione l'avanzata continuava in direzione di Kiev. Verso mezzogiorno le forze russe emersero dalla foresta su un fronte allargato il cui limite orientale si trovava a soli 4 chilometri dai sobborghi di Kiev. Il comandante della 68ª Divisione di fanteria aveva mosso le sue riserve per bloccare la strada per Kiev e aveva richiesto l'assistenza della 7ª Divisione *Panzer* per sventare la minaccia da nord. Dieci carri russi furono distrutti immediatamente dopo essere emersi dagli alberi, quindi i rimanenti carri si ritirarono nella foresta seguiti dalla fanteria.

I russi avevano impiegato poco meno di quattro ore per penetrare e aprirsi la strada attraverso 8 chilometri di foresta tenuta dai tedeschi. Le tattiche combinate tra i carri russi e la fanteria si dimostrarono molto efficaci. Durante il fuoco di preparazione fu utilizzato dai russi un'insolita quantità di proiettili fumogeni. Queste granate avevano inneschi ad impatto del tipo ritardato, invece che di quello supersensibile per impedire che i proiettili esplodessero al contatto con le cime degli alberi.

Il comandante della Divisione tedesca, sapendo che un attacco era imminente, avrebbe potuto sfruttare il vantaggio del ritardo dei russi, per spostare la principale linea di resistenza dei due Battaglioni dal limite della foresta all'interno dei boschi. Lasciando solo dei distaccamenti di sicurezza nella vecchia principale linea di resistenza, avrebbe ingannato i russi simulando la presenza della guarnigione al completo, preservando così le forze per la difesa della foresta.

VII Astuzie di guerra tedesche e russe

a. La mimetizzazione tedesca inganna gli aerei russi (inverno 1941-1942)
Durante i disperati combattimenti nell'area di Rzhev durante l'inverno 1941-42, i russi impiegarono diversi biplani obsoleti per condurre degli attacchi notturni contro le istallazioni tedesche, per sganciare volantini di propaganda e rifornire le unità di fanteria circondate. Dal momento che i raid notturni privavano i difensori tedeschi del loro necessario riposo, il comandante di un Reggimento tedesco decise di imbrogliare gli aerei affinché sganciassero le loro bombe dove non facessero danni. Ordinò pertanto ai genieri di accendere diverse lanterne appese a dei pali alti 2 metri in un'area isolata, un cavo collegava le lanterne e un uomo a circa 600 metri di distanza tirava il cavo per fare ondeggiare le lanterne avanti e indietro. Dall'aria l'effetto prodotto assomigliava a una colonna di uomini che camminavano portando con loro delle lanterne. La notte successiva

gli aerei russi apparvero come al solito. Una volta individuato quello che sembrava essere un obiettivo appetibile, gli aerei sganciarono le loro bombe senza causare altro danno se non la distruzione di alcune lanterne. Dopo che questo trucco era stato usato con successo per diverse notti, il comando di Divisione rifiutò di fornire altre lanterne a causa delle spese eccessive. Tuttavia quando, una delle notti seguenti una bomba cadde vicino al Quartier generale, l'ordine fu revocato e le lanterne furono disponibili in quantità illimitata.

b. *La finta zona di aviolancio (gennaio 1943)*
Durante i combattimenti vicino a Demyansk, nel gennaio 1943, un Reggimento di fanteria tedesco riuscì a circondare elementi di diversi distaccamenti russi. Poco tempo dopo i russi iniziarono a sganciare rifornimenti per le loro forze circondate. Un distaccamento radio tedesco intercettò un messaggio dei russi trasmesso alle unità della sacca che ordinava loro di segnalare la zona di lancio con quattro fuochi. Durante la notte seguente i fuochi dovevano formare la lettera "T", le lettere dovevano venire cambiate ogni notte.
Il comandante del Reggimento tedesco decise di sfruttare il vantaggio di queste informazioni e di impedire ai russi di ricevere i rifornimenti che gli sarebbero stati così necessari. Con questo scopo stabilì una finta zona di lancio nella sacca. A dei prigionieri russi, che servivano nella Divisione come lavoratori, fu ordinato di riempire quattro crateri di granate formanti la lettera "T" con legna secca che venne quindi impregnata di benzina. I prigionieri avevano appena completato il lavoro quando si sentì il rumore di un aereo in avvicinamento. Le pile di legno nelle buche furono rapidamente incendiate. Vedendo i fuochi sul terreno, l'aereo russo scaricò il suo carico di cibo e munizioni sulla zona di lancio tedesca. Questo trucco fu usato per tre giorni successivi, in questo modo i soldati russi circondati furono privati dei loro rifornimenti e si arresero alcuni giorni dopo.

I tedeschi ebbero successo altre volte nell'imbrogliare gli aerei russi una volta che scoprirono la procedura corretta. Per prima cosa il numero di fuochi e le lettere dovevano corrispondere a quelli previsti per l'interno della sacca. Se i fuochi non erano disposti nella maniera corretta, il pilota russo poteva insospettirsi e sganciare sulla zona alcune bombe anziché i rifornimenti. In secondo luogo i fuochi dovevano venire accesi secondo il metodo russo, in dei fossi o dei crateri e non sul terreno piatto [così la fiamma sarebbe stata meno visibile lateralmente, e quindi dal nemico, ma comunque ben visibile dall'aria, NdC].

I lenti aerei da trasporto russi erano vulnerabili al fuoco delle armi leggere mentre facevano la loro manovra di avvicinamento alla zona di lancio. Per questo scopo non dovevano venire usati proiettili traccianti. Nella loro fretta di recuperare i rifornimenti russi, i soldati tedeschi spesso non aspettavano che l'aereo avesse finito i lanci prima di avvicinarsi, e in un caso un sottufficiale tedesco fu gravemente ferito quando venne colpito da pezzi di pancetta surgelata.

c. *Trappole russe (febbraio 1943)*
Nel febbraio 1943 le forze tedesche nella principale linea difensiva vicino a Demyansk erano gravemente sotto organico e le pattuglie esploranti russe erano spesso in grado di infiltrarsi nelle linee tedesche. Una volta dietro le linee tagliavano i cavi dei telefoni che collegavano le retrovie tedesche con la prima linea, e preparavano imboscate ai guardafili che non avrebbero tardato ad arrivare. Normalmente la squadra di riparazione era

composta da due uomini, la cui attenzione era concentrata sul loro compito. Mentre i due uomini erano impegnati nel riparare il cavo, i russi li avrebbero silenziosamente sopraffatti e se li sarebbero portati via. A quel tempo i tedeschi erano talmente a corto di personale che non era possibile inviare alcun distaccamento a proteggere i guardafili.

Un altro incidente avvenne durante una notte particolarmente buia, quando due mitraglieri tedeschi lasciarono la loro posizione per investigare su un rumore che avevano sentito. Improvvisamente cinque soldati russi di un distaccamento esplorante saltarono addosso ai soldati tedeschi rimassi vicino la mitragliatrice, gettarono loro del pepe in faccia e li infilarono in dei sacchi portandoli via con loro. Sentendo il rumore, i loro compagni tornarono indietro e spararono alcune raffiche nel punto in cui i russi erano scomparsi. La mattina seguente, nelle vicinanze della postazione furono individuati i cadaveri di un ufficiale russo e due soldati semplici, così come il corpo di uno dei due mitraglieri rapiti. Ad alcuni metri di distanza vennero trovati altri due russi gravemente feriti. Tra le carte dell'ufficiale russo furono trovati i piani di un elaborato piano d'attacco basato sui risultati della ricognizione, il che dimostrava che l'ufficiale nei giorni precedenti aveva osservato le posizioni tedesche da dietro il relitto di un carro armato distrutto a solo 30 metri di distanza dalle posizioni tedesche.

d. *Inganno sonoro tedesco (novembre 1944)*

Durante i combattimenti lungo il fiume Narew nel novembre 1944, il comandante di un reggimento tedesco richiese al quartier generale l'invio di un camion con casse trasmittenti e rumori registrati di una divisione corazzata in movimento. Ogni registrazione durava dodici minuti. Non appena l'equipaggiamento arrivò fu sistemato nelle pendici opposte di una cresta in modo che fosse invisibile al nemico. Degli osservatori posti sulla cresta dovevano osservare con i binocoli le posizioni russe per individuare le postazioni dell'artiglieria. Fu preparato un piano di fuoco per confondere i russi, in base ai quali l'artiglieria pesante di tre battaglioni doveva sparare alternativamente su obiettivi specifici. Le unità d'intercettazione della divisione e del corpo erano state messe in allerta. L'attacco fittizio fu preparato per il tardo pomeriggio di un giorno di novembre quando la visibilità era al minimo.

Poco dopo l'inizio del bombardamento dell'artiglieria tedesca, che era stato coordinato ottimamente con la registrazione dei corazzati in avvicinamento, le armi pesanti russe iniziarono a replicare al fuoco, poco dopo anche l'artiglieria entrò in azione. Non appena il rumore dei carri tedeschi in avvicinamento si fece più intenso, i comandanti russi diventarono sempre più allarmati e iniziarono a lanciare delle disperate richieste di aiuto. Questo traffico radio fu ascoltato dai reparti d'intercettazione tedesche che furono così in grado di individuare la posizione del posto di comando russo.

Trentasette minuti più tardi, un proiettile d'artiglieria russo tranciò il cavo che collegava gli altoparlanti al camion trasmittente, il che pose un'improvvisa fine allo spettacolo. Tuttavia il trucco aveva ottenuto il suo scopo, le posizioni avanzate russe erano state individuate, così come undici posizioni di mortai e sette di cannoni anticarro, e un gran numeri di pezzi d'artiglieria erano stati individuati dai lampi e dal rumore del loro fuoco di risposta. Il giorno seguente le armi russe furono poste sotto il tiro delle armi tedesche e distrutte.

Un deposito di rifornimenti tedesco in Russia.

Capitolo 7 - Guerra antipartigiana

I Generale

La guerra di guerriglia è vecchia quanto il mondo. In tempi recenti, questo modo di combattere ha acquisito una grande importanza politica e militare. Appare ovvio che lo studio dei metodi di combattimento partigiani e antipartigiani siano un elemento essenziale di ogni programma di addestramento militare. Basati su esempi pratici, tratti dall'esperienza tedesca, queste azioni riusciranno sicuramente a stimolare l'interesse per la materia.

La guerra partigiana non si adatta a nessuna dottrina tattica o principio che abbia un'applicabilità generale. I combattenti partigiani sono imprevedibili e poco scrupolosi nel seguire dottrine specifiche, le loro armi sono generalmente di semplice progettazione e in numero scarso. Ottengono una mortale efficacia operando come un piccolo determinato gruppo di individui che opera in maniera quasi indipendente dalle normali strutture logistiche, Questi uomini, esperti nelle tecniche di camuffamento, creano un regime di terrore sulla popolazione civile del loro stesso paese.

Il successo nella guerra antipartigiana non dipende dal seguire delle tattiche o dei metodi di combattimento che si sono dimostrati validi in alcuni casi. È invece necessario raccogliere tutte le informazioni possibili sulla forza dei partigiani, sulla loro struttura di comando, sistema d'intelligence, mobilità sul territorio occupato e relazioni con la popolazione civile. Maggiori sono gli esempi disponibili dall'esperienza pratica per analizzare questi fattori e coloro che saranno chiamati a combattere contro i partigiani saranno meglio preparati. Lo studio di questi esempi accenderà l'immaginazione dei futuri comandanti, preparandoli per delle missioni che, nelle presenti condizioni della guerra, possono venire assegnati a qualunque comandante.

Le seguenti azioni di piccole unità devono essere lette in questo spirito. Ancora più importante dell'apprendere i principi tattici d'impiego è, tuttavia, l'adozione di una politica che garantisca il successo nelle operazioni anti partigiane. Questa politica deve svilupparsi attraverso un efficace propaganda e misure economiche e politiche che possano rivolgere la popolazione civile contro i partigiani e convincerla ad affiancare le attività antipartigiane. L'attuazione di queste politiche è di competenza dei massimi livelli di comando e deve essere preparata prima che la prima bomba colpisca il suolo nemico e deve essere attuata da quando il primo soldato calpesta il territorio nemico.

Durante i loro primi incontri con le unità partigiane le unità regolari tendono generalmente a sottovalutarne la forza e l'efficacia, principalmente perché il loro equipaggiamento consiste in sole armi leggere. Un errore pericoloso. Generalmente i partigiani sono combattenti duri e tenaci spinti da una fanatica dedizione alla propria causa, gli individui deboli lasciano le loro fila molto tempo prima che si entri in azione. La volontà e la risoluzione dei partigiani nell'infliggere il maggior numero di danni possibile, e senza riguardo alle convenzioni internazionali, compensano le mancanze del loro equipaggiamento.

II Il primo incontro (giugno 1941)

L'attività partigiana che i tedeschi incontrarono immediatamente dopo l'inizio dell'invasione della Russia fu una completa sorpresa. Gli ufficiali tedeschi, che avevano combattuto in Russia durante la Prima Guerra Mondiale, ricordavano come i soldati russi di allora, quando circondati o isolati si arrendevano accettando stoicamente il loro destino. Nella prima guerra mondiale, non era insolito che due soldati tedeschi, a cavallo o in bicicletta, scortassero 500 soldati russi prigionieri verso un distante punto di raccolta. Spesso dei piccoli gruppi di prigionieri erano mandati nelle retrovie sotto la scorta dei loro stessi graduati. Le operazioni isolate di gruppi indipendenti erano praticamente sconosciute.

Nel riprendere la loro esperienza della Prima guerra mondiale, i tedeschi dimenticarono che l'esercito russo del 1941 non era una semplice evoluzione dell'esercito zarista, ma una forza armata nata dalla lotta rivoluzionaria in cui il fine giustificava ogni mezzo. Sin dal tempo della Guerra civile russa i partigiani erano diventati delle figure leggendarie.

Occorsero alcuni giorni di shock prima che i soldati tedeschi si rendessero conto che i soldati russi del 1941 seguivano concetti diversi rispetto ai loro padri del 1914.

I tedeschi appresero che gruppi isolati di soldati russi consideravano loro dovere continuare la lotta come partigiani, ma anche di arruolare civili nei loro ranghi. Se un gruppo isolato aveva un capo carismatico, il suo spirito combattivo avrebbe immediatamente risollevato l'animo dei propri uomini e ne sarebbero seguite immediatamente delle dure azioni nelle retrovie tedesche.

I tedeschi incontrarono una forte resistenza partigiana fin dai primi giorni della campagna.

Alle 03.05 del 22 giugno 1941 il V Corpo invase la Russia dall'area est e nord est di Suwalki. L'avanguardia del Corpo doveva sfondare il fronte russo in un'operazione lungo la strada Suwalki-Lazdijai-Seirijai, e per completare questa fase dell'offensiva stabilire una testa di ponte sul fiume Niemen vicino a Kristonai (Mappa 48).

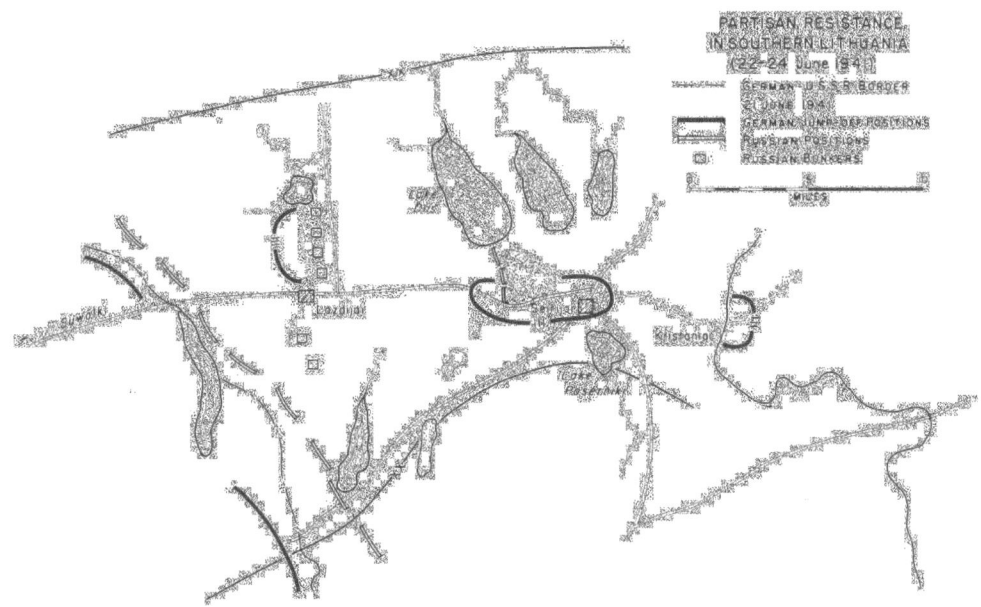

Legenda: Confine russo-tedesco – Posizioni di partenza tedesche – Posizioni russe – Bunker russi.

La linea difensiva russa sul confine fu rapidamente travolta dalla Divisione d'assalto, che quindi inviò due Reggimenti contro l'appena costruita linea fortificata nei pressi di Lazdijai. Il Reggimento sull'ala destra irruppe in città alle 10.00 spingendosi attraverso uno stretto passaggio a sud del lago Dus, e stabilì una testa di ponte attraverso il Niemen nel tardo pomeriggio. La distanza dalle posizioni di partenza alla testa di ponte era di 60 chilometri in linea d'aria. Il Reggimento sulla sinistra non penetrò tra i bunker della linea difensiva fino al giorno seguente.

La sera del 22 la Divisione era sparpagliata in una vasta area. Il Reggimento di testa, assieme al Gruppo esplorante e alla maggior parte dell'artiglieria divisionale, si trovava al di là del Niemen. Un Reggimento era a Nord di Ladzijai, e il reggimento di riserva, che aveva seguito il reggimento di testa lungo la strada per il Niemen, si trovava ai sobborghi di Serijai. In serata l'intera area della Divisione appariva tranquilla.

Verso le 22.00 fu sentito il rumore di armi leggere non provenire né dalla testa di ponte sul Niemen né dall'area di Ladzijai, bensì dalla zona di Serijai dove si trovava il Reggimento di riserva.

Al comando di Divisione per prima cosa si credette che nell'eccitazione del primo giorno di combattimento le unità tedesche si stessero sparando tra di loro nell'oscurità. Poco dopo, tuttavia, il comando fu informato che una colonna di camion con attrezzatura da ponte tedesca, era stata vittima di un'imboscata nei boschi a ovest di Serijai e che il traffico stradale nella zona era quindi bloccato. Poco tempo dopo il Reggimento di riserva riferì di combattimenti per le strade di Serijai contro civili armati.

All'inizio si dubitò di questo rapporto. Fino al 1939 questa parte dell'URSS apparteneva alla Lituania, e la sua annessione all'Unione Sovietica, dopo il patto Molotov-Ribbentrop, era stata duramente contrastata dalla popolazione, sembrava incredibili che i lituani si fossero improvvisamente uniti alla causa russa. Sembrava più facile che soldati russi isolati stessero continuando a combattere. Dopo mezzanotte, il comandante del Reggimento riferì che un fuoco intermittente proveniva dalla foresta, e che dei civili armati stavano partecipando ai combattimenti.

Al comandante del Reggimento fu ordinato di ripulire la foresta all'alba del 23 giugno. Presupponendo che le forze nella foresta erano composte solo da sbandati e da civili armati di armi leggere, il Reggimento assegnò solo un Battaglione al compimento della missione. Seguendo la stessa linea di pensiero il comandante ritenne che sarebbe bastata una Compagnia con una sezione di mitragliatrici.

Dopo essere penetrata di poco nella foresta, la Compagnia incontrò una forte resistenza e dovette porsi sulla difensiva. Fu quindi inviata una seconda Compagnia senza migliorare di molto la situazione. Anche la terza Compagnia fu respinta e l'operazione terminò in un fallimento. Questo fallimento chiarì la situazione, mostrando che si era gravemente sottovalutata la forza del nemico.

I russi avevano ottenuto un successo probabilmente più grande di quanto avessero in realtà compreso. La foresta, che i veicoli tedeschi non potevano aggirare, consentiva ai russi di dominare una vasta area e li proteggeva dalla ricognizione tedesca, e di conseguenza le comunicazioni e l'invio di rifornimenti alla testa di ponte sul Niemen furono tagliate e il Reggimento di riserva, un terzo della potenza della Divisione, appariva impotente. Per risolvere questa situazione, il comando di Divisione ordinò all'intero Reggimento di riserva più un Gruppo d'artiglieria di attaccare la roccaforte nella foresta il 24.

Il piano d'attacco era di distruggere sistematicamente la forza nella foresta procedendo settore per settore, dopo avere spezzato la resistenza nemica con l'artiglieria e le armi pesanti. Per l'assalto vero e proprio due Battaglioni di fanteria vennero scaglionati in profondità mentre elementi del terzo Battaglione si schieravano al limite della foresta e le restanti unità del terzo Battaglione rimanevano a Serijai che era senza difese da nord e da sud.

I battaglioni d'attacco incontrarono una dura resistenza. Una concentrazione del tiro delle armi pesanti, dei mortai e dell'artiglieria era difficile da ottenere nella foresta e spesso non aveva gli effetti desiderati. I primi partigiani non furono sopraffatti fino a quando non fu portato un cannone da 3.7 cm per sparare direttamente contro di loro. Poiché era necessario usare queste tattiche necessariamente lente, la foresta non fu ripulita dai partigiani fino a tarda sera.

Dopo che il combattimento fu finito, i tedeschi scoprirono che una forza di 400 o 500 soldati russi, tagliati fuori dal resto delle loro forze avevano formato il nucleo dell'unità partigiana, la cui forza era tuttavia formata per la maggior parte da civili russi che avevano colonizzato l'area dopo l'annessione della Lituania all'URSS. Alcuni civili si erano uniti volontariamente ai partigiani, altri invece sotto costrizione. Molti dei soldati russi avevano gettato via le loro uniformi e indossato abiti civili.

L'intera forza era sotto il comando di un ufficiale russo, che aveva organizzato l'imboscata a Serijai. Fu stimato che circa un quarto dell'intera forza partigiana, incluso il comandante, era riuscita a fuggire. Alcuni dovevano essersi diretti verso il Niemen, dal momento che mentre la Divisione continuava la sua marcia verso est, alcuni soldati e ufficiali scomparvero senza lasciare traccia. In un caso un ufficiale tedesco scomparve subito dopo avere lasciato il posto di comando divisionale. Nel corso della seguente investigazione dell'ufficiale non fu trovato nulla, né dell'autista, né della macchina.

Le principali lezioni apprese dai tedeschi durante il loro primo incontro con i partigiani russi furono:

1. I partigiani non danno quartiere, è quindi un errore usare unità di seconda linea o in generale deboli contro di loro. Se si devono contenere le perdite e limitare il tempo sprecato, le unità antipartigiane devono essere equipaggiate con artiglieria e carri armati, armi non disponibili ai partigiani.
2. Per circondare una forza partigiana, uno stretto anello deve essere stretto attorno a tutta l'area. I partigiani russi non continueranno un combattimento senza speranza, ma cercheranno di fuggire, di scomparire individualmente da una sacca, o, se necessario, di sfondare in massa per radunarsi in una zona determinata in precedenza. Se elementi partigiani riescono a sfuggire dall'accerchiamento, poco tempo dopo riprenderanno la loro attività da un'altra parte.

Agosto 1941. Manifesto tedesco che mette in guardia della pena di morte per i partigiani e loro fiancheggiatori.

III Il campo nella foresta (dicembre 1942)

Durante l'inverno 1941-1942, la linea ferroviaria e l'autostrada colleganti Bryansk e Gomel, costituivano le principali arterie di comunicazione attraverso cui un importante settore del fronte centrale tedesco riceveva i suoi rifornimenti. Nelle vaste foreste a ovest di Bryansk i tedeschi non erano mai stati in grado di eliminare la minaccia partigiana nemmeno per brevi periodi di tempo. Le forze partigiane erano troppo forti, e le loro perdite venivano rapidamente colmate da reclute locali. Erano ben armati con fucili automatici e pistole mitragliatrici, e con munizioni provenienti dai vasti depositi che i russi avevano dovuto abbandonare nell'estate del 1941.

Poste sotto il diretto controllo e la supervisione ravvicinata di Mosca, le forze partigiane nell'area di Bryansk riuscivano a coordinare le loro attività con le operazioni delle forze regolari russe lungo la linea del fronte. Gli ordini dei capi partigiani locali erano obbediti dagli abitanti dei villaggi, dove le pattuglie tedesche erano viste solo in rare occasioni. Nel corso di diversi mesi i tedeschi ebbero notizia solo di un caso i cui i capi locali avevano rifiutato le direttive dei comandanti partigiani. In questo caso il sindaco[25] di un villaggio avevano rifiutato di consegnare loro l'ultima mucca che era rimasta offrendosi di dare in cambio alcune pecore. Alcuni giorni dopo quest'uomo apparve vicino alle linee tedesche, portando con sé la moglie e il figlio e venti rubli d'oro dell'epoca zarista, chiedendo di essere evacuato per via aerea dal momento che temeva per la sua vita e per quella della famiglia. Chiese un trasporto aereo perché riteneva la strada e la ferrovia troppo pericolose.

Nell'estate del 1942 gli attacchi partigiani alla ferrovia e alla strada erano portati avanti dalla cosiddetta "Forza Ruda", così chiamata dai tedeschi perché il villaggio di Ruda si trovava pressoché al centro dell'area di operazioni dei partigiani. Questo era un gruppo particolarmente attivo di 300 o 400 uomini al comando di un leader particolarmente efficiente e audace, che aveva ottenuto il rispetto dei propri uomini ed esercitava una stretta disciplina e che, nel corso del tempo, acquisì una fama di eroe locale.

I tedeschi fecero diversi tentativi di eliminare la "Forza Ruda", ma tutti fallirono, perché i partigiani erano sempre in grado di scomparire nelle paludi e nella foresta. All'inizio dell'autunno del 1942, il nascondiglio del gruppo fu scoperto: si trattava di un campo fortificato nel profondo della foresta circondato da diverse cinture paludose. Quando i tedeschi tentarono di catturare il campo i loro veicoli s'impantanarono nella prima palude e il Maggiore Stein, comandante del Battaglione, non volendo procedere senza le armi pesanti decise di ritirarsi.

Il sopraggiungere del periodo del fango bloccò le attività sia dei tedeschi sia dei partigiani. Stein impiegò questo tempo per organizzare cinque Compagnie di sciatori in unità antipartigiane. Le Compagnie 1ª, 2ª, 3ª e 4ª erano unità di fanteria, ognuna equipaggiata per combattere in maniera indipendente. Ogni Compagnia aveva 12 mitragliatrici leggere, 3 mitragliatrici pesanti e 6 mortai medi, che erano trasportate su delle *Akjas* [un tipo di

---

[25] Più propriamente un capo villaggio o Starosta, NdT.

slitte a forma di barca di origine finlandese] e un certo numero di pistole mitragliatrici. La 5ª Compagnia era la Compagnia armi pesanti ed era equipaggiata con 4 cannoni da montagna da 7.5 cm e sei mortai pesanti russi catturati. L'artiglieria e i mortai erano trasportati da slitte trainate da cavalli, così come le munizioni. Il Battaglione era equipaggiato con diversi apparecchi radio.

Quando a novembre ci fu la prima pesante nevicata e il Battaglione fu usato per proteggere la linea ferroviaria. Grazie alla loro grande mobilità gli sciatori avevano un grosso vantaggio sui partigiani, che lanciavano i loro attacchi a piedi. In diverse occasioni gli sciatori furono in grado di sopraffare dei partigiani che stavano preparandosi ad attaccare dei treni.

I partigiani, tuttavia, non impiegarono molto tempo a preparare delle contromisure. Quando una Compagnia sciatori prendeva posizione in un villaggio, gli attacchi su larga scala alla linea ferroviaria nei pressi del villaggio cessavano, e i partigiani avrebbero limitato la loro attività a operazioni di demolizione da parte di piccole squadre. Ovviamente tra i partigiani e la popolazione locale esisteva un efficiente servizio informazioni.

Il Maggiore Stein, dopo avere ordinato un'attenta perquisizione dei villaggi nei pressi della ferrovia e della strada, rimase stupito dal gran numero di apparecchi radio scoperti e del fatto che queste radio erano dello stesso modello di quelle in dotazione al Battaglione, e che quindi i partigiani li avevano presi dai convogli di rifornimento tedeschi. La ricattura delle radio ebbe pochi effetti sulle attività dei partigiani, che evidentemente avevano ancora i loro sistemi di comunicazione. Stein decise di rimanere fuori dai centri abitati, anche se questo significava passare le notti di metà inverno all'aria aperta. Alle truppe fu distribuito dell'equipaggiamento invernale supplementare, e di notte gli uomini dovevano indossare gli stivali russi di feltro. Alla fine di novembre le Compagnie sciatori si erano abituate a passare la notte all'interno di capanne di neve.

Ai primi di dicembre le paludi che avevano bloccato l'attacco al campo partigiano in estate erano oramai congelate. Stein così preparò un piano per attaccare la base nella foresta della "Forza Ruda".

L'8 dicembre il Battaglione lasciò i suoi bivacchi ed entrò nella foresta adiacente al campo (Mappa 49).

Delle pattuglie vennero mandante in avanti rispetto la colonna avanzante per osservare la situazione. Una dopo l'altra catturarono quattro contadini che stavano raccogliendo legna per il fuoco, ma non trovarono alcun indizio che giustificasse i loro sospetti.

Una volta ben dentro la foresta, il battaglione girò a est in direzione del campo partigiano, che si trovava a 25 chilometri di distanza. Stein ritenne che i partigiani non si aspettassero un attacco attraverso la desolata area paludosa a nord ovest del campo, e la sera dell'8 dicembre il battaglione bivaccò a circa 10 chilometri a nord ovest dal campo nemico.

All'alba del 9 dicembre la 1ª Compagnia procedette nell'area a sud ovest del campo e ne stabilì l'esatta posizione. Stein pianificò di lanciare l'attacco il 10 dicembre.

Il pomeriggio del 9 la 1ª Compagnia riferì via radio che un gruppo di partigiani si stava addestrando all'uso degli sci in un punto a circa tre chilometri a sud ovest del campo. Le coordinate di riferimento del campo furono comunicate via radio dopo mezzanotte in seguito ad una ricognizione ravvicinata.

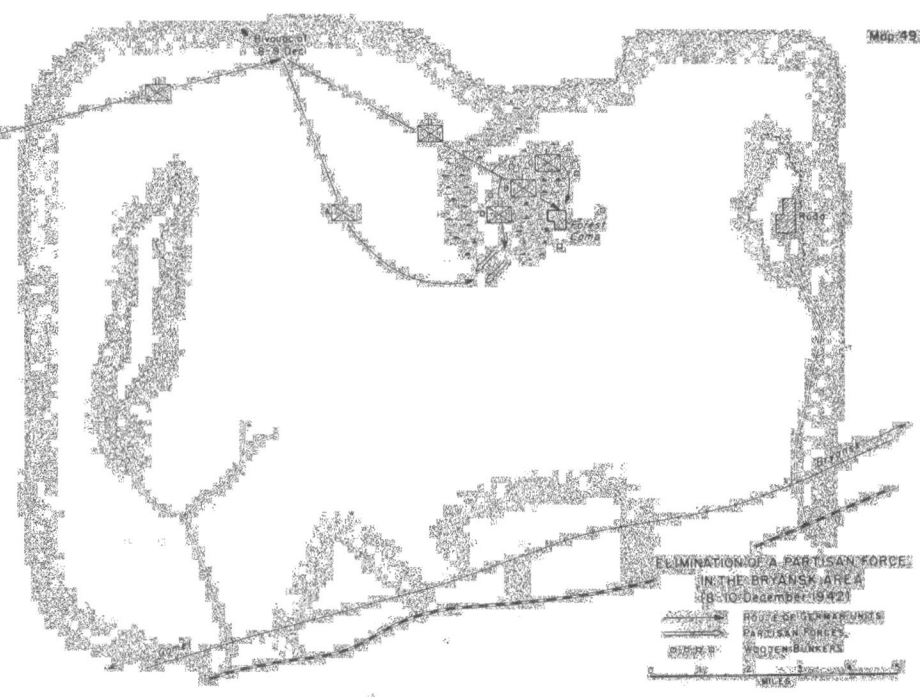

Legenda: Bivouac = Bivacco – Forest Camp = campo partigiano nella foresta – Wooden Bunkers = Bunker in legno.

Sulla base dei due messaggi Stein dedusse che l'avvicinamento della 1ª Compagnia non era stato notato, pertanto fu enormemente sorpreso quando verso l'alba la 1ª Compagnia riferì di essere sotto attacco da parte di una consistente forza nemica. Alle 08.00 fu ricevuto un altro messaggio che comunicava che l'attacco si stava intensificando. 30 minuti dopo fu riferito che l'intera forza russa stava partecipando all'attacco. La 1ª Compagnia era sotto un intenso fuoco di mortai e i partigiani stavano accerchiandola sul fianco destro. Alle 09.00 la Compagnia riferì che si stava ritirando verso ovest combattendo un'azione ritardatrice.

Trovandosi nella necessità di soccorrere la 1ª Compagnia, Stein, considerò tre possibili soluzioni al suo problema. Il battaglione poteva unire le sue forze alla 1ª Compagnia, poteva attaccare il campo partigiano, o un compromesso tra le due azioni, inviando alcuni elementi in soccorso dei commilitoni e attaccando il campo con il resto.

Inviare l'intero Battaglione sulla scena del combattimento non era fattibile, dal momento che la 1ª Compagnia si trovava a tre ore di distanza, ed era dubbio che i partigiani sarebbero rimasti a combattere, poiché la loro dottrina indicava di ritirarsi quando s'incontravano forze superiori; e anche se i partigiani fossero rimasti a combattere, i tedeschi avrebbero potuto ottenere solo una vittoria limitata sprecando il vantaggio dell'effetto sorpresa dell'attacco al campo.

Dividere il Battaglione sarebbe stato corretto solamente se l'affermazione del comandante della 1ª Compagnia di stare affrontando l'intera "Forza Ruda" fosse stata corretta; se questo fosse stato vero, i partigiani avrebbero difeso il campo solo con solo pochi uomini, nel qual caso il campo sarebbe stato occupato facilmente e la 1ª Compagnia soccorsa. Tuttavia l'entità effettiva della "Forza Ruda" era ignota ai tedeschi; se il campo fosse stato fortemente difeso, dividere le forze avrebbe condotto al fallimento della missione principale.

Stein ragionò che poteva ottenere una vittoria decisiva solo impiegando tutta la sua forza in una direzione, che il principale obiettivo del battaglione era il campo partigiano, e che se il nucleo della "Forza Ruda" stava attaccando la 1ª Compagnia, un attacco al campo avrebbe diminuito la pressione sulla Compagnia. Anche se la forza che difendeva il campo fosse stata maggiore un ritardo nell'azione non avrebbe garantito maggiori possibilità di successo di un attacco immediato. Decise pertanto di concentrare la sua intera forza in un attacco al campo.

Il Battaglione iniziò la sua avanzata verso il campo poco dopo le 09.00. In testa si trovava la 2ª Compagnia rinforzata da quattro cannoni da montagna da 7.5 cm della 5ª Compagnia. L'avanzata procedette senza incidenti fino alle 11.30 quando gli elementi avanzati furono sottoposti al fuoco di pistole mitragliatrici provenienti da cinque bunker di legno che costituivano le difese esterne del campo. Non appena il battaglione si mosse in avanti, i bunker vennero evacuati. La 2ª Compagnia stava per attraversare una seconda palude ghiacciata quando venne colpita da un intenso fuoco di mitragliatrice proveniente da un bosco distante circa 150 metri.

Stein ordinò alla 2ª Compagnia di prendere la parte nord occidentale del campo, e 3ª la Compagnia, rinforzata da sei mortai pesanti, doveva attaccare il campo da nord. La 4ª Compagnia doveva rimanere di riserva. Via radio fu ordinato alla 1ª Compagnia di appoggiare l'offensiva impedendo al maggior numero possibile di partigiani di muoversi.

Alle 13.00 la 2ª Compagnia si avvinò agli accessi al campo, mentre la 3ª Compagnia combatteva per conquistare i bunker sul limite nord. Poco dopo la 2ª Compagnia riuscì a intercettare alcuni elementi nemici che avevano rotto il contatto con la 1ª Compagnia e stavano rientrando per proteggere il campo.

Verso le 14.00, fu eliminata con il supporto dell'artiglieria l'ultima resistenza di fronte la 2ª Compagnia, e i primi elementi tedeschi irruppero nel campo. L'avanzata della 2ª Compagnia aiutò la 3ª Compagnia nel suo attacco da nord. La 2ª Compagnia si aprì la strada verso il centro del campo ed eliminò gli ultimi nidi di resistenza.

Alle 15.00 il combattimento era finito. Entrambe le parti avevano sofferto pesanti perdite, la 1ª Compagnia aveva perso il 25 percento della sua forza e non poté impedire ai resti della "Forza Ruda" di fuggire. Il comandante partigiano fu ucciso nel settore della 4ª Compagnia.

L'interrogatorio dei prigionieri portò alla luce il fatto che il campo era stato difeso da 150 uomini mentre 350 avevano attaccato la 1ª Compagnia. I tedeschi appresero anche che la zona attorno al campo, con l'eccezione di alcuni passaggi, era stata pesantemente minata. Il Battaglione sciatori furono fortunati del fatto che le mine erano state ricoperte dalle pesanti nevicate che le aveva rese inefficaci.

La dimensione del campo e la quantità di rifornimenti trovati sorpresero Stein e i suoi uomini. In aggiunta alla grande quantità di armi leggere, i tedeschi trovarono tonnellate di munizioni e razioni sufficienti per diversi mesi, inoltre i tedeschi trovarono una gran quantità di materiale saccheggiato dai treni di rifornimento, inclusi binocoli, telescopi e i più recenti modelli di radio tedesche.

L'esempio mostra come un'unità antipartigiana aggressiva, addestrata ed equipaggiata per l'inverno, possa portare avanti con successo una missione su un terreno impraticabile nelle altre stagioni dell'anno.

IV Attacco a un quartier generale partigiano (giugno 1943)

A partire dai primi mesi del 1943, i partigiani stavano dirigendo le loro attività contro le principali linee ferroviarie che portavano i rifornimenti dalla Germania al Fronte russo. Gli attacchi dei partigiani, che attaccavano a treni in movimenti e demolivano larghi tratti di ferrovia, avevano quasi portato al blocco completo del traffico sulle rotte ferroviarie, Varsavia-Gomel-Bryansk e Minsk-Borisov-Gomel.

Le attività antipartigiane tedesche seguivano uno schema ben definito. Non appena la posizione di unità partigiana veniva individuata, questa sarebbe stata attaccata da diverse direzioni simultaneamente. Il momento preferito per questi raid era l'alba, queste tattiche avevano però successo solo se i partigiani non venivano a conoscenza in anticipo delle intenzioni tedesche. Dopo Stalingrado i partigiani aumentarono di numero e migliorarono la loro organizzazione e le loro capacità d'intelligence. Sempre più di frequente quando i tedeschi si avvicinavano a una base partigiana non vi avrebbero trovato alcun partigiano.

Ai primi di giugno del 1943, il comando tedesco apprese che il reparto partigiano che stava pianificando gli attacchi alla ferrovia nel settore di Borisov aveva la sua base a Daliki, 15 chilometri a sud di Lepel (Mappa 50). La forza partigiana a Daliki non era un gruppo ordinario, ma il centro nevralgico responsabile di una vasta area di operazioni partigiana con un ben organizzato sistema di comunicazioni. Era improbabile che i vertici a Daliki non venissero a conoscenza dell'avanzata tedesca da più fonti. Il comandante tedesco a Borisov decide quindi di affidare la distruzione del quartier generale partigiano a un Battaglione montato su biciclette che era stato momentaneamente ritirato dal fronte ed era stato messo a disposizione per azioni antipartigiane. Quest'unità consisteva di quattro Compagnie, un Quartier generale con aggregato un Plotone per le comunicazioni e una colonna di rifornimento motorizzata. Le Compagnie 1ª, 2ª e 3ª erano montate su biciclette ed avevano 12 mitragliatrici leggere e sei mortai ognuna, la 4ª Compagnia era la Compagnia armi pesanti, era motorizzata e aveva 12 mitragliatrici pesanti e sei cannoni anticarro da 3.7 cm.

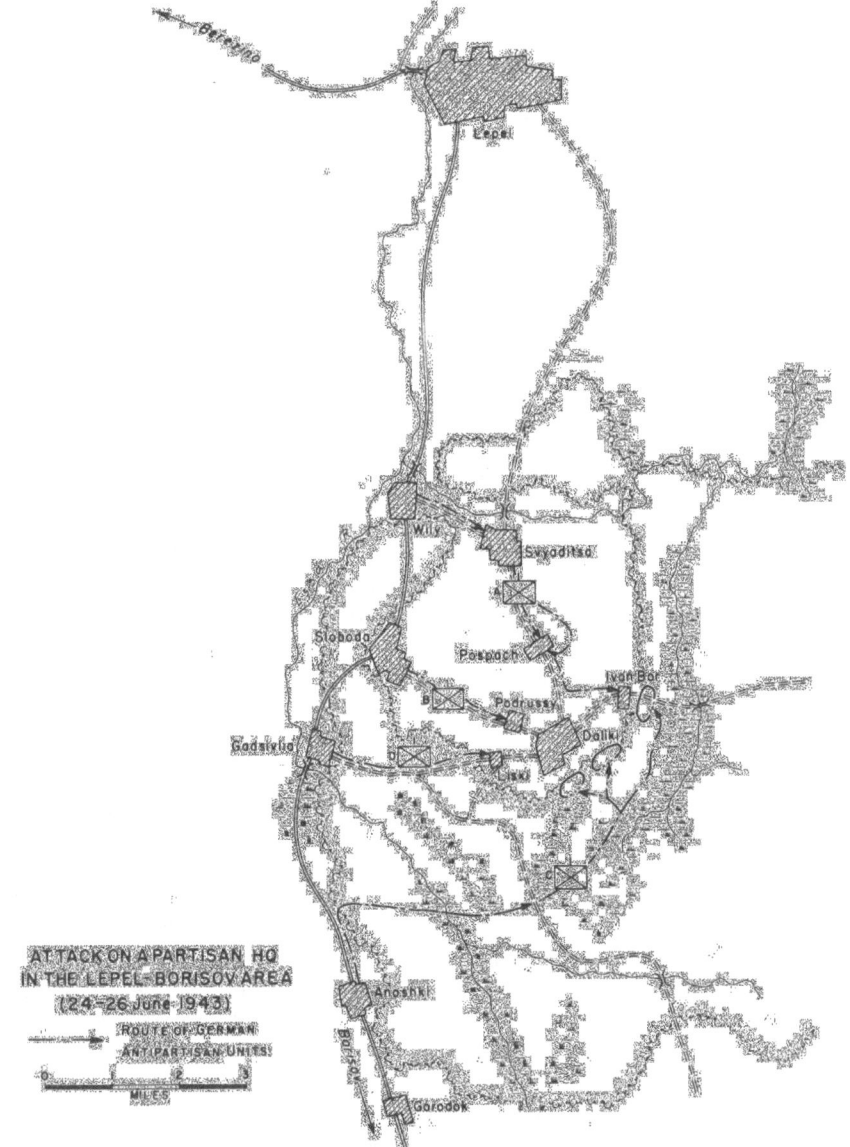

Legenda: Percorso delle unità antipartigiane tedesche.

Il Maggiore Beer, comandante del Battaglione, distribuì i seguenti ordini ai suoi subordinati il 24 giugno.

1: Il Battaglione porterà avanti una missione antipartigiana nella valle della Beresina, 30 chilometri a ovest di Lepel.
2: Il Battaglione, tranne la 3ª Compagnia, si metterà in marcia alle 07.00 del 25 giugno dirigendosi verso Berezino. La notte del 25 giugno, il Quartier generale del battaglione e il Plotone comunicazioni stabiliranno un posto di comando a Wily, la 1ª Compagnia si fermerà a Sloboda, la 2ª Compagnia a Gadsivila, e la Compagnia D a Ganoshki.
3: Le Compagnie saranno precedute da squadre addette alla requisizione degli alloggi. Dopo che le unità avranno raggiunto i loro quartieri (intorno alle 16.00) le squadre di requisizione faranno rapporto al posto di comando di Wily alle 19.00 e procederanno

attraverso Lepel per Berezino, dove otterranno dal comandante locale altri edifici da requisire per la sera del 26 giugno.
4: Alle 07.00 del 26 giugno le unità si raduneranno a nord di Wily quindi si metteranno in marcia per raggiungere Berezino attraverso Lepel.

La prima giornata di marcia andò secondo i piani e alle 07.00 del 26 giugno il battaglione superò il punto di partenza a nord di Wily e si spinse avanti verso Lepel. L'ufficiale esecutivo del battaglione incontrò la colonna alle prime case della città, ordinò una sosta di due ore e distribuì le razioni, quindi diresse i comandanti delle compagnie a fare rapporto al comandante del battaglione in una casa al limite settentrionale della città.
Non appena l'ultimo comandante di Compagnia arrivò al Quartier generale, il Maggiore Beer disse loro. "Voglio che adesso sappiate che vi ho ingannato, la nostra missione non è svolgere un'azione antipartigiana nella valle della Berezina, vi ho detto questo per nascondere il nostro reale obiettivo, il Quartier generale partigiano per la zona di Borisov, che è stato individuato a Daliki".

I comandanti di Compagnia non erano troppo sorpresi. Se il vero obiettivo fosse apparso negli ordini del Battaglione, le spie dei partigiani avrebbero informato il loro comando a Daliki molto tempo prima che i tedeschi si fossero avvicinati all'obiettivo. Beer continuò:

Date un'occhiata alla mappa. Quando mi viene dato ordine di catturare un comando partigiano io cerco di fare un piano che mi consenta di ottenere la sorpresa. In questa situazione credo che portare le mie quattro Compagnie e attaccare Daliki da quattro lati sarebbe impraticabile. Sono convinto, infatti, che i partigiani scoprirebbero i nostri movimenti per tempo, la distanza tra Borisov e Daliki e di circa 50 chilometri, e sono anche certo che sono già stati informati e che individuerebbe i nostri movimenti anche di notte. Noi troveremmo Daliki deserta.

Mi piacerebbe usare una piccola forza motorizzata, di una o due Compagnie al massimo, e spingerle alla massima velocità da Borisov a Sloboda da dove loro potrebbero girare a destra e seguendo la strada dei carri arrivare a Daliki. Gli elementi avanzati potrebbero raggiungere il centro di Daliki mentre la retroguardia sigillerebbe il villaggio impedendo di fuggire. Questa si che sarebbe una sorpresa, ma per fare in questo modo avremmo bisogno di avere dei veicoli in grado di muoversi fuori dalle strade.

La soluzione è quindi di simulare una semplice marcia di trasferimento, come ce ne sono di continuo tra Lepel e Borisov, con il centro partigiano di Berezino come ovvio obiettivo. Per rafforzare l'impressione di un movimento di routine, ho ordinato al Battaglione di trascorrere la notte in un punto che è esattamente nella direzione opposta di Daliki. Per la stessa ragione ho inviato le squadre di requisizione in diversi villaggi come si fa di solito, e quindi li ho fatti dirigere a Berezino. In questo momento stanno requisendo la abitazioni e non sapranno che i loro sforzi sono stati inutili fino a questa notte. Tutte queste misure sono state prese in modo da non rendere i capi partigiani sospetti, per indurli a rimanere a Daliki. Io sono convinto che questa notte sono stati informati che il Battaglione si è messo in marcia verso la Valle della Beresina.

Beer guardò l'orologio e disse.

Adesso sono le 09.00, fate riposare i vostri uomini fino alle 11.00. Niente deve dare indizi del fatto che noi abbiamo un obiettivo differente. Fino a quel momento il nostro obiettivo rimane Berezino. Alle 11.00 il Battaglione si rimetterà in marcia seguendo la stessa strada che ha seguito questa mattina e con lo stesso ordine di marcia. Le tre strade di campagna che portano a Daliki saranno assegnate nel seguente modo:

La 1ª Compagnia prenderà la strada che da Wily passa attraversa Svyaditsa, la 2ª Compagnia attraverserà Svoboda, e la 4ª Compagnia la strada che parte da Gadsivila. Il quartier generale del Battaglione seguirà la 4ª Compagnia. Non ci saranno soste intermedie, né ricognizioni il nostro comune obiettivo è Daliki.

Io credo che i capi partigiani cercheranno di fuggire attraverso le paludi a sud e a est del villaggio. Per impedirlo ho ordinato alla 3ª Compagnia di arrivare alla cresta adiacente alle paludi per le 11.00. Come voi sapete, ieri la 3ª Compagnia è rimasta sul posto mentre il resto del battaglione si metteva in marcia, e nel pomeriggio è stata caricata, senza biciclette, su sei camion coperti ed è stata portata a Gorodok, dove ha trascorso la notte. La 3ª Compagnia sta portando con sé solo armi leggere, come pistole, fucili, pistole mitragliatrici e fucili con il silenziatore [queste sono armi russe catturate, che utilizzavano un tipo di munizione speciale il cui rumore era appena percettibile ad una distanza di 100 metri]. All'inizio di questa mattina la Compagnia ha lasciato Gorodok per Lepel, circa un km a nord di Anoshki, la colonna si è fermata in un punto dove la strada costeggia un bosco, consentendo agli uomini di scendere dai camion, quindi i mezzi vuoti hanno ripreso la marcia verso Berezino. I miei ordini alla compagnia sono di fermarsi solo per 30 secondi tenendo il motore acceso.

Beer sparse sul tavolo alcune foto aeree e continuò.

Usando queste fotografie come una mappa, ho ordinato alla 3ª Compagnia di marciare ad est, usando la bussola, passando attraverso i boschi e dopo avere raggiunto il fiume Essa, attraversare, o meglio guadare, la palude a sud est di Daliki. E nascondersi in mezzo alla palude, poiché la compagnia non dovrà essere individuata, non dovranno venire mandate pattuglie. Alle 11 quando il battaglione si sarà messo in marcia, la 3ª Compagnia occuperà il limite della palude e una porzione della foresta che si trova di fronte a Ivan Bor. Quando le altre compagnie entreranno a Daliki, la 3ª Compagnia non dovrà unirsi al combattimento, il suo compito è di catturare i capi partigiani quando questi cercheranno di fuggire, tutto il resto è secondario.

Avrei volentieri risparmiato alla 3ª Compagnia la marcia attraverso la foresta, il guado dell'Essa e la permanenza per ore nella palude, dove saranno divorati dagli insetti. C'è una strada sterrata che porta a nord verso Liski circa 10 chilometri a est della strada Lepel - Borisov, ma credo che questa strada sia usata dai partigiani come collegamento tra il comando e le sue unità subordinate nella foresta attorno a Borisov. Non ho dubbi che un'avanzata lungo questa strada sarebbe immediatamente riferita al comando partigiano. Per questo motivo ho ordinato alla 3ª Compagnia di prendere una strada più difficile.

Secondo le mie stime, incontreremo la prima resistenza nelle fattorie che si trovano a Liski, Podrussy, Pospach,e a Ivan Bor che formano un semicerchio attorno a Daliki. Io sono certo che un comando partigiano di questa importanza non dipenderebbe solo da una linea di sicurezza ravvicinata. Qualsiasi resistenza incontreremo in queste fattorie deve essere eliminata rapidamente, per questo motivo la 4ª Compagnia distaccherà due cannoni anticarro da 3,7 cm alle Compagnie 1ª e 2ª. Signori, alle 12.00 voglio vedere voi e i vostri uomini entrare a Daliki, ci sono domande?

Dopo avere fatto alcune domande, gli ufficiali tornarono alle loro unità per dare istruzioni ai comandanti di Plotone.

Alle 11.00 il Battaglione fece dietro front e riprese la strada percorsa tre ore prima.

A Wily la 1ª Compagnia girò e procedette attraverso Svyaditsa. Gli elementi di testa erano quasi giunti a Pospach quando furono fatti segno del fuoco di una mitragliatrice costringendoli a cercare un riparo. Non appena il cannone anticarro della compagnia fu messo in posizione, una seconda mitragliatrice iniziò a sparare da Pospach. Mentre un plotone assieme al cannone anticarro sparava frontalmente contro le mitragliatrici, gli altri due plotoni si mossero attraverso i boschi per accerchiare i russi. Nonostante i tentativi tedeschi di aggiramento, i partigiani riuscirono a sganciarsi, anche se molti di loro furono colpiti quando attraversarono un terreno scoperto in direzione di Ivan Bor.

La 1ª Compagnia riprese la sua avanzata verso le 13.00, e un analogo ritardo subì la 2ª Compagnia a Podrussy, solo la 4ª Compagnia arrivò alle 12.00 a Daliki come da ordini.

I Plotoni della 3ª Compagnia nei pressi di Ivan Bor, vennero coinvolti in duri scontri contro i partigiani in ritirata da quel villaggio. Nel frattempo la 1ª Compagnia si spinse avanti, ma prima di raggiungere Daliki, ricevette ordine di muovere verso Ivan Bor e di prenderla da ovest. La Compagnia usò la sua intera potenza di fuoco formata da 12 mitragliatrici, sei mortai e due cannoni anticarro, ma i partigiani a Ivan Bor combatterono fino all'ultimo uomo e solo pochi di loro riuscirono a uscirne vivi. Si apprese in seguito che quando i tedeschi attaccarono Pospatch, circa 20 membri del comando partigiano cercarono di fuggire verso sud da Daliki ma si scontrarono contro elementi della 3ª Compagnia nascosti al limitare della palude. Quando gli fu intimato di arrendersi i partigiani risposero con le loro pistole mitragliatrici, nel combattimento che ne seguì tutto il gruppo fu ucciso.

Nessun comandante di alto grado dei partigiani fu catturato vivo. Il modo in cui probabilmente tutti loro andarono incontro alla morte può essere suggerito dal seguente resoconto: poco dopo che ebbe inizio il combattimento attorno a Pospatch, i soldati della 3ª Compagnia a est di Ivan Bor videro un carro trainato da un cavallo provenire da Daliki. Nel carro vi erano il conducente e quelle che sembravano quattro donne con indosso i grandi scialli tradizionali. Dopo avere superato Ivan Bor, il carro raggiunse la posizione del plotone. Quando fu chiesto al conducente di fermarsi, le quattro donne improvvisamente aprirono il fuoco sul plotone. Nel breve scambio che seguì tutte e cinque le persone a bordo del carro furono uccise. Si scoprì che le quattro "donne" erano in realtà uomini, molto probabilmente il nucleo del comando partigiano, questa supposizione tuttavia non fu suffragata da alcuna prova poiché sui loro corpi non fu trovato alcun documento.

Un attacco contro un quartier generale partigiano è sempre una mossa azzardata, poiché i comandi hanno una rete d'intelligence molto più estesa, incluso un contatto ravvicinato con la popolazione civile, delle normali unità partigiane.

Se viene radunata una grande forza per l'attacco, ci si deve aspettare che il comando partigiano ne sia prontamente informato ed eviti il combattimento con una rapida ritirata. Se l'attacco è portato avanti da unità di piccole dimensioni, l'avvicinamento potrebbe passare inosservato, tuttavia, si mancherà della forza necessaria anche solo per sopraffare i distaccamenti di sicurezza e le unità di copertura, e non si sarà in grado di sigillare i corridoi di fuga del nemico per prevenire la fuga dei capi. Se i capi di un'unità partigiana riescono a fuggire la missione va considerata fallita, poiché riprenderanno la loro attività altrove.

Una possibile soluzione può essere l'impiego di una forza flessibile organizzata per un'azione rapida ed efficace. Questa forza ha bisogno di veicoli per potersi muovere rapidamente sulle lunghe distanze e sui terreni difficili. Deve avere artiglieria semovente e mitragliatrici in numero sufficiente da sconfiggere le unità di sicurezza e quelle di copertura, e uno scaglione d'assalto per prendere il posto di comando partigiano e catturarne gli ufficiali. La forza dovrebbe essere dotata di lanciafiamme mortai e aerei per il supporto ravvicinato e, infine, un numero sufficiente di uomini per bloccare ogni via di fuga.

In molte aree dell'Europa Orientale e della Russia il terreno non è adatto ai veicoli o all'artiglieria semovente. L'attacco al quartier generale partigiano descritto nell'azione precedente, avvenne in un terreno dove foreste, paludi e vie d'acqua impedivano i movimenti di forze numerose. In generale i partigiani preferivano affidarsi a quegli ostacoli naturali che non potevano essere superati in qualunque periodo dell'anno piuttosto che ai normali metodi di sicurezza militare.

V L'"Operazione Cava" (gennaio -marzo 1944)

L'ultimo esempio delle operazioni antipartigiane tedesche, mostra gli effetti allarmanti che le attività partigiane avevano sulle indebolite forze dell'Asse all'inizio del 1944. Mancando gli uomini al fronte, i tedeschi tentavano disperatamente di spegnere il fuoco dell'insurrezione che era acceso alle loro spalle e che minacciava le loro retrovie. Percependo la diminuzione della forza tedesca, i partigiani si fecero sempre più audaci; la seguente storia mostra quanto la lotta fosse senza quartiere.

Nella parte orientale della penisola della Crimea si trova Kerch, con le sue case di pietra bianca che luccicano nel sole. Questa città di 50.000 abitanti è situata sullo strategicamente importante stretto di Kerch che collega il Mar Nero con il Mar d'Azov ed ha avuto una storia ricca di eventi da quando fu fondata dai greci più di 2000 anni fa (Mappa 51).

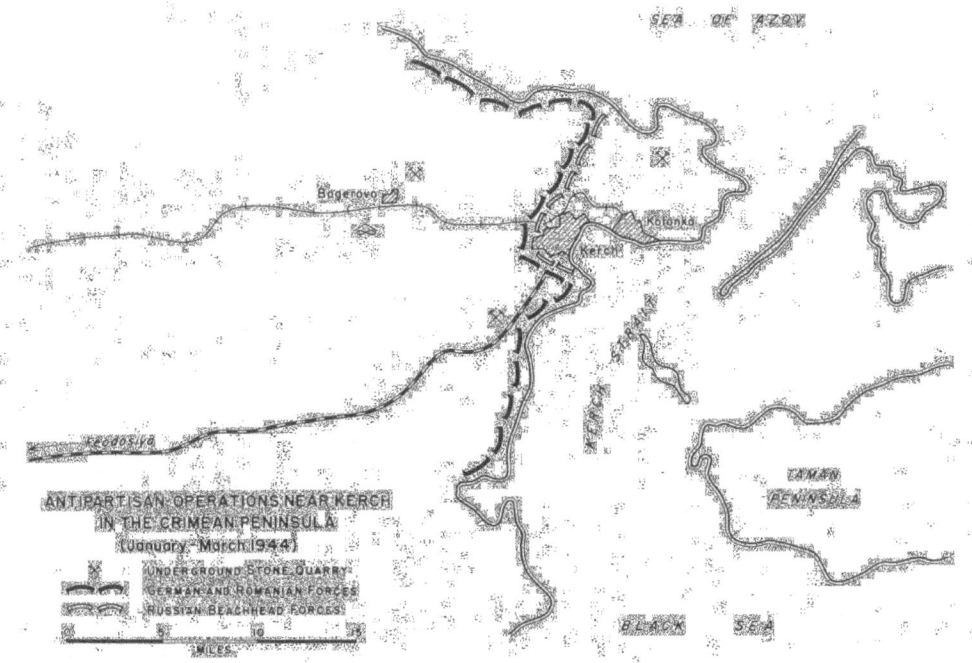

Legenda: Cava di roccia sotterranea – Forze tedesche e rumene – Forze della testa di ponte russa

Dopo che i tedeschi ebbero occupato Kerch nella Seconda Guerra Mondiale, la città giocò un ruolo chiave come punto di traghettamento per le unità da e per il Kuban. All'inizio dell'ottobre 1943, quando la 17ª Armata, sottoposta alla pressione russa, abbandonò la testa di ponte del Kuban e si ritirò in Crimea, la città di Kerch si trovò nuovamente in zona di combattimento.

La 17ª Armata era composta da unità tedesche e rumene. Dopo la ritirata dalla testa di ponte del Kuban, tutte le unità dell'armata tranne due divisioni tedesche e alcune unità rumene vennero trasferite alla 6ª Armata, che allora stava combattendo sulla spenda settentrionale del Mar d'Azov. Nonostante questi rinforzi la 6ª Armata non fu in grado di fermare la spinta russa a ovest verso Kherson, in questo modo alla fine dell'ottobre 1943 la Crimea fu tagliata fuori dal resto del fronte tedesco.

Durante la notte tra il 31 ottobre e l'1 novembre, i russi lanciarono un attacco anfibio attraverso gli stretti e stabilirono una testa di ponte nel terreno montagnoso a nordest di Kerch. Le forze tedesche schierate contro la testa di ponte includevano la 98ª Divisione di fanteria tedesca e altre unità portate per via aerea; le truppe rumene nel frattempo stavano proteggendo la costa su entrambi i lati della testa di ponte per prevenire ulteriori sbarchi.
I tedeschi riuscirono a prevenire uno sfondamento russo per i successivi sei mesi. Durante questo tempo i russi misero insieme una forza di dodici Divisioni all'interno della loro testa di ponte.
I partigiani avevano operato in Crimea fin dall'inizio dell'occupazione tedesca, anche se generalmente solo nei boschi dello Yaila e sulle montagne di Yalta. La popolazione nell'area di Kerch non creò alcuna difficoltà ai tedeschi tra novembre e dicembre; tuttavia all'inizio del 1944 la situazione cambiò.
Kerch è collegata con Feodosya, un porto sul Mar Nero a sudest della città, tramite la sola strada asfaltata della zona, che era anche la principale linea di rifornimento per le truppe combattenti nell'area di Kerch. La campagna tra Kerch è Feodosya è completamente deserta, anche nelle località abitate gli alberi sono rari. La monotonia del paesaggio era interrotta solamente da rade colline con la cima rocciosa e completamente spoglie. La visibilità era eccellente e in questo modo anche i villaggi più isolati potevano essere facilmente tenuti sotto controllo dalle forze di retrovia tedesche.
Lungo un tratto di strada di 5 chilometri a sud est di Kerch improvvisamente iniziarono a verificarsi degli attacchi ai convogli. I veicoli venivano colti in imboscate e incendiati, i loro guidatori e i passeggeri uccisi. Inizialmente gli attacchi avvenivano solo di notte ma non passò molto tempo che i soldati tedeschi isolati iniziarono a venire colpiti anche durante il giorno.
Dopo poco tempo gli attacchi si erano diffusi su un'area più grande. Un soldato tedesco fu colpito e ucciso vicino l'aeroporto di Bagarovo a ovest di Kerch. A nord dello stesso aeroporto un battaglione tedesco in marcia verso il fronte di Kerch fu assalito da un'unità partigiana, apparsa improvvisamente dal nulla alle spalle e ai fianchi dei tedeschi per poi sparire all'improvviso così com'era comparsa sulla scena.
Un pomeriggio, alcuni soldati rumeni armati con pistole mitragliatrici furono caricati su dei camion coperti con teloni. I camion uscirono da Kerch dirigendosi a Feodosya. Come previsto dopo avere percorso circa 10 chilometri, i camion furono presi in un'imboscata, i soldati rumeni saltarono giù dai camion e attaccarono i partigiani sul terreno aperto.

Improvvisamente i rumeni si trovarono da soli: i partigiani erano scomparsi come se fossero stati inghiottiti dal terreno.

Un esame sistematico della zona rivelò numerosi buchi nel terreno che assomigliavano a dei crateri di proiettile; un esame più attento tuttavia rivelò che questi buchi non erano altro che gli accessi a un enorme cava sotterranea. Le cave di quest'area erano una fonte di pietra utilizzata per costruire le case bianche di Kerch. Quando era appena stata estratta la pietra di queste cave era così morbida che poteva venire tagliata con la sega, una volta esposta all'aria diventava dura e resistente. Nel corso degli ultimi 2.500 anni gli abitanti di Kerch avevano scavato almeno una dozzina di queste cave sotterranee, la più grande delle quali aveva diverse gallerie lunghe centinaia di metri.

Il quartier generale dei partigiani si trovava in una cava appena a sud di Kerch. Essendone venuto a conoscenza, il comandante rumeno incaricato della difesa della zona costiera a sud della testa di ponte decise di conquistare la cava e di liquidare i partigiani nel processo. Se i partigiani avessero deciso di resistere, nell'oscuro labirinto di gallerie si sarebbe sviluppato un durissimo, insolito scontro. Le truppe selezionate per l'assalto iniziale, una compagnia rinforzata, furono accuratamente selezionate e fornite dell'equipaggiamento adatto. In aggiunta alle pistole, alle pistole mitragliatrici e ai lanciafiamme, furono forniti torce elettriche e una gran quantità di granate. Due compagnie dovevano venire tenute in riserva.

Il piano dell'operazione prevedeva che tutte le entrate tranne una della cava fossero sigillate. L'unità d'assalto doveva entrare da questa parte e sopraffare i partigiani in un combattimento ravvicinato.

Quando i membri dell'avanguardia entrarono nelle gallerie, le loro sagome si stagliavano perfettamente contro la luce dell'entrata della galleria, e furono così fatte segno di un pesante fuoco proveniente dall'oscurità. Con ammirevole coraggio e determinazione i rumeni avanzarono di 100 metri all'interno della galleria principale, e stavano tentando di fiaccare la resistenza del nemico quando furono attaccati sui fianchi da partigiani provenienti dalle gallerie laterali.

I rinforzi inviati non furono in grado di ribaltare le sorti dello scontro nell'oscurità sotterranea, e così le truppe d'assalto dovettero aprirsi la strada verso la luce del sole lasciandosi dietro molti caduti. I termini di resa offerti ai partigiani furono respinti.

Un secondo tentativo fatto da truppe di assalto rumene addestrate in maniera speciale, che tentarono di entrare nella cava da diverse gallerie simultaneamente fallì anch'esso.

I due assalti abortiti e le loro pesanti perdite convinsero il comandante rumeno a ritenere che non fosse possibile prendere la cava con un assalto diretto, pertanto tutte le entrate furono sigillate nella speranza che i nemici cedessero alla fame, alla sete o alla mancanza d'aria. Tuttavia i raid nell'area non cessarono. Una notte di fine gennaio, un gruppo di soldati rumeni di guardia a una delle entrate della cava fu attaccato dall'esterno. Le forze di riserva rumene reagirono prontamente, mettendo in fuga i partigiani e catturando alcuni dei loro feriti.

L'interrogatorio dei prigionieri rivelò che nella cava si trovavano circa 120 partigiani ben armati, e un certo numero di donne che si occupavano di cucinare e curavano i malati e i feriti. Il loro comandante era un geniere che aveva lavorato nelle miniere di ferro vicino Kerch. Un gruppo di partigiani aveva espresso il desiderio di accettare le condizioni di resa offerte dai rumeni, il geniere aveva sparato al loro portavoce e aveva stabilito la pena di morte per chi avesse proposto ancora di arrendersi. La chiusura delle entrate non aveva bloccato tutti i passaggi per l'aria, in effetti, questa misura si rivelò completamente inutile poiché i partigiani aprirono nuovi condotti per l'aria. Durante il giorno questi passaggi erano accuratamente mimetizzati e di notte venivano impiegati per eseguire i raid. Il cibo era razionato ma sufficiente. Non c'era una reale mancanza d'acqua, dal momento che era disponibile un pozzo pieno d'acqua e anche l'acqua piovana veniva raccolta.

Sulla base di queste informazioni il comandante rumene chiese nuove istruzioni ai tedeschi. Prendere la decisione corretta era quanto mai difficile, certo eliminare la base partigiana, sistemata così vicina alle retrovie tedesche e lungo un'importante linea di comunicazione sarebbe stato conveniente, ma era dubbio che un terzo assalto diretto - per il quale i rumeni avevano chiesto l'assistenza tedesca - avrebbe avuto un miglior successo rispetto ai due tentativi precedenti. Inoltre le forze tedesche erano sottoposte a una forte pressione da parte delle truppe regolari russe nella testa di ponte e non potevano venire distaccate per assistere i rumeni e anche le unità rumene sulla costa avrebbero probabilmente dovuto venire usate per contenere la testa di ponte russa. In queste circostanze un'operazione su larga scala, con il rischio di avere molti caduti, era rischiabile.

Per questi motivi i tedeschi ordinarono di non effettuare alcun attacco sotterraneo, ma l'area della cava fu completamente circondata dal filo spinato. Non appena il reticolato fu steso, le unità rumene furono ritirate per venire inviate al fronte e al loro posto giunsero delle unità di servizi schierate nelle retrovie.

Tuttavia, l'ordine di stendere il reticolato non fu eseguito completamente. Non appena i rumeni iniziarono a stendere il reticolato, i partigiani riconobbero il pericolo ed effettuarono uno sfondamento dell'esile cordone difensivo di notte, e si spostarono armi e bagagli in un'altra cava vicino a Bagerovo.

Situato 10 chilometri a ovest di Kerch, con il suo aeroporto e la stazione ferroviaria, Bagerovo era il più portante punto di rifornimento per i tedeschi in Crimea. La nuova base partigiana era una minaccia ancora più grande di quella abbandonata in precedenza a sud di Kerch.

I tedeschi ordinarono immediatamente di circondare la zona della cava di Bagerovo, un'area di circa 250 acri, e di lavorare senza fermarsi fino a quando non fosse stato costruito il reticolato.

Un ufficiale rumeno fu posto al comando delle unità di guardia e di quelle al lavoro.

In aggiunta, i tedeschi fornirono ai rumeni delle cosiddette unità d'allerta, che erano costituite con personale preso dai trasporti, dalle comunicazioni e dalle unità logistiche così come dalle cucine e dalle ordinanze. Fu reso disponibile anche un battaglione equipaggiato con fari dell'antiaerea. La forza che era stata costituita per la fase principale dell'"Operazione Cava" era stata raramente messa assieme per un'operazione in un teatro di guerra così remoto dove la manodopera disponibile non era molta. Due battaglioni di fanteria rumeni, unità d'allerta tedesche e rumene, due battaglioni da costruzione, e un battaglione fari: nel complesso per distruggere una forza partigiana di poco più di 100 uomini vennero schierati 2.000 soldati.

Entro 5 giorni venne costruito un efficace sbarramento continuo con il filo spinato. I battaglioni di fanteria rumeni e i battaglioni di costruzione tedeschi vennero ritirati, e il loro posto venne preso dalle unità d'allerta tedesche e rumene [*Alarm-Einheiten*: unità d'emergenza formate con personale dei servizi di unità combattenti, e usate in operazioni antiparacadutisti, antipartigiane, o in caso di repentino sfondamento del fronte, NdC] che si misero di guardia ai reticolati. Durante il giorno le guardie erano poche, mentre la notte le

sentinelle erano poste vicino al filo spinato e pattugliavano l'intera area, che veniva illuminata con i fari posti in punti elevati che dominavano il terreno della cava.
Durante le prime settimane i partigiani fecero diversi tentativi di sfondare, ma furono tutti frustrati dalle mitragliatrici delle guardie. Verso la fine di febbraio, 3 settimane dopo l'inizio dell'"Operazione Cava" i primi disertori apparvero nei pressi del reticolato. Questi riferirono che il cibo era quasi esaurito, che il contatto con l'esterno era stato tagliato e che il loro comandante, il geniere, si stava preparando a effettuare uno sfondamento per trasferirsi in un'altra cava. Sulla base di queste informazioni le unità d'allerta furono rinforzate con altre due compagnie. Se il tentativo dei partigiani avesse avuto successo e si fossero così stabiliti in un'altra cava, le forze tedesche e rumene avrebbero dovuto venir disposte lungo una linea così sottile che non sarebbe stata possibile porre fine alla situazione.
Il tentativo di sfondamento previsto non ebbe luogo fino alla fine di marzo. Anche se i partigiani mostrarono le loro consuete abilità e valore, molti di loro furono uccisi e il resto preso prigioniero. Il comandante non si trovava tuttavia né tra i morti né tra i prigionieri. Un messaggio radio russo intercettato riferì che era riuscito a scivolare attraverso le linee tedesche e a raggiungere la testa di ponte. Per tre mesi era stato la forza trainante di un'operazione che aveva portato via molti soldati tedeschi e rumeni e che era loro costato molte perdite e molto tempo. Questa fu un'operazione sotterranea, nel vero senso della parola.
Solo la fame aveva spinto i partigiani a cercare lo sfondamento. Se avessero resistito solo per qualche altro giorno, sarebbero stati liberati; l'8 aprile, infatti, le forze russe sfondarono le difese tedesche sull'istmo di Perekop e marciarono verso Simferopoli, la capitale della Crimea. La notte del 9 aprile le unità tedesche e rumene, che avevano contenuto la testa di ponte per sei mesi, furono costretti a una dura ritirata attraverso la Crimea.

Anche se non si deve generalizzare questo esempio, la storia di una forza che tiene per mesi una base sotterranea è tipica della guerra partigiana russa. Soprattutto dimostra che i partigiani si nascondevano ovunque.
Il fatto che gli attacchi iniziali alla base sotterranea fallirono, dipende soprattutto dalla grande familiarità che avevano i russi dei tunnel della cava. Questo vantaggio compensava abbondantemente la superiorità numerica della forza d'attacco. Le cave sotterranee, le galleria e i passaggi sotto terra sono molto difficili da individuare e la loro estensione non può essere compresa facilmente. E' molto dubbio che un terzo tentativo di attaccare la forza partigiana nel suo rifugio avrebbe avuto successo, anche se portato con forze maggiori. Il vantaggio per i difensori, abituati a muoversi nell'oscurità e familiari con ogni angolo delle gallerie era troppo grande, in particolar modo grazie al fatto che avevano un comandante particolarmente risoluto e aggressivo.
Lo sbarramento di filo spinato posto attorno alla cava di Bagerovo avrebbe potuto facilmente dimostrarsi inefficace. I partigiani avevano, infatti, iniziato lo scavo di un tunnel di fuga attraverso la pietra morbida, e fallirono solamente parchè erano fisicamente esausti e provati dalla mancanza di cibo. Il problema di eliminare una forza nemica appostata sotto terra in altro modo che non sia la privazione del cibo, l'uso dei gas, e senza subire pesanti perdite tra le proprie truppe rimane fino a ora irrisolto.
Immediatamente dopo la felice conclusione dell'operazione "Cava" i tedeschi esaminarono il sistema sotterraneo di Bagerovo e scoprirono che era molto più vasto di quello a sud ovest di Kerch. Il sistema di Bagerovo era stato organizzato in base ad una difesa settore

per settore, principalmente attraverso l'uso di cariche di demolizione e mitragliatrici piazzate strategicamente per coprire i passaggi obbligati. Ogni cosa era stata sistemata per una difesa efficace, c'era un posto di comando con una rete telefonica, un pronto soccorso e un'infermeria, l'area di raduno d'emergenza, depositi per le razioni e le munizioni, una riserva d'acqua potabile e cartelli direzionali scritti con la vernice luminosa. All'inizio dell'assedio i partigiani avevano a disposizione una piccola mandria di bestiame, che era stata nascosta dagli abitanti locali. Gli animali furono macellati uno a uno per fornire carne fresca.

Secondo gli abitanti locali, le cave erano state usate durante la guerra civile seguita al 1917. Si racconta che quando i bolscevichi occuparono la Crimea i bianchi siano rimasti nascosti al loro interno per anni.

Legenda mappe nel testo

STANDARD NATO APP-6A

Simboli tattici delle unità

Simbolo	Descrizione	Simbolo	Descrizione
☐	Unità generica	⊠	Fanteria
◩	Cavalleria	▫•▫	Artiglieria
⬭	Unità corazzata	⬭⊠	Fanteria meccanizzata
⊠	Fanteria aviotrasportata	⊠	Fanteria motorizzata
⬬	Unità corazzata pesante	⬭⊘	Cavalleria corazzata
⬭•	Artiglieria semovente	⊓	Genieri
∞	Unità aerea	⊠	Unità trasporto aereo
⌒	Unità difesa aerea	△	Unità anticarro

Rango delle unità

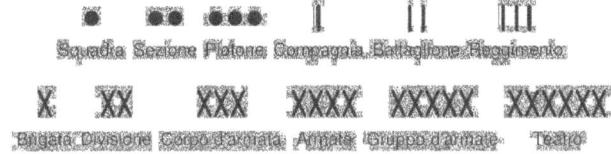

Squadra — Sezione — Plotone — Compagnia — Battaglione — Reggimento
X — XX — XXX — XXXX — XXXXX — XXXXXX
Brigata — Divisione — Corpo d'armata — Armata — Gruppo d'armate — Teatro

Glossario mappe

1st, 2nd, 3rd Wave: 1ª, 2ª, 3ª ondata d'attacco
Adv Det (Advanced Detachment): Distaccamento avanzato
Advanced Position: Linea degli avamposti, postazione avanzata
Assembly Area: Area d'assemblramento
Contact Patrol: Pattuglia di contatto – per stabilire o mantenere il contatto con unità amiche
Hv Wpns (Heavy Weapons): Armi pesanti
L of C (Line of Communication): Linea di comunicazione
MLR (Main Line of Resistance): Linea di combattimento principale, prima linea
Recon Patrol: Pattuglia da ricognizione
Reserves: Riserve
Rifle Squad: Squadra fucilieri
Supply Detachment: Distaccamento rifornimenti

Glossario tedesco-italiano

Abschnitt (Abs. Abschn.): Settore, distretto
Abteilung (Abt.): Gruppo, Battaglione, Reparto
Armee: Armata
Armeeoberkommando (AOK): Comando d'Armata, per estensione può significare l'intera Amata
Artillerie (Art.): Artiglieria
Artillerie-Abteilung (Art.Abt.): Gruppo d'Artiglieria
Artillerie-Ersatz-Regiment (A.E.R.): Reggimento rimpiazzi/deposito di artiglieria
Artillerie-Führer (Arfü): Ufficiale al comando del reggimento di artiglieria divisionale
Artillerie-Kommandeur (Arko): Comandante dell'artiglieria delle unità al diretto controllo di Corpi e Armate
Artillerie-Lehr-Regiment (Art.Lehr-Rgt): Reggimento di addestramento di artiglieria
Artillerie-Park (Art.Pk.): Parco artiglieria
Artillerie-Regiment (A.R. Art.Regiment): Reggimento di artiglieria
Ausbildung (Ausb.): Addestramento
Batterie (Bttr.): Batteria
Befehlshaber (Befh.): Comandante
Befehlshaber des Ersatzheeres (B.d.E.): Comandante in capo della Riserva
Beobachtungs (Beo.): Osservazione
Beobachtungspanzer (Beob.Pz.): Carro da osservazione per l'artiglieria
Bespannt (besp.): Ippotrainato
Bodenständig (bo.): Statico
Eingreifgruppe: Kampfgruppe a disposizione per un contrattacco
Einsatz: Azione, operazione, impiego
Eisenbahn (E): Ferroviario
Eisenbahn-Artillerie (Eisb.Art.): Artiglieria ferroviaria
Entgiftungs-Abteilung (Entg.Abt.): Battaglione di decontaminazione
Ergänzungs- (Erg.): di riserva, di complemento
Ersatz (Ers.): Rimpiazzo
Ersatz-Einheit: Unità Complementi
Ersatzheer: Esercito della Riserva
Feldhaubitze (FH): Obice campale
Festung: (Fest.) Fortezza, unità statiche
Fahrgestell (Fgst.): Telaio, scafo (Fgst. Nr. = numero di telaio)
Fallschirmjäger (FJ): Truppe Paracadutiste
Feldhaubitze (FH): Obice campale
Feldheer: La parte dell'esercito attivamente impiegata sul campo
Feldkanone (FK): Cannone campale
Flugzeugabwehrkanone (FlAK): Cannone contraereo
Funker: Operatore radio
Gebirgs (Geb.): da Montagna
Gebirgs-Armee: Armata da Montagna
Gebirgs-Division (Geb.Div.): Divisione da Montagna
Gebirgskorps: Corpo d'Armata da Montagna
Grenadiere: Granatiere – inoltre, denominazione dei reparti di fanteria dopo il 1943.
Haubitze (H): Obice
Heer, Heeres (H.): Esercito, dell'Esercito
Heeresdienstvorschrift (HDv): Regolamento dell'esercito tedesco
Hauptkampflinie (HKL): Linea principale di combattimento
Heeresgruppe (HGr.): Gruppo di Armate
Heerestruppe: Unità al diretto controllo d'Armata
Heereswaffentamt (HWA): Ufficio degli Armamenti dell'Esercito
Höher (Höh.): Comando Superiore
Hohlladung (HL): Carica cava
Infanterie: Fanteria
Kampfgruppe: Gruppo di combattimento, di solito di consistenza Reggimentale
Kanone (K): Pezzo d'artiglieria pesante a lungo raggio

Korps: Corpo d'Armata
Küste (Küst.): Costiero
Lehr: Istruzione
Leichte (le.): Leggero
Mörser (Mrs.): Obice pesante
Nebelgranate (Nb.Gr.): Granata fumogena
Panzerabwehrkanone (PAK): Cannone controcarro
Panzer-Armee: Armata Corazzata
Panzer-Division (Pz.Div.): Divisione Corazzata
Panzergranate (Pz.Gr.): Granata perforante
Panzergrenadiere (Pz.Gren.): Granatiere Corazzato, Fanteria meccanizzata
Panzerhaubitze (Pz.H.): obice semovente
Panzerkorps: Corpo d'Armata Corazzato
Panzer-Pioniere: Geniere Corazzato
Russisch (r.): Di provenienza russa
Raupenschlepper Ost (RSO): Trattore completamente cingolato, progettato per il fronte Orientale
Reitende: Ippotrainato
Reiter (reit.): Montato, Cavalleria
Schwere (schw., s.): Pesante. Facevano parte della *schwere Artillerie* i pezzi di calibro compreso tra i 10 e i 20.9 cm, e della *schwerste Artillerie* quelli di calibro superiore ai 21 cm
Schwerste (sw.): Superpesante, vedi voce precedente.
Sprenggranate (Spr.Gr.): Granata ad alto esplosivo
Stab (Stb.): Comando, Quartier Generale
Stamm: Unità quadro
Stellung (Stell.): Statico
Sturmgeschütz (StuG): Cannone d'assalto
Tschechoslowakisch (t.): Cecoslovacco
Teil beweglich (t. bew.): Parzialmente mobile
Teil beweglich motorisiert (t. bew. mot.): Parzialmente mobile, motorizzato
Teil motorisiert (t. mot.): Parzialmente motorizzato
Vorgeschobene Beobachter (V.B.): Osservatore avanzato d'artiglieria
Zugkraftwagen: Trattore semicingolato
Zur besonderen Verwendung (z.b.V.): Per impieghi speciali

www.ingramcontent.com/pod-product-compliance
Lightning Source LLC
Chambersburg PA
CBHW082019240426
43667CB00046B/2867